지리산권 불교의 사상과 문화

지리산권 불교의 사상과 문화

국립순천대 · 국립경상대
인문한국(HK) 지리산권문화연구단 엮음

국립순천대학교 지리산권문화연구원과 국립경상대학교 경남문화연구원은 2007년에 컨소시엄을 구성하고 '지리산권 문화 연구'라는 아젠다로 한국연구재단의 인문한국(HK) 지원 사업에 신청하여 선정되었습니다.

인문한국 지리산권문화연구단은 지리산과 인접하고 있는 10개 시군을 대상으로 문학, 역사, 철학, 생태 등 다양한 방면의 연구를 목표로 하였습니다. 이에 따라 연구단을 이상사회 연구팀, 지식인상 연구팀, 생태와 지리 연구팀, 문화콘텐츠 개발팀으로 구성하였습니다. 이상사회팀은 지리산권의 문학과 이상향·문화사와 이상사회론·사상과 이상사회의 세부과제를 설정하였고, 지식인상 연구팀은 지리산권의 지식인의 사상·문학·실천에 관한 연구를 진행하였습니다. 그리고 생태와 지리 연구팀은 지리산권의 자연생태·인문지리·동아시아 명산문화에 관해 연구하고, 문화콘텐츠 개발팀은 세 팀의 연구 성과를 DB로 구축하여 지리산권의 문화정보와 휴양정보망을 구축하였습니다.

본 연구단은 2007년부터 아젠다를 수행하기 위해 매년 4차례 이상의 학술대회를 개최하고, 학술세미나·초청강연·콜로키움 등 다양한 학술활동을 통해 '지리산인문학'이라는 새로운 학문영역을 개척하였습니다. 또한 중국·일본·베트남과 학술교류협정을 맺고 '동아시아산악문화연구회'를 창립하여 매년 국제학술대회를 개최하였습니다. 그 과정에서 자료총서 27권, 연구총서 9권, 번역총서 5권, 교양총서 8권, 마을총서 1권 등 총 50여 권의 지리산인문학 서적을 발간한 바 있습니다.

이제 지난 8년 간의 연구성과를 집대성하고 새로운 연구방향을 개척하기 위해 지리산인문학대전으로서 기초자료 10권, 토대연구 10권, 심화연구 10권을 출판하기로 하였습니다. 기초자료는 기존에 발간한 자료총서 가운데 연구가치가 높은 것과 새롭게 보충되어야 할 분야를 엄선하여 구성하였고, 토대연구는 지리산권의 이상향·유학사상·불교문화·인물·신앙과 풍수·저항운동·문학·장소정체성·생태적 가치·세계유산적 가치 등 10개 분야로 나누고 관련 분야의 우수한 논문들을 수록하기로 하였습니다. 그리고 심화연구는 지리산인문학을 정립할 수 있는 연구와 지리산인문학사전 등을 담아내기로 하였습니다.

지금까지 연구단은 지리산인문학의 정립과 우리나라 명산문화의 세계화를 위해 혼신의 힘을 다해왔습니다. 하지만 심화 연구와 연구 성과의 확산에 있어서 아쉬운 점도 없지 않았습니다. 이번 지리산인문학대전의 발간을 통해 그 아쉬움을 만회하고자 합니다. 우리 연구원 선생님의 노고가 담긴 이 책을 통해 독자 여러분들이 지리산인문학에 젖어드는 계기가 되리라 기대합니다.

끝으로 이 책이 출간되기까지 수고해주신 본 연구단 일반연구원 선생님들, HK연구원 선생님들, 그리고 외부에서 참여해주신 필자선생님들께 깊이 감사드립니다. 또한 이 자리를 빌어 이러한 방대한 연구활동이 가능하도록 재정적 지원을 해주신 정민근 한국재단이사장님, 송영무 순천대 총장님과 권순기 경상대 총장님께도 고맙다는 말씀을 드립니다.

2015년 10월
국립순천대·국립경상대 인문한국(HK) 지리산권문화연구단
단장 강성호, 부단장 윤호진

| 서 문 |

우리 민족은 어려서부터 앞산과 뒷산을 오르며 수천 년을 이어왔다. 그 산은 우리 삶의 터전이었고, 마지막에 흙이 되어 돌아간 곳이기도 했다. 또 산을 오르는 그 길은 우리 민족의 역사적 현장이며 종교적 순례길이었다. 이러한 산 가운데 이 책에서는 지리산의 불교에 대해 이야기한다.

지리산은 다양한 역사문화유산을 남기고 있고, 지금도 우리는 그 인문적인 이야기를 감상하며 지리산을 오르고 있다. 특히 불교는 빼놓을 수 없는 지리산의 대표적 문화유산임에 틀림없다. 실상사, 화엄사, 천은사, 연곡사, 쌍계사, 단속사, 대원사 등 일일이 나열할 수 없을 만큼 많은 사찰들이 지리산을 에워싸고 있다. 폐사가 된 사찰까지 합치면 그 수는 더욱 늘어난다. 게다가 지리산을 둘러싸고 있는 10개 시군으로 그 범위를 확장하면 한국불교사를 논해야 할 만큼 많은 불교유적들이 산재해 있다.

그런데 우리는 그 지리산의 불교 이야기를 통시적이고 연계적으로 이해하고 있지는 못하고 있다. 관련 전공학자들이 각 사찰이나 승려에 대해 별도로 연구하여 발표한 논문들은 많지만 지리산 불교 이야기를 한 곳에 모아놓고 들여다 본 적이 없으므로 파편적인 지식만이 난무한 꼴이 되어버리고 만 느낌이다. 그 이유는 아마도 남원의 사찰과 하동의 사찰을 연계선상에서 읽어보지 못했고, 신라시대와 조선시대의 선사를 비교해보지 못한 탓일 것이다.

이 책은 지금까지 논의된 지리산권의 불교 연구를 한 자리에 올려놓고 읽어보기 위해 기획되었다. 신라시대 구산선문을 비롯하여 정혜결사의 사상, 그리고 조선시대 불서간행 및 유불교섭에 관한 논문을 실었다. 이렇게 한 곳에 모아놓고 보니 그동안 지리산 불교 연구가 얼마나 빈약했던가를 새삼 느끼게 된다. 그만큼 연구해야 할 과제가 많다는 말이기도 하다. 이 책을 통해 지리산권 불교 인문학의 현단계를 알게 되고, 또 연구자들이 향후 어떤 과제를 해결해야 할지 고민하는 계기가 될 것으로 생각된다. 더 나아가 대중을 위한 지리산인문학 가운데 불교인문학의 방향성도 함께 논의될 수 있을 것으로 기대한다.

2015년 10월
편집자

목차

—

신라시대 지리산권의 불사활동과 신행선사비의 건립

– 중대 말 하대 초의 정치변동과 관련하여 –

곽승훈

—

Ⅰ. 머리말

　신라 역사에 있어 성덕왕대가 전제왕권의 전성기를 구가하였다면, 경덕왕대는 그 기세가 꺾이는 시기였다. 바로 그 시기에 지리산권에서 새로운 불사활동이 일어나고 있다. 경덕왕의 총애를 받은 이순이 단속사를 창건하였으며, 화엄사에서 연기법사가 『화엄경』 사경을 하였으며, 석남사에서 법승 법연의 두 승려가 두온애랑의 뜻을 받들어 불상과 탑을 조성하였다. 또 경덕왕대에 왕경(경주)에서 활동하던 영재가 원성왕대에는 지리산에 들어와 은거를 하게 된다.

경덕왕대의 전제왕권은 진골귀족들의 저항을 받았는데, 결국 어린 혜공왕대에 반란이 일어나 붕괴되고, 하대 원성왕계의 신정권이 들어선다. 그런데 이 과정에서 불교계는 정치세력들과 연계되어 일정한 영향력을 행사하였던 것 같다. 이를 대비하고자 하대의 신정권에서는 승정기구인 정법전을 정비하여 불교교단을 통제하려 하였다. 하지만 승려들은 강하게 반발하여 나섰다. 이에 신정권은 신라 불교의 발전에 커다란 공헌을 한 열 분의 고승들을 선정 소조상을 만들어 흥륜사 금당에 봉안하는 한편으로 그들의 공덕을 기리는 추모비를 세우는 등 일련의 고승추모활동을 벌이어 불교계를 달래었다.

이처럼 전제왕권이 붕괴되는 무열왕계의 중대 말기로부터 새로 원성왕계의 신정권이 확립되는 하대 초기에 이르기까지 불교와 정치가 결합되어 혹은 맞물리기도 하고 혹은 대립되고 있었다. 바로 그러한 과정에서 지리산권에서 일어난 네 가지의 불사활동 사례는 주목하여 좋을 대상이 아닐 수 없다. 다른 지역에서는 잘 드러나지 않는 경우이기 때문이다. 그리고 단속사에는 신행선사의 공덕을 추모하는 비석이 세워지는 데, 이는 지리산권이 신정권에서 주목한 주요대상임을 잘 알려주는 것이 아닐 수 없다. 본 연구는 바로 그와 같은 점에 착안하여 정치변동과정에서 나타난 지리산권에서의 불사활동이 신정권에서 신행선사비를 건립하는 것과 어떠한 관련이 있는가를 알아보고자 하는 것이다.[1]

이를 위해 먼저 중대 말 하대 초에 일어난 불사활동을 검토하여 그 성

---

1) 단속사와 신행선사 및 비의 건립에 대해서는 다음의 글 참조(이외의 글들은 이어지는 주석 참조). 金光植, 「高麗崔氏武人政權과 斷俗寺」, 『建大史學』 7, 1989; 『高麗武人政權과 佛敎界』, 民族社, 1995; 추만호, 『나말려초 선종사상사 연구』, 이론과 실천, 1992; 呂聖九, 「神行의 生涯와 思想」, 『水邨朴永錫教授華甲紀念 韓國史學論叢』 上, 探求堂, 1992; 鄭善如, 「新羅 中代末 ·下代初 北宗禪의 受容 -丹城斷俗寺神行禪師碑文을 중심으로」, 『韓國古代史研究』 12, 한국고대사학회, 1997; 宋熹準, 「斷俗寺의 創建 이후 歷史와 廢寺過程」, 『南冥學研究』 9, 慶尙大學校 南冥學研究所, 2000.

격을 규명하고자 한다. 다음 신정권에서 고승추모활동을 추진하게 된 역사적 배경과 더불어 신행선사비를 건립하는 목적이 지리산권과 어떠한 관련이 있는가를 알아본다. 나아가 신행선사의 사상적 경향이 신정권이 추구하는 정책과 연관되는 점을 조명하여 본다. 끝으로 신행선사비의 건립이 갖는 역사적 의의를 정리하여 글을 맺고자 한다.

II. 지리산권의 불사활동과 그 성격

1. 단속사 창건

단속사는 경덕왕 7년(748)에 이순(준)이 창건한 절로 다음의 기록이 참고 된다.

A① 또 別記에 다음과 같이 있다. 경덕왕대에 直長 李俊-高僧傳에는 李純으로 되어 있다-이 있었는데, … 천보 7년 무자에 나이 50이 되자 槽淵小寺를 改創하여 큰 절로 만들고 斷俗寺라 이름지었다(『三國遺事』 5, 避隱 信忠掛冠).
② 大奈麻 李純은 왕의 寵臣이었는데 홀연히 하루 아침에 세상을 피하여 산으로 들어가서 여러 차례 불렀으나 나가지 않고 剃髮하고 중이 되어 왕을 위하여 단속사를 세우고 이에 居하였다(『三國史記』 9, 景德王 22년).

먼저 『삼국유사』의 기록으로부터 李純(俊)이 나이 50에 이르러 조연소사를 개창하여 단속사를 세우고 출가하여 거주하였음을 알 수 있다.[2] 다음 『삼국사기』에서는 이순의 단속사를 창건했을 때 발원의 하나가 국왕 곧 경덕왕을 위해 세운 것임을 알 수 있다.

2) 단속사의 창건자와 시기에 대한 『삼국사기』와 『삼국유사』의 두 기록이 서로 다른데, 이순이 경덕왕 7년(748)에 창건한 사실에 대해서는 李基白, 「景德王과 斷俗寺・怨歌」, 『新羅政治社會史研究』, 一潮閣, 1974, 219-223쪽 참조.

이순이 세운 단속사의 규모는 잘 알 수 없는데, 현재에는 金堂址 앞에 좌우로 3층석탑과 당간지주 등을 비롯한 일부 석조물만이 남아있다.[3] 금당 後壁에는 경덕왕의 眞影을 그려넣었다고 한다.[4] 이외에도 단속사에는 率居가 그렸다는 維摩像이 있었다고 傳하며,[5] 단속사에서 활동한 선종 승려인 神行禪師의 비문이 전한다. 신라시대에 세운 건물이 16세기 중반까지 남아 있었음이 확인되는데, 사천왕상이 그려진 사실로 보아 금당은 아니었을 것 같다.[6] 이로서 생각하면 이순이 처음 창건하였을 때에도 그리 작지는 않았을 것이다.

이순은 관등이 비록 5頭品이 오를 수 있는 최고 관등인 대나마에 머물렀으나 6두품으로 여겨지며, 경덕왕의 寵臣으로서 專制王權의 지지자였을 것이다.[7]

2. 화엄사『화엄경』사경

경덕왕대에 화엄사에서『華嚴經』(80권본) 寫經이 이루어진 것은 유물의

---

3) 국립창원문화재연구소,『山淸 斷俗寺址』, 國立昌原文化財硏究所, 2002, 17-38쪽 참조.

4) 경덕왕의 초상은『三國遺事』5, 避隱 信忠掛冠 條에 信忠이 모신 것으로 되어 있는데, 이것 역시 이순이 걸어놓은 것으로 보아야 할 것이다(李基白, 위의 글, 위의 책, 219-222쪽).

5)『三國史記』48, 列傳, 率居 및 李基白, 위의 글, 위의 책, 226쪽 참조.

6) "斷俗寺 … 寺在峯下 凡百有餘間 中大殿曰普光 景泰中重創寺 … 庭右有一閣 新羅所創 壁有四王畫像 金碧尙新 … 然四王眞 甚奇古 非道子畫 卽金生筆"(단속사 … 절은 봉우리 밑에 있다. 사옥이 모두 1백여 칸이나 되는데, 가운데 큰 법당이 보광전이다. 경태연간(1450-1456)에 이 절을 중창하였다. … 뜰 오른 쪽에 누각 하나가 있는데, 신라시대에 창건한 것이다. 그 벽에 사천왕의 화상이 있는데, 금빛 푸른빛이 아직도 선명하다. … 그러나 사천왕의 화상은 매우 기이하고 예스럽다. 도자의 그림이 아니면 바로 김생의 그림이리라.); 李陸,「遊智異山錄」,『靑坡集』; 최석기 외 역,『용이 머리를 숙인 듯 꼬리를 치켜든 듯』, 보고사, 2008, 18-19쪽; 宋喜準, 앞의 글, 416-424쪽 참조.

7) 李基白,「新羅 六頭品 硏究」,『省谷論叢』2, 1971; 위의 책, 45-46쪽 및 51-63쪽 참조.

일부가 발견되어 알려지게 되었는데,[8] 다음은 발문의 일부이다.

B 天寶 13년 갑오 8월 1일에 시작하여 을미년 2월 14일에 일부를 모두 다 이루었다. 조성한 발원은 皇龍寺의 緣起法師가 하시었으니, 첫째는 은혜를 주신 아버님의 願을 위한 것이며, 둘째는 法界의 일체중생이 모두 佛道를 이루게 하고자 함이다.[9]

위에서 『화엄경』의 사경은 천보 13년 곧 경덕왕 13년(754)에 시작되어 이듬해 2월 14일에 완성되었음을 알 수 있다. 사경의 이유는 첫째로 은혜를 주신 부친을 위함이고 다음으로 일체중생이 모두 佛道를 이루도록 하고자 하는 것이었다.

발원자인 연기법사는 화엄사의 創建祖師로서 烟氣(起)로도 알려진 인물이다. 그리고 이 사경을 발원한 해는 『華嚴寺事蹟』에서 화엄사가 重創되었다고 한 연대와 일치한다.[10]

화엄사의 창건과 중창에 대해서는 아직 정확한 내력을 밝히기는 어렵다. 현존하는 화엄사의 규모가 비록 훗날 壬辰倭亂을 겪은 뒤에 重修된 모습이지만 역시 작은 규모가 아님을 짐작할 수 있다. 따라서 화엄사의 중건이 연기법사 개인에 의해 이루어졌다고 보기에는 조금 어려운 점이 없지 않다. 그러므로 신라 華嚴十刹이 5岳을 중심으로 세워졌다는 점

---

8) 黃壽永, 「新羅 景德王代의 白紙墨書 華嚴經」 및 李基白, 「新羅 景德王代華嚴經 寫經 關與者에 대한 考察」, 『歷史學報』 83, 1976; 『韓國古代政治社會史研究』, 一潮閣, 1996; 文明大, 「新羅 華嚴經 寫經과 그 變相圖의 研究(1)」, 『韓國學報』, 一志社, 1979; 한국문화재연구회, 『新羅白紙墨書 大方廣佛華嚴經』, 문화재청, 2000 참조.

9) "天寶十三載甲午八月一日初 乙未載二月十四日 一部周了成內之 成內願旨者 皇龍寺 緣起法師爲內賜 第一恩賜父願內弥 第二法界一切衆生皆成佛道 欲爲以成賜乎"(「新羅 白紙墨字 大方光佛華嚴經 寫經 跋文」; 李基白 編, 『韓國上代古文書資料集成』, 一志社, 1987, 26쪽).

10) 黃壽永, 「新羅 景德王代의 白紙墨書 華嚴經」, 123-124쪽.

과,[11] 佛國寺와 石佛寺가 개인발원에 의한 것이지만 국가 理想에 부응했다는 점을 고려해 볼 때, 국가적 사업의 하나로 화엄사가 창건 혹은 중창된 것으로 생각해 볼 수 있지 않을까 한다.

연기의 신분이나 家系에 대해서는 알 수 없다. 그렇지만 황룡사 승려인점, 사경과 공양탑 등을 조성하는 여러 가지 사실과 다른 사례들로 미루어 보아 재력이 있는 6두품 이상의 귀족이 아닐까 한다.[12] 또 화엄사는 큰 규모의 사찰이었다. 따라서 연기는 황룡사에 籍을 두고 화엄사에 파견된 州統이었을지도 모르겠다.[13]

3. 석남사 비로자나불 및 3층 석탑 조성

다음은 경남 산청군 삼장면 소재 內院寺에 봉안되어 있는 毘盧遮那佛[14] 안에서 발견된 蠟石製石函에 새겨진 銘文이다.

> C 永泰 2년 병오 7월 2일 法勝·法緣 두 승려는 함께 받들어 돌아가신 豆溫愛郞의 발원을 위해 석비로자나불을 이루어 無垢淨光陀羅尼와 함께 石南巖藪 觀音巖 중에 두었다. 願하여 바라는 것은 두온애랑의 靈神이나 두 승려나 ……
> 일체 모두가 三惡道의 業이 소멸되고 비로자나로부터 곧 평등하게 깨닫고 세상을 떠나가기를 誓願하나이다.[15]

---

11) 李基白, 「新羅 五岳의 成立과 그 意義」, 『震檀學報』 33, 1972; 『新羅政治社會史研究』, 一潮閣, 1974, 210-214쪽.

12) 진골이 아니었다면 적어도 6두품에 해당하였을 것이라고 여겨진다.

13) 李基白·黃壽永, 「新發見 新羅 景德王代 華嚴經 寫經」, 『歷史學報』 83, 1979, 47쪽의 이기백 발언.

14) 이 불상은 內院寺 근처의 보선암지에서 반출된 것이라 한다. 자세한 경위는 朴敬源, 「永泰二年銘 石造毘盧遮那佛坐像」, 『考古美術』 168, 1985 참조. 그러나 본래의 절 이름은 銘文에 의해 석남사임을 확인할 수 있다. 불상의 조성과 양식에 대해서는 文明大, 「智拳印毘盧遮那佛의 成立問題와 石南巖寺毘盧遮那佛像의 研究」, 『佛教美術』 11, 東國大 博物館, 1992 참조.

15) "永泰二年丙午七月二日 釋法勝 法緣 二僧 幷內奉過去爲飛賜豆溫愛郞願爲 石毘盧

위 내용에 따르면 법승·법연 두 승려가 죽은 두온애랑의 발원을 받들어 석비로자나불과 무구정광다라니(곧 이 불경에 의거해 만든 석탑을 가리킴)[16]를 조성하여 봉안한 것으로 밝혀주고 있다. 따라서 원 시주자는 두온애랑임을 확인할 수 있다. 발원 내용은 비로자나불로부터 곧 평등한 깨달음으로 세상을 떠나도록 한다고 하였는데, 이 구절에서 '평등한 깨달음(等覺)'은 華嚴思想과 관련이 있는 것이다.[17] 이로써 보면 법승과 법연은 화엄종계의 승려였음을 알 수 있다.

두온애랑의 신분이나 가계에 대해서는 알 수 없지만, 이름에 '郞'의 명칭이 있는 것으로 보아 花郞이 아니었을까 생각된다. 이 같은 추론에 문제가 없다면 두온애랑은 화랑으로서 진골의 신분을 지녔음을 알 수 있다.[18]

4. 승려 영재의 지리산 은거

원성왕대에 승려 영재가 지리산에 은거한 사실이 찾아진다.

   D 승려 永才는 천성이 익살스럽고 사물에 얽매이지 않았으며 鄕歌를 잘했

遮那佛成內 無垢淨光陀羅尼幷 石南巖藪觀音巖中在內如 願請內者 豆溫愛郞靈神賜 那 二僧等那 … 一切皆三惡道業滅 自毘盧遮那佛是 等覺 去世爲 誓內之"(「永泰二年銘 毘盧遮那佛 造像記」; 駕洛國史蹟開發硏究院 編, 『譯註韓國古代金石文』3, 駕洛國史蹟開發硏究院, 1993, 316-317쪽 : 이하 『금석문』3'이라 약칭함).

16) 3층 석탑과 석등의 遺構도 함께 남아 있다(朴敬源, 「永泰二年銘 石造毘盧遮那佛坐像」, 1-3쪽). 이것으로 보아 석남사는 새로 지어진 절임을 짐작할 수 있다.

17) 文明大, 앞의 논문, 87-88쪽.

18) 두온애랑이 專制王權과 관련하여서는 어떠한 성격의 소유자였을까 하는 것은 판정을 내리기에는 어려움이 뒤따른다. 다만 그가 죽기 전에 절의 창건을 발원한 것으로 보아 그가 이전에 중앙에서의 政爭에 관여 하였을지도 모른다. 물론 이 경우도 정확한 상황을 파악하기에는 무리가 있다. 朴敬源은 소년이라는 추측을 해보았다(「永泰二年銘 石造毘盧遮那佛坐像」, 9쪽). 그러나 이 경우 소년과 승려 두 사람과의 관계가 전혀 해명되지 않는다.

다. 만년에 장차 南岳에 은거하려 하여 大峴嶺에 이르러 도적 60여 명을 만났다. 도적이 그를 죽이려 하니 영재는 칼날을 대하고서도 겁내는 기색이 없었으며, 화평한 태도로 대했다. 도적들은 이상히 여겨 그 이름을 물으니 영재라고 대답했다. 도적들은 평소부터 그의 이름을 들었으므로 이에 그에게 노래를 짓게 했는데 가사는 이렇다.

> 자기 마음에 형상을 알지 않으려 하던 날은,
> 멀리 □□ 지나쳤고 이제는 숨으러 가고 있노라.
> 오직 그릇된 파계주를 만나 두려워할 모습에 또다시 돌아가리.
> 이 칼이사 지나고 나면 좋은 날이 곧 샐 것이러니,
> 아아, 오직 요만한 善業은 새집이 안 됩니다.

도적들은 그 노래에 감동하여 비단 두 단을 그에게 주니 영재는 웃으면서 사절했다. "재물이 지옥으로 가는 근본임을 알고 바야흐로 깊은 산중으로 피해 가서 일생을 보내려 하는데 어찌 감히 이것을 받겠는가?"하며 그것을 땅에 던져버렸다. 도둑들은 그 말에 감동되어 모두 가졌던 칼과 창을 모두 버리고 머리를 깎고 영재의 제자가 되어 함께 智異山에 숨어 다시 세상에 나오지 않았다. 영재의 나이 거의 아흔이었으니 元聖大王의 시대이다(『三國遺事』 5, 避隱 8, 永才遇賊).[19]

위 내용에서 영재가 도적을 만난 대현령의 위치는 알 수 없다. 『신증동국여지승람』에 나타나는 바와 지리산으로 가는 길목인 점으로 미루어 볼 때 경주의 근처로서 청도 지역에 있는 한티재(大峴)로 여겨진다. 그가 향가를 잘했고, 그래서 도적들이 그 이름을 알고 있어 향가를 부르라고 하였기 때문이다.[20] 또한 그가 은퇴하러 간 시기가 원성왕대로 나이가 90이

---

19) 이 향가의 해석은 이재호의 번역에 따른 것이다(이재호 옮김, 『삼국유사 2』, 솔, 1997, 398-399쪽).
20) 成昊慶, 「향가 愚賊歌의 창작배경 고찰 -淸道郡 '大峴(한재)' 일대와 작품의 관

었으므로 그가 서울(경주)에서 활발하게 활동한 시기가 다름 아닌 경덕왕 대임을 알겠다.[21] 또 경덕왕은 두 해가 나타나자 月明師를 불러「兜率歌」를 지어 이를 물리쳤으며,「讚耆婆郞歌」로 유명한 충담사를 궁궐로 불러서는「安民歌」를 짓게 한 바가 있다.[22] 이로 미루어 볼 때 향가를 잘한 것으로 이름이 난 영재가 경덕왕과도 밀접한 관계였을 것으로 보아 그리 무리는 아닐 듯싶다. 이런 그가 신정권의 원성왕대에 지리산으로 은거하러 가는 모습은 단속사의 창건자로 경덕왕의 지지자였던 이순의 모습과 유사하다. 이로서 보면 그 역시 하대 전기의 신정권을 거부한 느낌이 든다.[23]

이상에서 중대 말 하대 전기에 걸쳐 지리산권에서 이루어진 불사활동의 사례를 살펴보았다. 이들 사례에서는 대체로 다음과 같은 특징이 나타나고 있다.

먼저 단속사의 창건은 경덕왕의 전제왕권을 지지하는 정치적 입장에서 발로된 것이었다. 원성왕대에 영재가 아흔의 나이에 지리산에 은거하는 것은 신정권의 활동을 마땅히 생각지 않는 그의 입장이 반영된 것으로 여겨졌다. 이런 점에서 영재는 경덕왕의 지지자로서 보아진다.

다음 화엄사의『화엄경』사경과 석남사의 비로자나불상 및 석탑의 조

련 양상을 중심으로」,『韓國學報』93, 一志社, 1998, 44-53쪽 참조.

[21] 원성왕대(785-789)를 790년대로 가정할 경우 경덕왕대는(742-764) 750년대가 되는데, 이 때 그의 나이는 50대 전후가 되어 원숙한 활동을 할 수 있던 시기다.

[22] 『三國遺事』5, 感通 7, 月明師兜率歌 및 同 2, 紀異 2, 景德王 忠談師 表訓大德.

[23] 60인의 도적을 화랑의 殘匪이거나 아니면 당시 정치권에 반대하는 반왕당파 세력으로 보는데, 더 좁히어 김주원계 세력으로 본 견해가 있다(朴魯埻,「遇賊歌에 나타나는 盜賊의 本體」,『語文論集』16, 고려대학교 국어국문학연구회, 1975, 91-99쪽). 이외「우적가」에 대해서는 다음의 글 참조. 權在善,「遇賊歌語釋考」,『三國遺事研究』上, 영남대학교 민족문화연구소, 1983; 金承璨,「遇賊歌 研究」,『新羅文化』7, 동국대 신라문화연구소, 1990; 申碩煥,「永才遇賊歌考」,『語學論誌』5, 창원대 어학연구소 1991.

성은 화엄사상에 입각한 것이었다. 이로서 이들 모두가 경덕왕의 전제왕권을 지지하는 입장에 있었다고 단정하기에는 어렵다. 하지만 화엄사상의 근본적인 취지가 일승사상에 있다는 점에서 대체로 그것을 지지하는 입장에 있었다고 보는 것이 보다 나을 듯싶다.[24)]

III. 신행선사비의 건립과 목적

중대 말기 전제왕권이 동요되면서 중앙귀족들이 지방에 이주하고, 더불어 佛事活動을 이루면서 귀족들과 사원이 결합되어 지방의 실력자로 부상하는 현상이 생겨났다. 그리하여 이들의 부상은 결국 혜공왕대의 왕위쟁탈전에 즈음하여 96 각간이 서로 다투고, 싸우게 되어 전국이 전란의 장으로 되는 결과를 가져오기도 하였을 것이다.[25)] 이에 따라 專制王權을 붕괴시키고 들어선 원성왕계의 新政權도 대책을 마련하지 않을 수 없었는데, 즉위한 원년에 시행한 정법전의 정비였다.[26)] 이를 정비한 의도는 무엇보다도 敎團의 통제를 강화하여 불교가 귀족세력들의 정치적 성장의

---

24) 당시에 신라인들이 지리산권을 주목하는 배경이나 이유에 대해서는 정확히 알 수 없다. 남악으로서 제사의 대상이었던 점으로 미루어 옛날부터 사람들이 신성한 곳으로 여겨온 때문에 자연 동경의 대상이 되었다고 생각해 볼 수 있다. 하지만 화엄사나 단속사의 경우 섬진강과 남강에 이르는 길이 그리 멀지 않다는 점을 주목하지 않을 수 없다. 지리산에 은둔한다고 하였으나, 여전히 속세와 연결되는 곳이었다. 이 점은 앞으로의 과제로 계속하여 살피고자 한다.

25) 곽승훈, 「新羅 中代 末期 中央貴族들의 佛事活動」, 『李基白先生古稀紀念 論叢』, 一潮閣, 1994; 『통일신라시대의 정치변동과 불교』, 국학자료원, 2002, 68-78쪽 참조.

26) 政官(혹은 政法典이라고 한다) 처음에는 大舍 1인 史 2인으로써 한 官司를 삼았는데, 元聖王 원년에 이르러 처음으로 僧官을 두고, 승려 중에서 才行이 있는 자를 선택하여 충당하였다. 무슨 까닭이 있으면 교체하고, 정해진 연한이 없다 (중략) 少年書省은 2인이니 원성왕 3년에 惠英과 梵如의 두 법사로서 이를 삼았다(『三國史記』 40, 雜志 9, 官職 下).

근거지가 되는 것을 막고자 하는 데에 뜻을 두고 있었을 것이다. 또 정법
전의 승관에 임명되는 승려들은 화엄종 교학에 밝았는데, 이는 속인들이
담당하던 업무를 승려가 대신하면서 혹 생겨날 교리 논쟁에 대비하려 한
것이라 여겨진다.[27]

그러나 이 같은 통제에 대해 불교계가 흔쾌히 받아들일 이유는 없었던
것 같다. 이에 대해 승려들은 강력하게 반발하여 나섰다. 이것은 元聖王
代에 國師로 봉해진 緣會가 지은 「朗智傳」을 비롯하여 「慈藏傳」·「曉師行
狀」·「良志傳」 등 다수의 僧傳에 반영된 내용에서 짐작해 볼 수 있다.[28]

이처럼 하대에는 貴族勢力들과 결합하는 불교에 대한 新政權의 통제와
불교계의 계속적인 반발이 일어나는 등 상황이 복잡하게 얽히어 나타나
고 있었다. 이것은 결국 중대 말 하대 초를 지나오는 과정에서 정치와 불
교가 결합되어 발생한 혼란으로 보아진다. 그리고 이 문제는 곧바로 시정
되지 못하고 오래 계속되어졌다. 이차돈에 대한 추모가 혼백이 출현한 후
50년 여 뒤에 와서야 행해지기 때문이다.[29] 따라서 불교계의 국가에 대한
시정요구는 이즈음까지 계속되었다고 보여지는 바, 그것은 불교계 전체

---

27) 곽승훈, 「新羅 元聖王의 政法典 整備와 그 意義」, 『震檀學報』 80, 1995; 위의
책, 111-116쪽.

28) 곽승훈, 「統一新羅時代 僧傳 著述의 流行과 그 意義」, 『韓國學報』 69, 一志社,
1992;『신라고문헌연구』, 한국사학, 2005 참조.

29) 저 法興王이 즉위한 大同 15년 乙未 이래로 지금 唐 永泰 2년 丙午에 이르기
까지 253년이다. 이 때 老魄이 채찍을 들고 배회하며 邑際에 이르러 옛 무덤
을 바라보니(「栢栗寺 石幢記」, 『금석문』 3, 283쪽). 이 내용은 元和 13년(憲德
王 10년 818)에 異次頓을 추모한 石幢記에 실린 것이다. 이차돈이 殉敎한 때는
법흥왕대이고 추모 사업이 행해진 해는 元和 13년이다. 여기에는 唐 영태 2년
(惠恭王 2년 766)에 이차돈의 옛 무덤 근처에서 어떠한 일이 있었음을 기록한
것인데, 이 해는 大曆 3년(혜공왕 4년 768) 신라의 귀족들이 심한 다툼을 벌
였던 2년전 이다. 아마도 이 해에 변란에 앞서 어떠한 祥瑞가 나타났다고 보
아진다. 그런데 이 일이 있은 후 두 혼백에 대한 위로를 50여 년이 지난 헌
덕왕대에 이르러 행하고 있다. 이는 문제에 대한 해결이 쉽지 않았던 상황을
짐작케 한다.

의 공통된 입장 외에 개별적인 입장도 있었으므로 이를 일시에 조절하기 어려움이 많았음을 짐작케 해준다.

이에 따라 신정권에서는 불교계를 달랠 방법을 모색하게 되었다. 신라 국가의 발전에 있어 불교가 공헌을 한 것은 삼국통일과정에서 정신적 단결에 기여한 것이다. 당시의 불교는 호국불교로 이어졌고, 화랑제도의 도입 등에 많은 공헌을 하였다. 그러므로 신라 불교의 발전에 공헌한 승려들을 선양할 필요를 느끼게 되었다.

이를 위해 벌인 사업이 바로 고승추모활동이었다. 그 결과 신라 불교의 첫 요람인 흥륜사 금당에 열 분의 성인을 봉안하게 되었던 것이다.[30] 여기에서 아도와 위촉(염촉)은 불교의 초전자로서 인정되었고, 자장은 계율종 의상과 표훈은 화엄종 안함은 알기 어렵고, 원효를 위시하여 나머지 네 분은 정토신앙을 봉행한 고승들이다. 그리고 초전자와 경덕왕대에 활동한 표훈을 제외하고 나면 모두가 신라의 삼국통일을 전후로 활동한 성인들이다. 이는 통일을 전후로 하여 불교가 신라의 발전에 지대한 공헌을 이루었던 점을 인정한 것이다. 여기서 신라 중대에 활동한 고승들이 대체로 제외된 것은 위에서 살핀 바 불교가 귀족세력과 결합되면서 일어난 정치적 폐단 때문일 것이다. 따라서 그 이전의 초심으로 돌아갈 필요가 있었고 그래서 이를 강조하려는 의도가 없지 않은 것 같다.

이 같은 신정권의 고승추모활동은 다음과 같이 추모비의 건립으로도 나타났다.[31]

---

30) 동쪽 벽에 앉아 서쪽으로 향한 진흙 塑造像은 我道·猒髑·惠宿·安含·義湘이요, 서쪽 벽에 앉아서 동쪽으로 향한 진흙 소조상은 表訓·蛇巴·元曉·惠空·慈藏이다(『三國遺事』3, 塔像 4, 東京 興輪寺 金堂十聖).

31) 곽승훈, 「신라 하대 전기 고승추모비의 건립」, 『한국고대사연구』 25, 2002; 『통일신라시대의 정치변동과 불교』, 국학자료원, 2002, 149-161쪽 참조. 위 표에서 하대 전기라 한 것은 대체로 원성왕대-흥덕왕대로 넓게 범위를 잡은 것이다. 보다 엄밀히 살핀다면 김언승이 이 사업을 주도하는 것에서 미루어 애장왕대-헌덕왕대로 좁혀질 수 있다. 이에 대해서는 韓基汶, 「新羅下代 興輪寺

<표 1> 통일신라시대 건립 고승추모비 일람표

비 명 (주요활동기)	찬술자	건립 시기 (추정)	근거	비고
「我道和尙碑」 (未鄒王代)	韓奈麻 金用行	(中代)	『三國史記』 4, 法興王 15년 『三國遺事』 3, 阿道基羅 同, 原宗興法猒髑滅身 『海東高僧傳』 1, 法空傳	흥륜사 금당십성
「誓幢和上碑」 (文武王代)	승려 △ 초고 유학자 改撰?	哀莊王代 (800~808)	유물 일부 현존	흥륜사 금당십성
「神行禪師碑」 (景德王代)	國相 兵部令 金獻貞	憲德王 5년 (813)	『大東金石書』 탁본 『海東金石苑』 탁본	禪宗
「異次頓殉敎碑」 (法興王代)	승려 一念 초고 유학자 改撰?	헌덕왕 10년 (818)	유물 현존	흥륜사 금당십성
「安含碑」 (善德王代)	翰林 薛某	(下代 전기)	『해동고승전』 2, 安含傳	흥륜사 금당십성
「孚石本碑」 (문무왕대)		(하대 전기)	『삼국유사』 3, 前後所將舍利	흥륜사 금당십성
「勝詮碑」 (문무왕대)		(하대 전기)	『삼국유사』 4, 勝詮髑髏	華嚴宗
「憬興碑」 (神文王代)	승려 玄本	(하대 전기)	『삼국유사』 5, 憬興遇聖	法相宗

먼저 주목되는 것으로 위에서 살핀 흥륜사 금당에 소조상을 봉안한 십성들에 대한 추모비가 있음을 알게 되는데, 이는 비석을 세워 그 사상적인 내용을 담는 것으로 결코 단순한 추모활동이 아니었음을 가르쳐준다.[32] 다음 십성에서 제외된 다른 승려들로 화엄종의 승전법사 법상종의 경흥국로 선종의 신행선사가 주목된다. 이는 위 십성이 갖는 한계 즉 종파적 편향을 보완하려고 한 때문이라고 판단된다.

와 金堂 十聖의 性格」, 『新羅文化』 20, 2002, 171-195쪽 참조.

[32] 金煐泰, 「新羅十聖考」, 『韓國學研究』 2, 東國大 韓國學研究所, 1977; 『新羅佛敎研究』, 民族文化社, 1987; 곽승훈, 「新羅 下代 前期 興輪寺 金堂 十聖의 奉安과 彌勒下生信仰」, 『韓國思想史學』 11, 韓國思想史學會, 1998; 위의 책, 참조.

여기서 승전법사에 대한 추모비는 김천의 갈항사지에 있었던 것으로 이는 원성왕 외가의 원찰임이 확인되고 있다.[33] 따라서 그에 대한 추모는 자연스럽게 선정될 수 있었을 것이다. 다음 경흥은 문무왕의 유조에 따라 신문왕대에 國老로 봉해질 정도로 이름이 있었다.[34] 경흥은 법상종 승려로 구백제 출신이었으므로 구백제계인들까지 고려한 대상으로 선정되었을 것이다. 이런 점에서 보다 주목되는 것이 신행선사에 대한 추모활동이다. 이 비는 이후 선종 승려들이 입적한 뒤 세워지는 비석들의 모범이 되었다. 고려시대에는 각 종파별로 승려들의 공헌을 살피어 비석을 세워주었는데, 신라에서는 〈표 1〉의 추모비들을 제외하고는 선종 이외의 종파 승려들을 대상으로 비석을 세운 사례를 아직까지는 확인되는 바가 없을 정도이다. 따라서 이 때 신정권에서 신행선사에 대한 추모비를 건립하는 의도가 궁금하지 않을 수 없다.

이같은 고승추모활동을 추진한 것은 하대의 신정권으로서 국가가 주체였다. 하지만 이를 주도한 사람은 각간 김언승으로서 곧 후일의 헌덕왕임이 여러 사실들을 통해 확인된다. 그는 어린 조카인 애장왕 섭정으로서 실권을 행사하였는데, 바로 그 시기에 「서당화상비」를 건립하고 있다.[35] 특히 이 비문에는 원효의 화쟁사상을 추모하는 내용이 담겨 있음을 주목하지 않을 수 없다. 이는 당시의 정치적 혼란과 관련지어 볼 때 불교와 정치의 화쟁이 절실하게 필요했던 사정을 짐작케 해준다.[36]

---

33) "二塔 天寶十七年戊戌中立在之 娚姉妹三人 業以成在之 娚者 零妙寺言寂法師在旀 姉者 照文皇太后君妳在旀 妹者 敬信太王妳在也"(「葛項寺 石塔記」, 『금석문』 3, 277쪽).

34) 『三國遺事』 5, 感通 憬興遇聖.

35) '角干金彦昇公 海岳精乾坤秀 承親·‥心委命 志在虔誠 尊法重人(「高仙寺 誓幢和上碑」, 『금석문』 3, 6쪽) 및 『三國史記』 10, 哀莊王 즉위조. 표 1) 참조; 金相鉉, 「新羅 誓幢和上碑의 再檢討」, 『蕉雨 黃壽永博士古稀紀念論叢』, 通文館, 1988; 곽승훈, 「哀莊王代 誓幢和上碑의 建立과 그 意義」, 『國史館論叢』 74, 1997; 『新羅 金石文研究』. 韓國史學, 2005, 130-131쪽.

이어 그는 애장왕을 시해하고 헌덕왕으로 즉위하게 되는데, 이후에도 추모사업은 계속되어졌다. 그 결과「신행선사비」를 세우고 이어「이차돈 순교비」를 세우게 된다.「신행선사비」는 법상종의 경흥 화엄종의 승전이 있는 것에서 보아 우선 선종 승려에 대한 포용이었다고 여겨진다. 이어 「이차돈순교비」에서는 불교를 처음 전파하고자 했던 법흥왕과 이차돈 두 혼백의 대화를 담아 불교 초전 당시의 초심으로 돌아가고자 하는 의도를 나타내었다.

그런데 당시 선종은 중앙이 아닌 지방에서 발전하고 있었고, 기성교단 의 권위를 벗어나는 취지가 강조되었으므로 그 이상의 목적이 있었다고 보아진다. 더욱 앞서 살핀 것과 같이 단속사는 물론 지리산권에서 불사활 동이 이루어진 사례들이 대체로 친경덕왕 성향의 인물들이었으므로 신정 권으로서는 부담을 갖지 않을 수 없는 대상들이었다.

하대를 연 원성왕계의 신정권에서는 적지 않은 정치적 부담이 있었 는데, 그것은 다름 아닌 중대 말 하대 초 왕위계승의 우선순위문제이다. 이 때 원성왕은 무열왕계의 김주원보다 아래였지만 군신들의 추대를 받 아 왕위에 오르게 된다.[37] 그 결과 김주원계로부터 보이지 않는 알력을 겪게 되었다. 더욱 헌덕왕이 애장왕의 섭정으로 활동하였으므로 반대파 로부터 정치적 견제를 받기 이르렀던 것 같은데, 이는 결국 그가 조카를 시해하고 왕위에 오르는 사실에서 짐작할 수 있다. 하지만, 이로서 반대 파들로부터 의롭지 못한 국왕으로서 비판을 받는 대상이 되지 않을 수 없었다.

이에 따라 헌덕왕은 반대파들의 움직임에 대해 주도면밀하게 움직였

---

36) "就中十門論者 … 空空之論雲奔. 或言我是 言他不是 … 遂成河漢矣. … 譬如靑藍 共體 氷水同源, 鏡納萬形 … 通融 聊爲序述, 名曰 十門和諍論"(「高仙寺 誓幢和上 碑」,『금석문』3, 6쪽); 곽승훈, 위의 글, 145-152쪽.

37)『三國史記』10, 元聖王 원년 및『三國遺事』2, 紀異 원성왕 조.

다. 그래서 다음과 같이 반대파의 대표 인물인 김헌창을 중앙의 직무에 두지 않고 지방의 장관에 발령하여 정치적 세력의 확장을 못하게 하였다.

> F 5년(813) 봄 정월에 이찬 憲昌을 무진주 도독으로 삼았다.
> 6년(814) 가을 8월 무진주 도독 헌창이 들어와 시중이 되었다.
> 8년(816) 봄 정월에 시중 헌창을 내보내 菁州 도독으로 삼고 璋如를 시중으로 삼았다.
> 13년(821) 여름 4월 시중 金忠恭이 죽었으므로 이찬 永恭을 시중으로 삼았다. 청주도독 헌창을 웅천주 도독으로 바꾸었다.[38]

김헌창은 헌덕왕 5년에 무진주도독으로 나아간 뒤 이듬해 시중이 되어 중앙의 정계에서 중요한 지위를 차지하였다. 하지만 다시 1년 여 뒤 임기를 제대로 마치지 못하고 菁州(지금의 진주)도독에 임명되고 다시 웅천주 도독으로 옮겨졌다.[39] 이는 그를 계속해서 지방장관으로 보내어 중앙에서의 성장을 막고자 하는 것이었다.

무진주의 근무는 지리산권 서부 지역으로 중앙의 정치무대와 다소 떨어진 셈이 된다. 하지만 이는 구백제지역으로 신라에 반기를 들 수 있는 곳이었다는 점에서 주시하지 않을 수 없었다. 청주에서는 5년 4개월여를 근무하였다. 이는 장기 근무를 통하여 지역사정에 밝을 수 있었고 자신에게 친근한 세력을 기를 수 있는 배경을 마련해주는 것이 아닐 수 없다. 더욱 구가야권으로 반신라적 정서가 없지 않은 곳이어서 주목된다.[40]

---

[38] "五年, 春正月, 以伊飡憲昌爲武珍州都督. 六年 秋八月, 武珍州都督憲昌, 入爲侍中. 八年 春正月, 侍中憲昌出爲菁州都督, 璋如爲侍中. 十三年, 夏四月, 侍中金忠恭卒, 伊飡永恭爲侍中, 菁州都督憲昌, 改爲熊川州都督"(『三國史記』10, 憲德王).

[39] 청주는 10개 군을 관할하는데, 州治는 지금의 진주지역이다.

[40] 혜공왕 15년(779)에 金庾信의 魂魄이 味鄒王陵에 나타나 후손들이 죄 없이 죽음을 당한 것에 대해 신라를 떠나겠다는 불만을 미추왕의 혼령에게 토로하였는데, 왕이 이를 듣고 두려워하여 金敬信(뒤의 원성왕)을 보내어 김유신의 능

이에 따라 헌덕왕은 그를 웅천주로 전임시키게 되었다. 이는 청주가 揷良州보다 떨어져 있으나 수도 경주에 비교적 가까운 위치였기 때문이다. 그래서 멀리 떨어진 웅천주로 개임시킨 것이었다. 물론 이곳 또한 구백제 지역이어서 반신라적 정서를 가진 곳이 아닐 수 없었을 것이다. 중앙에서의 정치적 성장을 막고자 한 것이었으나, 반대로 지방에서의 성장을 막을 수는 없었다. 결국 이 같은 김헌창의 지방관 근무는 후일 그가 난을 일으킬 때 주요한 기반이 되었다.

다음으로 단속사의 정치적 입장이다. 단속사를 창건한 이순은 경덕왕의 지지자였다. 말하자면 하대 신정권의 입장에서 볼 때, 이들은 자연 반대파의 위치에 서게 되는 것이다. 또한 단속사가 속세와 단절한다고는 하나 위치가 깊은 산 속에 있는 것도 아니었다. 남강과 진양호에 이르는 길이 그리 멀지 않으며, 따라서 청주의 중심지인 지금의 진주 지역을 접근하는 데 별다른 어려움이 없다. 그리고 사상적 경향에 있어서도 선종이라는 점이 부담을 갖지 않을 수 없는 것이었다. 이로 미루어 볼 때 단속사는 신정권에서는 주시해야 할 관심의 대상이 아닐 수 없었을 것이다.[41]

에 가서 사과케 하고 福田을 바쳐 冥福에 도움되게 한 사실이 있다(『三國遺事』 1, 紀異, 未鄒王竹葉軍 및 『三國史記』 43, 金庾信傳 下). 이는 혜공왕대의 변란 과정에서 희생된 김유신의 자손들에 대한 伸冤運動이 일어났고 또 그것이 해결되어 가는 과정을 말하여 준다(李基白, 「新羅 惠恭王代의 政治的 變革」(『社會科學』 2, 1958; 『新羅政治社會史研究』, 一潮閣, 1974, 247-252쪽). 더불어 후일 흥덕왕이 김유신을 興武大王으로 추봉한 사실은 이를 뒷받침 한다(『삼국사기』 42, 김유신전 하). 이는 결국 구가야권이 신정권의 대우에 따라 언제든지 반대의 입장으로 돌아설 수 있을 것임을 시사한다. 이에 따라 신정권은 김헌창의 부임에 앞서 신행선사비를 건립하여 단속사에 우호적 입지를 다져 놓고자 한 것 같다. 이런 까닭에 김헌창을 청주지역에 장기간 묶어둘 수 있었다고 여겨진다.

[41] 청주 지역에서 단속사가 차지하는 비중이 중요한 것은 고려 무인정권 시기에 최이의 아들인 만종이 주지가 되어 횡포를 부린 사실로 미루어 추측해 볼 수 있다(宋熹準, 「斷俗寺의 創建 이후 歷史와 廢寺過程」, 『南冥學研究』 9, 慶尙大學校 南冥學研究所, 2000, 409-415쪽; 金光植, 「高麗崔氏武人政權과 斷俗寺」, 『建大史學』 7, 1989; 『高麗武人政權과 佛敎界』, 民族社, 1995, 273-291쪽).

더욱 경덕왕대에 이미 향가를 잘하여 이름이 있었던 영재도 원성왕대에 들어와 지리산 속에 은거하였다. 그가 은거한 때가 만년이고 향가를 잘하여 도적들조차도 그의 이름을 들을 정도였으므로 신정권에서는 지리산권 역시 관심의 대상이 아닐 수 없었을 것이다. 그가 은거한 위치가 지리산권의 어느 쪽이었는지 정확히 알 수 없다.

물론 헌덕왕대에는 신행이나 영재 모두 생존하지 않았다. 따라서 그들의 영향이 그리 강하게 나타났는지는 알 수 없다. 하지만 이는 앞서 살핀바 「이차돈순교비」의 내용 즉, 영태 2년 법흥왕과 이차돈의 혼백이 출현하여 대화를 한 것에 대한 추모를 50년이 넘은 헌덕왕대에 비로소 비석을 세운 사실을 염두에 두고 보면 그리 무리가 아닐 듯싶다.[42] 이는 영태 2년 무렵의 정치 혼란이 헌덕왕대에도 계속하여 영향을 끼치고 있음을 알려주는 것이기 때문이다. 이런 점에서 신행이나 영재가 입적하였지만 그 영향이 계속 이어졌다고 보아 그리 무리가 아닐 듯싶다.[43]

그러므로 신정권에서는 그 후속세대들이 김헌창 세력과 연계되는 것에 우려를 하지 않을 수 없었다고 여겨진다. 이에 따라 신정권은 그들을 회유할 필요가 있었다. 결국 적절한 방법의 하나로 신행의 사상을 기리는 추모비를 세우고자 하였던 것이다. 신행이 선택된 것은 그가 멀리는 왕족 출신이고, 선사 안홍 형의 증손이라는 점이 중요하게 작용하였을 것이다.[44] 그런데 안홍은 흥륜사 금당에 봉안된 십성중의 한 분인 안함 성인과 동일인으로 파악되고 있다.[45] 따라서 신행은 신정권과 연계된 인물임

---

42) 앞의 주 29 참조.

43) 신행의 경우 제자인 삼륜선사의 발원으로 추모비가 세워진다. 따라서 신행의 영향이 헌덕왕대에도 여전히 미치고 있음을 자연히 알겠다. 더욱 뒤의 Ⅳ장 참조.

44) "禪師俗姓金氏東京御里人也級干常勤之子先師安弘之兄曾孫"(「斷俗寺 神行禪師碑」, 『금석문』 3, 18쪽).

45) 안함과 안홍이 동일인임은 상세히 고증되었으므로 여기서는 별도의 설명을 하지 않는다(辛鍾遠, 「安弘과 新羅佛國土說」, 『新羅初期佛敎史硏究』, 民族社, 1992,

을 생각지 않을 수 없다.[46] 이로서 신정권은 지리산권과 청주 지역으로 부터 우호적인 후원세력을 확보하는 계기가 되었다.

이 점은 다음과 같이 김헌창의 난이 일어난 뒤 지리산권을 둘러 싼 주변 지역의 대응에서 짐작이 가능하다.

G 14년(822) 3월에 웅천주 도독 헌창이 그의 아버지 周元이 왕이 되지 못한 것을 이유로 반란을 일으켜 나라 이름을 長安이라 하고, 연호를 세워 慶雲 원년이라 하였다.

무진주, 완산주, 菁州, 사벌주의 네 주 도독과 국원경, 서원경, 금관경의 仕臣 및 여러 군·현의 수령들을 위협하여 자기 소속으로 삼으려 하였다. 청주 도독 向榮이 몸을 빠져나와 推火郡으로 달아났고 한산주, 우두주, 삽량주, 패강진, 북원경 등은 헌창의 반역 음모를 미리 알고 군사를 일으켜 스스로 지켰다. 18일에 완산주 長史 崔雄과 州助 아찬 正連의 아들 令忠 등이 서울로 도망해 와 그 일을 알렸다. 왕은 곧 최웅에게 급찬의 관등과 速含郡 태수의 관직을 주고 영충에게는 급찬의 관등을 주었다. (중략)

이 때 헌창은 그의 장수를 보내, 요충지를 차지하고 관군을 기다렸다. 張雄이 적병을 道冬峴에서 만나 격파하였다. 衛恭과 悌凌은 장웅의 군사와 연합하여 三年山城을 공격하여 승리하고, 속리산으로 진군하여 적병을 격멸하였다. 균정 등은 星山에서 적과 싸워 격멸시켰다. (중략) 歃良州의 屈自郡은 적군에 가까이 있었으나, 반란에 물들지 않았으므로 7년간의 조세를 면제해 주었다(『三國史記』10, 憲德王 14년).

여기에서 주목되는 것은 무진주, 완산주, 청주, 사벌주의 네 주 도독과 국원경, 서원경, 금관경의 사신들이 협박을 당하였다고 하나 이들은 이미

232-237쪽).

[46] 신행선사가 경덕왕의 총신 이순이 세웠으므로 신정권과는 반대의 입장에 있었다고 볼 수 있겠다. 그렇지만 김주원 역시 경덕왕과는 반대의 입장에 있었으므로 제자인 삼륜선사가 김헌창을 지지해야 하는 입장에 서 있을 필요 또한 없었다.

협력을 약속하였던 것 같다. 이 난은 9주 5소경 및 패강진 가운데, 한산 우두 삽량 패강 등만이 가담을 않고 있었다.

완산주는 도독이 응하였으나 하급관리인 장사와 주조는 도망하여 가담하지 않았다. 반대로 청주 지역은 도독 향영만이 도망하였다고 되어 있는데, 이는 휘하의 지방 세력들은 가담하였음을 의미한다. 이곳에서 김헌창이 5년여를 근무하면서 그들을 잘 포섭한 때문일 것이다. 하지만 이곳에서는 도독이 움직이지 않은 때문인지 커다란 힘을 발휘하지 못하고 있다. 전투는 성산 즉 지금의 성주와 도동현 즉 지금의 영천 지역에서 벌어지나 패배한다. 청주의 군사가 어디로 움직였는지 정확히 단정하기 어렵지만, 남강을 돌아 낙동강으로 나아가 북상하는 것이 좋다. 그런데 이는 굴자군 곧 지금의 창녕 지역이 반란에 가담하지 않아 막혀 활동을 제대로 못하였던 것 같다. 뒤에 창녕군이 조세를 7년간을 면제받는 것에서 보아 이들의 저지가 중요했음을 알겠다. 이에 북쪽으로 군사를 움직였다면 무진주 즉 지금의 광주에서 남원을 지나오는 병력과 합세하였을 가능성이 높은데, 결국은 정부군에게 패배를 당하였다. 어떻든 이는 지리산권에서 움직인 군대의 성세가 그리 세지 못하였음을 알려주는 것이 아닐 수 없다.[47] 이런 점에서 신정권이 단속사에 신행선사에 대한 추모비를 세우고 지원한 것은 기대 이상의 소득을 얻게 되었다고 볼 수 있다.

김헌창의 난은 국호를 새로 세우고 일어난 것으로 실제 그 규모나 성격면에서 커다란 전란과 마찬가지였다. 이는 이전처럼 중앙귀족들 내에서의 반란이 아니고 중앙의 귀족세력과 지방세력의 충돌이었다.[48] 그런데 지방 세력들의 대부분은 예전의 신라를 제외한 나머지였다. 이로서 구

---

47) 당시 반란군들의 상황에 대해서는 다음의 내용 참조. 朴勇國, 「新羅 憲德王代 金憲昌의 亂과 진주지역」, 『퇴계학과 한국문화』 37, 2005, 249-279쪽; 朱甫暾, 「新羅 下代 金憲昌의 亂과 그 性格」, 『한국고대사연구』 51, 2008, 233-279쪽.

48) 위의 글 참조.

백제는 물론 구가야 지역의 향배는 신정권만이 아니라 신라 통일 정권이 풀어야 할 숙제였다. 그리하여 이후 지리산권 지역은 신라 정부로부터 주목을 받게 되었다. 신정권은 여러 가지 적극적인 대책을 세우는데, 그 가운데 하나가 바로 불교를 통한 유화책의 사용이었다.

> H 태화 7년 3월 일 菁州 蓮池寺 종을 이루었다. (중략) 成典 和上은 惠門 법사와 □惠 법사이다. 상좌는 則忠 법사이며, 都乃는 法勝 법사이다. 卿인 村主는 三長 급간과 朱雀 대나마이며, 作韓舍는 寶淸 군사와 龍年 군사이다. 史六□는 三忠 사지 行道 사지 成博士는 安海哀 대사와 哀忍 대사이다. 이때의 주통은 황룡사의 覺明 화상이다.[49]

H는 태화 7년(833)에 菁州(지금의 진주) 지역의 연지사에서 범종을 조성하고 그 일을 맡았던 승려와 俗人들의 이름을 기록한 것이다. 내용을 보면 주종사업의 최고 책임자로서 和上인 혜문법사 등이 있고, 또 村主들이 나서서 일을 도운 것으로 되어 있다. 시주자에 대해서는 밝히고 있지 않은데 촌주 이하 속인 모두가 아니었을까 한다.

그런데 주목되는 것은 성박사와 주통 각명화상이다. 우선 성박사는 주종 기술을 가진 박사로 이들은 아마도 중앙에서 파견된 장인으로 판단된다. 이는 주종과 같이 또 다른 고도의 기술이 요구되는 것은 중앙과의 협조가 없을 때에는 좀처럼 쉬운 일이 아니었을 것이기 때문이다. 주통은 이 지역에 파견된 승관인데, 주요 사업에는 이들이 파견된 사실이 확인되고 있다.[50] 이들 모두는 중앙의 명령을 받고 일을 수행한 것 같은데, 결

---

49) "太和七年三月日 菁州蓮池寺鐘成內節. (중략) 成典和上 惠門法師 □惠法師 上坐 則忠法師. 都乃 法勝法師 卿村主 三長及干 朱雀大乃末 作韓舍 寶淸軍師 龍年軍師 史六□ 三忠舍知 行道舍知 成博士 安海哀大舍 哀忍大舍 節州統 皇龍寺 覺明和上"(「蓮池寺鐘銘」; 『금석문』 3, 397-398쪽).

50) 이와 관련하여 경기도 안양의 경우도 주목된다("寶曆 二年 丙午 八月朔六辛丑 日 中初寺 … 丁未年 二月卅日成之 節州統 皇龍寺 恒昌和上 上和上 眞行法師

국 이 사업은 중앙정부로부터 지원을 받고 진행된 것임이 짐작된다. 이를 지원한 것은 아무래도 김헌창 난 때의 진주지역 동향과 관계가 깊은 것이 아닐 수 없다.

다음 남원지역에 홍척선사가 들어와 실상사를 창건하고 남종선을 펼치었는데, 그 세가 자못 컸었던 것 같다. 흥덕왕과 宣康太子가 그를 궁궐에 초빙하여 설법을 듣고 귀의하여 제자가 된 사실과, 이를 두고 당시에는 "北山에는 道義요 남악에는 홍척"이라는 말이 돌은 사실에서 짐작할 수 있다. 이후 실상사에는 수철화상이 주석하면서 계속하여 선풍을 이어 나갔다.[51]

흥덕왕은 헌덕왕의 동복형제로 형과 함께 애장왕을 시해하고 형을 이어 나란히 왕위에 올랐다. 따라서 그가 홍척의 실상사 개창을 도와주고 또 왕자와 함께 수계를 받고 제자가 되는 것은 신정권이 지리산권에 많은 관심을 쏟고 있었음을 잘 알려주는 것이다.[52]

신정권이 이처럼 지리산권을 중시한 것은 주로 정치적인 이유 때문이었을 것이다. 하지만 이는 또한 국가에서 선종을 공인한다는 의미를 부여한 것이 되었다. 그 결과 이후 신라사회에서 선종이 널리 확산될 수 있었다. 이로 미루어 보건대, 헌덕왕대 신행선사비의 건립은 신라 사회에 선종이 널리 퍼지는 출발점이 아닐 수 없다. 바로 그러한 점에서 역사적 의의가 또한 있는 것이다.

(하략)", 「中初寺 幢竿石柱記」, 『금석문』 3, 285쪽). 생략된 내용은 작업에 임한 직책과 그 담당자들의 인명인데 모두가 승려이다. 여기서도 주통이 파견되어 감독을 하였다. 한산주 도독 김범문의 반란 등과 연계해보면 중앙의 지원이 바탕이 되어 이루어진 것으로 연지사종의 경우와 비슷한 성격을 가진 것으로 보여진다.

[51] "新羅洪直禪師法嗣二人 興德大王 宣康太子"(『景德傳燈錄』 11) 및 北山義 南岳陟(「鳳巖寺智證大師塔碑銘」). 高翊晋, 「新羅 下代의 禪 傳來」, 『韓國古代佛敎思想史』, 동국대학교 출판부, 1989, 489-490쪽.

[52] 앞서 언급하였듯이 흥덕왕이 김유신을 흥무대왕으로 추봉한 것 역시 마찬가지로 볼 수 있다(주 40) 참조).

IV. 신행선사의 사상적 경향과 신정권

이처럼 국가가 나서서 신행선사비를 건립하는 것은 그의 사상적 경향이 나라에서 추구하는 방향과 일치한 때문이었을 것이다. 완전히 똑같은 취지로는 불가능한 것이지만, 어느 정도 일치했을 것이다. 그렇지 않다면 아무리 적을 회유한다고 해도 도리어 어려운 점이 있을 것이기 때문이다. 교학의 권위를 부정하고 개인주의를 강조하는 선종이어서 더욱 그렇다.

신행의 사상은『楞伽經』을 중심으로 능가선을 행하는 북종선에 바탕을 두고 있다. 그는 중국에 유학하여 북종선의 대가 神秀의 3대 제자인 志空으로부터 선종사상을 공부하였다. 따라서 그의 사상을 살피기에 앞서 먼저 신수의 선사상을 알아본다. 신수의 선사상은『觀心論』과『大乘無生方便門』을 통해 살펴볼 수 있다.

『관심론』은 마음의 內觀을 중시하여 마음만을 관하는 것을 가르치는 것으로 좌선에 들어가 看心看淨하여 우리들의 깨끗한 마음을 덮고 있는 오염된 망념을 제거해 나가는 것이 구체적인 방법이다. 즉 더러운 마음을 제거하고 깨끗한 마음을 얻음을 쉼 없이 닦아 나간다는 점에서 신수의 선법은 漸修적인 頓悟라 하겠다.

『대승무생방편문』은 다섯 종류의 대승경론에 의거하여 도에 들어가는 방법을 체계화한 것이다. 이것은『起信論』에 의해서 佛體를 설명하고, 『法華經』에 의해서 지혜를 설명하며,『維摩經』에 의해서 不思議法을 설명하고,『思益經』에 의해서 正性을 설명하며,『화엄경』에 의해서 無異를 설명한 것이다. 여기에서 우리는 북종선의 대의를 "번뇌를 여의고 청정을 보며 방편으로 모든 경전을 사용한다(拂塵看淨 方便通經)"는 의미를 엿볼 수가 있다. 이러한 대승경전을 통해 도에 들어가는 방편을 설한 것은 이전의 一行三昧나 守心의 내용보다는 수행의 길을 한층 더 구체적으로 체계화한 것이다.[53]

신수의 이 같은 취지는 지공에게 이어졌고, 다시 신행에게 이어진 것 같다. 이는 비문에 "도의 根機가 있는 이에게는 看心의 一言으로 가르치고 그릇이 좀 익은 이에게는 방편으로 多門을 보이어 깨닫게 했다. 一代의 秘典에 통하고 삼매의 증명을 전하니 이는 바로 佛日이 동방의 해돋는 곳에서 다시 솟고 法雲이 동방에 다시 일어난 것이다."라고 한 내용에서 알 수 있다.[54] 여기에서 신행의 교시가 '간심'과 '방편다문'으로 표현된 것이 위의 『관심론』에서 말하는 坐禪看心과 『대승무생방편문』의 方便法門을 계승한 것으로 볼 수 있는 것이다.[55] 이 같은 그의 사상적 경향을 정리해 보면, 말없이 卽心無心으로 표현한 선의 세계는 이전에 대했던 三學 등으로 표현되는 교종의 세계와 다르지 않은 것으로, 교종의 도움을 방편 삼아 壁觀을 통해 看心을 하여 깨닫게 되면, 以心傳心의 경지인 目擊에 다다른다는 것이다.[56]

그리고 『대승무생방편문』에서 다섯 가지의 경전을 방편으로 정하여 공부를 하도록 한 것은 그가 여러 경전을 섭렵하여 융섭할 수 있는 바탕을 갖게 하는 것이었다. 이에 따라 그의 사상에는 여러 교학사상과 신앙이 담기게 되었다. 본래 북종선은 법상종과 밀접하였는데, 신행 역시 마찬가지로 이해되었다. 관련된 내용이 그의 비문에 전하고 있음은 물론, 제자 삼륜선사 역시 법상종 출신에서 개종한 것으로 파악되고 있음이 확인되기 때문이다. 신행은 유식학 외에도 여래장사상을 표방하고 있는 『유마경』을 수용하였다. 여래장사상은 『능가경』과 『대승기신론』에서 수용되고

---

53) 鄭性本, 『中國 禪宗의 成立史 研究』, 民族社, 1991, 398-493쪽; 대한불교조계종 교육원 편, 『曹溪宗史 고중세편』, 조계종출판사, 2004, 77쪽.
54) "然後還到雞林 倡導群蒙 爲道根者 誨以看心一言 爲熟器者 示以方便多門 通一代之 秘典 傳三昧之明燈 寔可謂 佛日再杲自暘谷 法雲更起奉扶桑"(「斷俗寺 神行禪師碑」, 『금석문』 3, 20쪽).
55) 정성본, 『新羅 禪宗의 研究』, 民族社, 1995, 21-22쪽.
56) 추만호, 『나말려초 선종사상사 연구』, 이론과 실천, 1992, 42-43쪽.

발전되어 이후 화엄사상 속에 흡수되어 성행하게 되었다.『능가경』의 사상적 내용은 유식뿐만 아니라 화엄도 포함하고 있어 서로 반대되는 사상을 조화시키려는 의도를 내포하고 있다. 그리고『대승기신론』과 연관된 여래장사상은 원효의 활동을 통하여 신라에 널리 퍼지게 되었는데, 이는 북종선이 원효의 법맥과도 연결될 소지를 갖는 것이 되었다.[57]

이 같이『능가경』이 여러 대립되는 사상을 조화시키려는 의도를 가졌다는 점에서 보아 신행 역시 같은 입장에 있었음을 짐작할 수 있다. 또『대승기신론』과 관련된 것은 원효의 화쟁사상과도 연결되는 것이었다. 이 같은 그의 사상적 경향은 다른 교종의 종파들과 연결되 서로 조화될 소지를 지니고 있었음을 잘 알려 준다.

신행의 사상적 경향은 비문의 서문에도 잘 나타나 있는데, 여기서『법화경』의 구절이 인용되고 있음이 주목된다.

Ⅰ ① 그래서 아직 배우는 이든 다 배운 이든 겨우 향기로운 절밥을 맛볼 뿐이요,
　② 二乘이든 三乘이든 어찌 藥樹의 과일을 얻을 수 있으리요.[58]

먼저 Ⅰ①에서 아직 배우는 이는(有學) 불교의 진리를 알고는 있지만, 아직 미혹됨을 완전히 끊지 못하여 더 배워야 할 여지가 있는 자를, 다 배운 이는(無學) 배움이 완성되어 더 배울 것이 없는 경지를 말한다. 이는『法華經』의 學無學授記人品에 설해진 것이다. 여기에는 부처님이 아난존자와 라후라에게 미래에 成佛할 것이라는 수기를 주면서, (有)學無學 2천인도 마찬가지로 함께 授記를 받는다는 내용이 들어 있다. 이들이 수기를 받게

---

57) 呂聖九, 「神行의 生涯와 思想」, 『水邨朴永錫敎授華甲紀念 韓國史學論叢』上, 探求堂, 1992, 359-365쪽.

58) ① 故有學無學 纔甞香鉢之飯 ② 二乘三乘 寧得藥樹之菓(「斷俗寺 神行禪師碑」, 『금석문』 3, 17쪽).

신라시대 지리산권의 불사활동과 신행선사비의 건립 · 37

되는 것은 전세로부터 부처님의 처소에 나서 교화를 받은 때문이었다.

비문은 신행선사도 바로 그와 같은 수기를 받으신 분으로서 역시 前世로부터 수행과 공덕을 쌓은 인연 때문임을 말하고 있다.[59] 이는 단속사에서 신행선사의 교화를 받은 이들도 有學 無學人들과 마찬가지로 내세에는 같이 성불할 수 있다는 수기를 받게 되는 것도 된다.

I②는 다음 이승이나 삼승 역시 방편으로 일불승사상을 설명한 것으로 『법화경』 方便品에 설해진 내용이다.[60] 비문에서 藥樹의 과일은 깨달음으로 이해되는데, 그것을 이승이나 삼승으로는 얻을 수가 없다는 뜻으로 쓰인 것이라고 여겨진다. 『법화경』의 내용처럼 이승이나 삼승은 방편이기 때문이다. 이것은 결국 일불승만이 있음을 말한 것이다. 또한 이는 불교의 사상이 다양하지만 중생의 근기에 따라 부처님께서 설법을 달리한 것일 뿐으로서, 깨달음을 얻은 뒤의 결과는 한 가지 맛(一味)으로서 같은 것임을 일깨운 것이다. 따라서 교종이나 선종이나 법상 혹은 화엄은 방편일 뿐이며, 모두 한 가지 맛의 깨달음에 귀결되므로, 교리에 따른 차이로 인해 깨달음의 결과까지 차이가 없음을 강조한 것이다. 그러므로 중생들이 근기에 따른 차이가 있으면서도 공존하듯이, 불교의 여러 교리 역시 차이가 있지만 마찬가지로 공존하는 것이다. 따라서 『법화경』에서 강조한 일불승사상은 각 종파간의 우열 논쟁이 아닌 공존을 천명하는 것임을

[59] "況乎經年累代 積行成功 深之又深 其極致歟 粵若位登五七 聲亘三千 紹佛種傳法燈 卽我神行禪師受其記焉"(하물며 여러 해 여러 세대에 걸쳐서 수행을 쌓고 공덕을 이루어 깊고 또 깊게 그 극치를 이룸에 있어서랴. 더구나 지위가 35불(佛)의 단계에 오르고 명성이 온 세계에 뻗쳤으며, 부처의 씨앗을 잇고 법의 등불을 전함에 있어서랴. 곧 우리 신행선사께서 그러한 수기를 받으셨다 :「斷俗寺 神行禪師碑」, 『금석문』 3, 18쪽).

[60] 시방 세계 각국에는 一乘法만 있을 뿐 二乘 三乘 없으니 方便 말은 버릴지니 일부러 거짓말로 중생 인도한 것이라 부처 지혜 말하려고 출현하신 부처님이 一만이 오직 眞實 이승 삼승 方便일 뿐 小乘으로 아무래도 중생 제도 못하나니 부처님이 大乘으로 얻은 바가 그와 같아(李耘虛 譯, 『法華經』, 東國大學校譯經院, 1990, 61쪽).

알겠다. 이로서 자연 화쟁에 이르지 않을 수 없는 것이다.[61]

한편 신정권의 원성왕은『법화경』을 봉행하는 緣會를 국사로 삼았다. 연회의 사상적 계보는 그가 지은「朗智傳」을 통해 살필 수 있다. 여기에는 법화사상의 봉행자인 낭지가 智通과 원효를 가르친 사실이 기록되어 있다. 그것이 다시 이어져 연회에게로 모아졌음을 짐작할 수 있었다. 이에 따라 연회의 사상적 경향은 화엄사상을 바탕으로 법화사상을 수용한 것이라 여겨진다. 나아가 그는 원효가 화쟁사상을 설명하는 근원인 법화사상을 이어 받았을 것이므로 자연 원효의 화쟁사상에도 밝았다고 여겨진다.

원효의 화쟁사상은 부처가 중생들의 根機에 따라 설법을 달리하여 나타난 것이므로, 서로 옳고 그르다 是非할 대상이 아님과 동시에 共存을 천명하는 것이다. 그런데 중생들의 근기에 따라 부처의 설법이 다름은 바로『법화경』의 내용에서 비롯된 것이었다. 원효의『화엄종요』에서도 諸法相의 존재를 인정하는 법화사상이 반영되어 있었다. 이로 미루어 보면 연회의 사상에는 공존을 강조하는 법화사상이 짙게 깔려 있었다고 짐작할 수 있겠다. 또한 그것에는 근기의 차이에 따른 차별을 두지 않는 인간의 존엄을 강조하여 화쟁사상을 유도하고 있었다고 여겨진다.

이를 토대로 신정권에서는 원효의 사상을 이어 받은 연회를 국사로 임명하여 도움을 얻고자 하였다. 그리하여 下代에는 원효의 화쟁사상에 대한 추모가 행해져「서당화상비」를 세우게 되었다. 이를 통하여 불교계는 물론 정치 사회에 이르기까지 화합하고자 하는 분위기를 조성하고자 했다고 여겨진다. 더욱『法華經』의 會三歸一의 會通思想은 신라의 삼국통일 사상과도 연결되었는데,[62] 이것은 통일 이후 구백제와 구고구려 유민들

61) 곽승훈,「신라 하대 전기의 신정권과 법화사상」,『韓國思想史學』32, 2009, 162-168쪽.
62) "若我天下 佛敎流行 蠕動之類 得昇人天 國豊民安 可通三韓 亦廣四海"(「元和帖」:

에게 다시금 화합의식을 고취시키고자 한 것이 아닐 수 없다.[63] 또한 법화사상의 一佛乘思想을 통해서 王權의 권위를 뒷받침 받고자 하였을 것으로 이해되었다.

이같이 신정권에서는 공존과 화쟁을 담고 있는 법화사상을 적극 수용하고, 또 그것을 미루어 원효의 화쟁사상을 내세워 여러모로 화합운동을 전개하고자 하였다. 이는 앞서 살폈듯이 흥륜사 금당에 열 분의 성인을 모시고, 여러 고승들에 대한 추모비를 세우는 등 일련의 고승추모활동을 통해 능히 알 수 있다. 이로서 교단의 화쟁을 도모하고 더불어 귀족연립정권 하에서 정치권의 화쟁을 도모하는 한편 구백제와 구고구려 유민들에 대한 회유와 화합까지도 도모하였던 것으로 여겨진다.[64]

더욱 열 분의 성인에는 법상종과 선종 출신의 승려들이 제외되었는데, 법상종으로는 경흥이 선종으로는 바로 신행선사에 대한 추모비를 세움으로서 그 한계성을 보완하게 되었다. 여기서 신행선사비를 세우게 된 것은 그의 사상적 경향이 신정권에서 추구하는 것과 어느 정도 일치했기 때문이었을 것이다. 북종선은 『능가경』을 토대로 하여 화엄 유식 등을 아울어 여러 대립되는 사상을 조화시킬 수 있었고, 또 『대승기신론』과도 관련된 것은 원효의 화쟁사상과도 연결될 소지를 안는 것이기 때문이었다. 또한 신행은 일불승사상을 강조하는 법화사상에도 밝았는데, 이는 공존과 화쟁사상을 잘 담는 것이었다. 이 같은 그의 사상적 경향은 원성왕대 국사에 임명된 연회가 화엄사상을 바탕으로 법화사상을 이해했고, 그것을 통하여 원효의 화쟁사상에도 밝았던 점과 잘 일치한다.

이 같은 신행의 사상적 경향은 제자인 三輪禪師에게도 계승되었다. 이

李基白 編, 『韓國上代古文書資料集成』, 一志社, 1987, 38쪽 및 「栢栗寺 石幢記」, 『금석문』3, 283쪽).

[63] 이 부분은 필자가 생각지 못한 것으로 논평자의 교시를 받은 것이다. 깊이 감사드린다.

[64] 곽승훈, 위의 글, 174-181쪽.

는 그가 유식사상에 밝은 점이 확인된다.[65] 더하여 삼륜 역시 법화사상에 밝았다. 비문에 그가 신행의 사상을 흠모하면서 추모비를 세우고자 할때에 신행의 가르침을 장자(부처님)의 가르침에 비유하여 인용한 내용에서 알 수 있다.[66] 이같이 신행의 사상이 삼륜을 통하여 헌덕왕대에도 계속 계승되어졌으므로, 국가에서는 그에 대한 추모비를 세우게 되었던 것이다. 더하여 앞서 설명했듯이 그가 김씨 왕족의 후손이었던 점도 일부 작용하였다고 보아진다.

V. 맺음말

이상에서 신라 중대 말 하대 초에 이르는 동안 지리산권에서 일어난 불사활동을 살펴보고, 그것을 헌덕왕대에 신행선사비를 세우는 것과 어떤 관련이 있는가 알아보았다.

---

[65] 呂聖九, 앞의 글, 360-363쪽.

[66] 慈愛로운 아버지가 玉을 품고 돌아오고 가난한 아들이 보배를 얻은 지가 얼마나 되었던고(夫慈父懷玉而歸 窮子得寶幾日:「斷俗寺 神行禪師碑」,『금석문』3, 22쪽). 이는『법화경』의「궁자비유품」에 나오는 것으로 내용은 대략 다음과 같다. "한 長子에게 아들이 하나 있었다. 그 아들은 어려서 아버지 슬하를 떠나 他國으로 갔다. 그 후 큰 부자가 된 아버지는 후계자 문제로 고심하면서 아들을 찾고자 하였다. 그때 마침 아들은 으리으리한 장자의 집을 지나가고 있었는데, 장자가 그를 알아보고 잡아두려 하였으나 아들은 겁을 먹고 달아나려고 하였다. 이에 장자는 方便을 사용하여 가난한 두 사람에게 아들이 거름 푸는 일을 할 수 있게 설득하도록 부탁하였다. 아들은 이를 받아 들여 20년 동안이나 거름치는 일을 하게 되었다. 그 후 장자는 죽기 전에 아이에게 모든 비밀을 밝히고 재산과 노비가 모두 그의 것이라고 말하면서 후계자로 삼았다." 여기서 자애로운 아버지는 신행선사이며, 아들 궁자는 신행의 불법을 따르는 삼륜선사를 비롯한 도속제자 모두를 비유한 것으로 여겨진다. 이 고사를 비유하여 궁자인 제자들이 신행의 가르침을 계승하려면 상을 세우고 글을 지어 전해야 한다고 삼륜선사가 주장하여 중앙의 정치계와 협조하여 추모활동을 주도한 것이다. 이 때 그 역시 법화사상에 밝았음을 알 수 있겠다.

중대 말 하대 초 지리산권에서는 다음 네 가지의 불사활동 사례가 일어났다.

단속사의 창건은 경덕왕의 전제왕권을 지지하는 정치적 입장에서 발로된 것이었다. 원성왕대에 영재가 아흔의 나이에 지리산에 은거하는 것은 신정권의 활동을 마땅히 생각지 않는 그의 입장이 반영된 것으로 여겨졌다. 이런 점에서 영재는 경덕왕의 지지자로서 보아진다.

화엄사의 『화엄경』 사경과 석남사의 비로자나불상 및 석탑의 조성은 화엄사상에 입각한 것이었다. 이로서 이들 모두가 경덕왕의 전제왕권을 지지하는 입장에 있었다고 단정하기에는 어렵다. 하지만 화엄사상의 근본적인 취지가 일승사상에 있다는 점에서 대체로 그것을 지지하는 입장에 있었다고 보는 것이 보다 나을 듯싶다.

중대 말 하대 초의 정치변동이 일어나면서 불교는 중앙의 귀족세력들과 결합되어 새로운 변화가 나타났다. 이에 대비하여 하대의 신정권에서는 정법전의 정비를 통하여 불교계를 통제하려 하였지만, 불교계는 승전의 저술을 통하여 강하게 반발하였다. 다시 신정권에서는 흥륜사 금당에 신라 불교의 발전에 공헌을 이룬 열 분의 성인상을 조성 봉안하는 한편 그들의 사상을 추모하는 비석을 세워 불교계를 위로하였다. 이어 금당 십성에서 제외된 종파의 승려를 더하여 법상종의 경흥 화엄종의 승전 선종의 신행선사에 대한 추모비를 세우게 되었다.

그런데 신행선사비의 건립은 정치적 문제와 밀접한 관계에 있었다. 신정권에서는 반대파인 김헌창을 지방관으로 파견하여 중앙에서 그의 정치적 성장을 막고자 하였다. 그 결과 무진주 청주 웅천주의 도독으로 파견하였는데, 이 지역들은 구백제와 구가야 지역으로서 반신라적 정서가 강한 곳이었다. 특히 청주 지역은 5년여에 걸쳐 장기간 근무를 하였다. 따라서 신정권에서는 단속사를 후원하면서 신행선사에 대한 추모비를 세우게 되었다. 그럼으로써 단속사를 신정권의 지지세력으로 변화시키고자 하였다. 이후 김헌창의 난이 일어나 청주지방 세력이 가담하였으나, 크게 활동하지 못하고 진정되었다. 이는 신정권이 단속사를 후원하면서 회유하여 얻어진 결과로 여겨진다.

신정권에서 신행선사비를 세운 것은 신행이 왕족인 점, 선종 승려인 점 등이 작용되었지만, 보다 근본적인 것은 그의 선종사상이 신정권에서 추구하는 것과 부합하는 측면이 있었기 때문이었다. 북종선은『능가경』을 토대로 하여 화엄 유식 등을 아울러 여러 대립되는 사상을 조화시킬 수 있었고, 또『대승기신론』과도 관련된 것은 원효의 화쟁사상과도 연결될 소지를 안는 것이었다. 또 신행은 일불승사상을 강조하는 법화사상에도 밝았는데, 이는 공존과 화쟁사상을 잘 담는 것이었다.

이와 같은 그의 사상적 경향은 신정권에서 원효의 법화사상을 바탕으로 불교계의 화쟁을 유도한 것과 어느 정도 부합하는 것이었다. 그 결과 신행의 사상을 주목하여 추모하는 한편 단속사를 지원하는 계기가 되었다고 보아진다. 그리고 이 신행선사비의 건립은 국가에서 선종을 공인하는 계기가 되었고, 이후 선종은 신라사회에 널리 뿌리내리게 된다는 점에서 또한 그 역사적 의의가 있는 것이다.

이 글은『신라문화』제34집(동국대학교 신라문화연구소, 2009)에 수록된「신라시대 지리산권의 불사활동과 신행선사비의 건립 : 중대 말 하대 초의 정치변동과 관련하여」를 그대로 실은 것이다.

—

신라 하대 洪陟 선사의 實相山門 개창과 鐵佛 조성

조범환

—

I. 머리말

잘 알려진 바와 같이, 實相山門은 신라 선종 구산문 가운데 최초의 산문이고, 그것을 개창한 洪陟 선사는 道義 선사와 마찬가지로 중국에서 西堂 智藏선사로부터 心印을 받고 귀국하였다. 839(眞聖王 7)년 무렵에 찬술된 「鳳巖寺智證大師寂照塔碑」에는 '北山에는 道義요, 南岳에는 洪陟이다'라고 기술되어 있는데, 이는 당대에 홍척 선사가 이미 여러 사람들로부터 주목의 대상이 되었음을 밝혀주고 있다. 따라서 홍척 선사와 그가 개창한 실상산문은 신라 하대 선종사에서 매우 중요한 위치를 차지하고 있음을 알 수 있다.

홍척 선사와 실상산문이 신라 하대 선종사에서 차지하는 위치가 매우 큰 만큼 여러 학자들은 이에 대하여 주목하였다.[1] 그럼에도 불구하고 실상산문의 개창 과정이나 홍척 선사에 대한 자세한 연구가 거의 없는 실정이다. 그 이유는 무엇보다도 실상사나 홍척 선사에 대하여 남겨진 기록이 매우 소략한 것과 결코 무관하지는 않을 것이기 때문이다.[2] 사정이 이와 같으므로 실상산문과 홍척 선사는 신라 하대 선종사에서 핵심을 이루는 중요한 부분임에도 불구하고 제대로 언급되지 못하고 있는 실정이다.

이에 본고에서는, 비록 사료가 부족하기는 하지만, 홍척 선사가 실상사를 창건하고 寺勢를 확장하는 과정에 대하여 설명해 보고자 한다. 이를 위하여 먼저 홍척 선사가 중국에 유학하게 된 배경과 귀국한 이후의 활동에 대해서 검토할 예정이다. 다음으로 홍척 선사가 실상사를 어떻게 산문으로 발전시켜 나갔는가 하는 것에 대해서도 언급하고자 한다. 마지막

---

[1] 홍척 선사와 실상산문에 대하여 언급된 논문들은 다음과 같다.
崔柄憲, 「新羅下代 禪宗九山派의 성립」, 『韓國史研究』 7, 1972, 96쪽에서 홍척을 "禪宗九山派 中 最初의 創始者가 되었다"라고 하였다.
崔柄憲, 「羅末麗初 禪宗의 社會的 性格」, 『史學研究』 25, 1975; 金煐泰, 「九山禪門 形成과 曹溪宗의 展開」, 『韓國史論』 20, 국사편찬위원회, 1990, 10쪽에서 실제 구산 중에서 실상사가 개산은 제일 먼저 하였지만 아마도 다른 산문에 비해 오래 盛하지 못했거나 또 그 문파의 자취가 많이 남겨져 있지 않아서 널리 알려지지 못한 것으로 보고 있다.
추만호, 『나말려초 선종사상사연구』, 이론과 실천, 1992; 金杜珍, 「불교의 변화」, 『한국사』 11, 국사편찬위원회, 1996; 崔仁杓, 『羅末麗初 禪宗佛教政策 研究』, 대구효성가톨릭대학교 박사논문, 1998; 윤덕향 외, 『호남의 불교문화와 불교유적』, 백산서당, 1998; 대한불교조계종 교육원 編, 「구산선문의 형성과 전개」, 『曹溪宗史(고중세편)』, 대한불교조계종, 2004.
[2] 홍척 선사와 관련한 기록은 우선 『祖堂集』을 참고할 수 있다. 그러나 『조당집』의 기록은 매우 소략하여 큰 도움이 되지 않는다. 다음으로 『景德傳燈錄』에는 興德王과 宣康太子가 홍척의 제자라고만 기록되어 있다. 또한 수철화상의 비문에는 홍척 선사가 신라 왕실을 방문한 내용이 간단하게 적혀 있다. 마지막으로 「智證大師寂照塔碑」에서는 그가 왕실로부터 주목의 대상이 되었음을 적어 두고 있다. 이상 네 가지 기록을 제외하고는 실상산문과 홍척 선사에 대한 기록을 더 이상 찾을 수 없는 형편이다.

으로 실상사에 현존하는 鐵佛에 대하여 살펴보려고 한다. 이 철불은 현재 남겨진 철불 가운데서 제일 앞선 것으로 알려져 있는데 실상사에서 그것을 조성하게 된 이유에 대하여 검토해 볼 것이다. 이러한 검토를 하게 되면 실상산문과 홍척 선사에 대하여 좀 더 잘 알 수 있게 되지 않을까 싶다. 다만 사료가 부족한 가운데 논지를 전개하다보니 무리한 추측을 한 부분도 있음을 시인하지 않을 수 없다. 질정을 바란다.

II. 홍척 선사의 당나라 유학과 귀국

홍척 선사의 生沒 年代는 미상이다. 그리고 그의 出生이나 身分, 出家하여 수학한 곳 그리고 언제 당나라로 유학을 떠났는지 등에 대해서도 자세히 알기는 어렵다. 다만 당시 활발하게 활동하였던 여러 선승들의 경우로 미루어 짐작할 때 그도 출가하여 華嚴宗 관련 사찰에서 공부하였을 것으로 판단되며, 중국 유학을 떠난 이유도 화엄에 대한 더 깊은 이해를 얻기 위한 노력에서 비롯되었다고 짐작된다.[3]

홍척 선사가 중국으로 유학을 떠난 해가 구체적으로 언제인지 알 수는 없지만 814년 이전임은 확실하다. 왜냐하면 그의 스승인 西堂 智藏 (735-814) 선사가 814년에 열반에 들었기 때문이다. 즉 홍척 선사는 지장 선사의 문하에서 공부하고 법을 받았으므로 스승이 열반에 들기 이전임은 당연하다고 할 것이다. 그렇지만 그가 언제 중국으로 들어갔는지는 확실하게 알 수 없다. 또한 화엄을 공부하기 위하여 당나라로 갔다가 그곳

---

[3] 홍척 선사보다 앞서 유학을 떠난 道義는 중국에 도착하자 바로 五臺山으로 향하였다(『祖堂集』 17권, 雪嶽 陳田寺 元寂禪師 참조). 이러한 사실로 보면, 도의 선사가 선종을 배우기 위하여 중국으로 들어간 것은 아님을 알 수 있다. 그리고 이후 당나라로 유학을 떠난 많은 선사들의 경우 그곳에 도착하여 선종을 접하기보다는 화엄종에 대하여 먼저 관심을 두었다. 따라서 홍척 선사도 예외가 아니었음을 헤아릴 수 있다.

에서 어떠한 연유로 선을 접하게 되었는지에 대한 것도 구체적으로 알수 없다. 다만 신라에서 중국으로 유학을 간 선승들 대부분이 그러하였듯이 그도 신라에서 義相系 화엄을 공부하였으며, 그것이 중국에서 새로운 사상인 선종으로 눈을 돌리는데 큰 바탕이 되었던 것이 아닌가 짐작된다.[4] 그렇다면 그는 도의 선사와는 달리 처음부터 江南 지역으로 유학을 떠났을까 하는 의문이 든다.[5]

당시 신라의 선승들이 중국에 도착한 곳은 登州와 揚州이다. 신라에서 출발한 사신의 배나 商船을 이용하였을 경우 등주나 양주에 도착하였을 가능성이 높다. 그리고 洛陽과 長安에 가려면 양주에서 서북쪽으로 관통하고 있는 運河를 이용하는 것이 편리했다. 어찌되었던 홍척 선사는 신라에서 화엄을 공부하였기 때문에 五臺山으로 향하였을 가능성이 무척 높다. 오대산은 중국 불교의 4대 성지 가운데 하나로 敎學佛敎의 중심을 이루는 곳이다. 그리고 신라의 자장율사와 혜초 스님도 이곳을 다녀갔다. 그런 만큼 신라의 승려들에게 있어 오대산은 불교의 성지로 꼭 들러야할 곳이었다고 해도 과언이 아니다. 신라 선종의 초전자인 도의 선사도 중국에 도착하자 바로 이곳에 들렀다. 따라서 홍척 선사도 예외는 아니었다고 파악된다. 이후 그는 그곳에서 공부하면서 神秀系의 北宗禪과 접하기도 하였을 것이며, 남종선의 영향도 받았을 것이다.[6] 그러한 가운데 그

---

4) 석길암, 「羅末麗初 불교사상의 흐름에 대한 일고찰-선의 전래와 화엄종의 대응을 중심으로-」, 『韓國思想史學』 26, 2006, 53쪽.

5) 조영록은 洪陟·慧哲·梵日은 강남 지역에서 머물러 있었다고 하였다(조영록, 「道義禪師의 入唐求法의 길 따라」, 『僧家敎育』 4, 2002, 323쪽. 씨는 홍척 선사가 서당 선사로부터 법을 받았다는 것을 염두에 두고 강남에 머물렀다고 한 것 같다. 그리고 김복순도 "홍척·현욱·범일·혜철·혜소는 중국에 오면서 곧바로 선종으로 나갔다"고 하였다(김복순, 「9-10세기 신라 유학승들의 중국 유학과 활동 반경」, 『역사와 현실』 56, 2005, 29쪽). 혜소의 경우는 곧바로 선종으로 나갔지만 나머지 선승들의 경우에는 꼭 그렇다고 단정할 수 있는 근거는 없다.

6) 曺永錄, 위의 논문, 2002, 322쪽.

는 남종선에 더욱 관심을 두었던 것이 아닌가 생각된다. 그리고 馬祖 선사의 제자 가운데서 널리 알려진 서당 선사를 찾아갔다.

서당 선사는 스승 마조가 788년에 입적하자 대중의 요청에 따라 그 3년 뒤인 791년에 虔州 寶華寺에서 서산당을 열고 입적시까지 계속 여기에서 주석하였다.[7] 당시 보화사는 당시 선종의 중심 센타의 하나로 이름을 크게 얻고 있었다고 한다. 따라서 홍척 선사는 오대산에서 공부한 이후 건주 보화사에서 서당으로부터 법을 전해 받았다. 그런 가운데 그는 그곳에서 도의 선사를 만났을 가능성도 있다.[8] 왜냐하면 도의 선사도 서당으로부터 법을 받았기 때문이다. 그러면 이후 그의 행적은 어떠하였을까 궁금하다.

홍척 선사는 서당이 열반에 들자 건주 보화사를 떠났을 것으로 짐작된다. 도의 선사가 여러 곳을 다니면서 두타행을 한 것으로 볼 때 홍척 선사도 중국의 여러 곳을 다니면서 두타행을 한 것으로 파악된다. 도의가 서당 선사의 제자인 점으로 미루어 볼 때 홍척 선사도 그와 크게 다르지 않았음을 짐작할 수 있을 것이다. 그리고 앞서 언급하였듯이 서당 선사가 마조 도일의 수제자였음도 염두에 두어야 할 것인데, 마조선의 특징은 '平常心是道'나 '卽心是佛'로 일상생활에서 깨달음을 얻는 것이다. 그래서 다니고 머무르고 앉고 눕고 말하고 침묵하고 움직이고 고요한 일상의 모든 생활 속 언제 어디서든 불성을 깨달을 수가 있다는 것이다. 따라서 마조의 법을 제일 잘 이어받은 서당 지장이 그 뜻을 홍척 선사에게 잘 전하였음은 당연하다고 할 것이다. 또한 서당 지장 아래서 마조의 법을 받은

---

7) 曹永錄, 「최근 韓·中위 佛敎交流史硏究의 경향과 특징-중국 南部지역의 한국 관련 유적을 중심으로-」, 『東國史學』 34, 2000, 147쪽 및 위의 논문, 2002, 334쪽.

8) 도의 선사와 진감 선사는 두타행 중에 서로 만났다(崔致遠 撰, 「雙谿寺眞鑑禪師大空靈塔碑文」, 『朝鮮金石總覽』(上), 130쪽). 이러한 사실로 미루어 볼 때 두 사람이 서당의 문하에서 법을 받았다면 만났을 가능성은 더욱 크다고 할 수 있다.

홍척 선사도 결국 일상생활이 도라고 하는 마조선을 익혔다고 볼 수 있
다.

　이후 그는 826년 무렵에 신라로 귀국하였다. 귀국의 동기가 무엇인지
파악하기는 어렵지만 고국인 신라에 선종을 전파하기 위한 목적에서 비
롯되었다고 해도 좋을 것이다. 또한 도의 선사가 먼저 귀국한 만큼 그도
신라로 돌아가 법을 전하고자 하는 생각을 가지고 있었을 것이다.

Ⅲ. 실상사 개창과 남원 소경

　홍척은 서당 지장으로부터 법을 받고 도의가 귀국한 이후 몇 년 뒤에
신라로 돌아왔다. 홍척의 귀국 연대를 자세하게 알 수는 없지만 智證大師
寂照塔碑에는 興德王이 즉위한 해와 거의 같은 해로 나타나 있다.[9] 따라서
홍척 선사가 826년 무렵에 귀국하였음은 틀림이 없을 것이다.

　그는 귀국한 이후 남악인 智異山으로 들어갔다.[10] 기록에 따르면 그는
서당 지장으로부터 법을 받고 신라로 돌아와서는 南岳에 머물렀다고 하
였다.[11] 남악은 지금의 지리산을 말한다. 그렇다면 그가 남악으로 간 이
유는 무엇일까 궁금하다.

　홍척 선사가 남악에 관심을 둔 것과 관련하여 찾아지는 직접적인 자료
는 없다. 그러므로 당시 남악과 관련한 불교계의 상황을 잠시 살펴보는
것도 좋을 것이다. 홍척이 귀국할 당시 지리산에는 유력한 화엄종 사찰들

---

[9] 崔致遠 撰, 「智證大師寂照塔碑」, 『朝鮮金石總覽』(上), 90쪽.

[10] 홍척 선사가 귀국한 직후 바로 남악으로 갔는지는 확실하지 않다. 대체로 선
　　사들이 귀국하면 연고지가 있던 곳으로 가는 경향이 있다. 예컨대, 낭혜 화상
　　의 경우 경주에 간 것으로 볼 때 홍척 선사도 남악보다는 연고지에 먼저 들
　　렀을 가능성이 있다.

[11] 崔致遠 撰, 「智證大師寂照塔碑」, 『朝鮮金石總覽』(上), 90쪽.

이 있었고 그것을 중심으로 하여 화엄이 성하였다. 그런 가운데 주목할 만한 사실은 그곳에서 北宗禪도 명맥을 유지하고 있었다.[12] 이러한 사실을 눈여겨 본 홍척 선사는 북종선을 기반으로 하여 남종선을 전파하고자 한 것으로 판단된다. 돌려 말하면 화엄종이 우세하고 신라 진골 지배세력들이 후원하는 화엄종을 디디고 선종을 새롭게 전파하는 것이 쉽지 않을 것으로 파악한 것이다. 그리고 북종선은 이미 神行 선사가 들여온 이후 한 때는 신라 왕실의 핵심적인 세력이 지원을 한 만큼 북종선을 배타적으로 대하지는 않았던 것이다. 사정이 이렇게 되자 홍척 선사는 그것을 기반으로 하여 남종선을 전파하고자 한 것으로 파악된다. 또한 북종선 사상이 남종선과 서로 연결되는 부분이 적지 않았던 것과도 관련이 있다.[13]

한편 흥덕왕대 金大廉이 차를 가져와 지리산에 심었다. 이것은 신라 왕실에서 지리산에 대한 관심이 적지 않았음을 보여주는 것으로 해석된다. 홍척 선사는 왕실의 지원과 관심 없이는 선종 전파가 쉽지 않다는 것을 헤아린 것이다. 도의 선사의 경우를 보면 더욱 그러한 것을 헤아릴 수 있다.[14] 이상과 같은 이유로 말미암아 홍척 선사는 남악을 주목하게 되었고 그곳으로 간 것으로 파악된다. 그러면 홍척 선사는 언제 실상사를 창건하였을까 궁금하다. 이와 관련하여 다음의 기록을 살펴보자.

A. 나이 십 오세 남짓에 불법을 배우고자 뜻을 두어 (중략) 운봉에도 발을

---

12) 鄭善如, 「新羅 中代末 下代初·北宗禪의 收容」, 『韓國古代史硏究』 12, 1997, 315쪽 참조.

13) 金杜珍, 「新羅下代 禪宗 思想의 成立과 그 變化」, 『全南史學』 11, 1997, 80쪽.

14) 도의 선사가 선종을 전하려다 마어로 비난받은 것과 관련하여 석길암은 교종에서 선종을 이해하지 못한 것에서 비롯된 것으로 보기보다는 당시의 사회상과 관련하여 언급하고 있다. 즉 도의국사가 귀국한 헌덕왕 13년에는 신라에서 기근과 賊亂이 매우 심하였으며, 金憲昌의 난이 발발하여 신라 왕경이 매우 소란한 상황이었던 점을 지적하고 있다(석길암, 앞의 발표요지문, 2006, 6쪽).

옮겨 實相寺에 이르렀다. 스승(홍척선사)이 원하던 바와 들어맞아 대사(수철
화상)가 제자 되기를 청하니 허락하였다(「深源寺秀徹和尙楞伽寶月塔碑」).15)

위의 기록을 보면 수철화상(814-893)은 15세 되던 해인 829(흥덕왕 4)년
에 출가하였음을 알 수 있다.16) 그리고 실상화상을 언제 만났는지는 정
확하게 알 수 없으나 그가 실상사로 가서 제자가 되었다고 하니 이미 그
곳은 창건되어 있었음을 알 수 있다. 더구나 837년 중국에서 귀국한 원감
현욱 선사는 얼마 동안 실상사에 머물렀다.17) 이렇게 보면 실상사가 829
년 무렵에는 이미 창건되었음을 알려준다.18) 홍척 선사가 신라로 귀국한
이후 약 3년 만에 실상사가 창건되었음을 알려준다. 따라서 실상사는 홍
척 선사에 의해 새로 조성된 것이라기보다는 이미 만들어져 있던 사찰이
었을 가능성이 높다. 좀 더 추측해 본다면 이미 북종선의 영향력이 그곳
에 미치고 있었으므로 북종선과 관련된 사찰이었을 가능성도 높다.19) 이
에 홍척 선사는 그곳에 가서 머물면서 남선종 사찰로 바꾼 것으로 짐작

---

15) 원문은 추만호, 「심원사수철화상 능가보월탑비의 금석학적 분석」, 『역사민속
   학』 창간호, 1991, 269쪽 참조. 추만호의 해석문도 참고하였지만 그대로 전제
   하지는 않았다.
16) 수철화상의 비문에 따르면 893년에 열반하였다고 한다. 그리고 속랍이 79세
   이므로 태어난 해는 814년이다.
17) 『祖堂集』 권 17, 「東國慧目山和尙」.
18) 최병헌은 홍척 선사가 흥덕왕 3년(828)에 전라북도 남원 지리산에서 실상사를
   개창하였다고 하였다(최병헌, 「禪宗 九山의 成立과 下代佛敎」, 『한국사』 3, 국
   사편찬위원회, 1973, 554쪽). 그러나 그가 어느 기록에 근거하여 흥덕왕 3년이
   라고 단정한 것인지는 알 수 없다.
19) 진감 혜소가 지리산에 처음으로 도착한 곳이 花開谷에 있는 故三法和尙의 遺
   基였다(崔致遠 撰, 「雙谿寺眞鑑禪師大空塔碑」, 『朝鮮金石總覽』(上), 69쪽). 그런
   데 이곳은 북종선의 맥을 이은 곳으로 판단되며, 이곳을 기반으로 하여 혜소
   가 쌍계사를 창건한 것이라 생각된다(曺凡煥, 「新羅 下代 西南地域의 禪宗山門
   形成과 發展」, 『震檀學報』 100, 2005, 6쪽). 이러한 사실을 염두에 두면 홍척
   선사도 북종선과 관련된 사찰을 기반으로 하여 실상사를 개창한 것으로 생각
   된다.

된다. 그렇다면 실상사의 창건과 관련하여 그 단월이 누구였을까 하는 의문이 든다.

홍척 선사가 당에서 귀국한 이후 실상사를 창건하기까지의 과정에 대해서 알 수 있는 자료는 거의 없다. 또한 창건의 단월이 누구였는지도 확실하지 않다.[20] 다만 실상사가 남원에서 멀지 않은 곳에 창건되었음을 염두에 둘 필요가 있다. 당시 남원은 5소경 가운데 하나로 중앙과 유기적인 관계에 있다가 金憲昌 반란 이후에는 중앙의 감시 지역 가운데 하나로 바뀌었을 것이다. 비록 그렇다고는 하지만 중앙에서 낙향한 진골들 가운데는 그곳에서 在地 實力者로 성장하고 있었을 것이다. 그들은, 확언하기는 어렵지만, 홍척 선사에 대하여 관심을 두었을 것이고 그 가운데는 홍척이 실상사를 개창하는 데 적잖은 도움을 주었을 가능성도 없지 않다. 그들 가운데는 祿邑을 소유한 이들도 있었을 것이고 그것을 기반으로 하여 지방 사회에서 커다란 영향력을 행사하는 이들도 있었다고 보아진다.[21] 김헌창이 난을 일으키자 여기에 동조한 이들이 바로 그들이었다고 해도 좋을 것이다. 그런 가운데 그들은 이미 北宗禪에 대하여 어느 정도 알고 있었고 그것을 헤아린 그들 가운데는 새로운 사상인 선종이 들어오자 이것에 대하여 관심을 표명한 것으로 여겨진다.

더구나 실상사는 평지에 위치하고 있다. 이것은 다른 선종산문들이 위치한 곳과는 아주 다른 상황이다. 실상사 주위에는 논이나 밭이 많이 있다. 이는 실상사가 경제적인 것도 염두에 두고 창건되었음을 알려준다. 그렇지만 무엇보다도 중요한 것은 당시 남원 지역의 유력자들과의 관계일 것이다

---

[20] 윤덕향 외, 앞의 책, 1998, 63쪽에서 왕실의 지원으로 홍척 선사가 지리산에서 실상사를 개창한 것으로 서술하고 있다. 그렇지만 이는 실상사의 개창 시기를 잘못 파악한 데서 비롯된 것이라고 할 수 있다.

[21] 남원 지역에서 일정한 영향력을 지니고 있던 유력 인사라고 했지만, 일정한 지역에 대한 지배권을 장악하는 豪族을 염두에 두고 한 말은 아니다.

이후 실상사의 사세가 크게 발전하게 된 계기는 신라 왕실과의 관계 속에서 검토해야 할 것이다. 다음 절에서 좀 더 자세하게 검토해 보기로 하겠다.

Ⅳ. 홍척 선사와 신라 왕실

홍척 선사는 830년 무렵에 신라 왕실과 연결된 것으로 나타나 있는데, 興德王과 宣康太子의 부름을 받아 왕실을 방문하였다.[22] 이러한 사실과 관련하여 지금까지의 연구에서는 홍척 선사가 왕의 부름을 받아 왕실을 방문한 의도보다는 홍덕왕과 선강태자의 입장에서 홍척 선사를 초빙한 것에 관심을 두었다. 즉 홍척 선사가 홍덕왕과 선강태자의 귀의를 받은 것은 선종의 革命的인 性格에 공감을 느끼게 되었던 데서 나온 것으로 파악하고 있다.[23] 또한 홍덕왕과 선강 태자는 자신들이 추진하고 있던 政治改革에 禪을 새로운 政治理念으로 채택하려 했다는 것이다. 돌려 말하면, 834년 국왕의 교서에 의복의 사치에 대한 규제 조항이 있는 것도 허식을 부정하는 것이 바로 선사상과 서로 통하는 바가 있다고 한다.[24] 또 다른 견해로는 홍덕왕이 화엄사상과 선사상의 融會를 꾀하는 노력을 기울였다는 것이다.[25]

그러나 이상과 같은 설명들은 쉽사리 납득할 수 없다. 우선 선종의 혁

---

22) 崔致遠 撰, 「鳳巖寺智證大師寂照塔碑」, 『朝鮮金石總覽』(上), 90쪽.

23) 崔柄憲, 앞의 논문, 1972, 95쪽과 「禪宗 九山의 成立과 下代佛敎」, 『한국사』 3, 국사편찬위원회, 1974, 554쪽.

24) 高翊晋, 「新羅 下代의 禪 傳來」, 『韓國禪思想硏究』, 1984; 『韓國古代佛敎思想史』, 1989, 528쪽.

25) 李基東, 「新羅 興德王代의 정치와 사회」, 『新羅社會史硏究』, 一潮閣, 1997, 179쪽.

명적인 성격에 공감하였다면 선종의 초전자인 도의 선사를 먼저 주목해야 했을 것이다. 왜냐하면 도의 선사는 이미 신라의 수도인 경주에서 선종을 전파하려고 노력하였기 때문이다. 그리고 선을 새로운 정치 이념으로 채택하려 하였다면 굳이 홍척일 까닭이 있었겠는가 하는 것이다. 이미 진감 혜소도 들어와 활동하고 있었기 때문이다.[26] 따라서 신라 왕실에서 그를 주목한 것은 다른 곳에 있었다고 보는 것이 보다 타당하지 않을까 생각된다.

> B. 熊川州의 都督 憲昌이 (그의) 父 周元이 왕이 될 수 없었음을 이유로 반대하여 반란을 일으켰다. 국호를 長安이라 하고 建元하여 慶雲 원년이라 하였다. 武珍·完山·菁·沙伐의 4주 도독과 國原·西原·김해의 사신 및 여러 군·현의 수령을 위협하여 자기 소속으로 만들었다. (중략) 헌창이 면할 수 없다는 것을 알고 스스로 죽었다(『三國史記』10, 憲德王 14년 3월).

위의 기록은 김헌창이 반란을 일으켰을 때 동조하였던 지역을 보여주고 있다. 김헌창은 웅천을 반란의 거점으로 삼고 전라도와 충청도 일원과 경상도에 있어서는 남으로는 김해·진주 지역과 북으로는 상주 지역의 호응을 기대하였다. 이렇게 볼 때 완산주의 통제아래 있던 남원 지역도 김헌창의 난에 가담했다고 할 수 있다.

물론 진압군에 의하여 난은 평정되었지만 지방의 유력자들나 그들을 추종한 농민들이 가담하였다고 보아진다.[27] 그리고 김헌창의 난이 평정된 이후 이들은 신라 왕실에 대하여 적잖은 불만을 가지고 있었을 것이

---

[26] 진감선사 비문에는 "道義禪師가 전날에 이미 돌아왔고, 스님께서 이어서 돌아오시니 두 보살이 되었도다. 옛적에는 黑衣 二傑이 있었다고 들었는데, 이제는 누더기 옷을 입은 영웅을 보니 하늘에까지 가득한 자비의 위력에 온 나라가 의지하는 구나. 내가 장차 동쪽 계림 땅을 상서로운 곳으로 만들겠다"라고 하고 있다. 이는 도의와 함께 혜소에게 깊은 관심을 보이고 있음을 나타낸다.

[27] 洪承基, 「後三國의 분열과 王建에 의한 통일」, 『韓國史市民講座』 5, 1989, 60쪽.

다. 남원 지역에서 김헌창의 난에 가담하였던 유력자들도 예외는 아니었을 것이다. 사정이 이러한 곳에 중국에서 유학하고 들어온 선승이 실상사를 개창하고 그곳에 머물면서 선종을 홍포하자 신라 왕실에서는 특별한 관심을 가지고 보았을 것이다. 홍척 선사가 지방의 유력자들과 가까운 관계를 가지게 되자 왕실에서는 그를 주목하지 않을 수 없었을 것이다. 당시 비슷한 시기에 귀국한 혜소도 상주에 머물러 있었는데 흥덕왕이 그를 상주의 장백사로 주석시킨 것을 통해서도 충분히 짐작할 수 있다. 따라서 왕실에서 홍척 선사를 주목한 것은 남원 지역의 유력자들과 연계되는 것을 어느 정도 정리하고 견제의 차원에서 홍척 선사를 부른 것으로 이해할 수 있다. 그러면 홍척 선사는 왕실의 이러한 의도를 몰랐을까 하는 것이다.

> C. 흥덕대왕께서 왕위를 계승하시고 宣康太子께서 監撫를 하시게 됨에 이르러, 사악한 것을 제거하여 나라를 바르게 다스리고, 善을 즐겨하여 나라가 풍성해지게 되었다. 이 때 洪陟大師라고 하는 이가 있었는데, 그도 역시 西堂에게서 心印을 증득하였다. 南岳에 와서 발을 멈추니, 임금께서 下風에 따르겠다는 소청의 뜻을 밝히셨고, 태자께서는 안개를 걷힐 것이라는 기약을 경하하였다. 드러내 보이고 은밀히 전하여 아침의 범부가 저녁에 성인이 되니, 변함이 널리 행해진 것은 아니나, 일어남이 갑작스러웠다(崔致遠 撰,「智證道憲碑文」,『朝鮮金石總覽』(上), 90쪽).

위의 기록을 보면, 흥덕왕과 홍척 선사가 직접 만났는지에 대해서는 구체적으로 기록되어 있지 않지만, 서로 만났을 가능성도 없지 않다. 그것은 임금께서 하풍을 따르겠다는 뜻을 밝혔다는 데서 충분히 짐작할 수 있다. 홍척 선사는 우선 그의 사상을 널리 펼치기 위해서는 신라 왕실과 밀접한 관계를 가지는 것이 무엇보다 중요하다는 것을 간파하였을 것이다. 즉 왕실을 통한 선의 전파를 꾀한 것이라고 여겨진다. 그는 당시 홍덕왕의 개혁정치와 관련하여 그것을 뒷받침하는 사상을 제공한 것이라 믿어진다. 개혁정치의 사상을 뒷받침한 것이 구체적으로 무엇이었는지는 알 수 없지만 홍척 선사가 홍덕왕과 선강태자의 마음을 이끌어 내었음은 당연하다고 할 수 있을 것이다.

그리고 당시 실상사가 선종 산문으로 발전하기 위해서는 무엇보다 중요한 것이 경제적인 뒷받침이었을 것이다. 사세의 확장과 더불어 많은 수의 승려들이 있어야 할 것이기 때문이다. 많은 수의 승려들이 거처하기 위해서는 경제적인 지원이 없어서는 안 될 것이고 그것도 일시적인 지원이 아니라 계속되는 지원이 있어야 했음은 이를 나위가 없다. 이에 홍척 선사는 왕실과 밀접한 관계를 가짐으로써 신라 왕실로부터 계속되는 지원을 받았다고 생각된다.[28]

그런 가운데 진감 선사 혜소가 상주 장백사를 중심을 활동하자[29] 홍척 선사도 관심 있게 지켜보았을 것이다. 왕실에서 진감 선사를 도의 선사와 비교할 정도로 크게 인식하고 있었기 때문에 홍척 선사로서도 관심을 두었다. 이에 홍척 선사는 실상사의 사세를 확장하고 그것을 통하여 선종을 전파하고자 하는 의도가 더욱 커졌다고 할 수 있지 않을까 싶다. 더구나 혜소 선사는 장백사를 떠나 실상사가 위치한 지리산 맞은편에 쌍계사를 창건하였기 때문이다.

현재의 실상사의 주 법당인 보광전은 정면 3칸, 측면 3칸의 소규모 건물이나 이 자리에 세워졌던 창건시의 금당은 정면 7칸, 측면 4칸으로 금당 기단이 정면 30미터, 측면이 18미터나 되어 구산선문 중에서 최대 규

---

28) 金杜珍은 「新羅下代 禪師들의 中央王室 및 地方豪族과의 관계」, 『韓國學論叢』 20, 1997, 18쪽에서 도의나 혜소 이외의 선사들은 문성왕 이후 정강왕대 사이에 왕실과 결연이 이루어지고 있다고 하였다. 그렇지만 홍척 선사와 왕실과는 비교적 이른 시기에 관계를 맺고 있어 주목된다.

29) 金貞權, 「眞鑑禪師 慧昭의 南宗禪 受容과 雙谿寺 創建-新羅下代 南宗禪 受容의 한 例-」, 『湖西史學』 27, 1999, 14-21쪽 및 金杜珍, 「眞鑑禪師塔碑와 慧昭의 禪宗思想」, 『금석문을 통한 신라사연구』, 한국학중앙연구원, 2005, 157쪽 참조.

모의 금당이었다. 이 기단석은 고려 초에 중창하면서 보강된 것으로 보이지만 이 때 초창기의 기단석을 약간 보강한 정도에 그쳤던 것으로 생각되어 실상사는 신라 말의 선종 사원 가운데 흔히 최대의 규모라 일컬어지는 성주사 금당보다 훨씬 크고 그 삼천불전에 비견되는 웅장한 금당을 가진 대찰이었던 것이다.[30]

실상사가 처음 세워질 때의 규모가 이와 같았다고는 할 수 없을 것이다. 도리어 홍척 선사가 왕실에 다녀온 이후 왕실의 계속되는 지원으로 지금과 같은 규모의 사찰로 성장하였을 것으로 판단된다. 홍척 선사는 선사상을 왕실에 전하였고 그것을 통하여 신라 왕실에서는 개혁정치를 위한 발판으로 삼았다고 볼 수 있다. 결국 흥덕왕은 개혁정치를 위해서 새로운 사상이 필요하였고 홍척 선사를 통한 선사상이 개혁정치의 밑그림으로 작용하였던 것이라 헤아려진다. 신라 왕실과는 거리가 멀리 떨어진 전라도 지역에 위치하였지만 실상산문은 전라도 지역뿐만 아니라 신라 왕실에까지도 그 영향력을 발휘하고 있었던 것이다. 이는 실상산문이 비로소 선종을 전파는 터전이 되었으며 그것은 전라도 지역이 선종을 수용하고 포용할 수 있는 기반을 마련한 것이라고 할 수 있다. 홍척 선사는 실상산문을 통해 선을 널리 전파할 수 있었으며 그것은 이후 그 지역에서 선종 산문이 여럿 나올 수 있는 배경을 마련해 준 것이라고 해도 좋을 것이다.

V. 철불의 조성과 그 의미

실상사 藥師殿에는 鐵造如來坐像이 있다. 그런데 그곳의 철불 조성 시기에 대하여는 여러 견해들이 난립하고 있는 상황이다. 실상사 창건부터

---

[30] 동국대학교 발굴조사단, 『실상사 금당 발굴조사보고서』, 1993, 18쪽.

홍척선사의 활동시기인 문성왕대에 걸친 30년간의 기간에 조성되었다고
보는 견해[31]와 당의 서당 지장의 문하에서 수학하고 흥덕왕 원년에 귀국
하여 지리산 일대에서 선풍을 일으키기 시작한 홍척 선사의 실상사 창건
과 연대를 같이 보는 견해,[32] 그리고 양식적으로 보아 보림사불상 보다는
조금 늦고 도피안사불상 보다는 이른 860년대를 전후한 시기 즉 858년에
서 865년 사이에 제작되었다고 보는 견해[33] 등이 있다. 그리고 최근에는
다시 실상사 창건 시기 즉 830년을 전후한 시기에 제작되었다고 한다.[34]
그 이유로는 실상사 철불이 풍만한 상호와 당당한 자세에서 중대의 조각
기법을 많이 이어받고 있으나 세부기법에서는 9세기적인 요소가 많이 등
장하고 있기 때문이다.[35] 그리고 801년의 명문을 가진 방어산 마애삼존
불상의 상호와 실상사 철불의 상호를 비교해 보았을 때 친연성이 강하다
고 한다.[36]

이상과 같은 양식적인 비교 결과를 기반으로 할 때 적어도 실상사에
철불이 조성된 시기는 실상사 창건 이후 830년 무렵으로 보아도 좋을 것
같다. 그리고 실상사 철불은 현존하는 그것 가운데 가장 고식을 띠는 것

---

31) 中吉 功, 「實相寺鐵造藥師如來像小論」, 『新羅·高麗の鐵佛』, 二玄社, 東京, 1971,
    311쪽.
32) 黃壽永, 「통일신라시대의 철불」, 『考古美術』 154·155호, 1982; 『韓國의 佛像』,
    문예출판사, 1989, 383-384쪽.
33) 文明大, 「新羅下代 佛敎彫刻의 硏究(Ⅰ)-防禦山, 및 實相寺 藥師如來巨像을 中心
    으로-」, 『歷史學報』 73, 1983, 22쪽. 문명대는 이 논문에서 실상사에는 858년에
    서 865년 사이에 약사여래불이 조성되었음을 논증하였다. 그의 이러한 연대
    도출은 불상의 양식상 변화에 맞추어 설명한 것이다. 그렇지만 양식상의 변
    화로만 설명하는 것은 무리가 따른다. 이후 그는 「洪城 龍鳳寺의 貞元十五年
    銘 및 上峰 磨崖佛立像의 硏究」, 『三佛金元龍敎授停年退任紀念論叢Ⅱ』, 一志社,
    1987, 188쪽의 註 14)에서 실상사의 철불을 아미타불로 새롭게 보았다.
34) 崔仁善, 『韓國 鐵佛 硏究』, 한국교원대학교 대학원 박사학위논문, 1998, 43쪽.
    그리고 씨는 실상사의 철불이 9세기 최초의 철불이라고 하였다.
35) 崔仁善, 위의 논문, 1998, 43쪽.
36) 崔仁善, 위의 논문, 1998, 43쪽.

으로서, 최소한 9세기 초엽인 흥덕왕대까지 제작 연도가 소급될 수 있는 초기작으로 설명되고[37] 있음을 눈여겨 볼 때 9세기 전반으로 보는 것이 보다 타당하지 않을까 싶다. 그렇지만 이 철불의 조성과 관련하여 단월이 누구인지는 알 수 없다. 그것은 철불에 명문이 없기 때문에 그렇다. 그렇지만 기왕의 연구에서는 국왕 일가의 발원에 의하여 邦家安泰와 衆生濟度를 誓願하여 만든 것이라고 한다.[38] 이러한 생각은 당시 실상사가 왕실과 밀접한 관계에 있었기 때문에 그것을 전제로 한 것이다.

그렇지만 왕실이 주도하였다면 명문이 없는 것이 이상스럽다. 물론 꼭 명문이 들어 있어야 하는 것은 아니지만 철불의 경우에 명문이 들어가는 것이 당시의 대세이다. 헌안왕 2년에 조성된 보림사 철불의 경우 명문이 새겨져 있고 왕실과 밀접한 관련을 나타내고 있다. 그렇지만 명문이 없는 관계로 이러한 문제는 뒤로 돌리고 최초의 선종 산문인 실상사에서 철불을 조성한 이유가 어디에 있었는가 하는 문제부터 먼저 해결해 보도록 하자.

당시 철불이 만들어지게 된 배경에 대해서는 여러 가지 이유가 있을 것으로 생각된다. 이와 관련하여 기왕에 지적된 바를 검토해 보자. 우선 선종 사찰에 철불이 많고 또 선종의 전래에 있어서 수 많은 선승들이 9세기 전반에 당에서 귀국하였으므로 그 때 당에서 성행하던 철불 조성의 의욕이 신라에 전해졌을 것이라는 견해다.[39] 다음으로 당시 신라의 경우 銅을 중앙에서 장악하고 있었다[40]는 견해를 주목할 수 있다. 따라서 동을 구하는 것이 쉽지 않고 대불을 주조하기 위해서는 많은 동이 필요하였다. 사정이 이렇게 되자 동보다는 철을 사용하여 철불을 조성하게 된 것이

37) 黃壽永, 앞의 책, 1989, 383-384쪽 및 최인선, 위의 박사논문, 1998, 43쪽 참조.
38) 中吉功, 앞의 책, 1971, 310쪽.
39) 黃壽永, 앞의 책, 1989, 329쪽.
40) 유원적, 「銅錢과 張保皐 海上貿易」, 『魏晉隋唐史硏究會會報』 2집, 1994, 101쪽.

아닌가 하는 지적이 있다.[41] 이는 철불 조성 비용이 금동불 제작보다 적게 들어 규모가 큰 상을 제작할 때도 부담이 적었다는 것을 알려준다. 또한 철은 호족들이 거느리고 있는 사병들의 무기나 용구들을 제작하기 위해 항상 준비하고 있던 금속이므로 손쉽게 구할 수 있었고, 신라 말부터 채광 기술이 증가했던 점도 철불 유행의 한 원인으로 꼽고 있다.[42] 또 다른 견해로는 당시의 현실적인 문제와 직결되었다고 보는 것인데, 선종이 지방으로 교세를 확장하는 과정에서 지방민들의 절실한 소망을 들어주지 않을 수 없는 상황에서 비롯되었다는 것이다.[43] 그렇지만 하필 선종 사찰에서 철불을 조성하였을까 하는 의문은 여전히 풀리지 않고 있다. 더구나 화엄종 사찰에서는 철불을 찾아보기 어려울 뿐만 아니라 철불의 조성이 거의 이루어지지 않고 있음을 떠올리지 않을 수 없다.

그리고 앞서도 언급하였듯이 실상사 철불이 현존하는 그것들 가운데서 고식을 띤 것임을 염두에 두면 더욱 그렇다. 더구나 철불은 금동불과 비교해 볼 때 화려하지 않다. 도리어 매우 소박한 모습을 하고 있다. 따라서 철불과 선종 산문과의 관계를 검토해 보는 과정에서 자연스럽게 알

---

41) 姜友邦은 "盛唐이나 統一新羅 最盛期에는 더욱더 많은 불상의 수요가 요구되었을 뿐만 아니라 全國的으로 擴散되었기 때문에 銅의 不足이 심각하였을 것이다. 이처럼 鐵佛彫刻은 선종의 성립과 관련이 없으며 다만 禪門九山이 성립되었을 시기에 鐵佛도 다수 조성되었다는 의미로 해석해야 할 것이다"라고 하여 선종과 철불과의 관계를 관련짓지 않고 있다(姜友邦, 「統一新羅 鐵佛과 高麗鐵佛의 編年試論」, 『美術資料』 41, 1988, 21쪽). 그렇지만 최초의 선종 사찰인 실상사에서 철불이 조성되고 이후 선종 사찰에서 철불이 조성된 것은 서로 유기적인 관계가 있을 것임은 당연하다.

42) 실상사 철불이 조성되던 시기에는 아직 호족이라 불릴만한 지방 세력이 존재하지 않았다. 이렇게 보면 호족의 지원과 철불을 결합시키는 것은 문제가 있다.

43) 文明大, 앞의 논문, 1983, 27쪽. 씨는 "선종은 자기 밖의 어떤 淨土나 부처도 부정하고 자기 배면의 부처를 찾는 사상이기 때문에 주술적인 방법으로 교화하는 것을 극히 싫어하였지만, 그러나 현실의 절실한 요구를 결코 외면할 수 없었기 때문에 주술적인 방법도 선용하지 않을 수 없었다"라고 하였다(같은 논문, 27쪽).

수 있지 않을까 싶다.

선종 승려들이 귀국하여 선종 산문을 창건하는 과정에서 이들은 거의
중앙과 밀접한 관계를 맺었다. 특히 초기의 선승들은 대부분 그러하였으
며 실상산문도 예외가 아니었다. 사실 선종 산문의 발전을 위해서는 그렇
게 하는 것이 무엇보다 중요하였기 때문일 것이다. 선승들과 중앙과의 관
계가 대체로 이러한 방향으로 발전되어 가면서 일반 민들과의 관계는 그
다지 밀접하지 않았다고 보아진다.[44] 이러한 설명이 가능한 것은 선종이
유행하였다고 하더라도 그것이 당시 일반 민중과는 괴리가 있었기 때문
으로 파악된다.

> D-1. 이에 임금(憲康王:필자 주)께서 사자를 보내어 放生場의 경계를 표시하
> 니 새와 짐승들이 기뻐하였다(崔致遠 撰,「聖住寺朗慧和尙白月葆光塔碑」,『朝
> 鮮金石總覽』(上), 80쪽).
> D-2. 함통 8년 정해에 이르러 檀越인 端依長翁主가 여금 등으로 하여금 절
> 남쪽의 농장과 노비 문서까지 가지고, 이를 헌납하여 스님의 거처로 삼아서
> 영영 바뀌지 않게끔 하였다(崔致遠 撰,「鳳巖寺智證大師寂照塔碑」, 위의 책,
> 93쪽).

위의 기록을 보면 성주산문이나 희양산문은 왕실이나 중앙의 지배세력
으로부터 기증받은 막대한 토지와 노비를 거느리고 있었다. 이러한 사실

---

44) 李基東은 "9세기 초부터 수용되기 시작한 禪宗은 絕對자유의 철학으로 개개의
인간의 佛性을 문제로 삼으면서 인간관의 변혁을 촉구하는 등 어디까지나 초
월적인 세계를 지향하고 있었으므로, 당장 배고픈 민중들에게 마음의 안식처
를 제공할 수는 없었다. 따라서 그들에게 직접적인 영향을 끼치지는 못했던
것으로 짐작된다"고 하였다(李基東,「9세기 신라사 이해의 기본과제-왜 신라는
농민반란의 일격으로 쓰러졌는가?-」,『新羅文化』26, 2005, 12쪽). 그리고 蔡尙
植,「한국 중세불교의 이해방향과 인식틀」,『民族文化論叢』27, 2003, 22쪽에서
"羅末麗初 사회변동을 추동한 사회세력의 신앙적 기반은 미륵신앙을 중심으로
한 정토신앙이었다"라고 하였다. 그의 이러한 견해를 따르면, 선종은 일반 민
중들과는 거리가 있었음을 알 수 있다.

을 염두에 두면, 당시 선종 산문들의 경우도 이와 다르지 않았음을 알 수 있다. 또한 이들 사찰이 소유한 토지는 半作田戶들이 경작하였을 것으로 설명되고 있다.[45] 따라서 선종 사원은 막대한 전장을 소유하고 있었으며 지방 사회에서 커다란 영향력을 발휘하고 있었다.

이러한 선종 산문을 바라보는 민중들은 그 이전의 화엄종 사원이나 그것이 모두 같았을 것이다. 민중들은 선종 사원이나 화엄종 사원과의 차이를 그렇게 많이 알지도 못하였을 것은 당연하다고 할 수 있을 것이다. 그리고 그들에게 있어 선종 사원이 화엄종 사원과 크게 다르지 않았을 가능성이 훨씬 크다. 실제로 도헌이 희양산 봉암사를 창건할 때 "기와집을 짓고 사방으로 추녀를 드리워 지세를 누르고 철불상 2구를 주조하여 위호하였다"고 한다.[46] 그리고 가지산문의 경우 "장사현 부수 김언경이 사재를 내어 철 2,500근을 사서 노사나불 1구를 주조하여 선사가 사는 거처를 장엄하게 하였다"고 한다.[47] 이러한 것은 보림사나 봉암사의 사세가 어느 정도였는가를 보여주는 것으로 민중들에게 있어 그곳은 예전에 보아오던 화엄종 사찰과 별로 다를 바가 없었던 것이다. 절의 사세 확장으로 봉암사가 위치한 문경 지역의 농민들은 도헌의 봉암사 개창에 대하여 적잖은 반감을 가지고 있었다. 그 동안 봉암사와 관련 지역민들은 그곳을 터전으로 하여 생활하여왔지만 봉암사가 들어서고 그들이 경작하던 토지가 절의 소유가 됨으로써 생계수단을 잃은 많은 사람들이 생겨났던 것이다.[48]

사정이 이렇게 되자 선승들은 그 지역의 민들을 회유할 필요가 있었을 것이다. 그 가운데 한 방법으로 선종 산문에서는 철불을 주조한 것이 아

45) 曺凡煥, 『新羅禪宗硏究』, 一潮閣, 2001, 97-98쪽.

46) 崔致遠 撰, 「鳳巖寺智證大師寂照塔碑」, 『朝鮮金石總覽』(上), 93쪽.

47) 金穎 撰, 「寶林寺普照禪師彰聖塔碑」, 『朝鮮金石總覽』(上), 63쪽.

48) 曺凡煥, 「신라 하대 智證道憲과 曦陽山門의 성립」, 『新羅史學報』 4, 2005, 165쪽.

닐까 생각되는 것이다.[49] 선승들은 철불을 주조함으로써 기왕의 화엄종 사원과는 다른 모습을 보여주기 위한 것으로 해석되는 것이다. 화엄종의 화려한 동불보다는 철불을 주조함으로써 선승들 스스로가 화엄종 승려와 는 다른 것을 추구한다고 하는 것을 민중들에게 알려주고자 한 것은 아 니었을까 생각되는 것이다. 선종 산문에서 철불을 주조한 것은 이와 같은 이유로 해석해도 좋을 것이라 생각된다. 더구나 선종 산문에서는 일반 백 성들에게 좀 더 가까이 다가가려 노력하였을 것이다.

　당시 민중들에게 있어 선종산문과 선종이 그들에게 얼마만큼 큰 영향 력을 주었는지는 잘 알려져 있지 않다. 다만 당시 선종보다는 민중들이 바란 것은 미륵사상이나 새로운 세상의 출현을 바랐다. 그리고 그것들이 훨씬 더 유행하였음은 주지의 사실이다. 견훤이나 궁예가 민중들을 모으 기 위해서 이용한 것은 미륵사상이다. 선종도 아니고 화엄종도 아니었다. 그만큼 선종은 민중들과 멀리 있었다고 해야 할 것이다. 사정이 이렇게 되자 선종 사원에서는 선종을 민중들과 연결시키고자 하였을 것이며 그 과정에서 철불을 조성한 것으로 보아지는 것이다. 중앙의 지배세력의 지 원을 받기는 하지만 화엄종 사찰과는 다른 모습을 보여주기 위해서 철불 을 조성한 것으로 보면 어떨까 싶다. 이는 선종의 사상과 일치한다고 해 도 좋을 것이다. 선승들은 철불 조성을 통하여 민들과 가까운 관계를 가

<hr>

[49] 崔仁善은 "통일신라시대 철불의 조성은 일반적인 불상들의 조성목적과 같은 願佛이나 敎化의 目的으로 조성되었음을 알 수 있다. 여기서 교화란 불교교리 를 이해하기 위한 것이 아니라 거대한 불상을 만들어 그 위엄으로 사찰에 항 거하는 비불교도들이나 도적들을 교화하고자 한 것이었다. 철불은 호분을 바 르지 않거나 개금을 하지 않으면 外像이 검어서 그 중압감은 다른 불상들을 압도한다. 뿐만 아니라 자육상의 巨像일 경우에는 더 할 것이다. 대부분의 통 일신라시대 철불이 지방의 산간벽지에 자리 잡고 있으며 거상인 점은 바로 이러한 이유 때문이었을 것으로 추정해 볼 수 있다"고 하였다(崔仁善, 앞의 논문, 1998, 39쪽). 그의 이러한 견해를 그대로 따를 경우 당시 선종은 민중들 과는 거리가 있었음을 보여주는 것으로 해석되며, 선종 사원 자체가 민중들 과는 거리를 두려고 하였음을 알려주는 것이나 마찬가지가 된다. 따라서 이 러한 견해는 재고를 요한다.

지려 노력하였고 더 나아가 화엄종과는 달리 그들의 위상을 보다 높이려 하였던 것으로 짐작된다.[50]

이렇게 보아오면, 실상사에서 철불을 주조한 것은 이상에서 설명한 것과 거의 다르지 않았을 것이다. 실상사에서 철불을 조성하자 이후 다른 산문에서도 철불을 조성하게 되었고 그것이 선종 산문의 하나의 유행처럼 번져나갔던 것으로 헤아려진다. 그런 만큼 실상사에서 철불을 조성한 것은 실상산문의 또 하나의 특징이라고 해야 할 것이다. 그리고 그러한 철불 조성에 있어 홍척 선사의 혜안도 있었음을 잊지 말아야 할 것으로 생각된다.

VI. 맺음말

신라 최초로 선종 산문을 개창한 홍척 선사는 국내에서 화엄을 공부하고 당나라에 유학하였다. 그는 신라에서 화엄을 공부하였기 때문에 중국에 도착하여 화엄부터 공부하다가 점차 선종으로 관심을 두게 되었다. 이후 그는 마조 도일의 수제자인 서당 지장 선사로부터 심인을 증득하였다. 그리고 귀국하여 실상사를 창건하였다.

홍척 선사가 귀국하여 남악으로 들어간 이유는 선종의 전파를 염두에 두었기 때문이다. 당시 지리산을 중심으로 하여 북종선의 맥이 이어지고

50) 이 글을 완성한 이후 필자는 덕성여대 최성은 교수님으로부터 여러 가지 교시를 받았다. 선종 산문에서 철불을 조성하였을 때 철불 그대로를 민중들에게 보이는 것이 아니라 금으로 도금을 하였다는 것이다. 그리고 현재 그러한 것을 찾아볼 수 있다고 하였다. 그렇기 때문에 철불의 조성을 선종의 사상적인 측면과 관련하여 설명하는 것도 다시금 생각해 볼 과제라고 하였다. 최성은 교수님의 교시를 받기는 하였지만 이 논문에서 그러한 것을 생각하여 수정하고 보완하지는 못하였다. 차후에 기회가 있을 때 그러한 문제에 대하여 써 볼 수 있는 기회를 가졌으면 한다. 이 자리를 빌려 최성은 교수님께 다시 감사를 드린다.

있었는데 그것을 기반으로 하여 남종선을 전파하고자 한 것이다. 북종선과 남종선의 그 사상적인 측면에 있어 서로 통하는 바가 적지 않기 때문이다. 그런 과정에 그는 남원 지역의 유력자들과 관계를 가지면서 그들의 도움으로 실상사를 창건하였다.

이후 그는 신라 왕실의 주목을 받았으며 사세를 확장하였다. 왕실에서는 그가 남원 지역의 유력자들과 관계를 가지는 것에 대하여 관심을 가지게 되었고, 그는 당시 왕실이 필요로 하는 사상적인 요구를 선종의 사상으로 뒷받침하였는데 흥덕왕과 선강태자의 요구에 응하여 왕실을 방문하였다. 이는 홍척 선사의 왕실에 대한 대응을 잘 엿볼 수 있다.

홍척 선사는 최초로 철불을 제작하기도 하였는데 그것은 일반 민중들과 가까운 관계를 유지하기 위한 노력에서 비롯되었다. 당시 선종은 초월적인 세계를 지향하고 있었으므로 민중들과는 가까운 관계에 있지 않았다. 더구나 선종 사찰은 왕실의 적극적인 지원으로 사세를 확장하여 민중들의 마음속에까지 파고들지는 못하였다. 사정이 이렇게 되자 홍척 선사는 철불을 조성하고 그것을 통하여 일반 민중들과 가까운 관계를 가지도록 한 것이다. 이러한 철불 조성은 이후 선종 사찰에 전파되어 많은 선종 사찰들이 철불을 조성하는 계기를 만들게 되었다. 실상산문의 특징을 여기서도 찾아볼 수 있다.

이 글은 『신라사학보』 제6집(신라사학회, 2006)에 수록된 「신라 하대 洪陟 선사의 實相山門 개창과 鐵佛 조성」을 그대로 실은 것이다.

—

新羅 下代 慧徹 禪師와
桐裏山門의 개창

조범환

—

I. 머리말

桐裏山門은 선종 구산문 가운데에 하나로 신라 하대 慧徹(785-861) 선사
가 개창하여 크게 융성하였다. 그곳은 迦智山門 그리고 實相山門과 더불
어 전라도 서남 지역에 위치한 산문으로 전부 당나라 西堂 智藏(735-814)
의 맥을 이었다.[1] 특히 동리산문은 風水地理思想과 밀접한 관계를 가지고
있다. 따라서 동리산문은 새롭게 주목되어도 좋을 만하다.

사정이 이러한 만큼 동리산문에 대하여는 이미 많은 연구자들이 주목
하였고 專稿도 여러 편이 있다.[2] 이렇게 보면, 동리산문에 대한 연구는

---

[1] 신라 하대 서남 지역의 선종 산문의 동향에 대해서는 曺凡煥, 「新羅 下代 西
南地域의 禪宗山門 形成과 發展」,『震檀學報』100, 2005를 참조할 것.

다른 여타 선종산문에 비하여 많다고 해도 좋을 것이다. 그 이유는 동리
산문이 풍수지리사상과 관련되어 있기 때문으로 판단된다.

그렇지만 동리산문과 관련한 많은 연구 성과에도 불구하고 그곳의 개
창에 대한 자세한 연구는 이루지지 않았다고 해도 과언이 아니다. 왜냐하
면 앞서 이루어진 연구들은 거의 동리산문의 사상적인 특징이나 혹은 풍
수지리와 관련된 것에 치중하여 언급하고 있기 때문이다.[3] 더 나아가 동
리산문 출신의 선승인 允多와 道詵 그리고 慶甫 등의 사상에 대하여 거시
적인 측면에서 살피고 있기 때문에 동리산문의 개창을 둘러싼 문제에 대
해서는 그다지 관심을 두지 않았다.

이에 본고에서는 혜철 선사가 출가한 이후부터 당나라로 유학을 떠나
게 된 배경과 그곳에서의 활동 그리고 귀국한 이후의 행적을 통해서 동
리산문의 개창 과정을 살펴보고자 한다. 그리고 어떻게 하여 산문이 번창
하게 되었는지에 대해서도 왕실과의 관계를 검토함으로써 알아볼 예정이
다.[4] 이러한 검토를 통해서 동리산문의 개창과 사세의 확장 과정을 새롭

---

[2] 金杜珍, 「羅末麗初 桐裏山門의 成立과 그 思想-풍수지리사상에 대한 재검토-」,
『東方學志』57, 1988 및 秋萬鎬, 「나말려초의 동리산문」, 『道詵研究』, 민족사,
1999 그리고 이덕진, 「신라말 동리산문에 대한 연구」, 『韓國禪學』2, 2001 등
이 있다. 그리고 동리산문과 관련하여 간단하게 언급된 논문들은 다음과 같
다.
崔柄憲, 「新羅下代 禪宗九山派의 성립」, 『韓國史研究』7, 1972; 崔柄憲, 「羅末麗
初 禪宗의 社會的 性格」, 『사학연구』25, 1975; 金煐泰, 「九山禪門 形成과 曹溪
宗의 展開」, 『한국사론』20, 국사편찬위원회, 1990; 추만호, 『나말려초 선종사
상사연구』, 이론과 실천, 1992 ;金杜珍, 「불교의 변화」, 『한국사』11, 국사편찬
위원회, 1996; 崔仁杓, 『羅末麗初 禪宗佛敎政策 研究』, 대구효성가톨릭대학교
박사논문, 1998; 윤덕향 외, 『호남의 불교문화와 불교유적』, 백산서당, 1998;
대한불교조계종 교육원 編, 「구산선문의 형성과 전개」, 『曹溪宗史(고중세편)』,
대한불교조계종, 2004.

[3] 註 2)의 동리산문과 관련된 전고들이 바로 그것이라 할 수 있다. 그리고 김
두진의 동리산문의 사상적 특징이 유식사상의 수용과 풍수리지설의 수용에
있다고 본 견해에 대하여 이덕진은 씨의 견해를 반박하였다. 이에 대하여는
이덕진, 위의 논문, 2001, 註 29)를 참조할 것.

[4] 물론 이러한 점에 대하여 전혀 언급이 없는 것은 아니다. 註 2)에서 언급한

게 알 수 있었으면 하는 바람이다.

II. 혜철 선사의 출가와 중국 유학

혜철 선사의 비문에 따르면 그는 俗姓이 朴氏라고 한다.[5] 그렇지만 그의 父母에 대하여는 자세한 언급이 없는데 그것은 유력한 집안이 아니었음을 은연중에 알려준다. 더구나 高祖代에 경주에서 落鄕하여 朔州 善谷縣에 거주하였다고 하는 것을 보면 적어도 집안에 어떤 문제가 있었음을 헤아리게 한다.[6] 그 구체적인 사정을 짐작하기는 어렵지만 신분적으로 族降되었던 것으로 보아도 무리는 아니라고 여겨진다.

태백산 지역에서 성장한 그는 儒學이나 老莊學을 접하기도 하였지만 佛敎에 더 깊은 관심을 두었던 것 같다. 그것은 당시 그의 신분적인 한계와 관련이 있을 것으로 헤아려지는데, 중앙으로 진출이 어렵게 되자 佛門으로 눈을 돌리게 되었다고 보아도 좋을 것이다. 혜철은 15세에 이르러 浮石寺의 문을 두드렸고 華嚴을 공부하였다.[7] 당시 그곳은 신라 왕실과

연구자들의 연구에서 어느 정도의 설명이 있기는 하지만 구체적이지 않고 논증이 뒤따르지 않는 경우도 더러 있다. 이에 대해서는 논지를 전개하는 과정에서 자세하게 설명할 것이다.

5) 崔賀 撰, 「大安寺寂忍禪師照輪淸淨塔碑」, 『朝鮮金石總覽』(上), 117쪽. 이하 원전을 인용할 때는 『總覽』(上)이라고 쓴다.

6) 金杜珍은 "혜철은 본래 중앙귀족으로서 지방 연고지로 나아간 낙향호족 출신임이 분명하다"고 하였다(金杜珍, 앞의 논문, 1988, 9쪽). 또 그는 "慧徹의 家門은 본래 경주에 居住했던 중앙 귀족에 속해 있었으며 家業으로 儒學과 老莊을 익히고 있었다. 그러다가 그의 할아버지 때에 官職으로 나아가지 않고 春川 지역의 善谷縣에 隱居하여 지방 豪族으로 행세하였다"고 하였다(金杜珍, 「新羅下代 禪師들의 中央王室 및 地方豪族과의 관계」, 『韓國學論叢』 20, 1997, 9쪽). 그렇지만 혜철의 집안이 지방 호족으로 활동하였는지에 대해서는 자세히 알 수 없는 실정이다. 그리고 그러한 활동을 하였다는 구체적인 근거도 찾을 수 없다.

매우 밀접한 관계를 가진 사찰이었으며 불교계에서 그 영향력이 대단하였다.[8] 그가 부석사를 택한 이유는 그곳에 대한 위상이 태어난 곳인 선곡현에도 널리 알려져 있었기 때문으로 보아진다. 따라서 이러한 점을 고려한 혜철 선사는 부석사를 택한 것으로 판단된다.

혜철 선사는 부석사에서 공부하는 과정에 동학들로부터 '佛門의 顔回'라고 불리었다.[9] 그것은 교학에 대한 이해가 다른 승려들에 비하여 매우 탁월하였음을 보여주는 것으로 해석된다. 불문의 안회로 불릴 정도로 화엄 공부에 치중하였던 것은 그것의 공부를 통해서 자신의 위상을 드러내고자 하였던 것으로 생각된다.

> A. 구족계를 받고 나서 마음을 닦고 행동을 정결히 하며 마음으로 계율을 중히 여기어 율을 지키기를 자기 생명을 얻듯이 하였고 몸은 풀에 묶여 있는 듯 가벼이 하고 여러 조건 때문에 법을 해치지 않으며 바깥 대상 때문에 진실을 어지럽히지 않아서 이미 律과 禪은 스님들의 귀감이었다(崔賀 撰, 앞의 비문, 『總覽』(上), 118쪽).

위의 기록에 따르면, 혜철 선사는 구족계를 받은 이후 律뿐만 아니라 禪에 대해서도 여러 스님들의 龜鑑이 되었음을 알 수 있다. 귀감이 되었다는 것은 그만큼 그것에 대하여 남다른 지식을 가지고 있었음을 알려준다. 그런데 부석사에서 화엄을 공부한 그가 선에 대해서도 뛰어 났다면 그것에 대해서도 깊은 관심을 기울였다는 것을 의미한다. 그렇다면 선도 부석사에서 익혔을까 하는 생각에까지 이르게 된다. 이와 관련하여 그의 비문에는 아무런 언급이 없다. 선으로 나아갈 수 있게 이끌어준 스승이나

---

7) 崔賀 撰, 앞의 비문, 『總覽』(上), 117쪽.
8) 당시 많은 승려들이 부석사로 출가하였는데 그곳의 위상과 밀접한 관련이 있다고 할 수 있다(曺凡煥, 『新羅禪宗硏究』, 一潮閣, 2001, 27쪽).
9) 崔賀 撰, 앞의 비문, 『總覽』(上), 118쪽.

혹은 그곳으로 눈을 돌리게 된 배경에 대한 기록이 전혀 없는데, 이로 보아 적어도 부석사에서는 선을 익히지는 않았을 것으로 헤아려진다. 왜냐하면 당시 부석사는 화엄종 사찰로 명성이 높았으며 선과는 거리가 있었던 곳이다. 따라서 혜철 선사는 부석사에서 화엄을 공부하고 계를 받은 이후 그곳에서 벗어나 다른 곳에서 선을 익혔을 것으로 판단된다. 그렇다면 그가 관심을 보였던 선은 어떠한 것이었을까 궁금하다.

잘 알려진 바와 같이, 南宗禪은 道義 선사가 처음으로 신라에 전래하였기 때문에 혜철 선사가 공부한 선은 그것과는 관련이 없다. 더구나 도의 선사는 822년 무렵에 신라로 돌아왔기 때문에 혜철이 남종선을 접할 수도 없었다. 그렇다면 北宗禪을 떠올리지 않을 수 없다. 그것은 이미 신라 중대 말에 들어온 이후 그 영향력이 전국적으로 상당하였다.[10] 태백산 지역에도 북종선과 관련된 선사들이 주석하고 있었음을 알려주는 기록이 있는데 그것은 無染 선사가 오색석사에서 선을 배웠다고 한 것을 통해서 알 수 있다.[11] 이렇게 보면, 혜철 선사는 부석사에서 화엄을 공부하고 구족계를 받은 이후 당시 유행하던 북종선에 대해서도 관심을 두었던 것 같다. 그리고 그것도 매우 열심히 체득하고자 노력하였다. 혜철 선사가 화엄에 뛰어났던 만큼 북종선의 경전인 楞伽經 및 楞伽禪에 대한 이해가 있었음을 헤아릴 수 있게 한다.[12] 다만 그 때 그가 특정한 스승을 정하지 않고 혼자서 선수행을 계속하여 경지를 얻은 것으로 파악된다.[13] 그것은

---

[10] 鄭善如,「新羅 中代末·下代初 北宗禪의 受容-〈丹城斷俗寺神行禪師碑文〉을 중심으로-」,『韓國古代史研究』12, 1997 참조.

[11] 曺凡煥, 앞의 책, 2001, 25쪽 참조.

[12] 신라 하대 북종선의 사상에 대해서는 金杜珍,「新羅下代 禪宗 사상의 成立과 그 變化」,『全南史學』11, 1997, 76-81쪽 참조.

[13] 이덕진, 앞의 논문, 2001, 215쪽. 그리고 이때 혜철이 체득한 선에 대해서는 性宗의 自性의 원리뿐 아니라 붓다의 無我, 無自性의 원리와도 접점을 같이하는데, 이는 中道의 지혜를 표방하는 것으로 파악된다(이덕진, 같은 논문, 2001, 217쪽).

혜철 선사의 비문에서 누구로부터 선을 익혔다는 기록이 없는 것을 통해서 미루어 짐작할 수 있다.

이후 혜철 선사는 30살 무렵인 814년에 중국으로 유학을 떠났다. 그가 유학을 결심하게 된 배경에는 신라에서 그를 지도할 스승이 없었던 것과 무관하지 않다. 그것은 '(그가) 탄식하여 말하기를 "본사 釋迦牟尼께서 남긴 가르침도 오랜 세월이 지났고 여러 祖師의 은밀한 말씀도 이 땅에 그것을 전하는 뛰어난 사람이 없구나" 하였다'[14]고 한 것에서 알 수 있다. 그는 계를 받은 이후 북종선에 침잠하였지만 그것의 깨우침을 확인할 수가 없었던 것으로 헤아려진다. 그리고 그를 지도해 줄 수 있는 선승을 찾았으나 만족할 만한 스승이 없었던 것 같다. 사정이 이렇게 되자 혜철 선사는 중국 유학을 결심하게 된 것으로 보아진다.[15] 아마도 선종에 대한 좀 더 깊은 이해와 깨우침에 대한 확인을 얻기 위해서 중국으로 유학을 떠났다고 해도 좋을 것이다. 이는 매우 중요한 사실로 눈여겨보아야 할 점이다. 당시 신라의 승려들 가운데 화엄을 공부하고 중국으로 유학을 떠난 이유가 대체로는 화엄을 새롭게 알기 위한 것이었다. 도의나 홍척 선사가 대체로 그러하였다.[16] 그렇지만 혜철은 화엄보다는 선을 알기 위해 떠났다고 보아지는데 이는 당시 승려들의 유학 목적과는 다른 것이었다고 생각된다.

그는 중국으로 가는 과정에서 많은 어려움을 겪었지만 그것을 모두 이겨냈다.[17] 그리고 중국에 도착한 이후 지장 선사를 찾아가는 과정 또한

---

14) 崔賀 撰, 앞의 비문, 『總覽』(上), 118쪽.

15) 金杜珍은 "憲德王 6년에 浮石寺 내의 여러 승려들의 권고로 慧徹은 중국에 유학하여 智藏의 문하에서 수학하였다"고 하였다(金杜珍, 앞의 논문, 1988, 9쪽). 여기서 여러 승려들의 권고로 중국 유학을 하였다는 것은 쉽사리 이해되지 않는다. 어떤 연유로 여러 승려들이 혜철에게 유학을 권유하였는지에 대해서는 언급하지 않고 있다.

16) 曺凡煥, 「신라 하대 洪陟 선사의 實相山門 개창과 鐵佛의 조성」, 『新羅史學報』 6, 2006, 45쪽 참조.

쉽지 않았다. 그가 지장 선사를 찾아가는 과정이 매우 어려웠음은 비문에서 잘 드러나 있다.[18] 혜철 선사는 중국에 도착하여 韶州 및 揚州를 거쳐 양자강 상으로 물길을 잡아 남경을 지나는 데 여름이 지나 가을로 되었고, 다시 남경에서 구강까지 가서 강서로 접어들어 여산에 오르자 겨울로 접어들었다. 그는 여산에서 바로 남창을 지나 건주 公冀山으로 나아간 것이다.[19] 그리고 寶華寺에서 지장을 만났다.

그는 지장 선사를 만나 '無說之說 無法之法'이 바다 밖에 유포되면 그것으로 다행이라고 하였는데[20] 이는 혜철 선사가 지장의 祖師禪에 대한 깨우침을 받고자 한 것으로 해석되고 있다.[21] 그렇지만 보다 중요한 점은 그가 신라에서 이미 체득한 선에 대하여 인가 받으려는 의도도 심중에 가지고 있는 표현으로 볼 수 있다. 이에 지장 선사는 곧바로 심인을 전하였다고 한다. 따라서 그는 유학을 통하여 의도하였던 바를 쉽사리 이룰 수가 있었다.

지장 선사로부터 법을 받은 직후 그가 열반에 들자 혜철 선사는 그곳을 떠나 頭陀行을 하였다. 그의 비문에는 '명산과 신령한 곳을 두루 편력한 바는 생략하여 싣지 않는다'고 한 것에서도 충분히 짐작할 수 있다.[22]

---

17) 혜철 선사의 비문에 따르면 그는 중국으로 갈 때 죄인의 무리와 함께 같은 배를 탔다가 죽임을 당할 직전까지 이르렀다. 그러나 그의 의연한 태도로 말미암아 사지에서 벗어날 수 있었다고 한다(崔賀 撰, 앞의 비문, 『총람』(上), 118쪽).

18) 천 길 물을 찾아 건너니 秦橋는 아득히 멀어서 철이 바뀌었고 만 길 산 끝에서 헤매어 禹의 발이 갈라진 것처럼 되었으나, 서리와 눈을 무릅쓰고 걸어 다름 아닌 公冀山 智藏大師를 찾아 뵈었다(崔賀 撰, 앞의 비문, 『總覽』(上), 118쪽).

19) 김복순, 「9-10세기 신라 유학승들의 중국 유학과 활동 반경」, 『역사와 현실』 56, 2005, 31쪽.

20) 崔賀 찬, 앞의 비문, 『總覽』(上), 118쪽.

21) 이덕진, 앞의 논문, 2001, 222쪽.

22) 그는 중국에서 천태산 국청사에 머물기도 하였다. 당나라 때 신라 승려 悟空이 국청사 앞에 新羅院을 지었다는 기록으로 보아 그도 이곳에 잠시 머물렀

그런 이후 그는 서주 浮沙寺에 머물면서 화엄을 공부하였다. 신라 유학승들의 행적과 달리 혜철 선사가 다시 화엄에 침잠한 이유는 어디에 있었을까 궁금하다.

> B. 西州 浮沙寺에 이르러 대장경을 펼쳐 탐구함에 밤낮으로 오로지 정진하여 잠시라도 쉬지 아니하였다. 침상에 눕지도 않고 자리도 펴지 아니하여 3년이 되자 문장이 오묘하여도 궁구하지 못함이 없고 이치는 숨겨져 있어도 통달하지 아니함이 없었다. 또는 묵묵히 문장과 구절을 생각하여 역력히 마음에 간직하였다(崔賀 撰, 앞의 비문, 『總覽』(上), 118쪽).

그는 서주 부사사에서 화엄을 공부하는 3년 동안 침상에 눕지도 않고 자리도 펴지 않았다고 한다. 이는 화엄을 공부하면서 선적인 수행도 함께 하였음을 보여준다. 그런 과정에 그는 대장경을 통하여 선적 성취를 검증하고자 한 것은 아니었을까 하는 생각이 든다.[23] 그는 신라에서 배운 화엄과 부사사에서 공부한 화엄을 통하여 선종을 같은 자리에 연결시키고자 한 것으로 볼 수 있다. 또한 그러한 노력의 이면에는 선종을 통하여 이미 깨달은 바를 화엄을 통해 확실하게 하고자 한 것으로 이해된다. 더 나아가 신라에서 공부한 화엄을 새롭게 이해하기 위한 것으로도 해석된다. 이는 혜철 선사가 선과 교를 모두 융섭하는 입장에 있고자 한 것으로 보아지며 어느 한 곳에 치우침이 없는 균형된 체계를 세우고자 한 것으로 풀이할 수 있다. 이렇게 볼 때 혜철 선사의 선과 교에 대한 공부 방식은 당시 당나라로 유학했던 신라의 여타 선승들과는 달랐음을 보여주는 것이라고 해도 좋을 것이다.

음을 알 수 있다. 더욱이 그는 천태종에 대해서도 깊은 관심이 있었음을 알 수 있다.

[23] 추만호, 「나말려초 선사들의 선교양종 인식과 세계관」, 『國史館論叢』 52, 1994, 214쪽.

III. 혜철 선사의 귀국과 활동

혜철 선사는, 다른 선사들이 그러하였듯이 신라로 돌아가 법을 전하고자 마음이 일어 귀국하였다. 귀국한 이후의 행적은 다음의 기록을 통해서 헤아려 볼 수 있다.

C. 元和 9년 가을 8월에 부처님의 가르침을 찾아 서쪽으로 멀리 갔다. (중략) 고국을 떠난 지 오래 되었고 법을 선양하고자 하는 마음이 깊어져 드디어 군자의 나라(신라)에 돌아갈 것을 말하고, 신기루와 같은 파도를 가로질러 開成 4년(839, 神武王 원년) 봄 2월에 귀국하였다. 이날 여러 신하가 함께 기뻐하고 동네에서 서로 경하하며 말하기를 "당시 옥 같은 사람이 가버려 산과 골짜기에 사람이 없더니 오늘 그 구슬이 돌아오니 하천과 들은 보배를 얻었다. 보처님의 오묘한 뜻과 달마의 종지가 다 여기에 있도다. 비유컨대 공자께서 위나라에서 노나라로 돌아옴이라" 하였다. 이윽고 무주 관내 雙峰蘭若에서 여름 안거를 하였을 때 햇볕이 너무 뜨거워 (하략) (崔賀 撰, 앞의 비문, 『總覽』(上), 118쪽).

혜철 선사는 814년 중국에 들어가 지장 선사로부터 법을 받은 이후 839년 2월에 신라로 돌아왔다. 그는 당나라에서 약 25년 정도 머물러 있었는데, 그 동안 선과 교를 두루 아우른 것이다. 그런데 귀국할 때 사신의 배를 이용하였다는 기록이 없는 것으로 보아 商船이나 貿易船을 이용하였다고 판단해도 좋을 것이다.[24] 그의 귀국에 대하여 많은 사람들이 기뻐하였다고 되어 있는데 이는 상투적으로 쓰이는 문장으로 볼 수도 있다. 하지만 적어도 그의 명성이 이미 신라 땅에 알려져 있었음을 보여주는 것으로 보아도 무리는 없지 않을까 싶다.

그는 귀국한 이후 무주 관내 쌍봉사에 머물면서 하안거에 들어갔다고

---

[24] 曺凡煥, 「張保皐와 禪宗」, 『STRATEGY21』 8, 2002, 108쪽.

되어 있는데 이 때가 840년 무렵으로 헤아려진다. 이와 관련하여『三國史記』에서도 문성왕 2년 여름 4월부터 6월까지 비가 내리지 않았다고 한 것을 그 근거로 들 수 있다. 혜철 선사는 약 25년 동안 중국에서 머물렀기 때문에 고향에 돌아가더라도 그를 도와 사찰을 새로 세우거나 혹은 머물 곳을 정해줄 만한 경제력을 가진 이들은 없었다고 보아도 좋을 것이다. 앞서 보았듯이 그의 집안의 형편을 고려하면 그렇다는 얘기다. 그렇다면 그가 무주의 쌍봉사에 머문 이유는 어디에 있었을까 궁금하다.

> D. 밤낮 없이 행군하여 19일에 달구벌 언덕에 이르렀다. 왕(敏哀王)은 군사
> 가 이르렀다는 말을 듣고 이찬 大昕과 대아찬 允璘·嶷勗 등에게 명하여 군사
> 를 거느리고 이를 막도록 하였다. 또 한 번 싸움에 크게 이기니, 왕의 군사
> 는 죽은 사람이 절반이 넘었다. 이때 왕은 서쪽 교외의 나무 밑에 있었는데,
> 좌우 측근들이 모두 흩어지고 혼자 남아 어찌할 바를 모르다가 月遊宅을 달
> 려 들어 갔으나 군사들이 찾아내어 죽였다(『三國史記』 권 10, 閔哀王 2년 봄
> 윤 정월).

위의 기록을 보면, 혜철이 도착하기 약 한 달 전에 중앙 왕실에서 벌어진 왕위쟁탈전으로 경주는 매우 혼란하였다. 즉 張保皐의 군대와 金陽이 장수들을 이끌고 경주에 들어가 敏哀王을 시해한 것이다. 그리고 민애왕을 이어 임금이 된 金祐徵은 당시 淸海鎭에 머물러 있었다. 진골 지배세력들의 왕위쟁탈전이 벌어진 가운데 장보고가 합세한 것으로 새로운 정치적 국면이 조성되었던 것이다.

이러한 사실로 미루어 보면, 혜철 선사는 신라에 도착하자 경주의 사정에 대하여 자세하게 들었을 것이다. 경주의 정치적 상황이 매우 혼란한 것을 들은 그는 선종사찰인 쌍봉사[25]에 머물렀다. 그리고 그곳에 있으면

---

25) 이와 관련하여 曺凡煥, 「新羅下代 武珍州地域 佛敎界의 動向과 雙峰寺」, 『新羅
史學報』 2, 2004를 참조할 것.

서 당시 무주 지역의 사정에 대해서도 적잖은 이해를 얻었을 것으로 파악된다. 혜철 선사는 청해진의 장보고가 더 큰 영향력을 가지게 되었다는 것을 들었음은 당연하다고 할 것이다.

한편 당시 선승들이 배를 타고 도착한 포구는 무주 會津이거나 혹은 영암의 上臺浦였다. 이에 혜철 선사는 도착한 곳에서 멀지 않고 그리고 선종 사찰로 이름이 난 쌍봉사로 들어가 신라 불교계와 당시의 정치·사회적인 사정을 좀 더 정확하게 파악하고자 한 것으로 볼 수 있다. 더구나 25년 동안 머물러 있던 곳에서 귀국하여 바로 쌍봉사로 갔다는 것은 당시 중국에서 활동하던 신라의 선승들에게 쌍봉사는 이미 그 이름이 알려져 있었음을 위의 기록을 통하여 잘 알 수 있다. 그렇다면 그는 大安寺를 창건하기 전까지 어떻게 지냈을까 궁금하다.

E-1. 드디어 武州 관내의 雙峰蘭若에서 여름 결제 때 날이 가물어 산이 마르고 내가 말랐으며 비가 오지 않을 뿐 아니라 조각구름조차 없었다. 州司가 선사에게 간절히 청하니 선사가 고요한 방에 들어가 좋은 향을 사르며 하늘과 땅에 빌었다. 잠시 후 단비가 조금씩 내려 무주 관내의 들을 적시더니, 얼마 후 큰 비가 내렸다. E-2. 또 理嶽에 머물러 黙契할 때 골짜기에 홀연히 들불이 일어 사방에서 불이나 암자를 태우려 하는데 인력으로 구할 바가 아니요 또한 도망갈 길도 없었다. 선사가 단정히 앉아 묵묵히 생각하는 중에 소나기가 세차게 쏟아져 불을 모두 꺼 버리니 온 산이 불탔으나 一室만이 남았다(崔 賀 撰, 앞의 비문, 『總覽』(上), 118쪽).

위의 기록을 보면 혜철 선사는 쌍봉사와 理嶽에 머무는 동안 神異한 행적을 보였다. 혜철 선사가 귀국하여 하안거를 지낼 때 날이 가물어 매우 힘들었다고 한다. 이에 州司가 선사에게 간절히 청하니 선사가 방에 들어가 향을 사르며 빌자 비가 내려 가뭄을 해소시켜 주었다고 전한다.

이러한 사실에서 다음과 같은 해석이 가능할 것이다. 우선 혜철 선사가 쌍봉사에 도착한 이후 무주 관내에서 그의 이름이 널리 알려져 있었다고 볼 수 있다. 주사가 그를 찾아가 비를 내려주기를 부탁하였다는 것에서도 그렇게 짐작할 수 있다.[26] 쌍봉사에 승려들이 여럿 있었음에도 불구하고 주사가 그를 찾았다는 것은 혜철의 영향력이 적지 않았음을 알려준다. 더구나 그의 기도로 말미암아 비가 내렸다고 하는데 이는 혜철이 그 지역의 환경이나 계절의 변화를 잘 알고 있었던 것으로 볼 수 있다. 아마도 무주에 도착한 이후 그곳의 사정에 대한 자세한 검토가 있었던 것으로 헤아려진다.

그런데 여기서 무주의 주사와 혜철이 매우 밀접한 관계를 맺고 있음을 눈여겨 볼 수 있다. 이와 관련하여 기왕의 연구에서는 문성왕 당시 무주 지역의 관직을 가진 인물은 武珍州別駕 閻張뿐이라고 하였다.[27] 그렇지만 당시 무주의 주사를 염장하고 연결시킬 수 있을까 하는 의문이 따른다. 이와 관련하여 우선 주사에 대하여 알아보기로 하자. 주사는 지방 관사를 의미한다고 한다.[28] 그리고 지방관사는 州郡縣에 파견된 지방관이 지방 통치를 위하여 그 지방토착세력을 중심으로 설치한 통치기구를 말한다.[29] 그런데 당시 염장은 도독 아래 차관직에 있었다. 따라서 염장은 중앙 통치 조직의 체계 내에 위치한 인물이기는 하지만 주사와는 관련이 없는 것으로 이해할 수 있다.[30] 아마도 주사는 당시 도독이나 차관인 별

---

[26] 州司를 地方官司가 아닌 지방관리로 볼 수도 있다(金周成, 「新羅下代의 地方官司와 村主」, 『한국사 研究』 41, 1983, 55쪽).

[27] 李敬馥, 「新羅末・高麗初 大安寺의 田莊과 그 經營」, 『梨花史學研究』 30, 2003, 125쪽.

[28] 金周成, 위의 논문, 1983, 54-55쪽.

[29] 金周成, 위의 논문, 1983, 52쪽.

[30] 장보고의 부장이었던 이창진 등이 반란을 일으키자 진압하였는데 그 때의 관직이 武珍州別駕였다(『續日本後記』 11, 仁明天王 9年 正月). 그렇지만 장보고가 활동할 때도 염장이 무진주 별가였는지는 알 수 없다. 따라서 이경복의 논리는 타당하지 않다.

가가 아니라 지방토착 세력 가운데 한 명이었음을 엿볼 수 있다. 이렇게 보면 당시 주사와 염장을 연결시키는 것은 무리가 따른다고 생각된다. 따라서 주사를 무주 지역의 유력자로 보는 것이 보다 타당하지 않을까 싶다.

다음으로 理嶽의 암자에서 묵계를 하는 동안 화재로부터 암자를 구하였다고 하는데(E-2 기록) 그곳이 쌍봉사는 아니었음을 알 수 있다. 아마도 지리산 자락의 어느 곳으로 생각되는 데 이때에 그는 쌍봉사를 벗어나 그곳으로 옮겨 가 있었음을 헤아리게 한다. 그곳에서도 그는 불을 鎭火하였는데 그의 능력이 매우 뛰어났음을 보여주는 것으로 해석된다.

이상에서 보아오면, 혜철 선사는 귀국한 이후 정치적인 혼란의 소용돌이를 목격하며 고향과 경주에 들어가는 것을 포기하고 쌍봉사에서 선을 전파하고자 노력하였다. 그리고 840년 여름에는 신이한 행적을 보이면서 무진주 주사의 각별한 관심을 받았다. 또한 쌍봉사에서 나와 이악의 암자에서 머물면서 신이한 행적을 보이고 있는데 그것은 그의 활동이 뛰어났음을 보여주는 것으로 보아도 무리가 없을 것이다.

IV. 무진주 지역의 정치적 상황과 동리산문의 개창

혜철은 무주 쌍봉사와 이악에 머물면서 그의 선법을 펼칠 새로운 장소를 구하였다. 그리고 곡성에 위치한 대안사를 찾았다. 그러면 그는 언제부터 대안사에 주석하였을까 궁금하다. 이와 관련된 기록이 없어 잘 알수 없으나 기왕의 연구에 따르면 문성왕 2년(839)에서부터 늦어도 문성왕 8년까지는 동리산문이 개창되어 있었다고 한다.[31] 그렇지만 혜철의 비문

---

31) 金杜珍, 앞의 논문, 1988, 3쪽. 그는 그 근거로 도선국사의 비문에는 도선이 846년에 동리산문으로 들어가고 있음을 들었다. 한편 추만호는 『태안사지』

에서는 840년 초반에 대안사로 옮긴 것처럼 서술되어 있다. 더구나 혜철의 대안사 이거는 무주 지역을 둘러싼 정치적인 상황과도 매우 밀접하게 연관되어 있었기 때문에 더욱 유의해야 할 것으로 생각된다. 이와 관련하여 다음의 기록을 주목해 보자.

> F. 谷城郡 동남쪽에 산이 있어 桐裏라 하였고, 이 가운데 작은 집이 있어 大安이라 이름하였다. 그 절은 수많은 봉우리가 가리어 비치고 하나의 물줄기가 맑게 흐르며, 길은 멀리 아득하여 세속의 무리들로 오는 이가 드물고 경계가 그윽히 깊어 승려들이 머물기에 고요하였다. 龍神이 상서로움과 신이함을 드러내고 독충과 뱀이 그 독 있는 모습을 감추며, 소나무 그림자 어둡고 구름은 깊어서 여름은 시원하고 겨울에는 따뜻하였으니 바로 三韓에서 수승한 곳이었다. 선사가 석장을 들고 와서 둘러보고 머물 뜻이 있어 이에 교화의 장을 열고 자질이 있는 사람을 받아들이니 漸敎와 頓敎를 닦는 사람들이 四禪의 집에 구름처럼 모여들었고, 근기가 뛰어나거나 낮은 사람들이 八定의 문에 귀부하였다(崔 賀 撰, 앞의 비문, 『總覽』(上), 118쪽).

위의 기록을 자세히 살펴보면 우선 혜철 선사는 석장을 들고 와서 둘러보았다고 한다. 이는 그가 쌍봉사를 나와 이악에 머물면서 계속해서 주석할 수 있는 장소를 물색하였다는 것을 암시한다. 그렇다면 그는 적어도 840년 이후부터 계속해서 새로운 교화지를 찾은 것으로 이해할 수 있다. 그러한 과정에서 그는 대안사를 찾은 것이라 생각된다. 그는 그 이전부터 존재한 古寺를 찾고 그곳에 주지하면서 선종산문으로 명성을 얻어 간 것으로 파악된다.[32] 그럼에도 불구하고 위의 기록만으로는 혜철 선사가 대안사로 간 시기와 그곳의 창건 시기를 파악하기는 어렵다. 이에 그가 대

등의 기록을 참고하면 혜철의 주석연대는 847년이 거의 확실하다고 하였다(추만호, 앞의 논문, 1999, 253쪽의 註5 참조). 그렇지만 도선의 비문 내용을 인정하면 씨의 견해는 성립되지 않는다.

[32] 金杜珍, 위의 논문, 1988, 3쪽.

안사로 옮겨간 이유부터 찾게 되면 쌍봉사와 이악에서 대안사로 이거한 시기를 알아낼 수 있지 않을까 생각된다.

　F의 기록을 다시 보면, 대안사에는 '세속의 무리들로 오는 이가 드물었다(路迴絶而塵侶到稀)'고 하였는데 이는 그곳이 그만큼 세속과는 거리가 있었음을 보여주는 것이라 여겨진다. 도헌 선사의 경우 沈忠이 절을 지을 땅을 기진하자 그곳을 둘러보고 스님들이 거처하지 않으면 도적의 소굴이 될 것이라 하였는데,[33] 이는 선종 사찰들이 심산유곡에 위치하였음을 암시적으로 보여준다. 결국 혜철 선사가 대안사와 같은 곳을 찾은 것도 어떤 이유가 있지 않을까 생각된다. 이는 혜철 선사가 세속의 무리들과는 거리를 두고자 한 것으로 보아도 좋을 것이다. 더 나아가 그는 세속과 관련된 좋지 못한 경험이 있었던 것이 아니었을까 하는 생각에까지 이르게 된다. 확언하기는 힘들지만 바로 장보고의 죽음과 관련된 것이 아니었을까.

　장보고는 841년 11월에 진골 지배세력이 보낸 자객인 염장에 의하여 죽임을 당하였다. 그 결과 청해진에서는 새로운 정치적인 변화가 일어났다. 염장은 장보고를 살해하고 청해진에서 새로운 주인 역할을 하였다. 그러한 과정에서 적잖은 진통이 일어났음은 당연하다. 즉 그동안 장보고를 추종하던 세력들은 이에 반기를 들었으며, 혼란이 상당히 오랫동안 지속되었다.[34] 그리고 청해진과 가까운 거리에 있던 무주 지역은 혼란의 도가니에 빠졌다고 해도 좋을 것이다. 쌍봉사에서 장보고로부터 적잖은 지원을 받았던 혜철 선사는[35] 그러한 혼란에서 벗어나기를 바랐다고 할 수 있다. 더구나 청해진의 새로운 주인이 된 염장으로부터 직접적인 감시

는 아니라 하더라도 보이지 않는 견제를 받았던 것으로 이해할 수 있다.

이렇게 보면 혜철 선사는 쌍봉사에 머무는 동안 청해진을 주도하던 장보고의 죽음을 목도하고 염장 세력의 보이지 않는 견제와 감시를 받자 그는 그러한 혼란 속에서 벗어나고자 하였다. 이에 그는 무주에서 벗어나 법을 전할 수 있는 장소를 찾았다. 사실 쌍봉사에서 벗어나 이악에서 묵계를 하였다는 것을 보아도 장보고의 죽음과 관련이 있을 것이다. 그리고 찾은 곳이 바로 곡성의 대안사였다고 할 수 있다. 따라서 그의 비문에서 대안사에 세속의 무리들로 오는 이가 드물다고 한 것을 충분히 이해할 수 있으리라 생각된다. 그리고 승려들이 머물기에 고요한 곳이라는 것도 이와 같은 선상에서 해석하면 될 것이다.[36] 그러므로 혜철 선사가 842년 무렵에는 대안사로 이거하지 않았을까 생각된다. 그렇다면 기왕에 언급된 847년 무렵에 대안사로 이거하였다는 판단은 유보해 두어도 좋을 것이다.

혜철 선사는 842년 무렵에 대안사를 창건한 것으로 여겨진다. 물론 사찰을 새로 신축하였을 가능성보다는 이미 자리하고 있던 古寺를 수리하고 그곳에 주석한 것으로 생각된다. 그리고 그곳을 중심으로 하여 새로운 산문을 형성하고자 하였을 것이다.

---

[36] 김두진은 "慧徹 당시에 大安寺는 蟲蛇가 毒形을 숨기고 있는 곳으로 묘사되어 있다. 大安寺는 風水地理 면에서 蟲蛇의 그늘 아래 있었고, 그것이 끼치는 해독에서 벗어나야 할 입장에 있었다. 어쩌면 이러한 묘사는 大安寺의 檀越勢力이 新羅 조정에 대해 非協助 내지 적대적이었음을 나타내 주는 것으로 보아 좋을 듯하다. 왜냐하면 寺院의 규모로 보아 分明히 明記되어야 할 檀越이 감추어진 채, 오히려 山勢로 보아 그것이 해독을 끼칠 수 있음을 시사하고 있기 때문이다"고 하였다(金杜珍, 앞의 논문, 1988, 21쪽). 그렇지만 씨의 이러한 해석은 사료의 한 부분을 가지고 해석한 것으로 전체적인 측면에서의 파악이 이루어지고 있지 않고 있음을 염두에 두어야 할 것이다.

V. 동리산문의 발전과 신라 왕실

이제 대안사가 동리산문으로 성장하게 된 배경에 대하여 검토해 보기로 하자. 이와 관련하여 아래의 기록이 주목된다.

> G. 文聖大王이 이를 듣고 像法과 末法시대에 걸쳐 많은 몸을 나타냈다고 이르고, 자주 글을 내려 위문하면서 겸하여 머물고 있는 절의 사방 밖에 殺生을 금하는 幢을 세우기를 허락하였다. 이에 사신을 보내어 나라를 다스리는 요체를 묻거늘 선사가 封事 약간의 조항을 올리니 모두 당시 정치에 급한 일인지라 왕이 매우 가상하게 여겼다. 그가 조정을 도와 이롭게 하고 王侯들이 예를 올린 것 또한 이루 다 말할 수가 없다(崔 賀 撰, 앞의 비문, 『總覽』(上), 118쪽).[37]

혜철 선사가 대안사로 이거한 이후 왕실에서는 대안사와 혜철 선사에 대하여 관심을 두었음을 알 수 있다. 문성왕이 자주 글을 내렸다는 것을 통해서 볼 때 그렇다. 그리고 머물고 있는 절의 사방 밖에 살생을 금하는 당을 세우도록 허락한 것으로 보아 대안사가 소유한 사원전의 경계를 명확하게 해 준 것으로 판단된다.[38] 이와 유사한 예는 성주산문에서도 찾

---

[37] 위의 해석문 가운데 일부분을 원문으로 옮기면 다음과 같다. 文聖大王聞之 謂現多身於象末 頻賜書慰問 兼所 住寺四外 許立禁殺之幢. 여기서 문제가 되는 것은 '兼所住寺四外'의 구절인데, 金杜珍은 앞의 논문, 1988, 3쪽에서 '아울러 주지하는 절 4곳 이외에'라고 해석하고 대안사 외에 소속 사원을 거느리고 있었음을 드러내고 있다. 그렇지만 李智冠과 金南允은 '절의 사방 밖에'로 해석하고 있다(李智冠, 『譯註校勘 歷代高僧碑文(新羅篇)』, 伽山文庫, 1994, 90쪽 및 韓國古代社會研究所編, 『譯註 韓國古代金石文』(제3권), 1992, 44쪽). 아마도 후자의 해석이 보다 타당하지 않을까 싶다. 그리고 동리산문의 사세가 다른 선종 산문에 비하여 그렇게 크지 않다는 연구가 있음을 염두에 두면 이러한 해석은 재고를 요한다.

[38] 이러한 견해는 이미 대안사가 많은 전장을 가지고 있다는 것을 전제로 한 것이다. 그렇다면 혜철 선사가 대안사로 이거할 무렵의 그곳의 단월 세력이 누구였는가 하는 것이 궁금하다. 그렇지만 이를 알려줄 만한 기록이 없어 무어

아볼 수 있다. 헌강왕은 성주사에 사자를 보내어 방생경계를 정하였다고
한다. 지금까지 방생장과 관련하여는 그것을 長生標와 같은 것으로 생각
하였으며[39] 사액과 관련하여는 免稅의 特權을 내리는 것으로 보았다.[40]
이렇게 보면 대안사에 설치한 방생장은 그곳만이 가지는 고유한 장소임
을 알 수 있겠다. 그리고 더 나아가 대안사가 소유한 寺院田에 대한 免稅
의 혜택까지 준 것으로 이해하면 어떨까 싶다. 그러면 문성왕이 대안사와
혜철 선사에 대하여 이러한 조치를 취한 이유는 과연 어디에 있었을까.

문성왕이 대안사와 혜철 선사에 대하여 관심을 보인 것은 바로 혜철
선사가 개창한 동리산문을 염두에 둔 조치였다고 헤아려진다. 비록 대안
사가 산속 깊숙한 곳에 위치하고 있기는 하지만 많은 수의 승려들이 그
곳에서 활동하고 있었다. 더구나 혜철 선사는 앞서 보았듯이 무주에서 신
이한 행적으로 보였기 때문에 여러 사람들로부터 관심의 대상이 되었다.
사실 문성왕은 혜철이 무주에서 신이한 행적을 보였을 때 그의 아버지인

라 단정할 수 없는 형편이다. 金杜珍은 동리산문의 중심도량이었던 대안사의
단월이 구체적으로 명기되어 있지 않은 것은 신라 정부나 고려 국가의 입장
에서 볼 때 이름이 남겨질 수 없는 인물이었지 않았을까 추측된다고 하였다
(金杜珍, 앞의 논문, 1988, 20쪽). 다만 允多가 주석할 무렵에는 甄萱을 단월로
파악하고 있는데 타당하다고 생각된다. 그렇지만 혜철 선사가 주석할 무렵의
단월은 헤아리기 어렵지만 억측을 해 보면 장보고와 관련된 집단이 아니었을
까 짐작되기도 한다.

[39] 이인재는 『通度寺誌』「寺之四方神補篇」의 분석-신라통일기·고려시대 사원경
제의 한 사례-」,『역사와 현실』8, 1992, 287-298쪽에서 사원으로서는 토지소유
에 대한 권한을 공포하는 것인 반면, 국가로서는 사원의 토지 소유현황을 파
악하고 이에 대한 권한을 인정해 준다는 것일 뿐만 아니라 장생표 설치 지역
밖에까지 사원이 불법적으로 토지를 확대하려는 것을 막으려는 의도도 내포
하고 있었다고 한다.
한편 이병희는 장생표에 대하여 "일정한 지역내의 농지와 농민에 대한 배타
적인 지배를 실현하는 것으로 보았다(李炳熙,「三國 및 統一新羅期 寺院의 田
土와 그 經營」,『國史館論叢』35, 1992, 133쪽). 그리고 씨는 장생표는 모든 사
원에 세워진 것이 아니라 특별한 우대의 표시로 특정한 사원에만 세워졌다고
하여 이인재와는 다른 견해를 보였다.

[40] 崔柄憲, 앞의 논문, 1972, 107쪽과 李炳熙, 앞의 논문, 1992, 143쪽.

김우징과 함께 청해진에 머물러 있었다. 사정이 이러한 만큼 그는 누구보다도 혜철 선사에 대해서 잘 알고 있었을 것이다. 더욱이 혜철 선사는 장보고와 밀접한 관계를 가지고 있었기 때문에 장보고 사후 그와 관련 되었던 사람들은 혜철을 정신적인 스승으로 삼았을 가능성도 있다. 이에 왕실에서는 대안사의 위치를 인정하고 혜철을 회유하여 왕실에 도움이 되도록 하고자 하였을 것이다. 적어도 왕실에 등을 돌리는 세력이 되는 것을 사전에 방지하고자 한 것으로 판단된다.

문성왕은 또한 그에게 나라를 다스리는 요체를 묻자 혜철은 封事 若干條를 올렸는데 그 내용이 당시 정치에 급한 것이라고 한다(G 기록 참조).[41] 왕이 혜철 선사에게 이러한 요구를 하였다는 것은 눈여겨보지 않을 수 없다. 당시 여러 선승들이 있었음에도 불구하고 그에게 이런 요구를 하였다는 것은 선종 불교계에서 혜철 선사의 위상이 매우 높았다는 것을 의미하는 것으로 파악된다. 그렇다면 혜철 선사가 왕에게 올린 봉사조의 내용이 무엇이었을까 궁금하다.

비문에 그것과 관련된 내용이 기록되어 있지 않아 구체적인 사항을 헤아리기는 어렵지만 그를 잘 알고 있는 문성왕이 '나라를 다스리는 요체(理國之要)'를 물은 것은 적어도 무진주 지역과 관련된 일이 아니었을까 짐작된다. 혜철 선사가 대안사로 이거하게 된 배경은, 앞서 보았지만, 장보고의 죽음과 밀접한 관련이 있었던 것이다. 그는 겉으로 드러나 보이지는 않지만 장보고 집단의 정신적인 지도자 가운데 한 명으로 무진주에서 활동하였기 때문에 장보고가 죽은 이후 그를 둘러싼 반신라적인 기운은 수그러들지 않았을 것이다. 이에 문성왕은 그에게 사자를 보내어 무진주 지역의 반신라적인 기운을 해소할 수 있는 방법과 해결책을 물은 것이라 할 수 있다.[42] 봉사조의 내용이 비문에 간단하게라도 기록되어 있지 않

---

41) 金杜珍은 혜철 선사가 景文王의 귀의를 받고 봉사를 올린 것으로 파악하고 있는데(金杜珍, 앞의 논문, 1988, 9쪽), 이는 기록을 잘못 해석한 것이다.

은 것은 그러한 저간의 사정을 반영한 것이 아닐까 추측되기도 한다. 왕
이 혜철의 봉사 내용을 보고서 그것을 시행하였는지의 여부에 대해서는
알 수 없지만 무진주 지역을 통치하는 데 참고로 이용하였을 것임은 틀
림이 없을 것으로 헤아려진다.[43] 이렇게 볼 때 혜철 선사는 왕실로부터
관심의 대상이 되었음을 헤아리게 한다.

> H. 임금께서 선사의 모든 행적을 듣고 세월이 오래되면 그 자취가 티끌처럼
> 흐려질까 염려하여 즉위 한 8년 여름 6월 어느 날에 綸旨를 내려 이 글을
> 비에 새겨 장래의 거울이 되게 하셨다. 이에 시호를 내려 寂忍이라 하고 탑
> 명을 照輪淸淨이라 하니 聖祖의 은혜로운 대우가 넉넉하였고 선사의 빛나는
> 행적이 갖추어졌다(崔賀 撰, 앞의 비문, 『總覽』(上), 119쪽).

---

[42] 이경복은 혜철의 봉사 내용은 자세하게 알 수 없지만 장보고의 난에 관한 일
이었던 것 같다고 하였다(李璥馥, 앞의 논문, 2003, 125쪽).

[43] 이에 대하여 김두진은 "이로 보면 외형상 혜철은 왕실과 가까운 관계에 있었
을 것으로 추측하게 한다. 그렇지만 혜철이 올린 봉사가 신라 조정에서 받아
들여져 정책에 반영되었는지는 불분명하다. 문성왕 이후에도 혜철이 조정을
도왔다는 기록은 어쩌면 형식적인 서술일 수 있다. 왜냐하면 그가 구체적으
로 어떻게 왕실이나 조정을 이롭게 하였는지가 기록되어져 있기 않기 때문이
다. 그런가하면 곡성의 태안사는 비록 왕실의 허락아래 절의 사방 밖에 禁殺
幢을 세우고 있지만, 왕실과 특별히 연고되었던 것은 아닐 듯하다. 오히려 태
안사는 地理的으로 신라 조정과는 너무 멀리 떨어진 외진 곳에 위치한 셈이
다. 이런 점은 혜소(혜철의 잘못)가 문성왕 이후 경문왕 때에까지 왕실과 密
着해 있지 않았을 것으로 생각한다. 그가 왕실의 부름을 받아 조정에 나간
적이 한 번도 없음은 이런 추측을 보다 가능하게 한다"고 하였다(김두진, 앞
의 논문, 1997, 19쪽). 씨의 이러한 견해는 납득할 수 없다. 먼저 대안사가 지
리적으로 신라 조정과 너무 멀리 떨어져 있다고 하면서 문성왕 이후 왕실과
는 밀착되지 않은 상황이었을 것으로 보는데 이는 당시의 다른 산문들과 비
교해 볼 때 납득하기 어렵다. 성주산문의 경우 동리산문보다 더 멀리 떨어진
곳에 위치하고 있다. 지리적으로 왕실과 멀다고 해서 그곳과 밀착되지 않았
다고 보는 것은 타당하지 않다. 다음으로 왕실의 초빙을 받아 그곳에 나아간
적이 한 번도 없음을 들었는데 그것도 이상하다. 왜냐하면 왕실에 나아가지
않았다고 해서 무조건 왕실과 거리를 둔 것이라고 해석할 수는 없기 때문이
다. 혜철 선사가 왕실과 거리를 두고자 했다면 문성왕의 요청을 처음부터 거
절했어야 옳을 것이기 때문이다.

혜철 선사는 861년 경문왕 원년 2월 6일 열반에 들었다. 이후 景文王은 재위 8년째 되던 해에 왕명을 내려 비문을 지을 것을 명령하고 탑비를 세울 수 있게 하였다. 혜철 선사는 문성왕과 관계를 맺은 이후 왕실의 주목을 받았다. 그리고 그가 열반에 들자 왕실에서 시호와 탑을 세울 수 있게 해 주었다. 이러한 사실은 왕실에서 혜철 선사와 동리산문의 위치를 인정한 것으로 보아도 무리가 없다. 당시 왕실에서 이러한 조치를 하였다는 것은 그만큼 동리산문이 차지하는 위상이 적지 않다는 것을 헤아리고 있었기 때문이다. 경문왕이 등극한 해에 선사가 열반에 들었음에도 불구하고 8년이 지난 후에 비를 세우게 된 것을 두고 왕실과의 관계가 긴밀하지 않았다고 보는 견해도 있지만[44] 그것은 당시의 사정을 염두에 두어야 할 것이다. 특히 경문왕대의 정치적인 사정을 염두에 둘 때 그러하다. 따라서 적어도 왕실에서 선사에 대한 시호와 탑비를 새길 것을 허락하였다는 것은 왕실과의 관계가 밀접하였음을 보여주는 것이다.

앞에서도 언급하였지만 문성왕은 대안사 주변에 금살당을 설정하여 금살당내의 토지의 소유권을 인정해 주었다. 이와 비슷한 예는 鳳巖寺와 聖住寺에서도 볼 수 있는데, 봉암사에 주석했던 도헌은 자신 소유의 토지 500결을 절에 희사하자 憲康王이 그 토지를 正場으로 구획해 주었다.[45] 이것은 국왕이 사찰에 소속된 토지를 인정해 주는 것인데 대안사의 경우도 이와 다르지 않았다고 할 수 있다. 따라서 왕실과 밀접한 관계가 아니었다면 이러한 田莊의 형성은 쉽지 않았을 것이다. 물론 그의 비문에 나타난 토지와 시지 등은 무주 지역의 지지세력들에 의한 보시도 있었겠지만 왕실의 지원 아래에서 넓혀나갔다고 보는 것이 더 타당하지 않을까 싶다. 그리고 왕실의 지원 아래 형성된 전장은 동리산문이 성장하는 데 있어 큰 디딤돌 역할을 하였다고 생각된다.

---

44) 秋萬鎬, 앞의 논문, 1999, 257쪽.

45) 崔致遠 撰, 「聞慶鳳巖寺智證大師寂照塔碑」, 『總覽』(上), 93쪽.

VI. 맺음말

혜철 선사가 개창한 동리산문은 신라말 구산선문 가운데 하나로 지금까지 그 맥을 잇고 있다. 이에 본고에서 검토한 바를 정리하는 것으로 맺음말을 대신하고자 한다.

혜철 선사의 집안은 신라 중대말 무렵에 신분적으로 족강을 하여 중앙인 경주에서 지방인 선곡현에 자리 잡았다. 태백산 지역에서 자란 선사는 일찍부터 신분적인 한계를 깨닫고 유학과 노장학보다는 불교에 관심을 두어 15세 무렵에는 부석사로 출가하였다. 부석사에서 화엄에 열중한 그는 '불문의 顔回'라 불리울 정도로 교학에 심취하였다. 그리고 계를 받은 이후 북종선에 관심을 두어 능가경과 능가선을 익혔다. 그런 과정에서 그를 지도해 줄 스승이나 참된 조사가 없음을 안타까워 한 그는 중국 유학을 결심하게 되었다.

중국에 도착한 그는 지장 선사를 찾아가 법을 받았다. 당시 지장 선사를 찾은 이유는 그가 마조 도일의 수제자로 이름이 나 있었기 때문이었다. 스승이 열반에 들자 혜철 선사는 두타행을 하였으며, 이후 浮沙寺에 들러 3년 동안 열심히 대장경을 익혔다. 그곳에서 지내는 동안 그는 한 번도 침상에 눕지 않았으며 자리도 깔지 않았다고 한다. 이는 선을 체득한 이후 대장경 공부를 통해 선교융합의 길을 걷고자 한 때문이었다. 중국에서 이와 같이 큰 깨달음을 얻은 이후 그는 839년 2월 무렵에 귀국하였다.

신라에 도착한 그는 장보고가 관련된 중앙의 왕위쟁탈전이 한 달 전에 있었음을 들었다. 선종 사찰인 쌍봉사에 머물면서 신라의 여러 가지 사정을 알아가는 과정에 비가 오지 않자 신이한 행적을 보여 여러 사람들의 주목을 받았다. 이 때 그는 장보고 집단과 후일 문성왕이 되는 金慶膺의 관심을 끌었다. 왜냐하면 당시 그는 아버지인 金祐徵을 따라 청해진에 와서 의탁하고 있었기 때문이다. 그런 과정에 장보고가 염장에 의해 죽임을 당하자 혜철 선사는 쌍봉사에 있지 못하고 이악에 머물면서 종신토록 주석할 곳을 찾았다.

842년 무렵 그는 동리산 골짜기에 있는 고사에 주석하게 되는 데 그곳이 바로 대안사이다. 대안사를 종신처로 삼은 것은 염장의 세력이 미치지 못하는 곳을 찾았기 때문이다. 그러나 왕실은 그를 주목하고 문성왕은 그에게 당시의 정치상황에 대한 조언을 구하였다. 이에 그는 封事 若干條를 왕에게 올렸는데 그것은 장보고의 난과 무진주의 정치적인 동향에 대한 것이었다고 보아진다. 이에 문성왕은 그것을 가납하고 동리산문의 정장을 구획해 주었다. 그것은 동리산문이 가진 전장을 국가에서 허락해 준 것이라 할 수 있다.

이후 그는 경문왕이 등극하던 해에 열반에 들었으며 동왕 8년에는 그의 비문을 세울 수 있게 되었다. 이는 왕실과의 관계가 밀접하였음을 나타내는 것으로 동리산문이 창건되고 사세가 확장될 수 있었던 것은 둘 사이의 관계가 유기적이었음을 보여준다. 결국 동리산문의 寺勢확장에는 왕실의 지원이 있었음을 염두에 둘 필요가 있다.

이 글은 『민족문화논총』 제34집(영남대학교 민족문화연구소, 2006)에 수록된 「新羅 下代 慧徹 禪師와 桐裏山門의 개창」을 그대로 실은 것이다.

—

고려 중기의 大鑑國師 坦然과 지리산 斷俗寺

김아네스

—

Ⅰ. 머리말

지리산 斷俗寺는 경상남도 산청군 단성면 운리에 있었던 절이다. 신라 경덕왕 때 세워졌으며 이때부터 고려시대에 이르기까지 지리산 일대를 대표하는 사찰로 이름이 높았다. 신라시대에는 北宗禪을 수용한 神行禪師가 이 절에 주석하였으며 고려 중기에는 大鑑國師 坦然(1069-1158)이 주지를 지내었다. 무신집권기에 이르면 崔怡의 아들 萬宗과 修禪社의 眞覺國師 慧諶, 慈悟國師 天英, 眞明國師 混元 등이 단속사의 주지가 되었다. 고려 무신집권기 단속사의 위상은 개경이나 江都(강화도)에 위치한 선원에 견줄 만큼 높은 것이었다.

무신집권기 단속사의 부상은 앞선 시기에 이루어진 탄연의 下山과 관련이 깊었다. 탄연은 인종 때 선종을 대표하는 승려로 王師에 봉해졌다. 의종 때에 지리산 단속사를 하산소로 삼아서 이 절에 주석하다가 입적하였다. 이 때문에 단속사에는 조선 전기까지 탄연과 연관이 있는 여러 유물과 유적이 남아 있었다. 첫째 대감국사의 비라고 불리는 「高麗國曹溪宗崛山下斷俗寺大鑑國師之碑(銘幷序)」가 절 남쪽에 있었다.[1] 둘째 인종과 의종이 탄연에게 보낸 편지를 소장하고 있었다.[2] 셋째 단속사에는 탄연의 초당을 모신 影堂이 있었다.[3] 탄연은 단속사의 역사에서 가장 중요한 위치를 차지한 역사적 인물로 볼 수 있다.

이러한 중요성에도 불구하고 고려 중기 탄연의 활동과 단속사에 관한 본격적인 연구는 크게 부족하다. 탄연에 관하여는 고려 중기 선종계의 부흥을 살피면서 부분적으로 언급하였다.[4] 慧照國師 曇眞, 圓應國師 學一과 함께 탄연을 고려 중기의 대표적 선승으로 소개하였다. 또한 단속사에 관

---

[1] 조선 세조대와 성종 때 지리산 단속사를 찾았던 이륙과 남효온의 글을 보면 단속사에는 세 개의 승려 비가 있었다(이륙, 「遊智異山錄」, 『靑坡集』, 斷俗寺; 남효온, 「智異山日課」, 『秋江集』, 성종 18년 9월 27일). 이에 따르면 절의 남쪽에 대감국사 탄연의 비가 있었다.

[2] 김일손, 「頭流紀行錄」, 『濯纓集』, 성종 20년 4월 18일. 절에 소장한 고문서 중에 한지 세 폭을 연결한 문건이 있었는데 '국왕 王楷'(인종)와 '고려국왕 王晛'(의종)이라는 서명이 있는 것으로 왕이 탄연에게 보낸 문안편지라고 하였다.

[3] 『신증동국여지승람』 30, 경상도 진주목 불우 단속사.

[4] 고려 중기 불교계의 변화와 선종계의 부흥에 관하여는 다음의 연구가 대표적이다. 허흥식, 「고려중기 선종의 부흥과 간화선의 전개」, 『규장각』 6, 1982; 최병헌, 「고려중기 이자현의 선과 거사불교의 성격」, 『김철준박사 화갑기념사학논총』, 1983; 김상영, 「고려 예종대 선종의 부흥과 불교계의 변화」, 『청계사학』 5, 1988; 김상영, 「고려중기의 선승 혜조국사와 수선사」, 『불교와 역사: 이기영박사고희기념논총』, 한국불교연구원, 1991; 정수아, 「혜조국사 담진과 '정인수(淨因髓)'-북송 선풍의 수용과 고려중기 선종의 부흥을 중심으로」, 『이기백선생고희기념 한국사학논총』 상, 1994; 조명제, 「고려중기 거사선의 사상적 경향과 간화선 수용의 기반」, 『역사와 경계』 44, 2002; 한기문, 「예천 "중수용문사기" 비문으로 본 고려중기 선종계의 동향 -음기의 소개를 중심으로」, 『문화사학』 24, 2005.

하여는 신라시대 절의 창건과 고려 최씨 무신정권의 단속사 경영에 관한 연구가 주로 이루어졌다.[5] 고려 중엽 단속사의 위상과 탄연의 역할에 관한 관심은 그다지 높지 않았다.

이 글에서는 고려 중기 대감국사 탄연의 활동이 단속사의 부흥과 어떠한 관련이 있는지를 알아보고자 한다. 먼저 탄연이 고려 중기 불교계에서 어떠한 위치를 차지하였는지를 대략적으로 살피고자 한다. 왕사와 국사의 성격을 통하여 선종의 부흥과 탄연의 위상을 알아볼 것이다. 이어서 탄연의 활동과 그 사상적 경향에 관하여 알아보고자 한다. 탄연의 생애와 왕사로의 책봉을 정치 사회적 차원에서 조명하고 사승과 교유 관계를 통하여 그의 사상에 관하여 살피고자 한다. 마지막으로 탄연이 단속사에 하산한 뒤의 활동과 비 건립에 관하여 검토하고자 한다. 이를 통하여 단속사의 위상과 탄연의 하산이 가지는 의미를 파악할 수 있을 것이다. 이러한 탄연과 단속사에 관한 검토가 지리산권 불교 문화사의 한 단면을 이해하는 데 도움이 되기를 바란다.

II. 선종의 부흥과 탄연

탄연은 19세에 출가한 뒤 숙종 9년(1104)에 승과 大選에 합격하였다. 예종대에는 大師, 重大師, 三重大師를 거쳐서 禪師의 법계를 제수 받았다. 인

---

5) 단속사에 관한 대표적인 연구를 보면 먼저 신라시대 단속사의 창건과 신행선사에 관한 것이 있다(이기백, 「경덕왕과 단속사 · 원가」, 『한국사상』 5, 1962; 『신라정치사회사연구』, 일조각, 1974; 정선여, 「신라 중대말 하대초 북종선의 수용」, 『한국고대사연구』 12, 1997; 곽승훈, 「신라시대 지리산권의 불사활동과 신행선사의 비」, 『신라문화』 34, 2008). 또한 고려 무신정권의 단속사 경영에 관하여는 김광식의 연구가 있다(김광식, 「고려 최씨무인정권과 단속사」, 『건대사학』 8, 1989). 단속사의 연혁 전반을 개관한 것으로는 다음이 있다. 송희준, 「斷俗寺의 창건 이후 역사와 폐사과정」, 『남명학연구』 9, 1999; 박용국, 『지리산단속사, 그 끊지 못한 천년의 이야기』, 보고사, 2010.

종대에는 大禪師가 되었으며 인종 23년(1146)에 王師로 봉해졌다. 의종 12
년(1158) 입적한 뒤에는 國師로 추증되었다. 이 장에서는 이러한 탄연이
고려 중기 불교계에서 어떠한 위치를 차지하는가를 대략적으로 살펴보고
자 한다. 불교계의 대세를 파악하려면 고려 중기에 왕사와 국사를 역임한
인물이 누구이며 그 소속 종파가 어디이었는지에 관하여 알아 볼 필요가
있다. 국사와 왕사는 당대를 대표하는 승려로 제수되었다.[6] 따라서 이들
의 성격을 검토함으로써 불교계의 대체적인 흐름을 알아볼 수 있을 것이
다.

　탄연이 주로 활동한 숙종 때부터 의종 때까지 왕사와 국사에 올랐던
인물은 아래의 〈표 1〉과 같다.

〈표 1〉 고려 중기 王師와 國師

시기	지위	이름	종파	관련 사찰	전거*
숙종 원년(1096)	왕사(추증)	慧德王師 韶顯 (1038-1096)	유가종		비
숙종 6년(1101)	국사(추증)	大覺國師 義天 (1055-1101)	천태종	홍원사, 흥왕사,국청사	사90, 비
예종 즉위(1105)	왕사	德昌 (?-?)	유가종	현화사	사12
예종 2년(1107) ~9년(1114)	왕사	혜조국사 曇眞 (?-?)	선종	광명사, 보제사, 정혜사	사12
예종 9년(1114)~	국사	혜조국사 담진	선종		사13, 대감국사비
예종 9년(1114) ~12년(1117)이전	왕사	元景王師 樂眞 (1045-1114)	화엄종	귀법사, 법수사	사13, 비
예종 12년(1117) ~인종 즉위(1122)	왕사	德緣(德淵) (?-?)	유가종		사14, 金德謙묘

6) 왕사와 국사제도와 그 기능에 관하여는 다음을 참조할 수 있다. 허흥식, 「고
　려시대의 국사·왕사제도와 그 기능」, 『역사학보』 67: 『고려불교사연구』 1986;
　박윤진, 「고려전기 왕사·국사의 임명과 그 기능」, 『한국학보』 116, 2004: 『고
　려시대 왕사·국사 연구』, 경인문화사, 2006.

예종대 (1105~1122)	왕사(추증)	正慧王師 曇休	유가종		金義光묘
인종 즉위(1122)~	국사	德緣 (?-?)	유가종		사15
인종 즉위(1122) ~22년(1144)	왕사	圓應國師 學一 (1052-1144)	선종	법주사, 안화사, 운문사	사14, 비
(인종 19년, 1141 이후)	국사(추증)	圓明國師 澄儼 (1090-1141)	화엄종	흥왕사	비
(인종 23년,1145)	국사(추증)	圓應國師 學一	선종	운문사	비
인종 23년(1145) ~의종 12년(1158)	왕사	大鑑國師 坦然 (1069-1158)	선종	천화사, 보제사, 단속사	비
(의종 12년, 1158)	국사(추증)	대감국사 탄연	선종	단속사	비

(* 전거에 보이는 '사'는 『고려사』를 뜻하며, '묘'는 묘지명을 가리키고, '비'는 승려 본인의 비
 를 뜻하는데 구체적인 비의 명칭은 본문과 주석에서 밝히고자 한다.)

숙종 때에는 입적한 고승을 왕사 또는 국사로 추봉하였다. 韶顯이 죽자
그를 추증하여 慧德王師라고 하였다.[7] 소현은 이자연의 아들로 유가종의
승려이었다. 숙종은 그를 생전에 왕사로 봉하려 하였지만 이루어지지 않
았다. 화엄종과 유가종의 대립으로 생존한 승려에 대한 왕사, 국사로 책
봉하는 일이 어려웠던 것으로 보인다.[8] 숙종 6년(1101)에는 義天(釋煦)이
입적하자 그를 대각국사로 추봉하였다.[9]
　왕사는 국왕이 즉위하면서 새로이 임명하는 경우가 많았다. 예종은 즉
위년(1105) 12월에 玄化寺의 승려 德昌을 왕사로 삼았다.[10] 예종 2년(1107)

7) 李顎, 「高麗國全州大瑜伽業金山寺普利了眞精進饒益融慧廣祐護世能化中觀贈諡慧德
　　王師眞應之塔碑銘幷序」(李智冠 편, 『校勘譯註 歷代高僧碑文』 고려편 3, 가산문
　　고, 1996, 20-69쪽).
8) 박윤진, 「고려전기 왕사·국사의 임명과 그 기능」, 『한국학보』 116, 2004; 『고
　　려시대 왕사·국사 연구』, 경인문화사, 2006, 51-52쪽.
9) 『고려사』 90, 문종의 왕자 大覺國師煦 傳; 金富軾, 「高麗國五冠山靈通寺贈諡大覺
　　國師碑銘」(이지관 편, 앞의 책, 1996, 116-177쪽); 林存, 「南嵩山僊鳳寺海東天台
　　始祖大覺國師之碑銘」(이지관 편, 같은 책, 180-214쪽).
10) 『고려사』 12 세가, 예종 즉위년 12월 신묘.

1월에는 曇眞이 왕사가 되었다.[11] 담진은 예종 9년(1114)에는 國師에 봉해졌고, 樂眞이 새로이 王師가 되었다.[12] 담진은 선종 승려로서 惠照國師 또는 惠炤國師로 알려져 있다.[13] 그는 송나라에 유학한 뒤 귀국하여 廣明寺, 華岳寺, 定慧寺 등에 머물렀다. 元景王師 樂眞은 화엄종의 승려로 귀법사, 법수사의 주지를 역임하였다.[14] 뒤이어 예종 12년(1117)에는 德緣(德淵)을 왕사로 삼았다.[15] 왕사 덕연이 자신의 계승자로 현화사 주지 德謙을 지목한 것으로 볼 때 그는 유가종의 승려로 볼 수 있다.[16] 또한 예종대 유가종 소속의 曇休를 正慧王師로 추증한 것으로 보인다.[17]

인종은 즉위한 해(1122)에 왕사 덕연을 국사로 삼고, 學一을 왕사에 봉하였다.[18] 학일은 선종 승려로 法住寺, 迦智寺, 龜山寺, 內帝釋院, 安和寺 등에 주지하였다. 인종 7년(1129)에 雲門寺로 물러가 있다가 인종 22년(1144)에 입적하자 왕이 학일을 圓應國師로 추증하였다.[19] 그 사이 인종 19년(1141)에 숙종의 넷째 아들로 화엄승이었던 澄儼이 입적하자 圓明國

11) 『고려사』 12 세가, 예종 2년 1월 을묘.

12) 『고려사』 13 세가, 예종 9년 3월 계사.

13) 혜조국사 담진에 관하여는 김상영, 「고려중기 선승 혜조국사와 수선사」, 『불교와 역사: 이기영박사고희기념논총』, 1991; 정수아, 「혜조국사 담진과 '정인수'」, 『이기백선생고희기념 한국사학논총』 상, 1994 참조.

14) 金富佾, 「高麗國大華嚴業第四代王師歸法法水兩寺住持悟空通慧僧統詔諡元景大和尙碑銘幷序」(李智冠 편, 『校勘譯註 歷代高僧碑文』 고려편 3, 가산문고, 1996, 72-103쪽).

15) 『고려사』 14 세가, 예종 12년 정월 임자.

16) 黃文通, 「高麗國瑜伽業玄化寺住持解空見性寂炤玄覽通炤圓證僧統墓誌」(이지관 편, 앞의 책, 1996, 300-316쪽).

17) 담휴는 義光의 출가 스승이었다(황문통, 「卒瑜伽業弘圓崇敎寺住持通炤正覺首座墓銘」, 이지관 편, 앞의 책, 326-328쪽). 그는 사망 이후 왕사로 추봉된 것으로 추정되고 있다(박윤진, 앞의 논문, 2004: 앞의 책, 2006, 59쪽).

18) 『고려사』 15 세가, 인종 즉위년 6월 기해.

19) 尹彦頤, 「高麗國雲門寺圓應國師之碑」(이지관 편, 『校勘譯註 歷代高僧碑文』 고려편3, 가산문고, 1996, 260-297쪽).

師로 추증하였다.[20] 학일에 뒤이어 인종 23년(1145)에 坦然이 왕사가 되었다. 탄연은 의종 원년(1147)에 단속사로 내려갔다. 그가 의종 12년(1158)에 입적하자 국사로 추증하고 大鑑이라는 시호를 내렸다. 탄연이 죽은 뒤 의종 때 왕사, 국사를 지낸 인물에 관하여는 잘 알 수 없다.

〈표 1〉에 나타난 왕사와 국사를 종파별로 나누어 볼 때 예종 2년(1107)을 기점으로 커다란 변화가 있었던 것을 알 수 있다. 선종 계통의 담진이 왕사와 국사가 되었다. 고려 태조대부터 문종대까지 국사, 왕사의 소속종파를 분석한 연구에 따르면 고려 초에는 선종 계통의 승려들이 국사와 왕사의 자리에 올랐다. 그러다가 현종 11년(1020) 이후부터 교종 계통의 승려들이 왕사와 국사의 자리를 독점하여서 교종에서 불교계의 주도권을 차지하였다.[21] 이러한 경향은 예종대 초반까지 이어졌다. 예종 2년에 담진이 왕사로 봉해진 일은 고려 중기 불교계의 변화가 적지 않았던 점을 반영한다.

예종대 이후 선종계가 부흥의 시기를 맞았다.[22] 숙종 2년(1097) 5월에 국청사가 완공되자 의종은 천태종을 열었다. 이때 선종 승려로 천태종의 개립에 참여한 인물이 있었다. 다른 한편으로는 담진과 같이 선종 중심의 불교 통합에 관심을 가진 부류가 있었다. 예종이 즉위하면서 그 원년에 담진이 長寧殿에서 禪을 설하여 비를 비었고, 이듬해 왕사에 봉해졌다. 예종이 담진을 왕사로 봉하려 할 때 조정의 반발이 적지 않았다.[23] 하지만 예종은 담진을 지지하여서 그를 왕사와 국사에 봉하였으며, 왕자 之印(1102-1158)을 그에게 출가시켰다. 예종은 경원이씨를 비롯한 문벌과 연계한 교종을 대신하여 신진세력과 관련이 깊은 선종을 후원하였다.[24] 예종

---

20) 權適, 「故圓明國師墓誌」(이지관 편, 위의 책, 1996, 226-234쪽).
21) 김용선, 「고려전기의 법안종과 지종」, 『고려금석문연구』, 일조각, 2004, 290-292쪽.
22) 고려 중기 선종의 부흥에 관한 기왕의 연구는 앞의 주 4) 참조.
23) 『고려사절요』 7, 예종 2년 정월.

의 후원 아래 담진은 선종계를 주도하면서 교세를 확장할 기회를 얻었다.

인종대에는 선종계의 학일, 탄연이 왕사의 자리에 올랐다. 예종과 마찬가지로 인종은 선종을 후원하였다. 학일은 선종의 가지산문 출신이었으며 탄연은 사굴산문 출신이었다. 이들이 왕사가 됨으로써 선종이 부흥할 수 있는 정치적 환경이 마련되었다. 왕사는 국왕을 대신하여 승려를 장악하고 불교계를 통합하는 역할을 하였다.[25] 무신집권기의 기록이기는 하지만 圓眞國師 承逈을 추증한 교서를 보면 "대체로 왕사는 다만 한 임금이 본받는 스승이요, 국사는 한 나라가 의지하는 스승이다"라고 하였다.[26] 왕사는 국왕과 긴밀한 관계를 맺고 있었다. 예종대와 인종대를 거치면서 선종은 점차 교세를 회복하면서 불교계의 주류로 떠올랐다.

〈표 1〉에서 보이듯이 대감국사 탄연은 무신집권기 이전에 선종 승려로 왕사가 되었고, 뒤에 국사로 추증되었다. 선종은 고려 초 광종의 치세 전반까지 전성기를 이루었다. 그 뒤 화엄종과 유가종이 부상하면서 선종은 침체기를 맞았다. 그러다가 무신집권기에 이르러 집정무신이 수선사를 후원하면서 선종은 그 위상을 회복하였다. 이러한 변화가 갑자기 이루어진 것은 아니었다. 예종대부터 의종 때까지 선종 출신 승려가 왕사와 국사에 봉해지면서 불교계의 흐름을 주도해 나가고 있었다. 고려 중기 선종의 부흥을 이끈 승려 가운데 탄연이 있었다. 그는 예종 때 선종계의 부흥을 선도한 담진의 법맥을 계승하고 있었다. 담진과 탄연이 사승과 법제자로 연결되었던 점이 주목된다. 탄연과 그의 사상은

---

24) 예종대 신진정치세력이 선종과 밀접한 관계를 맺었으며, 예종이 경원이씨의 발호를 억제하고자 하면서 선종을 지지하였던 점에 관하여는 E. J. Shultz, 「한안인파의 등장과 그 역할 -12세기 고려 정치사의 전개에 나타나는 몇 가지 특징」, 『역사학보』 99·100, 163-165쪽; 김상영, 「고려 예종대 선종의 부흥과 불교계의 변화」, 『청계사학』 5, 1988, 60-61쪽 참조.

25) 왕사의 기능에 관하여 박윤진, 「고려전기 왕사와 국사의 임명과 그 기능」, 2004;『고려시대 왕사·국사 연구』, 2006, 78-86쪽.

26) 李奎報, 「故寶鏡寺住持大禪師贈諡圓眞國師敎書」, 『동국이상국전집』 34.

고려 중기 선종계의 주류를 형성하였다. 선종의 부흥기를 맞아서 탄연은 인종과 의종의 왕사가 되어서 불교계에서 중요한 역사적 위치를 차지하였다.

III. 탄연의 활동과 사상적 경향

탄연의 생애와 주요 활동에 관하여는 그가 입적한 뒤 명종 2년(1172)에 세워진 「高麗國曹溪宗崛山下斷俗寺大鑑國師之碑」의 내용을 통하여 알 수 있다.[27] 이 비문을 중심으로 그의 연보를 정리하면 다음의 〈표 2〉와 같다. 탄연의 생애는 크게 세 시기로 나누어 살필 수 있다. 첫째 출가하기 이전까지의 시기이다. 둘째 출가한 이후 여러 사찰을 거쳐 선 수행을 하고 왕사에 봉해진 시기이다. 셋째 지리산 단속사로 하산하여 입적할 때까지의 시기이다. 이 장에서는 탄연이 출가하여 단속사로 하산하기 이전까지의 시기를 중심으로 탄연과 국왕의 관계, 그의 사승과 교유 관계 및 사상적 경향에 관하여 알아보고자 한다.

〈표 2〉 탄연의 연보[28]

시기	나이(세)	내용	비고
문종 23년(1069)	1	출생, □양인 손숙과 안씨의 아들	
	8-9	문장 엮으며 시를 지음	
문종 35년(1081)	13	6경 요체 통달	

---

27) 탄연의 비문은 劉燕庭 편, 『해동금석원』 上(영인본, 아세아문화사, 1976), 477-488쪽; 조선총독부 편, 『조선금석총람』 상(영인본, 아세아문화사, 1976), 562-565쪽; 허흥식 편, 『한국금석전문』 중세하(아세아문화사, 1984), 820-824쪽; 이지관 편, 『교감역주 역대고승비문』 고려편 3(가산문고, 1996), 386-404쪽 등에 실려 있다. 대체로 이지관 편의 책에 실린 교감역주를 참조하였으며, 이하 간략히 「대감국사비」라고 쓰겠다.

선종 원년(1083)	15	明經生 합격	
선종 4년(1087)	19	성거산 안적사에 출가	
		광명사 혜조국사에서 불법배움	
숙종 9년(1104) 갑신	36	大選僧科 급제	
		중원 義林寺	
예종 원년(1106)	38	大師 제수	
예종 2년(1107) 정해	39	開頓寺로 이거	담진 왕사
예종 3년(1108) 무자	40	重大師 법계 더함	
예종 9년(1114) 갑오	46	三重大師 법계 제수	담진 국사
		선암사로 옮김	
예종 15년(1120) 경자	52	禪師의 법계를 더함	
인종 즉위년(1122)	54	添繡袈裟를 하사받음	학일 왕사
인종 4년(1126) 병오	58	天和寺 주석	
인종 5년(1127) 정미	59	菩提淵寺 이거	
인종 9년(1131) 신해	63	大禪師 법계 제가	
인종 13년(1135) 을묘	67	普濟寺 帝釋院 주석, 瑩原寺 주지 겸함	
인종 15년(1137) 신해	69	京闕에 나아감	
인종 17년(1139) 기미	71	廣明寺 이거	
인종 23년(1145) 을축	77	王師 책봉	학일 입적
의종 원년(1147) 정묘	79	지리산 斷俗寺로 하산	
의종 12년(1158)	90	입적	

이 연보에서 보듯이 탄연은 문종 23년(1069)에 태어났다. 그의 속성은
孫氏이며 선조는 □陽縣 출신이었다.[29] 그 아버지는 孫肅으로 軍功을 세

---

28) 「대감국사비」의 비문에 나타난 연대는 卽位年稱元法을 따르고 있어서『고려사』
   에 보이는 왕력과 1년의 차이를 보인다. 편의상 해의 간지를 기준으로『고려
   사』에서 적용한 踰年稱元法으로 교정하여 연보를 작성하였다.

29) '□陽縣'을 대체로 밀양현으로 보아서 탄연을 밀양손씨로 추정하고 있다. 그런
   데 밀양은 신라 경덕왕 때부터 고려 초에 이르기까지 密城郡이라 불리었다.
   성종 14년에 密州라 칭하다가 다시 밀성군이 되었다. 고려 말 공양왕대에 이
   르러 밀양이라 일컬었다(『고려사』57 지리지2 경상도 밀성군). 고려 전기 '□
   陽縣'으로는 양광도 지역의 載陽縣, 興陽縣, 靑陽縣, 麗陽縣, 慶陽縣이 있으며
   경상도 지역의 河陽縣, 巘陽縣, 岳陽縣, 含陽縣, 山陽縣과 전라도 지역의 礪陽

워서 校尉가 되었다. 교위는 정9품의 무관직으로 伍라는 단위부대의 지휘관이었다. 이로 미루어 볼 때 탄연은 문벌 집안 출신이 아니었다. 그는 선종 원년(1083)에 明經科에 합격하여 명경생이 되었다. 일찍이 경학을 공부하여 관계에 진출하고자 하였던 것으로 보인다. 아직 왕위에 오르지 않은 숙종이 그의 명성을 듣고 궁(계림궁)으로 초청하여 그 아들(뒤의 예종)의 곁에서 글과 행동을 가르치도록 하였다. 출가하기 이전부터 탄연은 왕실과 특별한 인연을 맺었던 것이다.

선종 4년(1087) 19세의 나이로 탄연은 개경 북산에 위치한 安寂寺의 주지를 은사로 삼아서 머리를 깎았다.[30] 그 뒤 廣明寺로 나아가 慧炤國師에게 불법을 배웠다. 그의 師僧인 혜소국사는 곧 慧照國師 曇眞이었다. 숙종 9년(1104) 36세가 된 탄연은 大選 僧科에 급제하였고 예종 때 이후 법계가 더해졌다. 예종 원년(1106)에 대사에 제수되었고 예종 3년에 중대사가 되었으며 9년에 삼중대사를 거쳐서 예종 15년(1120)에 禪師가 되었다. 출가하기 전부터 탄연은 예종을 곁에서 가르쳐서 밀접한 관계를 가졌다. 사승 담진이 예종 2년과 9년에 왕사, 국사에 봉해지고 자신의 법계가 높아지면서 탄연의 지위도 높아졌다.

탄연은 예종에 이어서 인종과도 긴밀한 관계를 유지하였다. 인종이 왕위에 오르자 탄연에게 수를 놓아 붙인 袈裟를 특사하였다. 이어서 그는 天和寺, 菩提淵寺 등에서 주지하였다. 또한 인종이 口和寺[31]에 행차하여

縣, 兆陽縣, 南陽縣, 光陽縣, 海陽縣 등이 있었다.『세종실록지리지』의 해당 현을 살펴보면 재양현과 악양현의 토성으로 孫氏가 있었고 청양현의 촌성에 손씨가 있었다. 탄연의 선조는 재양현, 악양현, 청양현 가운데 한 곳 출신이었을 가능성이 높다.

30) 안적사는 성거산에 있었다(『신증동국여지승람』 42, 황해도 우봉현 불우 安寂寺).

31) 비문의 전후맥락을 살피면 인종이 口화사에 행차한 시기는 인종 6년부터 9년 사이의 일이다. 그런데 「眞樂公文殊院記」의 말미를 보면 "경술년(인종 8, 1130) 11월 일에 (진락공의) 문인이고 靖國安和寺 주지로서 법을 전해 받은 사문 坦然이 쓰다"라고 하였다(조선총독부 편,『조선금석총람』상, 1919: 영인본, 아세

道를 묻고 금강자로 만든 염주를 바치자 탄연은 偈頌 1수를 지어서 감사를 나타냈다. 인종 9년(1131)에는 大禪師의 법계를 받았다. 인종 13년(1135)에는 普濟寺 帝釋院과 螢原寺 등에 주지하였다. 15년(1137)에는 왕이 조칙을 내려서 궁궐로 나아갔으며 17년에 廣明寺로 옮기었다. 탄연은 안화사, 보제사, 광명사와 같은 개경의 대표적인 선종 사찰에 두루 주석하였다. 이후로 탄연의 덕행과 道譽를 세상에서 추앙하였다. 인종도 나라에 큰 일이 생기면 탄연에게 친필 편지를 보내어 자문을 구하였다.

인종은 대선사에 오른 탄연을 존숭하였다. 인종 22년(1144)에 왕사 학일이 입적하자 뒤이어 이듬해(1145) 5월에 왕은 탄연을 왕사로 봉하였다. 인종이 탄연을 왕사에 책봉하였던 이유와 그 배경은 무엇이었을까. 왕사 책봉을 전하는 기록을 보면 다음과 같다.

A. 24년 을축(인종 23, 1145)에는 임금께서 스님의 도덕을 존숭하여 4월 7일 右副承宣 李輔予로 하여금 편지로 王師로 모시려는 뜻을 전달하였으나, 받아들이지 아니하였다. (결락) 다시 知奏事인 金永寬을 보내 계속하여 왕의 뜻을 전하였으나, 스님은 역시 굳게 사양하였다. 세 번째까지 사양하였으나, 왕의 간청도 그치지 아니하였다. 마침 이와 때를 같이하여 彗星이 나타난 지 이미 20일이 지났고, 또 날이 가물어서 朝野가 크게 근심하였다. 5월 6일 비로소 간청하여 왕사로 봉하는 조서를 내렸더니, 스님은 하는 수 없이 받아들였는데, (결락) 이 날에 큰 비가 내렸다. 임금은 크게 기꺼워하면서 덕이 높은 스님을 왕사로 책봉했기 때문이라 하여 더욱 신봉하였다. 그 다음 날 임금께서 金明殿에 나아가서 북쪽을 향하여 摳衣의 예를 행하였다. 9월 7일 스님은 普濟寺로 돌아갔는데, 11월 5일 왕이 이 절에 행차하여 拜謁하고, 赤黃色 비단 바탕에 수를 붙인 가사를 올리고 敬仰하는 마음이 지중하여 더없이 그치질 아니하였다. 지금의 임금께서도 先王의 뜻을 이어 禮待함이

아문화사, 1976, 324쪽, 327쪽). 탄연은 인종 8년에 안화사의 주지를 지내었다. 이로 미루어 볼 때 이 절은 安和寺이었던 것으로 여겨진다.

더욱 돈후하여 특히 內臣을 보내어 금란가사를 올려 스님의 도덕을 표창하
였다(「대감국사비」).

A에 있듯이 인종이 탄연을 왕사로 봉하는 조서를 내리자 큰 비가 내려
서 가뭄으로 근심하던 일이 사라졌다. 이는 그가 뛰어난 법력을 가진 고
승이라는 점을 말한다. 다음날 왕이 金明殿에서 탄연을 맞아서 제자의 예
를 행하였다. 왕사를 책봉하는 의례를 거행하였던 것이다. 9월에 탄연은
보제사로 돌아갔고 11월에 왕이 이 절에 행차하여 배알하였다. 탄연은 보
제사에 머물면서 왕사로서 국왕을 보필하였다.[32]

탄연이 왕사에 봉해진 정치적 배경은 인종이 왕권의 안정을 이루고자
선종을 우대하는 정책을 취하였고 선종 중심의 불교계 통합에 관심을 가
졌기 때문으로 보인다. 인종은 예종과 마찬가지로 선종에 커다란 관심을
보였다. 『고려사』 세가를 보면 인종은 안화사, 보제사, 봉은사, 외제석원,
왕륜사, 흥왕사 등 사찰에 자주 행차하였다. 특히 예종의 진전 사원이었
던 安和寺와 普濟寺에 행차하는 일이 많았다. 두 절은 선종 사찰이었다.
왕은 해마다 부왕과 문경왕후의 기일에 안화사를 찾았다. 보제사에는 거
의 매년 한두 차례씩 행차하였다.[33] 이자겸으로 대표되는 당대의 최고
문벌귀족 경원이씨는 유가종과 밀착 관계에 있었다. 이른바 이자겸의 난
이 일어났을 때 그의 아들 義莊이 玄化寺의 승려들을 동원하였다. 인종은

32) 이듬해(인종 24, 1145) 인종이 발병하자 백관이 보제사에 나아가 기도하였고
   2,000명에게 飯僧하였다(『고려사』 17 세가, 인종 24년 정월 임진). 왕의 쾌유
   를 비는 기도와 반승을 보제사에서 연 것은 탄연이 왕사로서 이 절에 머물렀
   기 때문으로 여겨진다.
33) 『고려사』 세가에서 인종이 24년의 재위 기간 동안 10차례 이상 행차한 사찰
   은 안화사, 보제사, 봉은사, 외제석원, 왕륜사 등으로 나타났다. 먼저 안화사
   에는 인종의 기일과 문경태후의 기일을 맞아서 총 30회 행차하였다. 이어서
   보제사에 행차한 기록은 27회에 달한다. 태조의 진전사원인 봉은사에는 연등
   회 때 3회, 태조의 기일에 24회 행차한 기록이 있다. 다음으로 외제석원에는
   19차례 행차하였고 왕륜사에는 12차례 행차하였다.

왕권의 안정을 바라고 왕실의 권위를 회복하려는 뜻에서 문벌귀족과 연계되지 않은 선종계에 호의적이었다. 이에 따라 선종 사찰인 보제사에 자주 행차하였던 것으로 여겨진다. 이러한 인종의 선종에 대한 우대책이 선승 탄연을 왕사에 책봉한 정치적 배경이었다.

인종 말 탄연은 大禪師로 선종계를 대표하는 위치에 있었다. 그는 유력한 문벌귀족과 연계되지 않았으며 예종, 인종과 친밀한 관계를 유지하였다. 탄연이 왕사가 된 것은 그가 慧照國師 曇眞의 법맥을 계승하면서 선종계를 이끌고 있었기 때문으로 생각한다. 담진은 문종 때에 송나라에 유학하여 임제승 淨因道臻(1014-1093)에게 수학하였다.[34] 문종 34년(1080)에 귀국한 담진은 왕실이나 일부 관료와 긴밀한 관계를 맺었다. 그는 선종을 중심으로 한 불교통합에 관심을 가졌으며 예종 때에는 왕사, 국사로 선종 부흥의 전기를 마련하였다. 담진의 법맥을 이은 선승으로는 탄연 이외에도 廣智大禪師 之印(1102-1158), 英甫, 貫乘 등이 있었다.[35] 이들은 예종대부터 의종대 무렵까지 승려로 활동하였다. 이 가운데 탄연은 대선사로 담진의 법맥을 이어서 선종계를 대표하고 있었다. 이 때문에 인종은 탄연을 왕사로 봉하였다.

그러면 탄연의 사상적 경향은 어떠하였을까. 그의 사상을 알 수 있는 직접적인 기록이 없으므로 그의 사승과 교유관계를 통하여 이를 살펴보고자 한다. 탄연은 그의 비문 제목에 있듯이 조계종 굴산문 소속이었다. 신라 말 초기 사굴산문의 선종은 화엄사상과 교섭을 통하여 敎禪의 조화를 이루려는 경향을 보였다.[36] 이러한 전통은 중기의 담진과 그 제자에

---

34) 정인도진은 송 神宗代의 대표적 선승으로 신종의 불교정책에 동참하였다. 혜조국사와 정인도진의 관계에 관하여는 정수아, 「혜조국사 담진과 '정인수'」, 『이기백선생 고희기념 한국사학논총』 상, 1994 참조.

35) 혜조국사의 법손 관계에 관하여는 최병헌, 「고려중기 이자현의 선과 거사불교의 성격」, 『김철준박사화갑기념사학논총』, 1983, 952-953쪽과 김상영, 「고려 예종대 선종의 부흥과 불교계의 변화」, 『청계사학』 5, 1988, 65-67쪽 및 67쪽의 표 2 참조.

게도 찾을 수 있다. 담진은 선승으로 대장경과 전적을 중시하였다. 예종의 명으로 송에 가서 遼本 大藏經 3부를 구하여 왔고[37] 송에 가서 좌선할 때의 儀軌와 발우를 놓는 법 등에 관한 전적을 가져왔다.[38] 그는 말년에 定慧寺를 창건하였는데[39] 그 명칭에 나타나듯이 定과 慧를 표방하여 선과 교의 융합을 추구하였던 것으로 보인다. 탄연의 법형제 之印도 禪學과 더불어 敎觀에 조예가 깊었다.[40] 이러한 교선 융합의 사상은 탄연에게도 나타났을 것이다.[41] 출가 이전 탄연은 경학을 공부한 명경생이었다. 그는 경전이나 어록 등을 탐구하여 선리를 깨닫는 교선 일치의 수행법에 관심을 기울였을 것으로 추측된다. 이러한 교선 융합적 경향은 불교계를 대표하여 탄연이 왕사가 되었던 사상적 배경으로 여겨진다.

또한 탄연은 『楞嚴經』을 중시하고[42] 임제종에 바탕을 둔 선법을 추구하였을 것으로 생각한다. 능엄경을 중시한 경향은 탄연이 청평거사 李資玄(1061-1125)의 문하에서 사숙한 것과 연관이 있었다.[43] 이자현과 탄연

---

36) 초기 사굴산문의 대표적 승려로는 통효대사 梵日(810-889)과 그 제자 낭원대사 開淸(835-930), 낭공대사 行寂(832-916) 등이 있었다. 사굴산문의 형성과 사상에 관하여는 김두진, 「신라하대 굴산문의 형성과 그 사상『성곡논총』 17, 1986; 『신라하대 선종사상사연구』, 일조각, 2007, 288-292쪽 참조.

37) 『삼국유사』 3, 탑상4 前後所藏舍利. 요본 대장경 3부 가운데 한 부는 정혜사에 있으며, 해인사에 다른 한 부가 있었고 나머지는 許參政의 宅에 있었다.

38) 李知命, 「龍門寺重修記」(조선총독부 편, 『조선금석총람』 상, 410쪽).

39) 冲止, 「定慧入院祝法壽疏」(『圓鑑國師集』 아세아문화사, 1988, 178-179쪽).

40) 林宗庇, 「智勒寺廣智大禪師墓誌」(이지관 편, 『교감역주 역대고승비문』 고려편 3, 1996, 348-357쪽).

41) 예종대 선종의 교선융합적 경향에 관하여는 김상영, 앞의 논문, 1988, 70-74쪽.

42) 고려 중기 능엄경 수용에 관하여는 조명제, 「고려중기 거사선의 사상적 경향과 간화선 수용의 기반」, 『역사와 경계』 44, 2002, 106-107쪽.

43) 이자현의 생애와 사상에 관하여는 최병헌, 「고려중기 이자현의 선과 거사불교의 성격」, 1983 참조. 이자현은 경원이씨 집안 출신이었지만 유가종과 손잡은 문벌귀족과는 다른 길을 걸었다. 그는 관직을 버리고 淸平山에 들어가 禪 수행에 전념하였다. 그가 교유한 인물을 보면 담진, 탄연과 같은 선승이나 도교에 관심을 보인 곽여 등이었다.

의 관계에 관하여는 다음의 기록이 있다.

B-1. (李資玄은) 27세에 벼슬이 大樂署令에 있었다. 갑자기 부인이 죽자 멀리 清平山에 들어가 文殊院을 수리하고 거기서 살았다. 그는 더욱 禪悅을 즐겨하고 학자가 오면 곧 그와 더불어 깊은 방에 들어가 날이 다 가도록 단정히 앉아서 사색에 잠기었다가 때때로 더불어 古德의 종지를 깊이 의논하였다. 이에 心法이 우리나라에 널리 퍼지니 慧照와 大鑑 두 국사가 그 문하에서 놀았다(『파한집』 중, 眞樂公 李資玄).

B-2. 대송 建炎 4년 경술년(인종 8, 1130) 11월 일에 (진락공의) 門人이고 靖國安和寺 주지로서 법을 전해받은 사문 坦然이 쓰다(「眞樂公重修清平山文殊院記」[44]).

B-1에서는 대감국사 즉 탄연이 혜조국사와 함께 이자현의 문하에서 놀았다고 표현하였다. 「청평산문수원기」에서는 담진이 백운산 화악사에 머물 때 이자현이 왕래하면서 禪理를 자문하였다고 하여 그 영향을 받았던 것으로 볼 수 있다. 혜조국사는 이자현과 탄연의 선 수행에 영향을 미쳤으며, 탄연은 혜조국사와 이자현에게 사숙하였던 것으로 볼 수 있다. 「청평사문수원기」와 「청평산거사진락공 제문」은 모두 탄연이 글씨를 써서 비석을 새긴 것이었다. B-2에 보이듯이 탄연은 자신을 이자현의 門人이라 표현하였다. 이자현은 여러 불경 가운데 능엄경을 중요하게 여겼다. 문인들에게 능엄경을 공부할 것을 권장하였다. 예종 16년(1121)에는 왕명으로 楞嚴講會를 개최하기도 하였다. 이자현의 문인이었던 탄연도 이러한 영향을 크게 받았던 것으로 보인다.

『능엄경』은 북송 불교계에서 중시되었는데 이러한 경향이 유학승을 통하여 고려에 수용되었던 것이 아닐까 한다. 탄연이 『능엄경』을 중시한 직

---

[44] 金富軾, 「眞樂公重修清平山文殊院記」(조선총독부 편, 『조선금석총람』 상, 1919, 324쪽과 327쪽).

접적인 기록은 찾을 수 없지만 그를 계승한 孝頓이 9산문의 학도 500인이 모인 담선회에서 『능엄경』과 『인악집』 등을 강하였던 일이 주목된다.[45] 송에서는 여러 권의 능엄경 주석서가 나왔는데 그 문제를 바로잡고 요점을 간략히 정리한 것이 戒環의 『수능엄경요해』 10권이었다. 계환의 요해는 고려에도 전해졌다.[46] 계환이 능엄경을 해석하면서 이용한 서적에 仁岳의 集解가 들어 있다. 뒤에서 보듯이 탄연은 계환의 스승인 育王介諶의 인가를 받았고 계환과도 서신을 통하여 교유하였다(C). 이러한 점을 볼때 탄연은 능엄경을 중시하였던 것으로 볼 수 있다.

이와 함께 탄연의 사상적 경향을 살피는 데 북송 임제종의 수용도 역시 중요하다. 탄연은 송나라 임제선승과 서신을 통하여 교유하였다.

C. 일찍이 지었던 四威儀頌과 아울러 上堂 語句를 무역상의 배편으로 大宋의 四明 阿育王山 廣利寺에 있는 介諶禪師에게 보내어 印可를 청하였다. 개심선사가 極口歎美한 400여 言이나 되는 印可書를 보내 왔으나, 글이 너무 많아 비문에는 싣지 않는다. 또 道膺, 膺壽, 行密, 戒環, 慈仰 등이 있었으니, 이들은 모두 당시의 大禪伯들이었다. 이 스님들과도 편지로 통하여 친한 道友가 되었으니, 스스로 도덕이 높지 않으면 어찌 능히 사람들로 하여금 흠모함이 이와 같을 수 있겠는가!(「대감국사비」)

탄연은 「四威儀頌」과 「上堂 語句」를 송나라 廣利寺에 머물던 介諶禪師 (1080-1148)에게 보내었다. 이에 개심이 인가서를 보내었다.[47] 그리고 탄

45) 명종 15년(1185)에 세운 「용문사중수기」를 보면 효돈이 담선법회에서 강의하였다(한기문, 「예천 "중수용문사기" 비문으로 본 고려중기 선종계의 동향」, 『문화사학』 24, 2005, 81쪽).
46) 고종대부터 충렬왕대 무렵 활동한 普幻이 계환의 요해 가운데 잘못된 곳을 고쳐서 산보한 『首楞嚴經環解刪補記』를 만들었다. 고려 후기 능엄경의 유통에 관하여는 조명제, 「고려후기 계환해 능엄경의 성행과 사상사적 의의 -려말 성리학의 수용기반과 관련하여」, 『부대사학』 12, 1988 참조.
47) 탄연이 四威儀頌을 지어 송나라 介諶禪師에게 보냈던 점은 『보한집』 하, 대감

연은 개심의 제자인 道膺, 膺壽, 行密, 戒環, 慈仰 등과도 서신을 통하여 교유하였다. 개심과 계환 등은 송의 臨濟宗 黃龍派를 대표하는 고승이었다. 탄연과 송나라 임제 선승의 교류는 담진의 영향에 따른 것으로 볼 수 있다. 담진은 일찍이 송에 유학하여 임제종을 익혔다. 그 인연으로 탄연이 임제승과 서신 교류를 할 수 있었을 것이다. 이러한 활동을 통하여 그는 임제종 승려로 알려진 것이 아니었을까 한다. 그의 비문에서는 "국사의 소속 宗派를 상고해 보건대, 스님은 臨濟의 9대 법손이다"라고 하였다. 臨濟義玄으로부터 시작한 임제종의 제7대손이 淨因道臻이었다. 그에 뒤이어 8대 법손은 담진, 9대손은 탄연으로 보았던 것이 아닐까 한다.[48] 탄연을 임제종의 가르침을 전해 받은 후계로 평가한 것이다.

임제종의 臨濟義玄은 公案禪을 주장하였다. 이는 공안을 통하여 본래 지닌 불성을 자각하여 지혜에 의한 깨달음을 얻고자 하는 선이었다. 公案을 공부하고 이를 話頭로 삼는 선법은 문자화된 경전, 어록을 중시함으로써 교선 융합적 특징을 가졌다. 이처럼 탄연은 혜조국사 담진과 이자현의 선풍을 계승하면서 능엄경과 송 임제종의 선법을 수용하였다. 『능엄경』의 탐구와 임제종의 수용을 통하여 경전이나 어록에서 禪旨를 터득하는 선 수행을 강조하지 않았을까 한다.

요컨대 탄연은 선종 때 출가하여 숙종대 승과에 합격한 뒤 예종대와 인종대에 걸쳐서 선종계를 대표하는 승려로 활동하였다. 인종은 예종에 뒤이어 선종계를 후원하였다. 이에 따라 선종계를 대표하는 위치에 있었던 대선사 탄연이 왕사의 자리에 올랐다. 탄연의 사상과 활동에 크게 영

국사 탄연 조에서도 언급하였다. 그리고 탄연이 개심에게 인가를 받는 과정은 『五燈會元』에서 확인할 수 있다. 海商 方景仁이 四明에 있는 무시선사 즉 개심의 법어를 기록하여 고려에 가져 왔으며, 탄연이 이를 본 뒤 깨달음을 얻었다. 탄연은 「語要」와 「사위의게」를 지어 방경인을 통해 개심에게 보내어 인가를 받았다(『오등회원』18, 臨濟宗 靑原下十六世 育王 : 장동익 편, 『송대려사자료집록』, 서울대학교 출판부, 2000, 415-416쪽).

48) 정수아, 「혜조국사 담진과 '정인수'」, 1994, 637쪽과 주 43.

향을 미친 인물로는 혜조국사 담진과 청평거사 이자현이 있었다. 탄연은 담진을 사승으로 삼아서 선법을 익히고 송나라 임제승과 교류할 수 있었다. 탄연은 담진의 법맥을 잇는 지인, 영보, 관승과 함께 사굴산문을 이끌었다. 이자현, 담진의 선 수행과 사굴산문의 전통을 생각할 때 탄연은 능엄경을 중시하면서 경전이나 어록을 탐구하여 선리를 터득하고자 하는 교선 융합적 사상을 가졌을 것이다.

Ⅳ. 탄연의 하산과 지리산 단속사

의종 원년(1147)에 이르러 탄연은 늙음을 이유로 진주 斷俗寺로 돌아갈 수 있도록 청하였다. 이때 탄연의 나이 79세였다.

> D. 2년 丁卯(의종 원년, 1147)에 이르러 늙음을 이유로 晉州 斷俗寺로 돌아갈 수 있도록 빌었으나, 왕은 개경에 더 머물기를 만류하였다가 스님의 뜻이 견고하여 왕이 마지못해 잠시 돌아가 쉬도록 허락하였다. 그리하여 스님은 이미 허락을 받고는 3월 5일에 출발하여 天和寺에 머물렀다. 왕이 또 뵙고자 하여 廣明寺로 맞이하려 하였는데 스님은 호연한 뜻을 가졌지만 왕의 청을 받아들이지 않을 수 없었다. 7월 13일에 이르러 몰래 빠져나와 (결락)에 이르렀다. 왕이 더 이상 만류할 수 없음을 알고, 中貴人 金存中과 右街僧錄 翰周를 보내어 陪行하도록 하여 9월 3일에 단속사에 도착하였다(「대감국사비」).

비문의 D에 보이듯이 의종은 탄연이 하산하려는 것을 붙들고 말리었다. 왕사가 거듭하여 歸山을 요청하자 국왕이 만류하다가 마침내 청을 허락하였다. 왕은 내신과 우가승록을 보내어 탄연을 모시고 따라가도록 하였다. 탄연은 왕사의 하산 의례에 따라서 9월 3일에 지리산 단속사에 도착하였다.[49]

개경을 떠난 탄연은 왕사의 자리에서 물러난 것일까. 비문을 보면 그가 입적한 뒤 문인들이 왕에게 올리는 탄연의 遺狀과 함께 왕사의 印寶를 받들어 개경으로 갔다. 단속사에 머무는 동안 그는 왕사의 인보를 가지고 있었던 것이다. 이를 통하여 볼 때 탄연은 입적할 때까지 왕사의 지위를 유지하였다. 탄연은 왕사로서 단속사 주지를 맡았다.[50] 그러면 그는 왜 단속사로 하산하였을까. 탄연이 단속사로 내려간 것이 가지는 의미는 무엇일까. 이는 단속사에 머물면서 탄연이 어떠한 일을 하였는지를 통하여 알 수 있을 것이다.

E-1. 스님은 비록 산중에 물러나 있으나, 祝聖하는 정성은 날로 더욱 돈독하였다. 따라서 임금의 돌아보는 성의도 또한 조금도 적어지지 아니하여, 자주 王人을 보내 지극한 예를 닦았다. … -2. 스님은 그 天性이 善行을 좋아하여 學人을 가르치기를 게을리 하지 아니하므로, 玄學하는 무리들이 구름처럼 모여들고 물과 같이 찾아와서 항상 會下의 대중이 수백 명이나 되었다. 그들이 升堂하여 入室하고 心印을 전해 받으며 骨髓를 얻어 당시 大宗匠이 된 스님이 또한 상당수에 이르렀다. 드디어 宗風을 크게 떨치며 祖道를 光揚하여 東國의 선종을 중흥하였으니, 실로 스님의 법력에 의한 것이다. 이와 같은 스님의 업적이 사람들의 입을 통하여 四方으로 流傳하였다(「대감국사비」).

---

49) 탄연이 개경을 떠나서 단속사로 내려가는 과정은 앞서 왕사를 지낸 학일이 운문사로 내려가는 과정과 비슷하다. 윤언이가 쓴 「高麗國雲門寺圓應國師之碑」를 보면 인종이 내신을 보내어 친서를 전달하고, 左右街僧錄에게 명하여 국사께서 지나가는 州郡에 지시하여 慧照國師께서 下山할 때의 例에 준하여 영송하도록 하였다(이지관 편, 『교감역주 역대고승비문』 고려편 3, 1996, 283쪽). 개경에서 하산소로 내려갈 때까지 거치는 주군에서 일정한 의례를 거행한 것으로 보인다.

50) 「高麗國雲門寺圓應國師之碑」를 보면 비의 글씨를 쓴 사람이 "王師 斷俗寺住持 □□□□□□□"이라 하였다. 그는 곧 釋 坦然으로 추정되고 있다(이지관 편, 위의 책, 1996, 267쪽).

단속사에서 탄연은 크게 두 가지 활동에 전념하였다. 첫째는 산중에 물러나 있으면서 탄연은 祝聖하는 정성을 돈독히 하였다(E-1). 여기에서 축성은 국왕의 장수와 안녕을 기원하는 일로 여겨진다. 왕의 수명을 연장하는 일은 왕사의 임무로 인식되기도 하였다.[51] 의종은 기양과 장수를 기원하는 법회를 자주 개최하였다. 수명을 연장하기 위한 축성법회를 경외에서 열도록 하였다.[52] 이와 관련하여 단속사에 五百羅漢堂이 조성되었던 점이 주목된다. 무신집권기 慧諶(1178-1234)이 단속사에 주지하면서 「寺有五百羅漢堂」이라는 시를 지은 것을 보면 그 이전부터 단속사에 나한당이 있었던 것을 알 수 있다.[53] 탄연이 단속사에서 오백나한재를 베풀고 왕의 장수와 왕실의 안녕을 빌었던 것이 아닐까. 지리산에 내려오기 이전까지 탄연은 菩濟寺에 머물렀다. 보제사에는 羅漢寶殿이 있어서 오백나한재를 베풀던 대표적 선찰이었다.[54] 이러한 축성 의례를 단속사에서도 계속하였던 것으로 보인다.

둘째로 탄연은 단속사에서 學人을 가르치는 일에 힘썼다(E-2). 그는 단

---

[51] 강종 2년에 왕사가 下山을 청하는 글을 이규보가 대신 쓴 것이 있다. 이를 보면 "… 이와 같이 임금의 존엄을 낮추신 것은 대개 수명을 연장하고자 하는 것이었습니다. 이 늙은 중의 공적이 없어 仙路의 기한을 재촉하게 하였으니 열배나 염치가 없습니다"라고 하였다(「王師乞下山狀」, 『동국이상국전집』 30). 이 글과 E-1을 통하여 볼 때 왕사가 국왕의 장수를 위한 기도를 하였을 것이라는 점은 박윤진, 「고려전기 왕사·국사의 임명과 그 기능」, 2004; 『고려시대 왕사·국사 연구』, 2006, 83-85쪽 참조.

[52] 『고려사』 123, 榮儀 傳; 『고려사절요』 11, 의종 11년 정월.

[53] 단속사에 나한당을 설치한 정확한 시기는 알 수 없다. 하지만 늦어도 무신집권기 이전에 단속사에 오백나한당이 있었던 것으로 보인다. 혜심이 단속사에 주지할 때 「寺有五百羅漢堂」이라는 시를 지어서 "금당이 지어진 게 언제인가, 尊像 단엄하여 古今에 드무네 …"라고 하였다(유영봉 역, 『(國譯) 無衣子詩集』, 을유문화사, 1997, 24쪽). 금당의 설치시기가 언제인가라는 내용으로 시작되는 시를 볼 때 혜심이 주지하기 훨씬 전에 있었던 것으로 볼 수 있다. 조선 초 단속사 오백나한상에 관하여는 송희준, 「단속사지의 문화유산」, 『모산학보』 12, 2000, 21-22쪽 참조.

[54] 『고려도경』 17, 사우 廣通普濟寺.

속사에서 사굴산문의 법맥을 이어갈 후계를 양성하였다. 탄연에게 심인을 전해 받아서 대종장이 된 선승이 상당수에 이르렀다고 한다. 탄연의 문인으로는 명종 초 단속사 주지를 지낸 삼중대사 淵潭이 있었다. 그는 탄연이 세상을 떠난 뒤 碑를 세우는 일에 앞장섰다. 또 다른 탄연의 후계로 孝惇이 있었다. 그는 윤언이의 아들로 인종 21년에 승과 대선에 합격하였으며 의종 4년에는 중대사의 법계를 가졌다.[55] 명종 때에는 단속사에 머물렀다. 명종 9년(1179)에 담진의 법손자 祖應이 龍門寺를 중수하여, 9산문의 학도 5백인을 모아 50일간 담선회를 열었는데, 이 때 斷俗寺의 孝惇 선사를 초청하여 『傳燈錄』, 『楞嚴經』, 『仁岳集』, 『雪竇拈頌』 등을 강의하는 것으로 낙성하였다.[56] 효돈은 능엄경과 같은 경전이나 염송 등에 조예가 깊었을 것이다. 탄연은 단속사에 주지를 지내면서 연담, 효돈 등을 훈도하였다.

이처럼 탄연은 왕사로서 축성의 예를 다하였고 단속사의 주지로서 사굴산문의 도제를 길렀다. 왕사 탄연이 주지한 단속사에는 나라와 왕실의 경제적 지원이 이루어졌던 것으로 보인다. 대체로 왕은 왕사가 하산할 때 가사와 발우 등을 특사하였고 하산소로 정해진 사찰에 토지와 노비를 제공하였다.[57] 인종 때 학일이 운문사로 하산하였는데 왕은 운문사에 토지 200결과 노비 500구를 내렸다.[58] 왕사가 하산한 사찰을 운용할 수 있는

---

55) 金子儀, 「尹彦頤 墓誌銘」(김용선 편, 『고려묘지명집성』 5판, 한림대아시아문화연구소, 2012, 110쪽).

56) 한기문, 「예천 "중수용문사기" 비문으로 본 고려중기 선종계의 동향」, 『문화사학』 24, 2005, 81쪽.

57) 왕사와 국사의 하산소에 대해 국왕이 경제적 혜택을 주었던 점은 박윤진, 「고려시대 왕사・국사에 대한 대우」, 『역사학보』 190, 1975; 『고려시대 왕사・국사 연구』, 경인문화사, 2006, 179-185쪽 참조.

58) 「慶尙道淸道郡東虎踞山雲門寺事蹟」(『雲門寺誌』, 아세아문화사, 1977, 17-18쪽). 학일이 머물던 시기 운문사의 경제력에 관하여는 배상현, 「고려시대 운문사의 사원전 경영」, 『한국중세사연구』 4, 1997, 79-80쪽 참조.

경제적 기반을 마련해 주었던 것이다. 의종도 역시 탄연의 하산소인 단속사에 토지와 노비 등을 내려서 사찰을 운영하는 데 필요한 경제력을 갖추도록 하였을 것이다. 이러한 경제력을 바탕으로 탄연은 문도를 모아서 훈도하며, 단속사를 법손에게 물려줄 수 있었다.

탄연이 단속사로 하산한 것은 의종의 정치적 배려로 볼 수 있다. 국왕은 왕사에게 하산소를 정하여 줌으로써 왕사가 사찰을 옮기지 않고 문도를 양성하여 종세를 넓히도록 있었다.[59] 단속사는 신라시대부터 선종계를 대표하는 역사적 전통을 가졌다. 경덕왕 때 세워진 이 절에는 北宗禪을 수용한 神行禪師가 주지하였고 헌덕왕 때 '신행선사비'가 절 서쪽에 세워졌다.[60] 이는 선종이 신라사회에 널리 퍼지는 출발점이 되었다. 유서 깊은 선종 사찰을 근거로 삼아서 탄연은 조계종의 중흥을 꾀하였다. 단속사에는 광종 925년(974)에 한림학사 김은주가 찬술한 선사의 비가 절 북쪽에 세워졌다.[61] 이후 탄연이 하산하기 전까지 단속사의 동향을 알려주는 기록을 찾을 수 없다. 왕사 탄연이 주지를 맡으면서 단속사는 왕실의 지원으로 경제적 기반을 갖추었다. 탄연의 문인들은 단속사를 근거지로 삼아서 종풍을 떨치게 되었다. 탄연의 하산을 계기로 단속사가 선종을 대표하며 사굴산문의 중심 사찰로 부상할 수 있었던 점에서 그 역사적 의미를 찾을 수 있다.

---

[59] 왕사와 국사의 하산소에 관한 연구로는 한기문, 「고려 역대 국사·왕사의 하산소의 존재양상과 그 기능」, 『역사교육논집』 16, 1991이 있다.

[60] 신라시대 신행선사와 단속사에 신행선사비를 건립한 일의 의미에 관하여는 정선여, 「신라 중대말 하대초 북종선의 수용」, 『한국고대사연구』 12, 1997; 곽승훈, 「신라시대 지리산권의 불사활동과 신행선사의 비」, 『신라문화』 34, 2008 참조.

[61] 비의 주인공에 관하여 남효온은 鑑玄禪師 通照의 비라고 하였고(남효온, 「지리산일과」, 『추강집』, 조선 성종 18년 9월 27일) 『신증동국여지승람』에서는 眞定大師의 것이라 하였다(『신증동국여지승람』 30 경상도 진주목 불우 단속사). 동일인에 대한 서로 다른 호칭으로 법휘, 자, 호, 시호 등을 가리키는 것이 아닐까 한다.

의종 12년(1158)에 탄연이 단속사에서 입적하였다. 의종은 그에게 '大
鑑'이라는 시호를 내리고 국사로 추증하였다. 시호의 사여는 왕사, 국사
에게 주어지는 중요한 정치적 대우의 하나였다.[62] 탄연의 시호 '대감'은
당나라 육조 혜능의 시호와 같은 것이었다. 그가 조계종에서 차지하는 위
치를 혜능과 같은 것으로 평가하였던 것이 아닐까 한다. 진주의 少男驛
북쪽 산에서 다비하였으며 그 유골을 단속사 북쪽의 독립산정에 봉안하
였다.

탄연의 비는 명종 2년(1172)에 단속사에 세워졌다. 그가 입적한 지 14
년이 지난 뒤의 일이었다. 그의 문인들이 국사의 비를 세울 수 있도록 왕
에게 주청하였다. 명종은 李之茂[63]에게 명하여 비명을 짓도록 하였다. 비
를 건립한 명종 초는 무신정권이 성립한 때였다. 명종 원년에 천태종 승
려 德素가 왕사로 봉해졌다.[64] 덕소를 왕사로 책봉할 때 명종이 스스로
결정하지 못하여 禪敎의 고승 이름을 써서 봉하여 佛殿 앞에 두고 기도한
뒤 선택하였다.[65] 이는 왕사를 명종의 뜻대로 정하지 못하고 집권무신의
이해를 반영하였던 상황을 알려준다. 교종의 승려들은 무신의 집권에 크
게 반발하였다.[66] 무신은 문벌귀족과 손잡은 교종세력보다 천태종과 선
종계를 후원하고자 하였던 것으로 보인다. 대감국사비의 건립은 선종을
우대하려는 무신 집권자의 정치적 의도에 따른 것이 아니었을까 한다.

---

[62] 고려에서 시호는 원칙적으로 재신 이상의 고위관료에게 주어졌다. 왕사, 국사
가 보유한 승계인 僧統, 大禪師를 제수할 때 재신의 경우와 같이 大官誥를 사
용한 것을 볼 때 시호의 수여도 정치적 우대로 볼 수 있다(박윤진, 앞의 책,
190쪽).

[63] 이지무는 인종대와 의종대 관료이었다. 의종 16년(1162)에 判尙書吏部事를 거
쳐서 의종 18년(1164) 中書侍郞平章事가 되었다. 이듬해 門下侍郞同中書門下平
章事에 올랐다. 이후 벼슬에서 물러났다.

[64] 『고려사』19 세가, 명종 원년(1171) 9월 계미.

[65] 「ㅁㅁㅁㅁ台宗贈諡圓覺國師碑銘」(이지관, 앞의 책, 1996, 464쪽).

[66] 민현구, 「월남사지 진각국사비의 음기에 대한 일고찰」, 『진단학보』36, 1973,
28-31쪽.

대감국사의 비는 탄연의 기념비이었다. 선종승은 直授되는 人脈을 강조하였다. 선종의 고승은 그 門徒들에 의하여 절대적 추앙을 받았다. 문인들은 고승의 생애를 서책으로 남기는 대신에 비를 건립하여 비문을 남겼다. 탄연의 기념비가 지리산 단속사에 세워졌다.

비명의 마지막 부분에서 비의 건립에 참여한 인물에 관하여 살필 수 있다. 아래의 F에 있듯이 탄연의 문인으로 단속사 지주였던 삼중대사 연담이 비의 건립을 주도하였다.

> F. 大金 大定 12년 임진(명종2, 1172) 정월에 門人 住持 盧淨 三重大師 臣 淵湛이 왕명을 받들어 비석을 세우고, 門人 大師 懷亮과 參學 處端등은 글자를 새기다(「대감국사비」).

연담에 관하여는 명종 27년(1197) 최충헌이 집권한 뒤의 기록에서 찾을 수 있다. 최충헌이 명종을 폐위하고 신종을 옹립할 때 여러 관료와 승려, 소군 등을 유배 보내었다. 이 때 大禪師 淵湛 등 10여 명의 승려들이 영남으로 유배되었다.[67] 연담은 선종의 첫째 법계인 大禪師의 지위에 있었다. 단속사 주지를 지낸 연담은 사굴산문을 대표하는 고승이라 할 수 있다. 최충헌이 연담을 유배 보낸 뒤 무신정권은 단속사를 장악하였던 것으로 보인다. 최충헌에 뒤이은 최이가 자신의 아들 萬宗을 단속사의 주지로 삼았던 것을 볼 때 그러하다. 최씨 무신정권은 단속사를 장악하여 무신집정의 정치적 영향력 아래 놓이게 하였던 것이다.

무신집정 최이는 그 아들 萬宗을 수선사 慧諶(1178-1234)에게 출가시킨 뒤 단속사에 주지하게 하였다. 만종은 무뢰배인 악한 승려들을 모아서 문도를 삼았고, 관곡을 내어 고리대업을 하여 부를 축적하였다.[68] 단속사를

---

67) 『고려사』 129 崔忠獻 傳.
68) 『고려사』 129, 최충헌 전 부 崔怡 傳.

근거로 한 만종의 활동은 최씨정권이 불교세력을 재편하고 그 경제력을 확보하기 위한 것이었다.[69] 최씨 무신정권이 단속사를 불교계를 재편하는 중심으로 삼았던 것은 탄연의 하산 이후 이 절이 선종의 대표적 사찰이었기 때문으로 보인다. 아울러 탄연의 하산소로서 단속사가 많은 토지와 노비를 가지고 있었기 때문에 이를 기반으로 경제력을 확충하려 한 것이 아닐까 한다.

또한 최씨 무신정권은 수선사 계통의 승려를 후원하면서 이들이 단속사의 주지가 되기를 바랐다. 고종 7년(1219)에 조서를 내려서 수선사 제2세 혜심을 단속사에 머물도록 하였다.[70] 이후 고종 35년(1248)에 제5세 자오국사 天英(1215-1286)을 단속사의 주지로 임명하였다.[71] 뒤이어 眞明國師 混元(1191-1271)이 단속사의 주지가 되었다.[72] 최씨 무신정권은 단속사를 거점으로 수선사와 유대를 강화하고자 하였던 것이다. 이에 따라 단속사는 개경의 광명사, 봉은사, 강도에 소재한 선원사와 비견될 만한 주요 선종 사찰로 부상하였다. 이러한 단속사의 위상은 탄연의 하산 이후 이 절이 선종계를 대표하고 있는 상황에서 수선사와 밀착하려는 최씨 무신정권의 정치적 의도가 더해진 결과였다.

요컨대 탄연은 의종 원년에 개경을 떠나서 지리산 단속사로 하산하였

---

[69] 최씨 무신정권의 단속사 경영과 그 사회경제적 수탈에 관하여 살핀 연구로는 다음을 참조할 수 있다. 김광식, 「고려 최씨무인정권과 단속사」, 『건대사학』 8, 1989; 유영숙, 「최씨무신정권과 조계종」, 『백산학보』 33, 1986, 186-187쪽.

[70] 李奎報, 「曹溪山第二世故斷俗寺住持修禪社主贈諡眞覺國師碑銘」, 『동국이상국전집』 35.

[71] 李益培, 「曹溪山第五世贈諡慈眞圓悟國師碑銘」(이지관 편, 『교감역주 역대고승비문』 고려편 4, 가산문고, 1997, 164-187쪽.

[72] 金坵, 「臥龍山慈雲寺王師贈諡眞明國師碑銘」, 『동문선』 117. 그의 비명을 보면 "炤·鑑·覺이 서로 계승하여 크게 천명하였다"라는 구절이 있다. 여기에서 언급한 세 명은 혜조국사, 대감국사, 진각국사로 보인다. 수선사의 혜심이 담진과 탄연을 계승한 것으로 인식하는 경향이 있었던 것이다. 탄연과 혜심의 비 수제를 보면 단속사주지라는 점을 밝혔다. 단속사를 매개로 탄연과 수선사의 승려들을 연계하여 이해할 수 있다.

다. 단속사에서 탄연은 왕사로서 국왕의 장수와 안녕을 비는 정성을 돈독히 하였다. 이와 함께 탄연은 단속사에서 학인을 가르치는 일에 힘써서 심인을 전해 받은 여러 선승을 배출하였다. 왕사의 하산소였던 단속사에 임금은 경제적 지원을 하였다. 이러한 경제력을 바탕으로 단속사는 탄연과 그 문인들의 근거지가 되었다. 나아가 탄연의 하산을 계기로 단속사는 조계종 굴산문을 대표하는 중심사찰로 부상하였다. 탄연은 의종 12년에 단속사에서 입적하였고 대감국사로 추증되었다. 명종 2년에는 단속사에 대감국사의 비가 세워졌다. 이후 최씨 무신정권은 최우의 아들 만종을 단속사 주지로 임명하고 수선사의 사주가 된 혜심, 천영, 혼원 등을 주지하도록 하였다. 최씨 무신정권은 단속사를 거점으로 불교계를 장악하고 그 경제력을 토대로 정권의 경제적 기반을 확충하여 나갔다.

V. 맺음말

이 글에서는 고려 중기 탄연의 활동과 사상적 경향을 파악하고 지리산 단속사로의 하산에 관하여 살펴보았다. 지금까지 살핀 내용을 요약하면 다음과 같다.

대감국사 탄연은 인종과 의종의 왕사로 선종계를 대표하는 위치에 있었다. 선종은 고려 초 광종의 치세 전반까지 전성기를 이루었다. 그 뒤 화엄종과 유가종이 부상하면서 선종은 침체기를 맞았다. 그러다가 예종대부터 선종 출신 승려가 왕사와 국사에 봉해지면서 불교계의 흐름을 주도해 나갔다. 고려 중기 선종의 부흥을 이끈 승려 가운데 탄연이 있었다. 그는 예종 때 선종계의 부흥을 선도한 담진의 법맥을 계승하고 있었다. 담진과 탄연은 왕실과 밀접한 관계를 맺으면서 왕사, 국사에 책봉되어서 고려 중기 사굴산문을 중흥시키고 선종계를 이끌어 나갔다.

탄연은 선종대 출가하여 숙종 때 승과에 합격한 뒤 예종대와 인종대에 걸쳐서 선종계를 대표하는 승려로 활동하였다. 인종은 예종에 뒤이어 선종을 후원하였다. 문벌귀족과 손잡은 교종을 대신하여 왕권의 안정을 기대할 수 있는 선종 중심의 불교통합에 관심을 가졌다. 이에 따라 선종 출신의 탄연이 왕사의 자리에 올랐다. 탄연의 사상과 활동에 크게 영향을 미친 인물은 혜조국사 담진과 청평거사 이자현이었다. 탄연은 담진을 사승으로 삼아서 선법을 익히고 송나라 임제승과 교류할 수 있었다. 탄연은 담진의 법맥을 잇는 지인, 영보, 관승과 함께 사굴산문을 이끌었다. 이자현, 담진의 선 수행과 사굴산문의 전통을 생각할 때 탄연은 능엄경을 중시하면서 경전이나 어록을 탐구하여 선리를 터득하고자 하는 교선 융합적인 사상을 가졌던 것으로 보인다.

의종 원년에 탄연은 개경을 떠나서 지리산 단속사로 하산하였다. 단속사에서 탄연은 왕사로서 국왕의 장수와 안녕을 비는 의례를 베풀었다. 이와 함께 탄연은 단속사에서 학인을 가르치는 일에 힘써서 심인을 전해받은 수많은 선승을 배출하였다. 왕사의 하산소였던 단속사에 국왕은 토지와 노비 등을 하사하여서 경제적으로 지원하였다. 이러한 경제력을 바탕으로 단속사는 탄연과 그 문인들의 근거지가 되었다. 나아가 탄연의 하산을 계기로 단속사는 조계종 사굴산문을 대표하는 중심사찰의 위상을 가지게 되었다. 탄연은 의종 12년에 단속사에서 입적한 뒤 대감국사로 추증되었다. 명종 2년에는 단속사에 대감국사의 비가 세워졌다. 이후 최씨 무신정권은 단속사를 장악하여 이를 근거로 불교계를 재편하고 경제력을 확충하여 나갔다.

지리산 단속사는 탄연과 그 이후 조계종 승려들을 연결하는 매개의 역할을 하였다. 수선사의 사주였던 혜심, 혼원, 천영 등이 단속사에 주지하면서 조계종의 전통이 계승되었다. 지리산 단속사를 연결고리로 삼아서 고려 중기 선종계의 전통이 후기 조계종으로 이어졌던 것이다. 단속사는 조계종 사굴산문의 사찰로 탄연과 이후 조계종 승려의 계승 의식을 매개하는 뜻 깊은 장소가 되었다. 탄연의 단속사 주석과 단속사의 대감국사비 건립은 조계종의 계승을 가능하게 하였던 점에서 역사적 의미를 찾을수 있다.

이 글은 『남도문화연구』 제23집(순천대학교 남도문화연구소, 2012)에 수록된 「고려 중기의 大鑑國師坦然과 지리산 斷俗寺」를 실은 것이다.

—

보조지눌의 선교일치에 대한 재고찰

정희경

—

Ⅰ. 문제제기

普照知訥(1158-1210)이 한국불교사에 크게 기여한 공로 중의 하나는 선과 교를 일치시킨 점에 있다고 평가하면서도, 그가 제시한 三門에 있어서는 看話徑截門과 서로 모순된다는 인식이 학계에 팽배하다. 이에 대해 필자는 지눌의 선교일치를 협소한 영역에 국한시켜 해석함으로써 발생한 문제라고 보고, 관련 연구에서 나타나고 있는 문제점 두 가지를 제기하고자 한다.

첫째, 선교일치의 구체적 내용이 頓悟의 측면에서만 다루어지고 있다는 점이다. '지눌은 돈오의 정당성 확보를 위해 교학적 근거로서 화엄의 性起門을 수용했고 반면에 緣起門은 부정했다'는 견해가 학계의 통설로 자리 잡고 있다. 이러한 견해는 退翁性徹(1912-1993)의 촉발로 인한 돈오점수·돈오돈수 논쟁이 이어지는 가운데 지눌의 돈오(解悟)의 의미를 해명하려는 작업을 거치면서 더욱 공고해져 왔다. 물론 지눌이 그 자신의 관점에서 화엄의 성기문과 연기문의 의미를 규정지었으며[1] 연기문을 부정하고 성기문을 수용했다는 점은 사실이다. 하지만 이것은 그가 돈오의 측면을 설명하는 경우에만 해당된다. 돈오 후 점수의 측면에 있어서는 화엄의 연기문도 수용하여 悟後修의 의미와 그 수행과정을 구체적으로 설명했으며 그러한 점수를 지지하는 근거로서 '後修緣起門' 혹은 '漸修緣起門'이라는 독자적인 조어를 제시했다는 사실은 전혀 고려의 대상이 되지 못하고 있다.

둘째, 선교일치를 그의 삼문 중 圓頓信解門에만 한정시켜 이해하고 있다는 점이다. 이것은 위 견해의 연장선에서 자연스레 도출된 결과이다. 삼문 중 원돈신해문은 돈오(해오)에 해당되므로 지눌의 선교일치가 적용된 수행문으로 받아들여지고 있고, 惺寂等持門은 원돈신해문을 지지하는 성기문에 의거한 점수로 해석되어 두 문이 긴밀한 관계에 있다고 받아들여지고 있지만, 선교일치적 돈오(해오)점수에 해당하는 원돈신해문·성적등지문과 교외별전적 돈오(證悟)돈수에 해당하는 간화경절문과의 관계는 모순, 단절, 회통, 초월 등으로 다양한 견해가 전개되고 있으며, 그에 따라 지눌에게 있어 화엄교학(해오)과 간화선(증오)의 관계도 다양하게 해석되고 있다. 그런데 이러한 해석들 가운데 공통되는 기본전제가 있다. '간화경절문을 통한 깨달음은 수행의 완성인 구경각으로서 증오'라는 것이다. 이 전제 또한 돈점논쟁을 거치면서 형성된 통설이라고 할 수 있다. 하지만 지눌이 말하는 증오가 과연 구경각으로서 수행의 완성을 의미할까? 이에 대한 답 역시 앞의 후수연기문에 대한 해석이 먼저 선행되어야 함을 시사하며, 필자는 지눌이 말하는 '점수'와 '증오'의 의미를 다시 검토

---

[1] 지눌이 정통 화엄교학과 다르게 독자적으로 성기문과 연기문을 해석한 내용에 대해서는 다음의 연구를 참조할 수 있다. 인경, 『화엄교학과 간화선의 만남』, 명상상담연구원, 2006; 최연식, 「지눌 선사상의 사상사적 검토」, 『동방학지』 144집, 연세대학교 국학연구원, 2008.

해 볼 필요가 있다고 본다.

위에서 제기한 문제들은 돈점논쟁을 거치면서 오늘날의 간화선 이해에 대응하는 논리로 지눌을 해석한 것이기 때문에, 실제 지눌 그 자신의 입장과는 상당한 차이가 있다. 본 논문에서는 철저히 지눌의 입장에서 그의 저서를 해석하고 그의 선교일치에 대해 철학적 관점뿐만 아니라 영역을 확대시켜 수행론적 관점에서 검토함으로써, 그가 선과 교를 일치시킨 의미를 규명해 보고자 한다. 지눌의 저서『원돈성불론』,『법집별행록절요병입사기』(이하『법집절요』),『간화결의론』의 통합적 검토를 통해 그간 통설로 자리 잡은 내용들을 다시 점검해 보고자 하는 것이 본 논문의 목적이다.

II. 돈오점수의 화엄교학적 근거

지눌은 현장 중심적 사고방식을 가지고 있었다. 그는 불교수행 현장에서 발견되는 다양한 형태의 수행자들, 예컨대 문자법사, 암증선객, 정토신앙자 등을 관찰하여『결사문』을 비롯한 그의 저술 곳곳에 기록하였고, 그들의 잘못된 수행관이나 비효율적인 수행법으로부터 초래되는 한계점을 지적하였다. 특히 전혀 상반된 견해를 가지고 있던 선학자와 화엄교학자의 수행관을 비교하였는데, '自心本淨 煩惱性空'하니 아예 수행할 필요 없다는 선학자, 혹은 한 소식했다고 자만하고 더 이상 수행하지 않는 선학자의 행태와, 정반대로 퇴굴심을 내어 깨달음을 백년만년 마냥 기다리는 교학자, 혹은 아예 마음 밖의 事事無碍만 분석하는 교학자의 행태를 중점적으로 비판하였다.

이에 그는 宗密(780-840)이 언급한 '일체 현성의 軌轍을 본다'[2]는 돈오

---

2) 『법집절요』, "錄云:「若得頓悟漸修 見一切賢聖之軌轍.」"(『보조전서』, 138쪽).

점수론에 주목하였고 그 자신이 직접 경론을 통해 확인했으며3) 이것을 선과 교에 모두 통용되는 보편적 수행체계로 제시하였다. 화엄교학자는 돈오를 하지 않고 선학자는 점수를 하지 않으니, 당시 교종과 선종이 대립하는 원인도 따지고 보면 그들이 先悟後修의 수행원리를 모르고서 서로를 비판하고 시간을 낭비할 뿐이었다.

하지만 그는 종밀에게서 돈오점수라는 모티브를 얻었지만, 선교일치라는 입장에서는 결코 종밀처럼 선3종·교3종으로 분류하고 분석하는 데에 전혀 관심을 두지 않았다. 그는 수행현장이 잘못 돌아가고 있다는 문제의식에서 출발하여 수행공동체를 조직하고 자신이 체험한 경험을 바탕으로 경론과 어록을 통해 논증하면서 대중에게 올바른 수행관을 제안하고 효율적인 방법으로 수행할 것을 권유했다. 그의 관심은 수행자들이 속히 보리를 증득하는 데에 있었다.4)

지눌이 주장한 선교일치의 기본 내용은 '먼저 돈오하고 후에 점수한다'는 수행원리가 선이든 교이든 똑같다는 것이다. 그는 "세존께서 입으로 설하신 것이 敎요, 조사께서 마음으로 전하신 것이 禪이다."5)라는 선언적 명제에만 머물지 않고, 구체적으로 어떻게 돈오하고 점수하는가에 대해 설명했으며, 한편으로는 어떻게 경론에 의거해서 돈오점수의 정당성을 수행자들에게 납득시킬 것인가에 대해서도 고민했다. 이러한 그의 고민은 『원돈성불론』에서 발견할 수 있다.

『원돈성불론』에서 지눌은 당시 화엄교학자들이 가지고 있던 성불론에

---

3) 『법집절요』, 지눌은 원효의 「미타증성게」와 『금강경』을 인용한 후 "故知 先悟後修 非但今生一期得入之門 是乃古今賢聖始終之行 通於三世矣."라고 하였다(『보조전서』, 133쪽).

4) 『결사문』, "願令修心人 遷權就實 不枉用功 自他速證無上菩提." 이 외에도 지눌 저서 곳곳에서 누누이 강조되고 있다(『보조전서』, 18쪽).

5) 「화엄론절요서」, "世尊說之於口 卽爲敎 祖師傳之於心 卽爲禪."(『보조전서』, 173-174쪽).

대한 견해, 즉 '믿음을 일으키고 십만 겁을 수행해야 비로소 믿음이 가득 차 住初位에 들어가 성불한다'는 견해에 대해, 성불은 그렇게 오랜 시간이 걸리지 않으며 '믿음을 일으킨 十信初에서 바로 성불한다'고 설득하고자 했다.

지눌이 보기에 당시 화엄교학자들이 성불할 때까지 그렇게 오랜 시간이 걸린다고 생각한 원인은 연기문을 잘못 적용했기 때문이었다. 그들은 먼저 중생과 부처가 '異體'라는 전제 하에, '현재 중생심 속에 부처가 있다'는 것은 연기문의 圓融과 行布의 의미를 적용해야 가능하다고 분석했다. 그래서 染과 淨이 구분되고 과거·현재·미래가 구분되고 중생과 부처가 구분되지만, 또한 生生自有하고 當果自有하고 他果在我하여[6] 원용하다는 것이었다. 하지만 지눌이 보기에 이런 식으로 이해해서는 비록 억겁의 시간이 흐른다 할지라도 결코 성불을 기약할 수 없다.

지눌은 성불하려면 李通玄(635-730)처럼 성기문으로 중생심을 이해해야 한다고 하였다. 중생과 부처는 모두 根本普光明智의 性海에서 生起한 것이기 때문에 이체가 아닌 同體이다. 모두 根本智의 性이 일어난 것이므로, 佛은 중생심 속의 佛이고 그렇기에 중생과 부처가 호용하는 것이다. 중생심을 성기문으로 이해하고 自心을 반조하여 自心의 보광명지를 발현한다면 지금 바로 이 자리에서 보광명지의 佛果와 상응하여 一念에 성불할 수 있다. 이것이 책 제목으로 나타낸 '圓頓成佛'의 의미이고, 지눌은 이 원돈성불한 범부를 '初心正覺佛'이라고 호칭했다.[7]

그런데 지눌에게 있어 연기문과 성기문은 어느 쪽이 맞는가 틀리는가

---

[6] 『원돈성불론』, "一生生自有〈取始教中 四智菩提種子 起信中 隨染性淨之義, 據義高判也〉 二當果自有〈衆生當來 所得佛果 三世融攝故 在無明心中〉 三他果在我〈衆生本覺 與佛本覺一體故 盧舍那佛智 隨理普遍 在不修衆生 生滅八識之心 作因作果 是謂事事無碍也〉"(『보조전서』, 69쪽).

[7] 『원돈성불론』, "如是開悟 自心根本普光明智 則是謂初心正覺佛也."(『보조전서』, 83쪽).

의 문제가 아니었다. 관행하여 득도하는 문의 측면에서 볼 때에 차이가 있을 뿐이었다.[8] 돈오하는 측면에서는 성기문의 이해가 알맞지만, 또한 점수하는 측면에서는 연기문의 이해가 알맞다는 것이다. 이 경우의 연기문은 중생과 부처가 異體라는 전제가 아닌, 중생과 부처가 同體임을 돈오하여 연기문의 원융과 항포의 의미를 적용하는 것이기 때문에 지눌은 이점을 분명히 하기 위해 '후수연기문' 혹은 '점수연기문'이라고 표현했다.

그의 이러한 관점은『원돈성불론』다섯 번째 문답에서 자세히 다루어지고 있다. 凡夫位의 '초심정각불'과 佛位의 '구경위'가 같은가 다른가에 대한 질문에 대해서, 지눌은 성기문의 측면에서 보면 같지만, 동시에 후수연기문의 측면에서 보면 오르는 점차가 없는 것은 아니라는 답변을 하였다. 예를 들면 그는 점수하는 과정을 설명한 후에 다음과 같이 말한다.

> "이와 같은 大用의 자재로움은 '初悟한 근본보광명지 가운데의 항상 그러한 行'을 여의지 않는다. 智의 體가 원만하기 때문에 時 역시 옮겨지지 않고 智역시 다르지 않다. 그러한 가운데 습기를 다스리고 悲智가 점차 원만해져[漸圓] 오르는 계급이 없는 것이 아니다. 그렇지만 초발심으로 말미암아 無時智門에 들어갔기 때문에, 비록 '구경위'에 이르더라도 처음과 달라진 것이 없다."[9]

이어서 그는 초심정각불과 구경위가 같으면서도 '그 가운데 점차 오르는 계급이 있다'는 내용을 연기문의 원융과 항포, 즉 六相으로 회통할 수 있다고 하였다. 만약 점수의 행을 인정하지 않는 사람이 있다면, 그 사람

---

8) 『원돈성불론』, "義理展轉 論之又論則 雖歸一致 觀行得道門中 意有親疎"(『보조전서』, 73쪽).
9) 『원돈성불론』, "如是大用自在 不離初悟根本普光明智中恒然之行. 以智體圓故 時亦不移 智亦不異. 於中 鍊治習氣 悲智漸圓 昇進階級非無. 然 從初發心 以入無時智門故 雖至究竟位 初無移易也."(『보조전서』, 84-85쪽).

은 '근본지가 五位를 갖추어 거두어들인다'는 摠相만 아는 우매한 자이고, 반대로 원돈성불을 인정하지 않는 사람이 있다면, 그 사람은 '行解가 올라가고 階位에 점차가 있다'는 別相만 믿는 우매한 자라는 것이다.[10] 지눌은 육상 중 총상과 별상만 직접 언급했지만, 이어서 이통현의 육상에 대한 꽤 긴 분량의 설명을 그대로 인용하였다.[11] 그 인용문 가운데에는 시간을 구별하지 않고 일찰나로 보는 것은 총상이고, 시간을 구별하는 것을 별상으로 설명하는 내용도 있어, 역시 돈오 후 점수의 정당성을 보여주고 있다. 이와 같이 지눌은 원돈성불만 인정한다면 총상만 아는 자이고 점수만 인정한다면 별상만 아는 자이니, 돈오 후의 점수는 총상(원융)과 별상(항포)이 함께 적용되어야 함을 강조하고 있다. 그의 이러한 입장은 다음의 글에서도 나타난다.

> 지금 보광명지의 佛果를 悟解함은, 법계를 증득한 자리[法界證處]에 해당하여 離言하기 때문에, 비록 미리 얘기할 수 없지만, 자세히 後修緣起門에 의거해 논한다면, 원융과 항포의 두 가지 義가 서로 성립되고, 구경과 미구경의 두 가지 義가 서로 성립되고, 理佛과 事佛의 두 가지 義가 성립되고 他果와 自果의 두 가지 義가 성립되며, 나아가 '十住成佛'에서도 역시 마찬가지다.[12]

> 그렇지만 만약 '연기문 가운데 융섭의 義'로 논한다면, 중생이 지금 悟解한 보광명지 가운데에서는, 중생과 佛이 원융하기 때문에 他果在我 역시 가능하

---

10) 『원돈성불론』, "任一切衆生 隨根同別 以六相義 會通可見. 昧者 約根本智 該收五位論 則不許漸修之行 是但知摠相者也. 若約行解昇進階位漸次論 則不許時不移智不異 如王寶印 一印文成 無前後之旨 是但信別相者也. 皆由未離情見 理智不圓故也."(『보조전서』, 85쪽).

11) 『원돈성불론』, "論云:「入此初地六相法門者 (...) 應根與法 名爲成相.〈云云〉」"(『보조전서』, 85-86쪽).

12) 『원돈성불론』, "今時 悟解普光明智之佛果 當於法界證處離言故 雖未預談 具約後修緣起門中論則 圓融行布 二義相成 究竟未究竟 二義相成 理佛事佛 二義相成 他果自果 二義相成 至於十住成佛 亦復如是."(『보조전서』, 85쪽).

보조지눌의 선교일치에 대한 재고찰 · 127

고, 十世가 원융하기 때문에 當果自有 역시 가능하고, 隨染性淨하기 때문에 生生自有 역시 가능하다.13)

　한편 지눌은 위와 같은 연기문의 측면뿐만 아니라 성기문의 측면에서 점수를 설명하기도 한다. 점수는 점차 닦아 나아가는 행상을 띠면서도 근본보광명지의 體에서 발현되는 자재로운 大用이기 때문에 원돈성불의 의미에 어긋나지 않는다. 體를 깨닫고 그 體가 발현하는 것은 '근본보광명지의 응용법이 隨緣하는 항상 그러한 行'14)이라는 것이다. 이것은 성기문을 眞性緣起로 보는 관점 즉, 體用論으로 보는 관점에서 돈오 후 점수행의 정당성을 설명하는 것이라 할 수 있다.

　체용론의 관점은 『결사문』을 저술하던 시기(33세, 1190년)에서부터 일관성 있게 이어온 논지였다. 불변하는 體가 隨緣하기 때문에 범부부터 구경위까지 수행하더라도 그 수행은 본래 體에 갖추어진 德用일 뿐, 근본지의 과덕은 범부든 구경위든 변하지 않는다는 것이다.15) 그는 『원돈성불론』에서도 체용론의 관점으로 점수의 타당성을 慧能(638-713)과 智通(?-?)의 대화에 대응시키기도 하였는데, 根本智의 體에는 본래 惡用과 善用이 모두 구족되어 있으니, 비록 善을 수행하여 과보를 얻더라도 본래 구족한 善用이기 때문에 과보가 증가하는 것이 아니라고 하면서 역시 원돈성불이 점수를 방해하지 않는다고 하였다.16)

---

13) 『원돈성불론』, "然 若約緣起門中 融攝之義 論則 以衆生 今日悟解普光明智中 生佛圓融故 謂他果在我亦得 十世圓融故 謂當果自有亦得 以有隨染性淨故 謂生生自有亦得."(『보조전서』, 88쪽).

14) 『원돈성불론』, "是知 全是根本智之應用法 隨緣恒然之行也."(『보조전서』, 87쪽).

15) 『결사문』, "此後 更引誠證 具明 頓超見性者 雖不籍三乘漸次行位 亦不礙悟後圓修行門. (…) 據此論之旨 圓宗圓信之者 以自心根本無明分別之種 便成不動智佛. 從信乃至究竟位 無有轉變成壞之相 可謂心性 本來自在 隨緣似轉 而常無變易者也."(『보조전서』, 18-19쪽).

16) 『원돈성불론』, "諸佛修善 報得藏嚴 善是順用故 相用湛然淸淨 雖是起行報得 亦是根本智中 本具善用故 不增也. 然 各隨自業善惡故 有淨穢苦樂差殊 而其智之體相

결과적으로, 학계에서 통설로 받아들여지고 있는 '지눌이 성기문만 수용하고 연기문을 부정했다'는 견해는 그의 돈오점수를 성기문의 체용론적 관점에서만 해석한 것이라 할 수 있다. 하지만 지눌은 '깨달음과 닦음의 기본 속성'을 설명하는 체용론 뿐만 아니라, '수행단계가 점차 올라가면서도 원융하다'는 행위의 측면에서 연기문의 원융과 항포의 의미를 수용했으며, 이것은 돈오 이후의 수행에 있어 '각각의 단계와 성숙도'를 설명할 수 있는 훌륭한 근거가 되는 것이었다. 게다가 이 역시 성기문을 전제로 한 연기문이므로, 전체적인 돈오점수의 측면에서 보면 결국 지눌은 성기문과 연기문을 서로 불가분의 관계로 보았다고 해석해야 합당할 것이다. 이와 같이 지눌은 돈오점수라는 수행체계의 정당성을 뒷받침할 교학적 근거를 화엄교학의 성기문과 후수연기문에서 찾았고, 특히 '점수의 단계적 향상'을 설명해주는 교학적 근거로서 연기문의 원융과 항포를 수용하였다.

III. 화엄교학의 수행단계

그렇다면 지눌이 말한 후수연기문에 의거한 점수는 구체적으로 어떤 단계를 거쳐 성숙되어 가는가?『원돈성불론』에서 자세히 설명되고 있다.

> 다만 初心凡夫가 緣을 만나야 비로소 自心의 근본보광명지를 요달하는 것이지, 점수한 功으로 말미암아 다다른 연후에 깨닫는 것이 아니다. 그러므로 理智가 비록 나타나더라도 다생의 習氣가 念念히 오히려 침노하여 有爲有作하며 色心이 다하지 못하니, 이것을 '十信凡夫의 解礙處'라고 한다. 그러나

用 於染淨緣起 本無增減 恒常現露 理事無碍 生佛互融. 故 今日悟解不動智佛果 三身四智等 頓圓〈十身十智 卽三身四智中 具德也.〉 如六祖所說. 故云「三身元我 體 四智本心明」亦不妨後修報得也."(『보조전서』, 87-88쪽).

'자신의 무명이 본래 신령하고 본래 진실하여 功이 없는 大用이 항상 그러한 法'을 깨달았기 때문에, 스스로 十信 가운데 方便止觀을 닦아 임운히 功이 이루어져 定慧가 圓明해지면, '發心住'라고 한다. 「범행품」에서 「처음으로 발심한 때에 곧 아뇩보리를 얻는다」고 한 것이 바로 이 位에 해당되는 것이다. 十住에 들어간 후에는 보광명지로써 항상 세간에 머물러, 근기를 따라 두루 응하여 중생을 교화하되 물들거나 집착함이 없어, 悲智가 점차 밝아지고[漸明] 功行이 점차 증가[漸增]하여, 필경에는 보현행을 이루어 因이 원만하고 果가 마쳐지면, 그 과보로써 한량없는 상호와 한량없는 장엄을 얻는다.17)

범부는 十信初에서 돈오하여 佛果와 상응했더라도, 여전히 다생의 습기가 넘념히 침노하여 色心으로 유위유작하는 解礙가 있으므로 점수를 해야 한다. 방편지관·정혜를 닦아 功을 성취해 정혜가 원명해지면 보살의 지위인 十住初에 들어간다. 이 십주의 지위에 들어간 후에도 悲智가 점차 밝아지고 功行이 점차 증가하면서 중생을 제도하는 점수가 있다. 이러한 중생제도의 보현행을 거쳐 因과 果를 마치면, 그 과보로써 구경위에 오르게 된다는 것이다. 점수의 전체 구도가 보살의 지위인 '십주초'에 들어가는 것을 기점으로 수행 내용에 차이가 있다는 것을 알 수 있다. 그렇다면 '십주초'를 지눌은 어떤 의미로 해석하고 있는가. 다음의 글에서 확인할 수 있다.

> 만약 漸修緣起門에 의거한다면, 十信初心에서 먼저 깨달은 후에, 止觀을 부지런히 닦아 色心의 有漏가 모두 다하고 住初에 이르러 定力이 이루어지고 解

---

17) 『원돈성불론』, "但初心凡夫會緣 方了自心根本普光明智 非由漸修功至 然後 悟也. 故 理智雖現 而多生習氣 念念猶侵 有爲有作 色心未殄 是謂十信凡夫 爲解礙處也. 然 以悟自無明本神本眞 無功大用 恒然之法故 自修十信中方便止觀 任運功成 定慧圓明 便名發心住. 梵行品云 初發心時 卽得阿耨菩提者 當此位也. 入十住之後 以普光明智 恒處世間 隨根普應敎化衆生 而無染著 悲智漸明 功行漸增 畢竟成普賢行 因滿果終 報得無量相好 無量莊嚴."(『보조전서』, 84쪽).

礙가 모두 없어져 證悟하여 位에 들어가 十住 十行 十廻向 十地를 지나며 닦아 等覺位에 이르기까지, 이렇게 닦아 自業으로 보는 眞體 가운데 나타난 자기의 삼세인과 및 보불경계 등이 눈앞에 현전함과 같은 것이다.18)

지눌은 십주초를 '해애가 모두 없어진 증오'로 해석하고 있다. 증오 이전의 점수에서는 십신범부의 해애처가 있는데, 念念히 色心으로 유위유작하는 습기, 즉 대상을 반연하여 사량분별하던 오랜 습관을 제거하면, 해애가 사라져 '증오'한다는 것이다. 증오 이후에도 역시 점수해야 한다. 보살의 수행도인 五位19)를 지나야 비로소 자신의 업으로 자신의 삼세인과 등을 보는 구경위에 이르게 된다.

지눌이 『원돈성불론』에서 이렇게 돈오점수의 과정을 화엄교학의 수행계위와 직접 대응시켜 배대하면서 그 중 점수의 과정 가운데 '해애가 없어진 증오'를 설정했다는 점은, 그가 생각한 간화선과 화엄교학의 관계를 해석할 수 있는 중요한 단서가 되지만, 이에 대한 내용은 5장에서 후술하기로 하고, 우선 이 장에서는 지눌이 화엄교학의 수행과정을 돈오점수의 수행체계로 어떻게 포섭하였는가에 초점을 맞추어 두 가지로 정리해 두고자 한다.

첫째, 범부부터 보살을 거쳐 佛地에 이르기까지 불교수행의 전 과정을 돈오점수의 틀로 설명했다는 점이다.

---

18) 『원돈성불론』, "若約漸修緣起門 則十信初心 先悟之後 勤修止觀 色心有漏摠盡 至住初 定力已成 解礙摠亡 證悟入位 歷修十住十行十廻向十地 至等覺位 是修自業 所見眞體中 所現自己三世因果 及報佛境界等 如對目前."(『보조전서』, 89쪽).

19) 화엄교학의 수행도는 흔히 '십신-십주-십행-십회향-십지-등각·묘각'의 52位나 십신을 제외한 42位로 이해되는데, 지눌은 이통현이 자주 쓰는 표현인 5位, 즉 '십주-십행-십회향-십지-십일지(등각위)'를 보살의 지위로 이해하고, 십신은 범부의 지위로 이해하고 있다.

십신초는 범부가 돈오하는 단계, 십신은 범부가 습기(해애)를 제거하는 단계, 십주초는 습기(해애)제거를 마쳐 증오하여 보살의 지위에 들어가는 단계, 오위는 보살로서 悲智(差別智)를 개발하면서 중생을 제도하는 단계, 구경위는 보살로서의 수행을 마치고 佛地에 오르는 단계이다. 이렇게 점차 올라가는 단계 역시 2장에서 본 후수연기문의 원융과 항포에 의해 지지받는다. 각각의 단계가 점차 향상하는 항포이면서도 이미 佛果를 십신초 돈오에서 상응했기 때문에 원융하다.

학계에서 일반적으로 이해하듯이 지눌은 이통현의 화엄교학에서 범부가 信進悟入하는 門을 발견하고 그것을 돈오로 배대한 것에만 머물렀던 것은 아니다. 물론 범부가 깨달아 들어가는 문이 원돈성불하는 자리가 되기에, 믿음에 의한 돈오를 가장 중요하게 다루고 수행자들에게 열정적으로 설명했지만, 동시에 돈오한 이후의 眞修 과정으로서 범부가 닦는 수행부터 보살의 지위에 들어가 닦는 수행까지, 단계적으로 성숙되어가는 수행의 전 과정을 분석하여 돈오와 점수의 체계로 설명했고, 이로써 올바른 수행관을 심어주고자 했다는 점을 간과해서는 안 될 것이다.

둘째, 점수의 과정을 ①습기제거 ②悲智의 개발과 중생제도라는 2가지 단계로 세분화하고 분류 기준으로서 해애가 없어진 단계인 '주초위 증오'를 제시하고 있다는 점이다. 그런데 점수를 2가지로 분류하는 기준이 '해애의 有無'라고 설명하는 모습은 『대혜어록』을 접하기(41-43세, 1198-1200년) 이전의 지눌에게서는 나타나지 않는 모습이었다. 『결사문』에서는 중생제도를 하기 전에 먼저 정혜를 닦아야 한다는 단계적 점수 과정에 대한 인식은 하고 있었지만,[20] 해애를 특별하게 의식하지 않고 두 가지 점수가 體에서 발현되는 用이기 때문에 자연히 이루어진다고 보고 있었다.[21] 하지만 『대혜어록』을 접한 이후에 지눌은 가슴에 걸리던 해애가 단박에 없어지는 경험을 했고, 그 경험을 화엄교학의 수행단계에 도입하여 점수하는 가운데 해애가 사라지는 단계로서 주초위 증오를 설정하게 되었던 것이며, 이것이 『원돈성불론』에서 분명하게 나타나고 있는 것이다.

여기서 증오의 의미는 '해애가 없어져 보살의 지위에 들어간다'는 의미만 가지고 있을 뿐, 어떤 새로운 悟가 아니다. 佛果는 이미 십신초 돈오에서 상응하였기 때문이다. 또한 증오는 결코 수행의 완성을 의미하지 않는다. 증오 이후에 화엄의 보살도인 십주-십행-십회향-십지-십일지(등각위)의 五位 수행이 이어지고 이후에 구경위에 오른다. 따라서 지눌이 말하는 증오는 점수하는 과정 가운데 나타나는 하나의 단계이다. 학계에서 기본 전제로 받아들여지고 있는 '수행의 완성이자 구경각으로서의 증오'는 지눌의 저서에서 찾아볼 수 없다.[22] 그에게 있어 증오는 수행의 '완료'가 아

---

20) 『결사문』, "先德曰: 「菩薩本爲度他, 是以先修定慧. 空閑靜處 禪觀易成, 少欲頭陀 能入聖道」 此其證也. 旣發度他之願 先修定慧."(『보조전서』, 22쪽). 또한 먼저 정혜를 닦아야 한다는 이유는 다음에서 찾을 수 있다. 『결사문』, "華嚴論云: 「若 自有縛能解他縛 無有是處.」"(『보조전서』, 21쪽).

21) 『결사문』, "依此解而修者 雖有無始習氣 以無依住智 治之 還是本智 不伏不斷. 雖 有方便三昧 離昏散之功 以知緣慮分別 是眞性中緣起故 任性淨而無取攝之相 雖涉 外緣違順之境 爲了唯心 無自他能所故 愛憎嗔喜 任運不生. 如是任法 調治習氣 使 稱理智增明 隨緣利物 行菩薩道 雖處三界內 無非法性淨土 雖經歲月 體不移時 任 大悲智 以法隨緣故."(『보조전서』, 22-23쪽).

22) 지눌 저서 전체를 대상으로 '증오'의 용례를 찾아보면, 두 가지 용례가 더 발견된다. 첫째, 『법집절요』에서 종밀의 『선원집』을 인용하면서 '닦음으로 인한 깨달음'을 가리키는 경우이다. 이것은 『원돈성불론』에서 지눌이 십신초 돈오를 '먼저 닦고 후에 깨달은 것이 아니기 때문에 해오'라고 해석하고서 주초위를 '증오'로 표현하는 것과 같은 맥락이다. 둘째, 『간화결의론』에서 '일심법계·무장애법계를 온 몸으로 직접 체험한다[親證]'는 의미로서 '證入'이라 표현하는 경우이다. 이 또한 『원돈성불론』에서 해애가 없어진 증오와 같은 의미

닌 '지속'의 의미였다.

Ⅳ. 하택 · 종밀선의 수행단계

　지눌이 점수를 두 가지 단계로 나누는 모습은 『원돈성불론』에서 뿐만이 아니라 『법집절요』에서도 나타난다.　그는 『법집절요』에서 澄觀(738-839)과 종밀의 돈점을 비교 분석하는 과정에서 종밀의 점수 내용을 다시 2가지로 분류하여 해석하였다. 우선 지눌이 인용한 종밀의 『선원집도서』의 내용은 다음과 같다.

　　그렇지만 규봉은 『선원집』에서 또한 돈오점수를 밝혔으니 그 내용이 매우 자세하다. 「만약 '내 마음이 본래 청정하고 원래 번뇌가 없어 無漏智의 性을 본래 스스로 구족하였으니 이 마음이 곧 부처라, 필경 다름이 없음'을 頓悟하고 ㉠이에 의지해 修한다면, 이것이 최상승선이요, 여래청정선이요, 일행삼매요, 진여삼매이니, 이것이 바로 일체삼매의 근본이다. ㉡만약 念念히 수습할 수 있다면 자연히 점차 백천삼매를 얻으리니, 달마 문하에서 서로 전함이 바로 이 禪이다.」23)

　지눌은 이 글을 인용한 후 "자세히 생각해 보면 悟後修門에 2가지 뜻이 있다"고 해석하였다. 첫 번째 점수㉠은 "근본일행삼매"이고, 두 번째 점수 ㉡은 "이 근본일행삼매로부터 온갖 행이 일어나기 때문에, 자비와 서원이 서로 도와 념념히 백천삼매를 수습하여 몸 · 지혜 · 신통 · 광명이 점점 자

──────────

　　이다.

23) 『법집절요』, "然 圭峰 於禪源集中 又明頓悟漸修 其義甚詳. 如云:「若頓悟自心 本來淸淨 元無煩惱 無漏智性 本自具足 此心卽佛 畢竟無異 ㉠依此而修者 是最上乘禪 亦名如來淸淨禪 亦名一行三昧 亦名眞如三昧 此是一切三昧根本. ㉡若能念念修習 自然漸得百千三昧 達磨門下 展轉相傳者 是此禪也.」"(『보조전서』, 125쪽).

재해져 두루 군생을 이익케 함이 노사나불과 같다"는 것이다. 그리고 첫
번째 점수는 청량이 세운 돈수와 같고, 두 번째 점수가 바로 종밀이 『법
집별행록』에서 세운 점수라고 하였다.[24]

이어서 지눌은 하택종의 점수도 2가지 내용으로 분류한다. 지눌이 인
용한 하택종의 점수 내용은 다음과 같다.

『선원』에서 밝힌 것뿐만 아니라 『록』에서도 2가지 修의 내용이 있다. 하택
종에서는 다음과 같이 말했다. 「만약 좋은 벗이 열어 보여줌을 만나 空寂之
知를 頓悟한다면, 知 또한 無念·無形이니 무엇을 아상·인상으로 삼겠는가?
ⓐ모든 相의 공함을 깨달아 心이 스스로 無念하여, '念이 일어나면 곧 알아
차리고 알아차리면 곧 無하니', 수행의 묘문이 오직 여기에 있을 뿐이다.」
〈세주: 다만 체달하는 無일 뿐, 끊고 멸하는 無가 아니다.〉 이것이 바로 '悟
後無念修'이다. 또, 「ⓑ비록 만행을 갖추어 닦더라도 오직 無念만 宗으로 삼
는다. 단지 無念을 얻었을 뿐이기에 곧 愛惡가 자연 담박해지고 悲智가 자연
점차 밝아지며[增明] … 응용이 무궁하니 이름하여 佛이라 한다.」고 하였다.
이것이 바로 (『선원집』에서) ㉠근본"일행삼매"를 여의지 않으면서, ㉡(만약
념념히 수습할 수 있다면) "자연히 점차 백천삼매를 얻어" 널리 군품을 제도
하려는 意이다.[25]

---

24) 『법집절요』, "據此文義 深細思之 悟後修門 有二義. 初 ㉠"依此而修"下 是依自心
本無煩惱之義 "不看不澄 曠然合道" 任運修也. 是謂根本一行三昧 亦是清涼所立頓
修也. 次 ㉡"若能念念"下 從根本三昧 任運寂知 衆行爰起故 悲顯相資 念念修習百
千三昧 身智通光 漸漸自在 普利群生 同盧舍那佛 錄中所立漸修 正謂是也.(『보조
전서』, 125-126쪽).

25) 『법집절요』, "非但禪源所明 錄中亦有二修之義. 如荷澤宗云: 「若遇善友開示 頓悟空
寂之知 知且無念無形 誰爲我相人相. ⓐ覺諸相空 心自無念 念起卽覺 覺之卽無.
修行妙門 唯在此也.」〈但體達之無 非斷滅之無.〉 此 正是悟後無念修也. 又云: 「ⓑ
雖備修萬行 但以無念爲宗. 但得無念 則愛惡自然淡薄 悲智自然增明 乃至 應用無
窮 名之爲佛.」 此 正是不離根本"一行三昧""自然漸得百千三昧"廣度群品之意也."
(『보조전서』, 126쪽).

지눌은 첫 번째 점수ⓐ는 '悟後無念修'이고, 두 번째 점수ⓑ는 종밀이 위에서 말한 점수ⓛ과 똑같이 '널리 군품을 제도'하려는 뜻이라 하였다. 그는 이와 같이 하택종과 종밀의 점수 내용을 두 가지 단계로 나누면서, 종밀의 첫 번째 점수는 無念修로, 두 번째 점수는 辦事修라는 명칭을 붙였고, 판사수는 무념수를 여의지 않는 닦음이라고 해석하였다.[26]

먼저 무념수란 '내 마음이 본래 청정하고 원래 번뇌가 없음'에서 '원래 번뇌 없다'는 측면에 초점을 맞추어 닦는 수행인데, 구체적으로는 '망념이 일어나면 곧 알아차리고 알아차리면 곧 그 자리에서 없어지는 닦음'이다. 번뇌는 따로 自性이 없다. 다만 스스로 미혹하여 대상을 반연해서 망념이 일어난다. 그러나 마음에 따로 망념이 없기 때문에 망념이 일어나는 것을 알아차리는 覺慧를 단련하면 되는 것이다.

이러한 무념수를 하면 점차 무념 心體가 온전히 드러나게 된다. 그래서 무념을 얻어 무념을 宗으로 삼아 두 번째 점수인 판사수를 닦는다. 판사수란, '구체적인 일을 처리하는 닦음'으로서 중생제도를 의미한다. 지눌은 바로 이 판사수가 『법집별행록』에서 종밀이 말하는 점수의 주요 내용이 되고 이것은 점차 이루어질 뿐 결코 돈수할 수 있는 것이 아니라고 보았다. 종밀의 두 가지 단계의 점수를 징관의 돈오돈수와 비교해 보면, 첫 번째 점수는 징관이 얘기하듯 돈수할 수도 있겠지만, 두 번째 점수는 돈수할 수 없다는 입장이었다. 중생제도가 '一念에 구족된다'는 징관의 의견은 性具門(性을 갖춘 門)의 측면에서 본다면 가능하겠지만, 現行門(行으로 나타나는 門)의 측면에서 본다면 역시 점차 성숙되는 것이라고 하였다.[27]

한편 『선원집』에서 종밀이 현행문의 측면에서 판사수를 돈수(頓畢)하

---

26) 『법집절요』, "此是圓漸 非漸圓也. 以不離本所悟自心眞法界之圓修故 不離無念修之辦事修故."(『보조전서』, 126쪽).

27) 『법집절요』, "若約性具門 初悟時 "十度萬行 一念具足" 度生已周. 若現行門 豈無生熟? 諸方皆云「功未齊於諸聖」 是也."(『보조전서』, 126쪽).

는 돈오돈수를 말하기도 했지만,[28] 이에 대해 지눌은 '運心의 돈(수)'를 의미할 뿐이라 하였고, 종밀 그 자신이 세운 판사수를 설명하지 않아 용납할 수 없지만, 종밀의 의도는 배우는 이들에게 先後斷常의 집착을 버리게 하는 데에 있었을 뿐이라고 해석했다.[29] 이 중생제도의 닦음이 돈이냐, 점이냐에 대해 지눌은 자세하게 설명하고 결국은 점이라고 하고 있으며, 그의 의도는 다음에서 드러난다.

> 이 悟後修의 門은 ㉮'더러움에 물들지 않는 것'일 뿐만 아니라, ㉯'만행을 薰修하여 自他를 아울러 제도하는 것'이다. 요즘 禪者는 모두 "다만 佛性만 밝게 보면, 연후에 利他의 行願은 자연히 成滿한다."고 말한다. (그러나) 목우자는 '그렇지 않다'고 말한다! (중략) 悟解한 후에 差別智로써 중생의 苦를 觀하여 悲願心을 발하고, 힘에 따라 분수에 따라 보살도를 행해, 覺行이 점차 원만[漸圓]해지니, 어찌 경쾌하지 않겠는가!30)

----

28) 『법집절요』, "(『선원집』에서) 「有云 頓悟頓修者 此說上上智 根性〈根勝故悟〉樂欲〈欲勝故修〉俱勝 一聞千悟 得大摠持 一念不生 前後際斷. 此人三業 唯獨自明了 餘人所不及. 斷障 如斬一綟絲 萬條頓斷 修德 如染一綟絲 萬條頓色. 荷澤云 "一念與本性相應 八萬波羅密行 一時齊用也." 且取事迹而言之 如牛頭融大師之類也.」"(『보조전서』, 130-131쪽).

29) 『법집절요』, "圭峰 雖明根熟之流修悟一時 然 "此門有二"下 明此頓悟頓修門 亦有解悟後頓修 頓修後證悟等 二意也. 就此先後之意 不無說焉. 若取"不看不澄不汚染"爲頓修 說前後 則如淸涼所立三義也. 此亦黍禪者 依本淨門熏習 悟修先後之要節也. 故 今叢林間 盛論本無惱惱保任之門. 然 圭峰 以不汚染無念修 爲頓修漸修之源 以無念辦事一時頓具 立爲頓修. 推此而論 權敎初地 雖是證悟 後後修鍊差別智猶難 況解悟者 解碍未忘 何得言事智頓成? 然 前漸門中 亦以圖度運心 立頓修之名 就解悟後 豈無此意? 以實言之 是前上根凡夫 悟後漸修門頓意也. 頓修後證悟者 頓修辦事 悟後猶難 況悟前 豈有之耶? 然 取運心頓 立之爾. 推其源 則是前根熟之流 悟前漸熏中頓意也. 然 此頓悟頓修門 先後意者 以淸涼所立不汚染修 言之則 若合符節 以圭峰所立辦事修 言之 未容無說. 但以意求之 以遣學者 先後斷常之見爾."(『보조전서』, 131-132쪽).

30) 『법집절요』, "此悟後修門 ㉮非唯不汚染 ㉯亦有萬行熏修 自他兼濟矣. 今時禪者 皆云: "但明見佛性 然後 利他行願 自然成滿." 牧牛子 以謂非然也! (...) 悟解後 以差別智 觀衆生苦 發悲願心 隨力隨分 行菩薩道 覺行漸圓 豈不慶快哉!"(『보조전서』, 139쪽).

지눌은 당시 선학자들이 '원래 번뇌 없다'는 뜻만 취해 아예 수행하지 않거나,[31] 돈오한 후 습기를 제거하지 않는[32] 행태를 비난하기도 했지만, 더 중요한 문제는 선학자들이 깨달은 후에 다시 각 중생들의 다양한 미혹을 변별하는 지혜[辨惑智慧]인 差別智가 있어서, 보살의 만행이 점차 이루어짐을 알지 못하는 것으로 보았고,[33] 이러한 잘못된 견해를 강력히 시정하고자 하였던 것이다.

이와 같이 하택·종밀선에 대해서도 지눌이 점수를 두 가지 내용으로 분류하고 단계적 성격으로 이해하고 있는 것은 『원돈성불론』에서 두 가지 단계의 점수 내용과 일치한다.

첫 번째 점수는 습기(해애)를 제거하는 과정이다. 화엄교학의 방편지관·정혜가 '自心本淨'에 초점을 맞춘 수행법이라면, 하택·종밀선의 무념수는 '煩惱性空'에 초점을 맞춘 수행법일 뿐 둘 다 습기를 제거한다는 점에서 같다. 지눌이 말하는 습기란 『원돈성불론』에서도 보았듯이 오랫동안 대상을 반연하여 사량분별하던 습관이 돈오한 후에도 남아 있어서 念念히 튀어나오는 것을 의미한다. 이를 제거하기 위해 화엄교학에서는 방편지관·정혜를 닦고 하택·종밀선에서는 念念히 알아차리는 覺慧를 단련하는 무념수를 한다고 하였다.

두 번째 점수는 차별지 개발과 중생제도이다. 지눌이 해석한 화엄교학의 입장에서 말하면, 정혜가 원명해져서 五位 수행을 하는 단계이고, 하택·종밀선의 입장에서 말하면, 무념 심체를 얻고서 만행을 갖추어 닦는

---

31) 『법집절요』, "今禪者 不審此文始終之義 據本無煩惱 不立修證. 但妄推古人所行 返墮人人無分之失, 全爲不究悟修二義 似反而符故也."(『보조전서』, 125쪽).

32) 『법집절요』, "今時 或有 不知此義 不量根力者 謂已悟了煩惱性空 便撥置修行 墮在任病 雖有發業之時 不生慚愧. 此皆我慢垢重 懈怠障深 全無猛烈志氣故也."(『보조전서』, 141쪽).

33) 『법집절요』, "今時 讀傳迹者 見得法奇異之事 以謂見性 則應時必有神通智慧 無碍辯才故 見無辯慧妙用者 便謂虛頭 不生信向. 此人 全爲不逢善友 不善叅詳 不知悟後更有辨惑智慧 菩薩萬行 漸次而成."(『보조전서』, 139쪽).

단계이다. 모두 悲智·差別智가 점차 원만해지면서 중생제도하는 보살로
서의 수행이므로 역시 같은 내용의 점수이다. 그렇다면 지눌은 이 두 번
째 점수로 들어가는 하택·종밀선의 단계도 화엄교학에서의 주초위 증오
에 해당한다고 생각하고 있었을까? 『법집절요』에서는 별다른 언급을 하
지 않았지만, 『간화결의론』에서 그가 화엄교학의 수행단계와 대응시켜
생각하고 있었음을 발견할 수 있다.

> 원교에서는 (중략) 반드시 見聞과 解行이 생함을 지낸 연후에야, 비로소 證入
> 한다. 證入에 해당하는 것은 역시 선문의 無念과 상응하기 때문에 『(신화엄
> 경)논』에서 말했다. 「먼저 聞解로써 信入하고, 후에 無思로써 契同한다.」[34]

이처럼 『간화결의론』에서 지눌은 하택·종밀선의 무념 심체를 얻는 것
도 화엄교학의 '證入'[35], 즉 '주초위 (증오)'에 해당한다고 명시하였다. 그
러므로 지눌이 화엄교학의 수행단계와 하택종밀선의 수행단계를 서로 대
응시키면서, 선과 교의 수행과정을 모두 '돈오-점수-증오-점수'의 단계로
해석하고 있었고, 두 가지 점수의 내용도 습기(해애)제거와 중생제도로
일치시켜 해석하고 있었다는 점을 확인할 수 있다. 그의 선교일치는 전체
수행과정의 영역에서 이루어지고 있었다.

---

34) 『간화결의론』, "圓教 (…) 須經見聞解行生 然後 證入矣. 當於證入 亦如禪門無念
相應故 論云: 「先以聞解信入 後以無思契同」"(『보조전서』, 100쪽).

35) 『간화결의론』, "華嚴 說法界無碍緣起 菩薩聞熏修習 則十信地 見聞終心 成解行 信
滿住初 名爲證入."(『보조전서』, 93쪽). 이 인용문에서의 '보살'은 證智 경계에서
지칭한 것이다. -『간화결의론』, "皆約得入者 證智境界 偏圓權實 論之." 『간화결
의론』에서 지눌은 지해의 병이 발생하는 원인을 『대혜어록』을 인용하여 '증
오를 구하려는 마음이 장애를 짓기 때문'이라고 했다. 그래서인지 지눌은 경
절문을 통해 얻는 깨달음을 '증오'라고 표현하지 않고 '증입'이라는 말로 대신
하지만, 의미는 같다.(『보조전서』, 93-94쪽).

V. 간화경절문의 수행과 삼문

지눌의 삼문 가운데 하나인 간화경절문은 대상을 반연하여 사량분별하는 마음의 활동인 知解를 병으로 간주하고 沒滋味한 화두를 참상하는 수행이다. 지눌은 그 자신이 『대혜어록』을 접한 경험을 토대로 大慧宗杲 (1089-1163)의 간화선을 경절문으로 수용하여 대중들에게 권하였는데, 이미 『원돈성불론』에서 보았듯이 그는 화엄교학에서 방편지관·정혜를 닦아 해애를 없애는 수행을 첫 번째 점수로 설명하고 있었다. 그렇다면 왜 굳이 경절문을 수행해야 한다고 권하는 것인가? 그것은 '徑截'이라는 명칭 속에 나타나듯이, 바로 '속도' 때문이다. 『간화결의론』에서 지눌은 경절문의 수행과 화엄교학의 수행을 비교하면서, 둘 다 도달 지점은 해애(=지해의 병)가 없어진 상태로 '증입'하는 것은 똑같지만, 도달하는 데 걸리는 시간과 속도 면에서는 경절문의 화두 수행이 월등히 빠르다고 주장한다.

> 선문의 徑截得入은 돈교와 같지 않고, 원종의 得入이 '敎에 의지해서 敎를 떠나는 것'과도 그 속도[遲速]가 형이함을 알게 하고자 한다.[36] (중략)
> 원교에서는 십현무애법문을 말하면서 不思議乘菩薩의 普眼境界라고 하지만, 금시범부의 관행문에서는 聞解의 語路와 義路가 있기 때문에, 무분별지를 얻지 못해서, 반드시 見聞과 解行이 生함을 지낸 연후에야, 비로소 證入한다. 證入에 해당하는 것은 역시 선문의 無念과 상응하기 때문에 『논』에서 말했다. 「먼저 聞解로써 信入하고, 후에 無思로써 契同한다.」
> 선문에서 徑截得入하는 자는 처음부터 法義를 聞解하는 情(識)에 해당하는 것이 없고, 곧바로 無滋味한 화두로써 提撕·擧覺할 뿐이다. 그러므로 語路·義路와 心識으로 思惟하는 자리가 없고 또한 見聞과 解行이 生하는 것 등의 時分前後도 없으며, 홀연 화두가 분지일발하면, 앞에서 논한 一心法界와 같아져

---

36) 『간화결의론』, "知有禪門徑截得入 不同頓敎 亦與圓宗得入者 依敎離敎 遲速迥異也."(『보조전서』, 97쪽).

洞然圓明해진다.

그러므로 원교의 관행자와 선문의 일발자를 비교하면, 敎內와 敎外는 동떨어져 같지 않기 때문에, 時分과 속도[遲速] 역시 같지 않음을 쉽사리 알 수 있을 것이다. 그러므로 「교외별전은 敎乘을 멀리 벗어났으니, 얕은 識으로 堪任할 수 있는 바가 아니다.」라고 하였다.[37]

화엄교가 견문→해행→증입의 과정 속에서 解를 내는 방법을 쓰다가 증입할 때 解가 없어지는 반면에, 경절문은 아예 解를 내지 않는 방법을 써서 곧바로 증입하기 때문에, 화엄교보다 속도 면에서 훨씬 빠르다는 장점을 가지고 있다는 것이다. 둘 다 결과는 '일심법계와 같아지는 것'으로서 똑같은데 어느 한 쪽이 속도가 빠르다면, 당연히 합리적인 수행자는 빠른 쪽의 수행법을 선택할 것이다. 사실 지눌은 『대혜어록』을 접하기 이전까지는 정혜쌍수·성적등지가 가장 빠른 수행법이라고 생각하고 대중에게 권유했었다.[38] 하지만 자성정혜도 義用에 걸리는 경우가 있고 그 자신도 경험했기에 수행이 어느 정도 성숙된 사람이라면 빠르게 벗어날 수 있는 경절문을 수행할 것을 권하게 된 것이라 보인다.

지눌이 경절문의 수행을 '교외별전'이라고 칭하는 이유도 위와 같이 화엄교학과 다른 방법으로 수행하기 때문이었다. 『간화결의론』을 통해 지눌이 말하는 교외별전의 의미를 보면, '敎內의 수행법과 敎外의 수행법이 달라 시간과 속도가 다르다'는 수행방법상의 차이를 거론하고 있을 뿐,

---

37) 『간화결의론』, "圓教 談十玄無碍法門 雖是不思議乘菩薩 普眼境界 而於今時凡夫觀行門 以有聞解語路義路故 未得無分別智 須經見聞解行生然後 證入矣. 當於證入 亦如禪門無念相應 故 論云:「先以聞解信入 後以無思契同.」禪門徑截得入者 初無法義 聞解當情 直以無滋味話頭 但提撕舉覺而已. 故 無語路義路心識思惟之處 亦無見聞解行生等 時分前後 忽然 話頭噴地一發 則如前所論 一心法界 洞然圓明. 故 與圓教觀行者 比於禪門一發者 教內教外 迥然不同故 時分遲速亦不同 居然可知矣. 故云「教外別傳 迥出教乘 非淺識者 所能堪任"(『보조전서』, 100쪽).

38) 『결사문』, "此中惺惺寂寂之義 或直約離念心體 或約用功門 說之. 故 修性俱圓 理行兼暢 修行徑路 莫斯爲最."(『보조전서』, 17쪽).

화엄교학의 수행과정을 부정하려는 의도가 포함되어 있진 않다. 오히려 지눌은 교외별전인 경절문을 통해 얻는 깨달음이 화엄교의 증처에 해당된다고 대중에게 설득하였다.

> 이로 미루어 보면, 선문의 화두를 참상하는 자는 法界量을 滅却하고 갖가지 수승함도 쓸어 버린 연후에, 비로소 '뜰 앞의 잣나무' 등의 화두를 훌륭하게 看한다. 홀연히 一句 하에 透得하면, 비로소 '法界無量廻向'이라고 부른다. 문득 하나의 털 끝에서 寶王刹을 나타내고, 미진 속에 앉아 대법륜을 굴리니, 곧 화두로 疑破하여 噴地一發한 자는 무장애법계를 親證할 수 있는 것이다. 어찌 십종 지해의 병을 遣하는 것을, 돈교의 한 부류의 離念의 근기에 해당시킬 수 있겠는가!39)

경절문 수행으로 지해의 병을 없애는 것은 돈교에서 離念하는 것과는 다른 차원이고, 그 수행의 결과는 '화엄교의 무장애법계를 親證할 수 있게 된다'는 것이다. 경절문 수행의 도달 지점이 돈교의 낮은 수준이 아닌 최상 수준의 화엄교에 해당한다고 설득하고 있었다. 또한 앞에서도 언급했지만, 지눌은 경절문 수행으로 무장애법계를 친증하는 것을 화엄교학의 수행과정 가운데 증입의 단계에 의도적으로 대응시켰다.

> 홀연히 몰자미 무모색의 화두 위에서 분지일발하면, 일심법계가 洞然明白해진다. 그러므로 心性에 갖추어져 있던 百千三昧와 無量義門을 구하지 않더라도 圓得한다. 종전의 한쪽에 치우친 義理로 聞解하여 얻은 것이 아니기 때문에, 이것을 '선종 경절문의 화두를 참상하여 證入하는 비결'이라고 말한다. (일승의) 별교 가운데 비록 십현무애연기법문이 부사의승보살의 普眼境界라

---

39) 『간화결의론』, "以此而推 禪門話頭參詳者 滅却法界量 種種殊勝 亦蕩盡了 然後 方始好看 庭前栢樹子等話頭. 忽然 一句下透得 方始謂之 法界無量廻向. 便能於一毛端 現寶王刹 坐微塵裏 轉大法輪 則話頭疑破 噴地一發者 乃能親證無障碍法界矣. 豈可以遣十種知解之病 當於頓教一類離念之機耶!"(『보조전서』, 99-100쪽).

고 말하더라도, 지금 관행자에 있어서는 聞解가 情(識)에 해당하기 때문에, 반드시 見聞이 生하고 解行이 生함을 지낸 연후에 證入하고, 證入이 生함에 당해서 종전의 聞解를 꿰뚫어 벗어남[透脫]은 역시 「無思로써 契同한다.」[40]

증입은 『간화결의론』에서 화엄교학의 '주초위 증오'를 표현하는 용어인데,[41] 역시 화엄교학은 처음에 解를 냈다가 解를 꿰뚫어 벗어나 증입하는 것에 비해서, 경절문은 解를 내지 않는 수행을 하면서도 화엄교학의 증입과 같게 되니, '선종에서 증입하는 비결'이 된다는 것이다. 이처럼 지눌은 경절문의 수행이 화엄교학의 수행보다 월등한 효율성을 가지고 있음을 강조하면서도, 동시에 교외별전인 경절문 수행의 결과가 화엄교학의 수행단계인 주초위 증오와 일치하기 때문에 그 당위성을 확보하게 된다는 입장을 가지고 있었다.

우리는 『원돈성불론』에서 지눌이 점수하는 과정 가운데 증오의 단계를 설정했고, 그 단계는 '해애가 없어져 보살의 지위에 들어간다'는 의미였던 것을 보았다. 『간화결의론』에서도 지눌이 경절문의 수행을 통한 결과를 지해의 병을 없앤 단계로서 화엄의 주초위 증오에 대응시키고 있기 때문에, 경절문의 결과 역시 보살의 지위에 들어가는 의미라는 것을 알 수 있다. 위의 예문에서도 지눌은 화엄교에서 증입하는 것을 '부사의승보살의 보안경계'라 하고서 여기에 선종 경절문의 증입을 배대하고 있으며, 『간화결의론』의 다른 곳에서도 여실언구에 의한 수행과 경절문에 의한 수행에 대해 근원과 계보를 구별해야 한다는 어떤 선종 승려의 견해에 반대하면서 '대보살이 일심법계를 친증하는 것은 같다'[42]고 하였다.

---

40) 『간화결의론』, "忽然 於沒滋味無摸索底話頭上 噴地一發 則一心法界洞然明白. 故心性所具 百千三昧 無量義門 不求而圓得也. 以無從前 一偏義理 聞解所得故 是謂禪宗徑截門 話頭參詳證入之秘訣也. 別敎中 雖談十玄無碍緣起法門 是不思議乘菩薩 普眼境界 而於今時觀行者 以聞解當情故 須經見聞生解行生 然後 證入 當證入生 透脫從前聞解 亦「以無思契同」也."(『보조전서』, 97쪽).

41) 앞의 주석 35번 참조.

이렇게『원돈성불론』과『간화결의론』의 논지는 주초위 증오의 의미와 보살로서의 증입에 대한 내용면에서 일관성 있게 연결되고 있으며, 바로 이런 이유에서 지눌의 제자 慧諶(1178-1234)이『원돈성불론』과『간화결의론』을 합본으로 간행하면서 선교일치의 취지를 발문에 썼다고 할 수 있는 것이다. 그러므로 지눌의 선교일치는 수행과정의 영역에서 수행단계를 중심으로 이루어지고 있다는 것을 재차 확인할 수 있으며, 경절문의 수행방법 또한 그의 선교일치적 수행단계에 의거해서 그 당위성을 획득한 것이었다.

다만『간화결의론』은 전체 수행과정을 논하는 글이 아니고 증오하는 방법론을 논하는 글이다. 서두에서부터 지눌은 지해의 병이 발생하는 원인을『대혜어록』을 인용하여 '증오를 구하려는 마음이 장애를 짓기 때문'이라고 진단하였고, 화엄교학의 解를 내어 수행하는 방법으로는 지해를 병이라고 볼 수 없기 때문에[43] 증입하는 데에 오랜 시간이 걸리므로, 경절문에 의해서 지해를 병으로 간주하고 아예 解를 내지 않는 방법으로 수행해야 빠르게 증입한다는 논지를 편 것이었다.

2-4장에서 보았듯이 지눌의 선교일치는 수행방법의 영역에서 이루어진 것이 아니다. 먼저 돈오하고 후에 점수한다는 수행원리가 선이든 교이든 동일하고, 그에 따라 근기가 성숙되어 가는 과정 속에서 선과 교의 수행

---

42) 『간화결의론』, "禪宗 或有源派俱別之論曰: "法別 門別 機別." 此義不然. 但言初從 縛地位 徑截得入 門別機別 豈可言大菩薩 親證一心法界 亦別耶?"(『보조전서』, 102쪽). 여기서 '대보살'은 앞의 주석 36번의 예처럼 證智 경계에서 지칭하는 것이다.

43) 『간화결의론』, "故 徑山大慧禪師亦云: 「平昔知見多 以求證悟之心 在前作障故 自己正知見 不能現前. 然 此障 亦非外來 亦非別事.」 豈有揀耶? 所言十種病 以求證悟之心爲本 旣云 "此障 亦非外來" 從何處來耶? "亦非別事" 是何事耶? 此全明性起之德故 敎中亦云: 「一切障碍 卽究竟覺 得念失念 無非解脫」等 是也.〈然 此義理 雖最圓妙 摠是識情聞解 非解脫等 是也.〉然 此義理 雖最圓妙 摠是識情聞解思想 邊量故 於禪門話頭參詳 徑截悟入之門 ──全揀佛法知解之病也."(『보조전서』, 91쪽).

단계를 일치시킨 것이지, 구체적인 수행방법도 똑같다는 것은 아니다. 수행방법은 당연히 빠르고 효율적인 선 수행을 권유하고 있었고 이것은 그의 한결같은 입장이었다.

> 만약 빠르게 상응하고자 한다면 반드시 선종의 묘밀한 방편에 의지하여 自心을 開發해야 비로소 진실한 수행을 얻을 것이다.[44]

이러한 그의 입장에서 보면, 각각의 수행단계에 알맞은 수행방법으로서 대중들에게 三門이라는 선 수행법을 제시한 것이라 할 수 있다. 원돈신해문은 돈오할 수 있는 방법, 성적등지문은 돈오한 상태를 유지하면서 습기(해애)를 제거할 수 있는 방법, 경절문은 빠르게 증오할 수 있는 방법이다. 구체적인 방법의 내용은 비문에 기록되어 있지 않아 자세히 알 수 없지만, 그의 저서를 통해 유추해 보면, 원돈신해문은 '여래의 圓頓制를 신해하라'는 것으로서,[45] 一念에 곧 성불할 수 있음을 믿는 것인데, 如實言句를 통해서 믿는 마음을 지극히 해나가는 수행방법이다. 이 여실언구는 '空寂靈知'일 수도 있고, '性淨妙心'일 수도 있으며, '無邊刹境에서 自와 他는 털끝만큼도 간격이 없고, 十世와 古今이 처음부터 끝까지 當念을 떠나지 않는다' 등이 될 수도 있다. 지눌은 원돈신해문의 여실언구가 (경절문의 수행에서는 비록 死句로 보지만) 선종에서 항하사 수만큼 많다고 하였다.[46] 그러므로 수행하는 사람 각자 자신에게 맞는 언구를 선택하면 될 일이다. 믿음이 깊어져 의심이 없어졌을 때, 즉 '決定信解'를 발하여 自

---

44) 『화엄론절요』, "若要速迭相應 須依禪宗妙密方便 開發自心 始得眞實修行也."(『보조전서』, 406쪽).

45) 『법집절요』, "以是知 此一念悟解之門 以非捨妄取眞漸次之法故 名'如來秘密訣' 亦名'如來圓頓制' 豈唯具德華嚴爲圓頓耶! 彼約所詮義理 無不圓故 此約得入門 圓悟自心性相體用故. 此圓頓悟解之旨 無別善巧 但一念自信耳. 自信不及者 用許多巧力自生艱阻."(『보조전서』, 156쪽).

46) 『간화결의론』, "禪門中 此等圓頓信解 如實言敎 如河沙數"(『보조전서』, 92쪽).

心을 반조하는 경험을 한다면 곧 돈오하게 될 것이다. 성적등지문은 '성성적적한 마음을 유지하라'는 것으로서 자성정혜 혹은 수상정혜를 닦으면서 습기를 제거하는 것이다. 이 경우는 自心을 반조한 체험에 의거한 眞修 과정이 되며, 이 역시 각자의 상황에 맞추어서 할 것이다. 경절문은 '지해의 병을 화두로 곧장 끊으라'는 것으로서, 성적등지·정혜쌍수하는 가운데 가슴에 걸리는 것이 있는 사람이거나, 혹은 法界量을 滅却할 수 있는 사람[47]이거나, 고정된 여실언구의 틀에서 벗어나고자 하는 사람[48]이 선택하는 수행법일 것이다. 이것은 당연히 초심학자가 시도할 수 없는 방법이다. 초심학자는 自心을 반조한 경험이 없어서 사량분별하는 지해를 장애라고 인식하지도 않기 때문이다.

修禪社 내에서 여러 다양한 근기의 대중들은 각자의 상황과 목표를 점검하면서 三門 가운데 자신에게 적합한 수행법을 선택해 수행했을 것이라 생각되며, 비문에서 '禪學의 융성함이 近古에 비할 데 없었다'[49]라고 기록한 점으로 보아 삼문은 당시 수행자들의 큰 호응을 받았던 것으로 보인다.

VI. 수행단계의 체계화·표준화

지눌의 선교일치는 화엄교학의 성기문을 수용하여 돈오(해오)의 정당성을 규명하는 작업에만 머문 것은 아니었다. 그는 중생과 부처가 異體라

---

47) 『간화결의론』, "以此而推 禪門話頭參詳者 滅却法界量 種種殊勝 亦蕩盡了 然後 方始好看 庭前栢樹子等話頭."(『보조전서』, 99쪽).

48) 『간화결의론』, "若是上根之士 堪任密傳脫略窠臼者 纔聞徑截門無味之談 不滯知解之病 便知落處 是謂一聞千悟 得大摠持者也."(『보조전서』, 92쪽)

49) 「昇平府曹溪山修禪社佛日普照國師碑銘幷序」, "依而修行 信入者多焉 禪學之盛 近古莫比."(『보조전서』, 420쪽).

고 전제하는 당시 화엄교학자의 연기문 이해를 돈오의 측면에서는 부정했지만, 돈오 후 점수의 측면에서는 중생과 부처가 同體임을 돈오하였기 때문에 범부와 구경위가 서로 원융하면서도 그 사이에 점차 닦아 올라가는 단계를 설명해 줄 수 있는 연기문을 수용하여 돈오 후 점수의 정당성도 함께 규명하였다.

이 후수연기문에 근거하여 그는 화엄교학의 수행단계를 돈오점수의 틀로 다시 해석하였다. 화엄교학의 '십신초-십신-십주초-오위-구경위'의 단계가 각각 '돈오-점수-증오-점수-구경각'에 대응되며, 이것은 범부부터 보살을 거쳐 佛地에 이르기까지 불교수행의 전 과정을 통괄하여 돈오점수의 체계로 수렴한 것이었다.

특히 점수하는 과정을 2가지 단계로 분류하고 그 기준으로서 증오를 제시한 점은『대혜어록』을 접한 경험이 반영된 결과였다. 그는 점수의 과정에서 첫 번째 점수는 습기(해애)를 제거하는 단계로서 범부의 수행이고, 해애가 다 없어지면 증오하여 십주초 보살의 지위에 들어간다고 하였고, 증오 이후의 두 번째 점수는 差別智를 개발하면서 중생을 제도하는 단계로서 '십주-십행-십회향-십지-십일지(등각위)'의 五位를 거치는 보살의 수행이라 하였다.

이와 같이 해애가 없어진 증오를 기준점으로 삼아 점수의 과정을 두 단계로 나누는 모습은 하택·종밀선의 수행과정을 해석하는 모습에서도 나타난다. 그는 하택·종밀선의 점수 과정을 역시 습기(해애)제거와 差別智를 개발하는 중생제도로 나누었으며 분류의 기준점을 화엄교학의 주초위 증오에 해당시키고 있었다. 그러므로 지눌에게 있어 증오는 수행의 완성을 의미하는 것이 아니었다. 그에게 있어 증오란, 점수하는 과정 가운데 해애가 없어지고 일심법계를 몸으로 직접 체험하여[親證] 보살의 지위에 들어가는 단계였고, 이후에 차별지를 개발하는 점수가 이어지는 수행의 지속을 의미하는 것이었다. 해애가 없어진 증오 이후에 중생제도의 점수행을 두었다는 점은, 깨달음의 체험만 강조하는 여느 선승들에게서 찾아보기 힘든 覺行의 의미가, 경론을 준거로 삼은 지눌에게서 뚜렷이 살아있었음을 보여주는 것이기도 하다.

이렇게 지눌의 선교일치 작업은 전체 불교수행과정의 영역에서 이루어지고 있었다. 화엄교학의 수행단계와 하택·종밀선의 수행단계를 서로 일치시켜 해석하면서, 선과 교의 수행과정을 모두 '돈오-점수-증오-점수'의 단계로 체계화·표준화한 것이었다. 이에 따라 각각의 수행단계에 알맞은 수행방법으로서 대중들에게 三門이라는 선 수행법을 제시하였고, 그것은 돈오할 수 있는 방법인 원돈신해문, 돈오한 상태를 유지하면서 습기를 제거하는 방법인 성적등지문, 빠르게 해애를 없애 증오할 수 있는 방법인 간화경절문이었다. 증오 이후의 점수는 차별지를 개발하는 과정이기 때문에 수행법을 제시할 수 없는 것이다.

그런데 현재 학계에서 지눌의 선교일치를 삼문 중 원돈신해문에만 한정시키거나 간화경절문과 충돌한다고 보는 것은 그의 선교일치 작업의 범주를 수행방법의 영역에서 해석했기 때문이라고 할 수 있다. 하지만 그의 선교일치는 수행방법의 영역에서 이루어진 것이 아니다. 모든 성현에게서 발견되는 '먼저 돈오하고 후에 점수한다'는 수행원리가 선이든 교이든 동일하고, 그에 따라 점차 근기가 성숙되어가는 과정 속에서 선과 교의 수행단계를 서로 일치시킨 것이지, 구체적인 수행방법도 똑같다는 것은 아니다. 수행방법은 당연히 빠르고 효율적인 선 수행을 권하였고 이것은 그의 한결같은 입장이었다.

지눌의 선교일치는 공동체 결사라는 특성을 제외시키고는 그 의의를 제대로 평가할 수 없다. 그는 수행현장이 잘못 돌아가고 있다는 문제의식에서 출발하여, 선과 교에 모두 통용되는 올바른 수행체계를 정립함으로써 당시 수행자들이 가지고 있던 잘못된 수행관과 수행법을 시정하고 속히 보리를 증득하게 하고자 했다. 그에 따라 수행 공동체라는 조직에 필요한 목표와 이념을 '속히 보리를 증득하자'로 내걸었고, 대중들에게 어떤 과정을 거쳐 목표지점에 도달하는지에 대한 구체적인 수행단계를 제시했으며, 나아가 목표를 실현할 수 있는 수행방법까지 제공함으로써 修禪社 내에 체계성을 갖춘 선 수행시스템을 완비한 것이었다. 이것은 한국불교사에서 유례를 찾아볼 수 없는 전혀 다른 차원의 불교수행 혁신이었던 셈이다. 결사에 참가한 여러 다양한 근기의 대중들은 지눌이 표준화시킨 수행단계의 타당성을 각자 합리적으로 판단하고, 각자의 상황에 맞추어 三門 가운데 자신에게 적합한 방법을 선택해 수행했다고 할 수 있을 것이다. 그의 선교일치는 불교 수행과정의 기본 로드맵을 제시해 준 작업이었다.

이 글은 『보조사상』 제39집(보조사상연구원, 2013)에 수록된 「보조지눌의 선교일치에 대한 재고찰」을 그대로 실은 것이다.

—

'浮休系'의 계파인식과 普照遺風

김용태

—

I. 왜 浮休系인가?

　'浮休系'[1]는　浮休善修(1543-1615)의　법맥을　잇는　系派로서　淸虛休靜 (1520-1604)의　'淸虛系'[2]와　함께　조선후기　불교계의　양대　계파를　이루었다.

---

[1] 조선후기 부휴계와 관련된 주요 논문은 다음과 같다. 金煐泰, 「朝鮮朝佛教와 牧牛子思想」, 『普照思想』 3, 1989; 金龍泰, 「朝鮮中期 佛教界의 변화와 '西山系' 의 대두」, 『韓國史論』 44, 서울대 국사학과, 2000; 金仁德, 「浮休善修의 禪思 想」・「浮休의 門流」, 『崇山朴吉眞華甲紀念. 韓國佛敎思想史』1975; 崔柄憲, 「조선 후기 浮休善修系와 松廣寺」, 『同大史學』 1, 동덕여대 국사학과, 1995.

[2] 休靜을 계승하는 문파를 학계에서는 그 동안 '西山系'로 통칭하였는데 堂號인 淸虛를 따서 '淸虛系'로 칭하는 것이 타당하다고 생각한다. 高橋亨의 『李朝佛 敎』(寶文館, 1929)를 필두로 하여 서산계가 공식용어로 고착되었고 사료에서 도 별호인 西山이 적지 않게 나타난다. 하지만 휴정의 문집명은 『淸虛堂集』이 며 『佛祖源流』와 같은 史書를 포함하여 불교 측 기록에서는 주로 청허휴정으 로 기재하고 있다. 또 1912년 반포된 「本末寺法」의 總則에서도 주지임명과 관 련하여 청허휴정으로 명기되어 있다.

휴정과 선수는 芙蓉靈觀의 동문 제자였고 선수 당시에는 家風이나 嗣法관계상 양자 사이에 별다른 차이가 없었다. 하지만 선수의 제자 碧巖覺性(1575-1660)이 문파의 토대를 구축한 이래 그 손제자 栢庵性聰(1631-1700) 대에 이르면 부휴계는 曹溪山 松廣寺와 普照知訥을 매개로 계파로서의 정체성을 확립하게 된다. 18세기 후반부터는 楓巖世察(1688-1767) 문하의 4파가 번성하면서 부휴계는 자파의 전통을 공고히 하면서 계파인식을 더욱 분명히 하였다. 조선후기 불교는 청허계, 그 중에서도 鞭羊彦機(1581-1644)의 鞭羊派를 중심으로 이해되어 왔다. 이는 불교계에서 편양파의 세력과 영향력이 가장 컸기 때문이다. 하지만 독자적인 법맥을 이어갔고 청허계에 못지않은 사상적 성과를 남긴 부휴계를 고려하지 않고서는 조선후기 불교사를 온전히 이해할 수 없다.

이 글에서는 고려시대 보조지눌의 사상이 조선후기 불교계에 미친 영향을, 역사학적 시각에서 규명하려고 한다. 그러나 계통과 계승의식을 고려하지 않고 지눌 사상과 유사한 내용만을 모아 일괄적으로 재구성한다면 역사성이 탈각될 우려가 있다. 이 점을 고려하여 송광사를 근거지로 삼아 普照遺風을 계승하고자 한 부휴계를 주요 대상으로 삼아 논의를 전개하고자 한다. 먼저 보조지눌이 개창한 송광사를 기반으로 하여 부휴계가 계파로서 성립되고 정체성을 찾아가는 과정을 살펴본다. 부휴계의 성립은 송광사 전통 또는 보조유풍의 계승과 밀접한 관련을 지니는 것이었다. 다음으로는 부휴계의 嫡傳과 계파인식, 法統에 대한 이해를 검토하였는데 인식의 시기별 내용과 변화에 초점을 맞추었다. 마지막으로 보조유풍과 관련하여 부휴계의 사상경향을 禪敎兼修의 측면에서 접근해 보았다. 본 논문은 조선후기 불교의 한 축을 이루었던 부휴계가 송광사, 보조유풍과 공생적 결연관계를 맺고 있었다는 전제 하에 지눌 사상이 후대에 미친 영향과 함께 조선후기 불교의 사상적 면모를 일부나마 규명해 보려는 시도이다.

II. 浮休系의 성립과 松廣寺

浮休系와 松廣寺의 첫 만남은 1609년(광해군 1) 송광사 측의 세 번의 요청에 의해 말년의 浮休善修가 碧巖覺性을 비롯한 문도 400명을 이끌고 와서 祖殿 등을 개수하고 송광사 승려 200명과 함께 동안거를 지내면서 시작되었다.[3] 이후 부휴계는 송광사를 주된 근거지로 삼아 계파로서 성립되었고 양자의 밀접한 관계는 조선후기 내내 지속되었다.

조선시대 송광사의 중창은 다음 세 시기에 걸쳐 대대적으로 이루어졌다. 각 시기 寺宇의 중창은 개창주 普照知訥에 대한 기억을 새롭게 환기시키는 계기이기도 하였다.

1차 중건은 조선초인 1400년(정종 2) 懶翁惠勤의 제자인 高峰法藏(1351-1428)이 시작한 공역을 1420년 曹溪宗大禪師 中印이 이어받아 완공하였다. 법장은 공식적인 國師는 아니었지만 송광사 중흥에 크게 기여하였고 후대에 송광사 16국사에 들어갔다. 당시 보조지눌과 나옹혜근을 존숭하면서 그 유풍이 남은 송광사를 중창하여 전통을 잇고자 하는 의도를 기록에서 확인할 수 있다.[4] 중수 무렵 송광사의 상황에 대해서는 구체적으로 알 수 없지만, 太祖 창업 초에 無學自超(1327-1405)가 주석한 것을 계기로 특별히 '大乘禪宗'의 편액을 내렸고,[5] 법장도 중창을 위해 왕실의 후원을 요청하여 승낙 받은 사실에서 寺格이 어느 정도 유지되고 있었던 것으로 보인다.

2차 중건은 임진·정유년의 倭亂에 의해 普照庵, 天子庵 등 반 이상의 건물이 소실되고 거의 폐사가 된 상태에서 이루어졌다. 송광사 주지 應禪

---

3) 「臨鏡堂水閣天子庵普照庵重創記」(曹溪道源, 1612)(『曹溪山松廣寺史庫』, 아세아문화사, 1983, 188-192쪽).

4) 「高峰和尙行狀」(六眉, 1431)(『조계산송광사사고』, 526-534쪽).

5) 『茶松文稿』권2, 「耆老所願堂新建事上言狀」(1902)(『韓國佛敎全書』12, 724쪽).

이 일차로 중수를 시도하였지만 여력이 없어서 1609년에 당시 一代宗師로 존숭되던 부휴선수를 초빙하였고 1612년 공역이 완료되었다.[6] 중창을 계기로 선수의 문도들이 계속 주석하게 되었으며 이후 송광사는 부휴계의 본사로서 그 위상을 다졌다. 또 그와 함께 송광사 개창조인 보조지눌을 추숭하는 인식이 표명되기 시작했다.

3차 중건은 1842년(헌종 8) 落霞堂에서 발생한 대화재로 대웅전 등 2,150여 칸의 전각이 소실되자 奇峰藏旿와 그 제자인 龍雲處益(1813-1888)에 의해 대대적인 복원사업이 추진되었다. 중창공사는 불교계의 협조뿐 아니라 인근 군현과 중앙정부의 보조를 받아 1856년에 일단락되었다.[7] 장오는 부휴계 적전인 黙庵最訥에게 수학한 승려로서 화재가 일어나자 우의정이었던 權敦仁에게 찾아가 한 나라의 선종거찰을 중수해야 한다고 설득하여 조정의 도움으로 공사를 시작할 수 있었다.[8] 처익은 스승의 명을 받들어 공업을 완성하였는데 그는 이 밖에 海印寺 經閣 등 다수의 佛事를 담당하여 工曹判書로 추증되었고 '七寺重創主'의 호칭을 얻게 된다.[9] 3차 중건 이후 지눌을 현창하고 僧寶 사찰 송광사의 위상을 강조하는 노력이 20세기 전반까지 활발하게 일어났다.

본 장에서는 2차 중건시기, 즉 부휴선수와 그 문도의 송광사 중수를 계기로 부휴계가 계파로서 성립되고 자파의 정체성을 확립해 가는 과정을 살펴본다.

부휴선수는 청허휴정과 동문이지만 연배는 휴정의 수제자 四溟惟政(1544-1610)과 비슷하였고 두 사람은 동문형제처럼 막역한 사이였다. 선

---

6) 앞의 「임경당수각천자암보조암중창기」.

7) 「曹溪山松廣寺重創記」(沈膺泰, 1856)(『조계산송광사사고』, 228-234쪽).

8) 「松廣寺奇峰堂藏旿大禪師碑文」(呂圭亨, 1918)(『韓國高僧碑文總集-朝鮮·近現代』, 伽山佛教文化研究院, 2000, 674-676쪽).

9) 「松廣寺龍雲堂處益大宗師碑文」(趙性熹, 1924)(『한국고승비문총집-조선·근현대』, 738-741쪽). 장오와 처익은 중창의 공로로 송광사 부도전에 탑이 세워졌다.

수는 유정을 비롯한 휴정의 제자들에 의해, 부용영관 문하에서 휴정 다음 가는 위상을 인정받고 존중되었다.[10] 선수의 문손 白谷處能(1617-1680)도 '「釋譜」와「東僧傳法源流」를 살펴보니 太古普愚에서 芙蓉靈觀으로 이어진 禪의 전등이 일대종사인 淸虛와 浮休에게 전수되었다'고 하여 양자를 동 일한 법맥으로 이해하였고 두 사람의 관계에 대해 휴정을 형으로 선수를 동생으로 파악하였다.[11] 또「松廣寺重創記」의 '社文 校正 惟政, 大功德主 國一宗師 善修, 大施主 幹善 應禪' 기록에서 유정이 선수의 송광사 중창에 조력한 사실을 확인할 수 있다.[12] 이처럼 선수 당시는 영관 문하의 동문 으로서 휴정 문도들과 계통 인식을 함께 하였고 부휴 문도와 청허 문도 의 구분은 사승관계 이상으로 표면화되지 않았다. 선수의 탑은 松廣寺, 七佛寺, 百丈寺, 海印寺에 세워졌는데 이 중 해인사는 유정이 입적한 곳이 기도 하여 이들의 밀접한 관계를 알 수 있다.

휴정 문도와의 친연관계는 선수의 전법제자 碧巖覺性(1575-1660) 대에 도 크게 달라지지 않는다. 각성은 유정의 천거에 의해 스승 선수를 대신 하여 전장에 나가는 등 유정, 逍遙太能(1562-1649)과 같은 휴정의 전법 제 자들과 친밀한 관계를 유지하며 활동을 함께 하였다. 각성은 일시 判禪敎 都摠攝을 맡았고 1624년(인조 2) 南漢山城을 축조할 때는 八道都摠攝으로 제수되어 三南의 불교계를 주도할 수 있게 되었다. 또 丙子胡亂이 일어나 자 3천 명의 降魔軍을 모집하는 등 유정의 뒤를 이어 '忠義의 功業'을 쌓았 다. 이러한 각성의 활동은 불교의 위상을 높이고 중앙정계의 인정을 받는

---

10) 휴정의 적전인 유정과 鞭羊彦機 모두 선수의 正眼과 道德에 대해 칭송하였으 며(『鞭羊堂集』 권2, 「蓬萊山雲水庵鍾峰影堂記」; 『四溟堂大師集』 권3, 「贈浮休 子」), 휴정의 제자이자 승병장인 靑梅印悟는 祖師堂에 모신 登階(正心), 碧松 (智嚴), 芙蓉(靈觀), 淸虛(休靜), 浮休(善修)의 5대 聖師를 존중하면서 一家를 이 루었다고 평가한다(『靑梅集』 권下, 「十無益」). 선수 또한 영관의 정통을 이은 휴정의 권위를 인정하였다(『浮休堂大師集』 권5, 「薦登階大師疏」).

11) 『大覺登階集』 권2, 「任性大師行狀後序」(『한국불교전서』 8, 323쪽).

12) 앞의 「임경당수각천자암보조암중창기」.

결과를 낳았고 이는 자파의 세력을 키워서 독자적인 문파로 성장할 수 있는 기반을 다진 것이었다.13) 이에 각성은 雙溪寺, 華嚴寺 등 많은 사찰의 중수를 주도하였고 그의 탑은 송광사, 화엄사, 전주 松廣寺, 보은 法住寺에 세워졌다.14) '동쪽 사명파 松月應祥과 남방의 벽암각성이 三韓의 사찰을 나누어 가진다'는 표현처럼,15) 각성과 그 문파는 호서와 호남을 중심으로 한 삼남 일대에 영향력을 미치고 있었다. 17세기 중반에는 사명문파 明照의 『僧家禮儀文』, 각성의 『釋門喪儀抄』와 제자 懶庵眞一의 『釋門家禮抄』 등 喪禮를 중심으로 한 불교 禮儀文이 간행되었다. 예의문의 간행은 五服制의 수용을 골자로 하여 내용상 禮學과 宗法의 중시라는 시대 배경과 무관한 것이 아니었으며 또한 상속과 같은 경제적 요구와도 직결되는 문제였다.16) 적극적인 대외 활동을 통해 세력을 키운 부휴계 벽암파와 청허계 사명파에서 예의문이 편찬된 사실은 문파의 형성이라는 측면에서 매우 주목되는 현상이다.

선수와 각성 단계에서 아직 계파의 구분이 뚜렷하지 않은 채 문파로서 성장을 거듭한 부휴계는 송광사의 전통을 중시하고 지눌을 현창하는 인식을 조금씩 드러내기 시작한다. 선수의 제자이며 각성의 동문인 待價希玉의 撰으로 보이는 「十六國師眞影記」에는 '曹溪에 聖蹟이 많아서 덕망이 四山보다 높다'고 하면서 지눌을 포함하여 眞覺慧諶에서 高峯法藏까지의

---

13) 『大覺登階集』 권2, 「賜報恩闡敎圓照國一都大禪師行狀」(『한국불교전서』 8, 329-331쪽)와 「華嚴寺碧巖堂覺性大師碑文」(李景奭, 1663)(『한국고승비문총집-조선·근현대』, 180-184쪽) 참조. 각성의 제자 悔隱應俊(1587-1672)도 軍務에 30년간 종사하면서 스승에 이어 八道都摠攝을 역임하였다(『대각등계집』 권2, 「正憲大夫八道都摠攝兼僧大將悔隱長老碑銘」). 당시 청허계의 주요 근거지였던 관서와 관동 지방의 승려는 축성사업에 동원되지 않았다(김용태, 앞 논문, 80쪽).

14) 「法住寺碧巖堂覺性大師碑文」(鄭斗卿, 1664)(『한국고승비문총집-조선·근현대』, 174-177쪽), 각성은 화엄사에서 입적하였고 탑비는 화엄사와 법주사에 세워졌다.

15) 『雲谷集』, 「敬次東陽尉申相公韻」의 「原韻」(『한국불교전서』 8, 276쪽). '祥公(송월응상)東去(『이조불교』에서는 西로 표기)覺公(벽암각성)南 分占三韓佛祖菴'

16) 김용태, 앞 논문, 97-98쪽 참조.

16조사를 추숭하고 있다.[17) 각성도 전주 終南山 松廣寺의 중건을 주도하면서 지눌의 뜻을 이루기 위해서라고 언명하였고,[18) 이어 각성의 전법제자 翠微守初(1590-1668) 또한 "東方의 大聖人 普照國師는 道로 인하여 존숭되었고 남쪽의 대도량 松廣寺는 國師 때문에 드러나게 되었으니, 정유재란 때 부서진 金君綏의 옛 비석을 다시 세우고자 한다"는 유훈을 남겼다.[19) 부휴계가 계파로서 성립하는 과정은 이처럼 송광사와 지눌 전통의 추숭과 재평가를 수반하는 것이었다.

수초의 제자 栢庵性聰(1631-1700)대에 이르면 부휴계는 자파의 정체성에 대해 보다 분명한 입장을 표명하게 된다. 이는 선수 이후의 부휴계 전법 중시와 함께 송광사와 지눌을 현창하는 보다 명확한 인식으로 표출되었다. 성총은 스승의 유훈을 받들어 1678년 雪明을 시켜 「松廣寺嗣院事蹟碑」와 「普照國師甘露塔碑」를 건립하게 하였다. 이 때 부휴계 적전의 탑을 모시는 浮屠殿이 동시에 조성되었는데, 「송광사사원사적비」에는 부휴계의 정체성과 관련된 매우 중요한 인식이 다음과 같이 적혀있다.

曹溪山 松廣寺는 동방 제일의 도량으로 16國師를 포함하여 많은 명승을 배출하였다. 懶翁에서 無學 또한 傳授의 자취를 남겼으니 당시 다른 사찰보다 이절을 특히 중시한 사실을 보조(牧老)와 나옹(禪覺)의 비명 및 여러 僧誌에서 확인할 수 있다. 佛日普照國師가 承安 5년(1200년)에 이곳으로 社를 옮겼는데, 왕명에 의해 산의 옛 명칭인 松廣을 曹溪로 바꾸고 절의 옛 이름인 吉祥을 修禪으로 고쳤다. 뒤에 松廣寺로 개칭한 것은 이 산의 옛 호칭이며 혹 定慧社라고 칭하는 것은 보조가 발원한 첫 이름이었다. 이후 16대 국사가 법을 계승하고 사원이 끊기지 않은 것은 총림에서 드문 성대한 자취이다. 楓岳과 妙香이 기이한 경승(奇勝)으로 천하에 이름이 있지만 禪法 계승의 중요함

17) 「十六國師眞影記」(待價堂, 1621)(『조계산송광사사고』, 722-728쪽).
18) 「松廣寺開倉碑」(申翊聖, 1636)(『完州松廣寺』, 한국교원대 박물관, 1996, 69-72쪽).
19) 「普照國師甘露塔碑陰記」(性聰, 1678)(최병헌, 앞 논문, 150-151쪽 인용).

에 이르러서는 감히 이 절에 맞설 수 없으니 보조가 기반을 열었기에 그런 것이다. 牧牛子는 窄門 중의 散聖으로 전하며 이 절의 동쪽에는 16조사의 影堂이 있다. 근래 浮休가 이어서 이 절에 거처하였고 碧巖, 翠微에게 법을 전하여 이들 모두 도법을 드날리니 국사 때에 비해 더욱 성대하였다. 취미의 적전 栢菴性聰이 사원의 일을 도맡았는데 가까이는 조사에게 훈습을 받고 멀리는 보조의 기풍을 접하였다.[20]

성총의 부탁으로 지어진 이 글에는 송광사와 지눌에 대한 선양과 계승의식이 분명히 표명되어 있고, 普照遺風을 계승하는 주체로서 선수에서 성총으로 이어지는 부휴계의 적전을 내세우고 있다. 또 당시 청허계의 주요 활동 무대였던 금강산과 묘향산을 적시하면서 지눌의 송광사 전통을 더 높게 평가한 사실도 주목된다. 이는 지눌과 송광사의 권위를 부휴계의 위상에 연결시켜 자파의 정체성을 분명히 하려는 의도로 해석된다. 성총의 지눌 선양의식은 많은 자료에서 확인되는데,「보조국사비」를 재건하면서 "普照의 덕을 비에 기재하니 그 유풍이 남아있는 것 같다. 牧牛子를 외며 曹溪山에 주석한 지 오래되었다"고 자신의 심회를 표현하고 있고,[21] 또 지눌의 사리를 봉환하면서 "국사는 일국의 師賓으로 숭앙되었고 四山의 학자가 귀의할 바"라고 언급하였다.[22] 후손 黙庵最訥이 성총의 비를 세운 것에 대해 그 후대에 '普(지눌)栢(성총) 두 선사와 아름다움이 필적한다'라고 평가하였는데,[23] 이는 최눌의 성총 추숭사업을 성총의 지눌 선양에 견준 것으로 성총의 업적이 후세까지 인정받고 있음을 보여준다. 이

---

20) 「松廣寺嗣院事績碑文」(趙宗著, 1678)(『조계산송광사사고』, 27-42쪽). 이 글은 성총의 청에 의해 弘文館修撰 趙宗著가 찬하였다.

21) 『栢庵集』 권하,「曹溪山松廣寺重竪普照國師碑慶懺疏」(『한국불교전서』 8, 467쪽).

22) 『백암집』 권하,「奉安普照國師舍利疏」(『한국불교전서』 8, 470쪽). 보통 四山은 지리산, 묘향산, 금강산, 구월산을 가리킨다.

23) 「松廣寺黙庵堂最訥大師碑文」(李容元, 1895)(『한국고승비문총집-조선·근현대』, 558-562쪽).

처럼 성총 단계에 이르면 송광사=보조유풍=부휴계의 등식이 내부적으로 공식화되었고 부휴계는 계파로서 자신의 정체성을 확보하게 된다.

한편 보조유풍의 계승의식이 표면화되기 전에 이미 지눌의 저작이 송광사에서 간행되고 있었다. 즉 1608년에서 1612년 사이에 『定慧結社論』, 『看話決疑論』, 『誠初心學人文』 등 지눌의 저술이 간행, 보관되었고 승려 履歷과정의 四集에 속한 서적도 비슷한 시기에 간인된다.[24] 선수가 초빙된 것이 1609년임을 감안하면 이 무렵 지눌 저술이 송광사에서 집중적으로 간행된 사실은 매우 시사적이다. 또 지눌의 『圓頓成佛論』이 1611년 지리산 能仁庵에서 간행되어 雙溪寺로 옮겨졌고 1626년에는 장흥의 天冠寺에서 간행되었는데,[25] 이들 사찰은 부휴계 승려가 주석하였거나 관계가 있는 곳이었다. 이처럼 부휴계가 송광사로 들어오기 시작한 시점부터 서책의 간행을 통해 지눌의 사상을 강조하고 중시하는 분위기가 형성된 것이다. 서적 출간과 관련하여 또 하나 주목되는 것은, 1702년 성총의 『栢庵集』이 나온 이후 『無用集』, 『翠微集』, 『影海集』, 『黙庵集』 등 성총 이후 부휴계 적전의 문집이 모두 송광사에서 간행된 사실이다.[26] 부휴계 적전의 탑이 아래 〈표 1〉과 같이 예외 없이 송광사에 안치된 점, 그리고 성총 이후 적전의 탑이 송광사 이외에는 별로 세워지지 않는다는 점을 함께 고려해 보면, 보조유풍의 계승인식이 적극적으로 드러난 성총 대를 기점으로 송광사가 부휴계의 명실상부한 본사로 자리 잡았다고 할 수 있다. 또한 이는 부휴계가 계파로서 확고히 성립되었음을 의미한다.

---

24) 「湮滅部」와 「現存部」(『조계산송광사사고』, 760-774쪽). 그 밖에도 나옹, 무학과 관련된 「普濟尊者三種歌」와 「佛祖宗派圖」, 휴정의 『禪家龜鑑』, 『雲水壇』 등 역대 조사의 서책도 간행되었다.

25) 黑田亮, 『朝鮮舊書考』, 岩波書店, 1940, 45쪽.

26) 「湮滅部」와 「現存部」(『조계산송광사사고』, 760-774쪽).

<표 1> 부휴계 적전의 탑과 탑비 건립지

계보순	입적	탑	탑비(찬자)	비고
浮休善修	칠불암	송광사, 해인사, 칠불사, 백장사	속리산(백곡처능) →송광사조계문(백곡처능)	1920년 송광사주지 雪月이 조계문에 탑비 재건
碧巖覺性	화엄사	송광사, 화엄사, 법주사, 전주 송광사	화엄사(이경석) 법주사(정두경)	
翠微守初	(함흥)삼장사	송광사, 삼장사, 석왕사		1732년 조계문에 탑 개수
栢庵性聰	쌍계사	송광사, 칠불사	송광사 부도전(김상복)	1766년 비 건립
無用秀演	송광사	송광사		
影海若坦	능가사	송광사, 능가사		
楓巖世察	송광사 보조암	송광사		1916년 설월이 보조암에서 부도전으로 이안
黙庵最訥	송광사 보조암	송광사	송광사 부도전(이용원)	풍암문하 4걸 중 응암낭윤 탑은 세워지지 않음
幻海法璘	만경암	송광사	송광사 조계문(송태회)	1920년 비 건립

　　부휴계는 이처럼 지눌이 개창한 송광사의 권위를 등에 업고 성장하였고, 그것은 필연적으로 보조유풍의 계승인식을 수반하는 것이었다. 이는 17세기 중반을 지나면서 부휴계가 청허계와 대별되는 독자적 계파로 성립하는데 중요한 기제로 작용하였다. 이후 부휴계 본사 송광사는 16국사를 배출한 僧寶사찰로서 '1천년 雨花의 도량이자 18公 闡化의 땅'으로 또는 '三韓國의 祖室, 三寶宗의 福田'으로 칭해졌을 정도로,[27] 조선후기 불교의 중추적 사찰로 자리 잡았다.

---

27) 「松廣寺遊山錄」(洪奭周, 1828)(『조계산송광사사고』, 297-301쪽); 「曹溪山松廣寺記」(鏡巖應久, 1725)(『조계산송광사사고』, 293-295쪽); 『다송문고』권1, 「松廣寺行解軒堂重建上樑文」(『한국불교전서』 12, 693쪽). 18公은 16조사에 송광사에서 주석한 나옹혜근과 무학자초를 포함한 것이다.

III. 浮休系의 系派 및 法統 인식

浮休系는 清虛系에 비해 단일하면서도 분명한 系譜와 계파인식을 형성해 왔다. 松廣寺 浮屠殿에 군집한 부도(탑)군은 부휴계의 嫡傳을 가장 상징적으로 보여준다. 이곳에는 5개의 탑비와 25개의 탑이 밀집되어 있는데, 탑비 중 송광사 개창 및 사적과 관련된「普照國師碑」,「松廣寺事蹟碑」가 부도군 제일 상단에 위치하며 栢庵性聰, 黙庵最訥, 龍云處益의 탑비가해당 승려의 탑과 같은 항렬에 세워져 있다. 탑비가 세워진 성총은 송광사와 지눌을 현창하여 부휴계의 정체성을 다졌고, 성총을 추숭하며 계파인식을 강화시킨 최눌은 부휴계 적전이자 교학의 대표자 중 하나였다. 또한 처익은 19세기 중반 송광사를 중건한 중창조라는 점에서 이들 탑비 건립은 부휴계 내에서 그 공적과 위상이 인정받고 있었음을 말해준다.

탑은 浮休善修의 것을 필두로 전법순서로 배치되어 있다. 여기에는 선수의 정법을 계승하였다고 공인된 이들만 탑이 안치된 것으로, 修禪社 16國師 중 7국사의 부도가 송광사 각처에 산재되어 있는 것과 비교하면 부도전이야말로 적전에 대한 부휴계의 인식이 표상되어 있는 공간이라 할수 있다. 선수 아래 중앙선상에는 碧嚴覺性-翠微守初-栢庵聖聰-無用秀演-影海若坦-楓巖世察-黙庵最訥-幻海法璘 순으로 적전의 탑이 다음 〈도 1〉과 같이 일렬로 늘어서 있다. 방계에 해당하는 주요 승려의 탑은 적전인 동문형제의 동렬 좌우 위치에 세워졌다. 이 부도전의 배치는 전법제자는 물론각 시기의 세력 있는 문도를 확인하는데 매우 유용한 정보를 제공한다.이 부도군에 부휴계 적전의 구도가 최종 완결된 것은 풍암세찰의 방계제자인 碧潭幸仁과 그 문도 會溪輝宗의 탑이 이안된 1918년이다.

〈도 1〉 松廣寺 浮屠殿 塔碑 배치도[28]

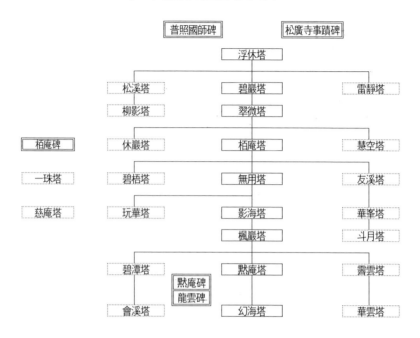

    부도전에 탑이 세워진 인물들은 탑 건립 당시 전법제자로서의 위상을
인정받은 것이다. 각 시기별로 적전 및 계파 인식의 내용과 형성과정을
살펴본다. 1615년 부휴선수의 입적 후 선수가 부용영관의 정통을 이었고
道統을 회통하여 禪家를 집대성하였다는 자의식이 제자들에 의해 표명되
었다.[29] 선수는 제자가 번성하여 문하에 7파가 있었는데 碧巖, 雷靜, 待價,
松溪, 孤閑, 幻寂, 抱虛 문파가 그것이다.[30] 이 중 碧巖覺性과 雷靜應黙, 松

---

28) 부도전의 탑·비 구성은 한국불교연구원 편, 『松廣寺』, 一志社, 1975, 110쪽;
    최병헌, 앞 논문, 137쪽 참조.
29) 『浮休堂大師集』, 「浮休堂集序」(般桓子)(『한국불교전서』 8, 1쪽). 覺性과 熙玉이
    문집간행을 주도하였다.
30) 高橋亨, 『李朝佛敎』, 寶文館, 1929, 506-507쪽.

溪聖賢 3인의 탑이 부도전에 세워졌고 待價希玉의 탑은 甘露庵 동쪽에 세워졌다. 선수 탑의 바로 밑에는 적전인 각성의 탑이 서 있는데, 각성 사후 1663년에 지어진 「華嚴寺碧巖覺性碑」에는 '芙蓉이 臨濟의 법을 접하여 浮休와 淸虛가 모두 부용을 사사했으며 휴정의 적전은 松雲, 부휴의 적전은 碧巖'이라고 하여 각성을 전법제자로 명기하고 있다.[31] 각성 문하에는 다시 翠微, 白谷, 枕虛, 孤雲, 慕雲, 東林, 蓮花, 碧川의 8파가 번성하였지만,[32] 부도전에는 적전인 翠微守初의 탑만이 서 있다. 수초의 제자로는 栢庵, 休巖, 慧空 세 명이 부도전에 들어가 있다. 이 중 적전인 栢庵性聰은 탑에 이어 1766년 후손 黙庵最訥에 의해 탑비까지 세워졌는데 송광사 부도전에 탑과 탑비가 동반 건립된 것은 부휴계 조사로는 처음이었다. 이는 후손 최눌이 성총에 대해 각별한 추숭의 염을 가졌기에 가능했던 것으로 부휴계에서 성총의 위상이 매우 높았음을 여실히 보여준다. 성총의 제자로는 無用, 碧梧, 友溪 3인의 탑이 세워졌는데 적전은 無用秀演이었다. 수연은 선과 교를 겸수하여 성총의 講席을 이어받고 법을 전수받았다. 한편 수연의 동문 友溪僊益의 경우 제자 華峯과 손제자 斗月 두 명의 탑이 세워져 있어 그 문도 또한 성총 문하의 세력 있는 문파였음을 알 수 있다.

수연의 제자로는 影海若坦과 玩華處海 2인의 탑이 건립되었는데 적전인 영해약탄과 그 전법제자 楓巖世察(1688-1767)은 후대에 近世祖師로 칭해졌다. 즉 부휴선수와 벽암각성은 遠世祖, 약탄과 세찰은 近世師로 추숭된 것이다.[33] 세찰의 문하에는 16국사를 연상시키는 16賢이 배출되었는데, 그 중 黙庵最訥, 應庵朗允, 霽雲海澄, 碧潭幸仁의 4傑이 가장 유명하였다. 이후 이들 네 문파가 가장 번성하여 근세 송광사 부휴계의 주류를 형성하였기에,[34] 위의 근세조사 인식이 나올 수 있었다. 영해약탄의 동문이

---

31) 앞의 「화엄사벽암당각성대사비문」.

32) 高橋亨, 앞 책, 510-518쪽.

33) 『다송문고』 권2, 「上大華嚴寺圓華函丈文」(1887)(『한국불교전서』 12, 718-719쪽).

자 탑이 건립된 완화처해는 "浮休의 6세손 影海(약탄)가 선조들이 누대에 걸쳐 개법한 松廣寺에서 華嚴大會를 열었다. 전법제자 楓巖(세찰)이 함께 대회를 경영하니 이들 一宗의 師弟 관계가 마치 父子 관계와 같다"[35]라고 하여 약탄과 세찰 사제의 전법을 중시하였다. 여기서 소개된 송광사 화엄 대회에는 송광사 대중 4백여 명을 포함해 모두 6백여 명이 참가하였다.[36] 이를 통해 당시 송광사 부휴계의 규모를 짐작할 수 있는데, 이처럼 큰 세력을 토대로 하여 세찰 이후 4걸이 배출되고 그 문도들이 부휴계의 근간을 이루며 번창할 수 있었다.

4걸 중 적전으로 공인된 것은 黙庵最訥(1717-1790)이었다. 최눌은 성총과 스승 세찰을 선양하고 추숭하는 사업을 활발히 펼쳤고, 부휴계 계파인식은 이에 이르러 더욱 강조되었다. 그가 성총의 탑비를 부도전에 건립하면서 쓴 음기에는, "太古와 浮休로 이어진 臨濟의 법맥을 栢庵(성총)이 계승하였고 그 법은 다시 楓巖(세찰)으로 이어졌다"는 적전 및 계파인식을 표명하고 있다.[37] 후대에도 "임제종의 전법이 풍암세찰에서 묵암최눌로 전해졌고 그 禪敎의 양문에 제자들이 모였다"고 하였고 성총의 비를 건립한 최눌의 공적을 높이 평가하였다.[38] 부도전의 배치에서도 풍암탑 바로 아래 적전인 묵암탑이 세워져 있고 같은 항렬에 동문인 벽담행인과 팔도도총섭을 지낸 제운해징의 탑이 서 있다. 그 다음 항렬은 부도군의 맨 마지막 단으로 4걸 중 응암낭윤을 제외한 3걸의 전법제자 幻海, 會溪, 華雲

34) 「松廣寺浮休堂善修大禪師碑文」(宋泰會, 1920)의 陰記(『한국고승비문총집-조선 · 근현대』, 1920, 79-80쪽).

35) 「影海和尙華嚴大會都錄序」(玩華處海, 1750)(『조계산송광사사고』, 870-871쪽).

36) 「影海和尙大會目錄」(『조계산송광사사고』, 871-888쪽).

37) 「松廣寺栢庵堂性聰大禪師碑文」(金相福, 1766)과 最訥의 「陰記」(『한국고승비문총집-조선 · 근현대』, 299쪽).

38) 앞의 「송광사묵암당최눌대사비문」; 『다송문고』 권1, 「黙庵立石募緣文」(1898)(『한국불교전서』 12, (687-688쪽).

의 탑이 각각 스승 밑에 배치되어 있다.

그런데 이 부도전의 조형이 매번 순조롭게 이루어진 것은 아니었다. 최눌의 스승이자 근세조사로 추숭된 풍암세찰의 탑은 다른 곳에 옮겨졌다가 다시 이건된 전력을 가지고 있다. 즉 최눌의 동문인 碧潭幸仁(1721-1798)이 스승 세찰의 탑을 부도전에서 普照庵 북쪽으로 옮긴 후 행인의 탑은 세찰 탑의 왼쪽, 행인의 제자 會溪輝宗의 탑은 그 오른쪽에 세워졌다. 행인은 청허계 獅巖采永의 『海東佛祖源流』가 부휴계의 계보를 소략하게 다루었다는 이유로 판목을 불태웠을 정도로,[39] 자파의 전통과 계보에 애착을 가진 인물이었다. 한참 후인 1895년에 작성된 「松廣寺黙庵最訥碑文」의 施主秩에는 碧潭, 八峰 등 門中 명칭과 문중별로 관련 사찰명이 기재되어 있다.[40] 이 중 벽담 문중에 기록된 사찰수가 가장 많은데 그것도 仙巖寺, 華嚴寺, 泰安寺, 海印寺, 通度寺, 梵魚寺, 桐華寺, 雲門寺 등 영호남의 큰 사찰이 망라되어 있다. 이는 행인이 입적한지 100년 후까지 그 문중이 큰 세력을 가졌고 또 지역적으로도 영향력이 확대되어 있음을 보여준다. 이처럼 풍암탑 이건과 행인 사제의 탑 조형은 자파를 세찰의 적전에 위치시키려는 시도로서 행인의 영향력과 그 문중의 높은 위상을 반영하는 사건이다. 하지만 1908년 義兵이 일어나자 일본군에 의해 보조암이 불태워졌고 위 3기의 탑도 함께 탔다. 이에 1916년 세찰의 탑은 부도전의 본래 자리로 이안되었고 행인과 제자 휘종의 탑도 1918년에 부도전의 현재 위치에 다시 세워지게 된다.[41] 당시 기록에서는 '행인이 補處와 관련된 참서를 그릇되게 믿고 스승의 비를 마음대로 옮겼는데 결과적으로 그것이 잘못된 것임이 증명되었다'고 비판한다.[42] 이어 세찰 아래 서

---

39) 李能和, 『朝鮮佛教通史』 下, 新文館, 1918, 870쪽.

40) 앞의 「송광사묵암당최눌대사비문」(『한국고승비문총집-조선 · 근현대』, 558-562쪽).

41) 『다송문고』 권2, 「碧潭堂塔移安祝」(『한국불교전서』 12, 731쪽). 벽담과 회계탑은 임시로 옮긴다고 하였으나 이후 그대로 존속되었다.

넷의 분파가 나왔지만 적손은 최눌이며 따라서 행인의 탑은 그 옆 방계 자리에 둔다고 하여, 부휴계의 적전을 재차 확인하고 있다.[43]

이처럼 부휴계는 후대로 가면서 적전과 계파인식을 확고히 다졌는데, 法統 면에서는 처음부터 太古普愚의 臨濟宗 전법을 정통설로 받아들였다. 「太古法統說」은 17세기 전반 청허계의 주도에 의해 정립된 것으로 고려말 태고보우가 중국 임제종의 법맥을 石屋淸珙으로부터 전수받았고 그것이 芙蓉靈觀을 거쳐 淸虛休靜으로 이어진다는 법통 인식이다. 휴정 사후에 나온 첫 법통설은 1612년 許筠이 쓴 「淸虛堂集序」의 「懶翁法統說」로서 고려말의 懶翁惠勤을 종조로 내세운 것이었다. 허균은 四溟惟政의 비문인 「松雲大師石藏碑銘幷序」에서도 '普照와 懶翁이 黃梅의 종지를 얻었다'고 하여 혜근과 함께 지눌을 강조하였다. 하지만 1625년 휴정의 말년제자 鞭羊彦機의 「鍾峰堂影記」를 시작으로 청허계 편양파가 사명파의 동의를 얻어 허균의 기존설을 비판하고 태고보우를 종조로 내세운 새 법통설을 제기하였다.[44] 휴정 문도 霽月敬軒의 제자인 懷白이 1637년에 쓴 「霽月堂集序」에는 나옹법통설이 다시 나타나지만 태고법통설은 청허계뿐 아니라 부휴계에서도 수용되어 이후 조선후기 불교계의 공론이 되었다.

浮休善修는 휴정과 함께 영관의 전법제자였으므로 영관과 휴정이 태고보우의 정맥을 계승한 사실을 인정한다면, 선수 또한 자연스럽게 보우의 법맥을 계승하는 것이 된다. 白谷處能이 지은 「부휴비문」에는 '선수가 臨濟 後 24세 적손'임을 분명히 하였고 선수의 전법제자 碧巖覺性의 비문에도 "고려 말 태고보우가 중국에서 佛旨를 얻어 돌아온 이래 禪風이 크게 일어났는데 그 본원은 臨濟의 正宗이었다"고 하여,[45] 보우가 임제 종풍을

---

42) 앞의 「벽담당탑이안축」.

43) 『다송문고』 권2, 「碧潭堂塔會溪堂塔移安碑殿及築墻記」(『한국불교전서』 12, 732쪽); 「楓巖祖師浮屠奉安碑殿記」(1917)(『한국불교전서』 12, 726-727쪽).

44) 태고법통설의 대두와 정립과정은 김용태, 앞 논문, 81-90쪽 참조.

45) 「松廣寺浮休堂善修大禪師碑文」(『한국고승비문총집-조선·근현대』, 78-83쪽); 「法

전수한 사실과 선수가 그를 계승하였음을 명기하고 있다. 이러한 법통 인식은 송광사와 보조유풍을 강조하면서 부휴계의 정체성을 확립하고자 한 栢庵性聰 또한 마찬가지였다. 그는 송광사 전통을 만든 보조지눌을 현창하고 선수가 그 유풍을 원접하였다고 표명한 후,

> 하지만 종파는 달라 臨濟 18대 石屋淸珙의 법을 고려 太古普愚가 전해 받고 또 6대를 전해져 浮休가 그것을 이었다. 이것이 여래의 正眼이며 牧牛(지눌)의 법을 전해 얻은 것은 아니다.[46]

라고 하여 부휴계가 법맥상으로는 지눌이 아닌 보우의 법을 전수받았다고 선언하였다.

이처럼 부휴계는 계파의 정체성과 관련해서는 普照遺風을 중시하면서도, 법맥상으로는 태고보우를 통해 臨濟宗風을 계승한다고 하는 이중적인 인식을 보인다. 성총의 제자 無用秀演 또한 지눌을 '散聖'으로 기록하였고 그 자신 임제종풍을 크게 선양하였다고 평가된다.[47] 부휴계 적전 黙庵最訥이 편찬한『諸經會要』의「佛祖宗派圖」에는 과거 7佛, 인도와 중국의 역대 祖師, 조선 禪宗의 법맥이 도표로 그려져 있는데 중국 임제종 平山處林의 제자로는 懶翁惠勤 만을 기록하였고 石屋淸珙의 전법은 (太古圓證)太古普祐-幻庵混修-龜谷覺雲-登階淨心-碧松智嚴-芙蓉靈觀-浮休善修의 순으로 연결시켰다.[48] 또 최눌의「影子殿上樑文」에도 '太古는 마땅히 祖禰에 두어야 하며 兩桂를 기른 芙蓉은 中葉의 中祖'라고 하여,[49] 태고보우의 법맥에 부

住寺碧嚴堂覺性大師碑文」(鄭斗卿, 1664)(위 책, 174-177쪽).

46) 앞의「송광사사원사적비」.

47) 『無用堂遺稿』,「重刊禪門拈頌說話序」;「無用堂大禪師行狀」(『한국불교전서』 10, 355-356쪽; 365-366쪽).

48) 『諸經會要』,「佛祖宗派圖」(『한국불교전서』10, 56-57쪽). 중국선종은 牛頭宗, 北宗, 荷澤宗을 각각 空宗, 相宗, 性宗에 배대시켰고 臨濟宗, 雲門宗, 法眼宗, 潙仰宗, 曹洞宗의 선문 5종을 중심으로 기록하였다.

휴계 계보를 연결시킨 법통 및 계파 인식을 거듭 확인할 수 있다.

조선후기 불교계의 전법 사실과 법통 인식을 기재한 불교사서로는 18세기 후반 편양파 月渚道安의 후손 獅巖采永이 지은『海東佛祖源流』가 대표적이다. 이 책도 태고법통설에 입각하여 나옹계통은 소략하게 다루었고 지눌 등 고려 이전의 조사는 散聖에 배당시켰다. 조선후기의 계보는 저자가 속한 청허계 편양파에 가장 많은 분량을 할애하고 있는데, 앞서 언급한 碧潭幸仁이 전주 松廣寺에 보관된『불조원류』의 판목을 불태운 것도 부휴계를 소략하게 취급한 것에 대한 불만 때문이었다고 한다.[50] 그런데 행인이 판본을 불태워 없앤 것은 1755년 무렵이며 현존『불조원류』는 전주 송광사에서 1764년에 간행된 것이다. 또한 현존본은 청허계에 비해서는 비중이 작지만 행인에 이르기까지 부휴계의 계보도 대부분 실려 있다. 이와 함께 간행을 재정적으로 후원한 이의 명단인「大施主秩」에는 부휴계와 관련된 曹溪山 松廣寺, 雙溪寺 등이 청허계의 海南 大芚寺와 함께 나란히 기록되어 있다. 따라서『불조원류』의 현행본은 행인의 소동 이후 부휴계의 입장이 어느 정도 반영되어 그 계보를 확충, 보완하여 다시 간행한 것일 가능성이 크다. 하지만 이는 계파적 이해관계가 문제가 된 것이지 부휴계가 태고법통설 자체에 불만을 가졌거나 부정하였음을 보여주는 사례는 아니다.

1912년 총독부에 의해 반포된「本末寺法」의 1장「總則」3조에는 "本末寺 일반의 法脈은 太古普愚 禪師의 적파 芙蓉靈觀 선사의 2대 神足 (1)淸虛休靜, (2)浮休善修 두 선사의 법손 중 行解를 겸비한 자를 추대하여 主職으로 삼아 法燈을 傳持하여 이를 寺門 상속의 통규로 함"이라고 되어 있다.[51] 당시 30본사 중에 부휴계 후손만이 주지로 임명될 수 있었던 곳은

49)『묵암집』권후,「松廣寺影子殿上樑文」(『한국불교전서』10, 19쪽).
50)『曹溪高僧傳』,「曹溪宗師碧潭禪師傳」(『한국불교전서』12, 405쪽).
51)『조선불교통사』하권, 1137쪽.

송광사 하나였지만 청허계, 부휴계 모두가 주지가 될 수 있는 사찰은 속리산 法住寺, 팔공산의 桐華寺와 銀海寺가 있었다.[52] 청허계에 비해 매우 적은 수였지만 조선말까지 청허계와 대비되는 독자적 계파로서 부휴계가 존속하였음을 알 수 있다. 부휴계는 조선불교계의 공론인 태고법통설의 권위를 통해 자파의 정통성을 확보하고 청허계와 병치할 수 있었던 것이다. 한편 송광사 3차 중건이 끝난 뒤인 19세기 후반부터 20세기로 접어들면서 부휴계 내에서 자파의 독자성과 정체성을 더욱 부각시키는 새로운 정통론적 인식이 대두되기도 한다. 즉 송광사 승려 錦溟寶鼎(1861-1930)이 보조유풍을 강조하면서 부휴계의 전통을 조선후기 불교사의 주류로 파악한 것이다. 그는 태고법통설을 정면으로 부정하지는 않았지만, 부휴계를 '浮休宗'으로 명명하고 나아가 지눌과 선수를 宗祖로 내세운 曹溪宗을 제창하였다.[53] 이처럼 부휴계는 조선후기는 물론 식민지기에 들어와서도 청허계와 대별되는 독자적인 계파로서 그 정체성을 유지하였고 강한 계파인식을 드러내었다.

Ⅳ. 普照遺風의 계승과 禪敎兼修

부휴계는 법통면에서 태고법통설을 인정하여 자파의 정통성을 확보하는 한편 송광사를 중심으로 普照遺風을 계승하면서 청허계와 구별되는 계파의 독자성을 점차 강화시켰다. 조선중기 불교사료에는 승려의 이름 앞에 '曹溪'라는 명칭이 간혹 보인다. 청허휴정은 '判大華嚴宗師兼判大曹溪

---

52) 『조선불교통사』 상권, 628-674쪽. 각 본사의 「燈規」에 명기. 주지의 법통상의 조건을 정하지 않은 仙巖寺에 대해서는 논구가 필요하며 부휴계의 영향력이 컸던 華嚴寺는 뒤에 31번째 본사가 됨.

53) 寶鼎은 송광사 總攝 출신으로 사원의 폐단을 혁파하고 송광사 위상을 높이는 사업을 주도하였고, 보조지눌과 부휴계를 현창하는 많은 글을 남겼다.

宗師'로 불렸고 유정도 휴정을 '曹溪老和尙', 자신을 '曹溪宗遺'로 쓰고 있다.[54] 이는 宗派의 의미로 쓰인 것으로 '禪敎兩宗'을 대신하여 교종을 화엄, 선종을 조계로 표현한 것이다. 하지만 후기로 갈수록 조계라는 명칭은 찾기 어려운데, 다만 부휴계 승려 중에 자신의 출신 근거지와 계통을 나타내면서 曹溪山(송광사)의 의미로 조계 명칭을 쓴 것이 간혹 눈에 띤다. 성총의 제자 無用秀演의 『無用集』서문에는 '曹溪無用禪子'로 칭하고 있고 「普照庵重創記」를 쓴 碧梧初洞도 자신을 曹溪后人으로 적고 있다. 그럼에도 17세기 이후 교학자를 뜻하는 '華嚴宗主'라는 용어는 계속 쓰이지만 조계종 명칭은 거의 찾아볼 수 없고 선종의 의미로는 대신 '臨濟宗'이 사용된다. 부휴선수도 "처음 화엄교학을 배우고 나서 臨濟宗이 되었다"고 후대에 인식되었는데,[55] 이 임제종 명칭은 태고보우를 海東 宗祖로 하여 그가 전수한 임제의 종풍을 선양한다고 하는 불교사 인식이 반영된 것이다.

조계종이 아닌 임제종을 표방하게 된 17세기 전반에는 법통의 정립과 함께 휴정의 말년제자 鞭羊彦機 등의 주도하에 수행체계 또한 정비된다. 당시의 수행기풍은 휴정이 근간을 만든 것으로 '捨敎入禪'과 看話禪의 중시로 요약되는데, 간화선을 궁극의 수행방식으로 하면서도 초기 단계에서 교학의 겸수를 인정한 것이다. 이는 선과 교를 함께 포섭해야 하는 불교계의 상황을 반영한 것이기도 하다. 임제종 大慧宗杲의 간화선은 지눌이나 휴정의 조사인 碧松智嚴 모두에게 큰 영향을 미친 禪風이었다. 하지만 중국 元代에 활동한 高峰原妙나 蒙山德異의 간화선이 이들의 서책과 함께 유입되어 조선시대에 큰 영향을 미쳤기에, 이들보다 한 세대 전인 지눌의 간화선과는 별도로 해석되어야 할 문제이다. 실제 법통설 정립 이

---

54) 『二老行蹟』(고려대 소장본), 「跋文」(峴山醉隱, 1569); 『禪家龜鑑』(萬曆己卯本), 「跋文」(1579)(『한국불교전서』7, 646쪽).

55) 『다송문고』권2, 「浮休祖師立石祭文」(1920)(『한국불교전서』12, 746-747쪽).

후 간화선은 태고보우가 전수한 중국의 임제종풍으로 이해되었고 보조유풍과 연결시킨 인식은 찾아보기 어렵다. 이 점에서 조선후기의 보조유풍을 논의할 때 간화선보다는 선교겸수의 측면에 초점을 맞추는 것이 타당할 것이다. 한편 선과 교의 겸수에서 한 단계 더 넓혀 염불까지 포함한 三門 수업이 조선후기 불교의 특성으로 정착되었다. 선과 교, 염불의 삼문은 편양언기에 의해 '徑截門, 圓頓門, 念佛門'으로 칭해졌고,56) 이후 18세기 振虛捌關의『三門直指』에서 다시 정리되었다. 염불은 元代 淨土敎 유행의 영향 때문인지 원에 다녀온 태고보우, 나옹혜근은 물론 조선초 涵虛己和 또한 매우 중시하였다.57) 따라서 염불을 포함한 삼문수업 체제는 앞서 여말선초부터 이미 배태된 것이었다.

조선후기에 이와 같은 수행체계가 지속될 수 있었던 가장 중요한 기제로 승려 교육과정인 履歷과정의 성립을 들 수 있다.58) 이력과정은 四集科, 四敎科, 大敎科로 구성되어 있는데 사집은 高峰原妙의『禪要』, 大慧宗杲의『書狀』, 宗密의『都序』, 종밀 저술에 知訥이 주석을 붙인『節要』이다. 앞의 두 책은 휴정과 선수의 조사인 벽송지엄이 의심을 깨뜨리고 知解를 떨치는 계기가 되었던 禪書이며 대혜종고의 간화선은 특히 지눌에게도 큰 영향을 미쳤다. 또한 뒤의 두 책은 종밀과 그 영향을 크게 받은 지눌의 사상을 담고 있다. 다음 사교에는『圓覺經』,『楞嚴經』등 경전이, 대교에는『華嚴經』,『傳燈錄』과『拈頌』이 들어간다. 이력과정에 들어간 책들은 고려말 이래로 매우 중시된 서적들로서 대교과의 책들은 조선초 僧科의 시험 서책이었다.59) 이 이력과정은 수행체계와 마찬가지로 간화선의 중시

---

56)『鞭羊堂集』권2,「禪敎源流尋釰說」(『한국불교전서』8, 256-257쪽).

57) 高橋亨, 앞 책, 87쪽.

58) 이력과정의 전 체계가 확인되는 최초의 기록은 휴정의 문도 詠月淸學의『詠月堂大師集』(1656년 간행),「四集四敎傳燈拈頌華嚴」이며 四集은 17세기 초에 이미 정립된 것으로 보인다.

59) 高橋亨, 앞 책, 257쪽.

와 禪教兼修의 용인을 내용상의 특징으로 한다. 사집과정에서 지눌의 선풍과 사상을 접하게 되고 대교의『염송』이 지눌의 제자 眞覺慧諶이 편술한 것임을 감안하면, 이 이력과정을 통해 조선후기 불교의 사상과 기풍 형성에 보조유풍이 깊이 자리 잡았음을 알 수 있다. 앞서 나옹법통설과 관련된 청허계 霽月敬軒(1542-1632) 또한 교화할 때 사집에 들어간 서책을 통해 '知見을 분별하고 知解의 병을 타파한 후 6개의 法語로 參句의 요절을 삼았다'고 하였다.[60] 이처럼 원대 간화선풍과 함께 지눌의 선풍과 사상이 크게 반영되어 있는 사집과정은 이력과정의 입문이면서 그 요체라고 할 수 있으며, 조선후기 선교겸수와 간화선 중시 전통의 토대가 되는 것이었다. 사집은 그 수요가 많아서인지 16세기 후반부터 17세기에 걸쳐 집중적으로, 다른 서책에 비해 자주 간행되었음이 확인된다.[61]

이력과정, 삼문수업과 같은 수행체계나 선풍 등에서 부휴계가 청허계와 다른 길을 모색한 것 같지는 않다. 오히려 동시대적인 문제의식을 공유했다고 보는 편이 적절할 것이다. 다만 청허계에 선과 교의 다양한 사상적 입장이 혼재되어 있는 것에 비해, 부휴계는 계보와 마찬가지로 가풍에서도 비교적 단일하면서 지속적인 모습을 보인다. 조선시대의 경우 간화선보다는 선교겸수에서 지눌의 사상적 영향을 도출할 수 있다는 점에서, 보조유풍의 계승을 표방한 부휴계의 선교겸수에 대한 입장을 우선 살펴볼 필요가 있다. 각성의 제자이며 부휴계의 대표적 문장가였던 白谷處能은 다음과 같이 선과 교의 겸수를 주장하였다.

法이 東流한 이래 禪教가 병행하고 넓혀져서 佛道가 흥성하였는데 禪과 教가 門을 나누어 선은 頓漸에서 달라지고 교는 性相으로 나뉘었다. 성상의 무리

---

60)『霽月堂大師集』권하,「霽月堂大師行蹟」(『한국불교전서』8, 126-127쪽).
61) 黑田亮, 앞 책, 47-64쪽. 이 책에서는 4-10종만 조사되었지만 이후 알려진 이 시기 간본을 고려하면 각기 10종 내외의 많은 수가 전한다.

172 · 지리산권 불교의 사상과 문화

는 空과 有에 서로 집착하고 돈점의 무리는 理와 事를 판별하기 어려워졌으니 법이 모순되고 그것을 오인하여 각기 전문 분야대로 일어나 다투고 남을 비방하는 자가 많다. 선과 교의 이치는 비록 같은 근원이지만 선은 心을 전하는 것이고 교는 가르침을 입으로 설하는 것이니 양자는 서로 떨어져 홀로 있는 것이 아니다.[62]

이는 선과 교에 대한 宗密 이래의 원론적 이해를 답습한 것이고 휴정과 유정에게서도 유사한 인식을 찾을 수 있지만, 선교겸수를 강조하는 입장이 분명히 드러나 있다. 그 밖에 부휴선수에게 배웠던 逍遙太能과 詠月淸學은 종밀 사상과 『圓覺經』, 『華嚴經』을 중시하는 등 선교겸수를 특히 강조하였다.[63] 청학은 이력과정 정비와 밀접하게 관련된 인물로, 간화선의 맹목성을 지적하고 단계적 수행을 강조하면서 교학을 버릴 수 없다는 주장까지 하고 있다.[64] 청학과 태능은 사법상 휴정의 법맥이지만 처음에 선수의 제자로서 수학하였고 지역기반도 비슷하여, 이들이 부휴계와 선교겸수적 입장을 공유하였다고 생각된다. 후대 백암성총의 적전인 無用秀演은 처음 송광사 승려 惠寬에게 출가하였는데 혜관은 선교겸수를 특히 강조하며 禪觀 한 쪽에만 치우치지 말 것을 당부하였다고 하며 수연 또한 교학에 뛰어나 선교를 겸비하였다.[65] 근대에 들어서도 자파가 지눌의 '禪敎兼傳 定慧均修'를 계승한다는 인식이 나타났는데,[66] 이는 보조유풍을 내세우려는 의도가 전제된 것이지만 부휴계가 선교겸수의 전통을 유지하였음을 보여주는 사례이다.

62) 『대각등계집』 권2, 「禪敎說贈勒上士序」(『한국불교전서』 8, 325쪽).

63) 김용태, 앞 논문, 81쪽의 주104, 103쪽 참조.

64) 『詠月堂大師集』, 「抄出法數遮眼而坐有客非之故因爲此偈」(『한국불교전서』 8, 233-234쪽).

65) 高橋亨, 앞 책, 696-698쪽.

66) 『다송문고』 권1, 「應庵先祖行裝草」(1917)(『한국불교전서』 12, 708쪽).

부휴계는 선교겸수에 더하여 삼문수업의 한 축인 염불 및 정토도 중시하였다. 백암성총은 『淨土寶書』를 편록하였고, "曹溪山에 禪宗, 敎宗, 念佛宗의 3宗이 있어 創寺 이래 모두 兼行하였다"는 후대의 평가에서도,[67] 3문체제가 부휴계에서 자리 잡았음을 알 수 있다. 錦溪寶鼎의 『念佛要門科解』는 『念佛要門』을 지눌의 저술로 인식하고 그에 대해 科文과 해석을 붙인 것인데, 지눌 저술의 진위 여부를 떠나서 3문을 보조유풍으로 이해한 점이 주목된다.

> 普照는 曹溪禪宗을 창립한 海東 曹溪山의 조사이며 徑截門, 圓頓門, 淨土門 3門의 宗主이다. 경절문과 원돈문은 習定均慧의 추요이며 정토문은 濟世度生의 방편이다.[68]

이처럼 부휴계는 선교겸수를 중시하고 삼문수업을 수용하였는데, 그 안에 내재된 보조지눌 사상의 직접적 영향을 구체적으로 도출하기는 쉽지 않다. 또 사상 내용면에서 부휴계와 청허계의 대별점 또한 명확히 드러나지 않는다. 다만 17세기 전반 청허계가 다양한 사상적 조류를 포괄하면서 선과 교의 흐름이 혼재된 것에 비해 부휴계는 선교겸수의 입장을 처음부터 분명히 견지하였다. 그리고 무엇보다도 부휴계에서 보조유풍에 대한 계승 인식이 표출되었고 실제 지눌의 사상을 중시하고 이해하려는 작업이 있었던 점이 중요하다. 즉 벽암각성은 지눌의 『看話決疑論』과 종밀의 『禪源諸詮集都序』를 주석한 『看話決疑』와 『禪源集圖中決疑』를 지었다.[69] 현존하지 않아 내용은 알 수 없지만 1608년 이후 송광사에서 종밀과 지눌의 저술이 간행되었음을 고려하면, 부휴계가 송광사를 근거지로

---

67) 『다송문고』 권2, 「本寺革罷念佛堂感想說」(『한국불교전서』 12, 765쪽).

68) 『念佛要門科解』(『한국불교전서』 12, 426-427쪽). 발문(1922)에서는 『염불요문』이 유통되지 않다가 綺山珍公의 소장본을 얻어 과주를 붙였다고 한다.

69) 앞의 「화엄사벽암당각성대사비문」.

174 · 지리산권 불교의 사상과 문화

하면서 보조의 유풍을 중시하였고 그 사상적 영향을 받았다고 추정할 수 있다. 또 각성의 동문 待價希玉 찬으로 보이는 「十六國師眞影記」에는 지눌의 저술로 '初心戒, 結社文, 看話論, 圓頓成佛論, 別行錄節要'를 들고 있다.[70] 이 책들은 당시 송광사를 중심으로 간행, 유통된 것들로 지눌에 대한 부휴계의 지대한 관심을 재차 확인할 수 있다. 한편 1799년 李忠翊의 「刊修心訣眞心直說跋」에는 "燕都의 大藏經에서 총림에 전해지지 않던 『修心訣』과 『眞心直說』이 나왔는데 이를 鶴巖奇師가 송광사에서 간행할 것을 청하였다"는 기록이 있다.[71] 『진심직설』은 배제하더라도,[72] 이는 송광사와 보조유풍의 관계가 지속되었음을 보여주는 일례이다.

이처럼 부휴계는 선교겸수의 입장을 유지하면서 보조유풍과 관련된 교학을 중시하였다. 黙庵最訥이 편찬한 『諸經會要』의 「佛祖宗派圖」에는 부휴선수 이후 부휴계 적전의 계보가 그려져 있는데 벽암각성 아래 방계로 慕雲震言-葆光圓旻-晦庵定慧의 교학 계보가 기재되어 있어 주목된다.[73] 이 중 마지막 회암정혜(1685-1741)는 부휴계를 대표하는 교학자로 종밀의 『도서』와 지눌이 私記를 붙인 『절요』에 科文을 붙이고 해설한 『禪源集都序著柄(都序科記)』, 『別行錄私記畵足(節要私記解)』을 저술하였다. 그는 『도서』의 뜻은 '二量'으로 해석하고 『절요』는 '二玄'을 세워 판별하였다고 밝혔다.[74] 청허계인 霜峰淨源, 雪巖秋鵬, 蓮潭有一 등도 사집의 이들 책에 대한 주석서를 썼는데, 이 중 연담유일(1720-1799)은 『도서』와 『절요』 주석

---

70) 「十六國師眞影記」(待價堂, 1621)(『조계산송광사사고』, 722-728쪽).

71) 「刊修心訣眞心直說跋」(李忠翊, 1799)(『조계산송광사사고』, 758-760쪽).

72) 崔鈆植, 「『眞心直說』의 著者에 대한 새로운 이해」, 『震檀學報』 94, 2002에서는 『眞心直說』이 지눌의 저술이 아님을 논증하였다.

73) 『諸經會要』, 「佛祖宗派圖」(『한국불교전서』 10, 56-57쪽).

74) 「刊集錄科解序」 등 주석서의 序文(『한국불교전서』 9, 528-529쪽) 二量은 원래 지각과 추론을 뜻하는 現量과 比量이지만, 여기서 말하는 二量과 二玄의 의미는 알 수 없다.

서 중 부휴계 회암정혜의 것이 가장 뛰어나다고 평가하였다. 반면 유일은
자신의 해석이 『도서』보다 지눌의 『절요』에서 기존 주석서와 큰 차이가
있다고 하면서, 頓悟漸修에 대한 해석에서 자신이 '事智의 現前'으로 분별
한 것에 비해 정혜는 '理智'로 판석하여 그 본의를 잃었다고 비판하였
다.75) 돈오점수는 선교겸수의 이론적 바탕이 되는 것으로 종밀, 지눌은
물론 조선후기 불교에서도 중요한 개념이므로 이들 양자의 차이는 주목
해 볼만 하다. 한편 心性 논쟁에서도 부휴계 최눌이 "부처와 중생의 마음
이 각각 원만하여 일찍이 하나인 적이 없다"고 한 것과 달리 유일은 '각각
원만하여 원래 하나'라고 하는 상반된 입장을 보이고 있다.76) 하지만 이
또한 부휴계와 청허계의 사상적 차이로 확대시켜 해석할 만한 소지는 별
로 없다.

　조선후기에는 선교겸수적 기풍과 관련하여 선과 함께 교학도 중시되었
다. 선의 내용이 원대 이후의 간화선이었다면 교학은 화엄학이 중심이 되
었다. 화엄은 조선후기에 매우 성행하였는데 특히 부휴계 백암성총 이후
'화엄의 중흥'이라고 할 만큼 화엄 강경과 주석서 편찬이 활발히 이루어
졌다. 그 기폭제가 된 것은 성총이 1681년 荏子島에 표착한 중국 배에 실
려 있던 190여 권의 佛書를 얻어 澄光寺와 雙溪寺에서 15년간 5천판을 대

---

75) 『都序科目并入私記』, 「序要私記叙」(『한국불교전서』 10, 178쪽). 여기서 理智는
　　진리를 증득하여 모든 번뇌를 여읜 청정한 지혜인 無漏智를 말하며, 事智는
　　有爲와 無爲의 모든 법을 대상으로 하는 世俗智인 有漏智를 의미한다. '事智의
　　現前'은 아직 깨치지 못한 상태의 智에 초점을 맞춘 것으로 頓悟漸修를 설명
　　할 때 적합한 입장일 수 있다. 두 주석서의 내용을 구체적으로 검토한 후 별
　　도의 논고에서 다루기로 한다.
76) 『蓮潭大師林下錄』 권3, 「心性論序」(『한국불교전서』 10, 262-263쪽). 양자의 상이
　　한 입장을 기록한 『心性論』은 1785년 지리산 上仙庵에서 華日과 敬賢에 의해
　　불태워졌는데(『松廣寺誌』, 불일출판사, 1965, 139-140쪽). 그 연유에 대해서는
　　알 수 없다. 다만 理와 事에 통달하지 못하였음을 유일이 한탄하였다는 서문
　　의 기록, 그리고 양자의 입장을 각각 화엄의 '一卽多'와 '多卽一'에 배대시킬
　　수 있다는 점에서 당시 성행한 화엄교학과 관련시켜 이해할 수 있다.

대적으로 간행한 일이었다. 이후 "백년이 지나지 않아 온 나라의 法寶를 印刻하는 자들이 옛 것을 버리고 성총의 새 판본을 쫓았다"[77]고 할 정도로 성총의 전적 간행은 후대에 큰 영향을 미쳤다. 특히 明의 平林葉이 교정 간행한 澄觀의『華嚴疏鈔』와 元의 普瑞가 지은『會玄記』가 간행, 유통된 것은 조선후기 화엄학 성행의 일대 전기가 되었다.[78] 성총은 후손 묵암최눌에 의해 "上古의 眞風을 행하고 華藏의 佛事를 넓혔으며 지난 聖人을 계승하였다. 華嚴의 道는 단단하여 떨어지지 않고 栢巖의 공은 커서 오래 남는다"고 칭송되었고『화엄경』을 유통시킨 공적은 징관과 평림엽에 비견되었다.[79] 1766년에 지어진「송광사성총비」에도 성총의 이름 앞에 '海東中興佛日 弘揚華嚴'이라고 하여 보조(佛日)유풍과 화엄교학의 선양을 특기하고 있다.

하지만 성총의 간행 이전에도『화엄경』과 화엄교학은 중시되고 있었다. 이력과정의 마지막인 대교과에『화엄경』이 포함되었고 벽암각성이 鳳林大君(孝宗)과 '華嚴宗要'를 문답하였다는 기록이나 청허계 楓潭義諶이 스승 鞭羊彦機의 부탁으로『화엄경』에 音釋을 붙인 사실 등을 보면 계파를 막론하고 17세기 전반부터 이미 화엄 중시 경향이 나타나기 시작했다.『법화경』을 중시하는 계열도 17세기 전반까지 흐름을 지속하고 있었지만,[80] 17세기 이후 교학의 대세는 화엄이었다. 이 시기의 화엄 중시 경향을 이해할 때, 징관의『화엄소초』가 고려 이전에 들어와 이미 큰 영향을 미친 책이라는 점에서 성총의『소초』간행에 크게 의미를 두지 않을 수도

---

77) 앞의 「송광사백암당성총대선사비문」과 최눌의 「음기」(『한국고승비문총집-조선·근현대』, 298-302쪽).

78) 蓮潭有一, 仁嶽義沾를 비롯한 교학자들이 남긴 華嚴 私記類 대부분이 이 疏鈔에 기반한 주석이다.

79) 『黙庵集』 권후, 「勸善疏三栢庵碑石勸疏」(『한국불교전서』 10, 18-19쪽).

80) 『大覺登階集』 권2, 「任性大師行狀後序」(『한국불교전서』 8, 323쪽). 登階正心-淨蓮法俊-靜觀一禪(禪脈으로는 휴정의 제자)-任性忠彦 계열이 법화교학을 중시한 것으로 알려져 있다.

있다. 하지만 성총이 간행한 것은 宋, 元, 明의『소초』교정 및 주석 성과를 반영한 명대의 교정본이었다는 사실, 그리고 원대에 만들어진 소초 주석의 집성작인『회현기』가 함께 들어와 간행되었다는 점에서 특별한 의미가 있다. 이전의 화엄경소는 북송대 晉水淨源의 교간본이었고 그나마『演義抄』가 거의 인멸되어 볼 수 없었다는 기록[81]에서 이전에 소초가 유통되지 않았음을 알 수 있다. 따라서 성총에 의해 원·명대의 화엄소초 교정본과 주석서가 대대적으로 간행, 유통되면서 새로운 관심을 촉발시키는 계기가 되었고 이로 인해 이전보다 한 단계 앞선 주석과 강학이 가능해진 것이다.

그런데 이 간행사업을 주도한 성총은 비록 부휴계의 적전이었지만 화엄의 중흥이라는 현상은 부휴계에 국한된 문제는 아니었다. 보조유풍의 계승이라는 측면에서도 당시 징관의『화엄소초』가 주된 대상이 되었다는 점에서, 李通玄을 중시한 지눌의 화엄사상과는 직접적인 관련이 없었다. 따라서 화엄의 성행은 지눌이나 부휴계의 범위를 넘어서 이해되어야 하며 선교겸수와 교학의 중시라는 관점에서 접근해야 할 것이다. 선교겸수를 추구한 부휴계 교학에서도 화엄학이 중심이 되었다. 高橋亨은『李朝佛敎』에서 "부휴계 벽암파가 교학을 전수하였으며 慕雲震言(1622-1703) 이후 華嚴宗師가 배출되어 이 계열을 통해 '華嚴의 法乳'가 전해졌다"고 서술하고 있다.[82] 앞에서 소개한 최눌의 「불조종파도」에 나오는 부휴계 교학 계열 법맥이 여기서 말하는 화엄종사들이다. 진언은 각성의 제자로서『華嚴經七處九會品目之圖』를 저술하였고, 그 손제자 晦庵定慧는『華嚴經疏隱科』를 지어 중국 화엄종 5조 宗密의 후신으로 추앙되며 '華嚴宗 晦庵長老'로 명명되었다.[83] 18세기 중후반에 활동한 부휴계 적전 묵암최눌 또한

---

81) 蓮潭有一 찬으로 알려진『遺忘記』의 「大敎私記序」(奉先寺 楞嚴學林,『三家本私記-華嚴十地品』, 조계종 교육원, 2002).

82) 高橋亨, 앞 책, 758-760쪽.

「華嚴科圖」와 『諸經會要』를 저술하고 화엄대회에서 설법하는 등 화엄교
학에 정통하여 이후 '大華嚴宗主'로 현창되었다.[84] 최눌의 高弟 18인 중 적
전인 幻海法璘 또한 양종을 융합한 華嚴大宗師로 칭해졌고,[85] 그 법을 이
은 枕溟翰惺도 조사인 최눌과 함께 교학으로 유명하였다. 후대에 '浮休宗
의 후손 중 碧潭과 優曇의 禪句透玄, 黙庵과 枕溟의 敎場部理'라고 하여,[86]
묵암최눌 계열은 교학, 동문인 벽담행인 법맥은 선으로 구분되기도 하였
다. 또 부휴선수와 최눌의 법맥을 연결시키면서 '五宗禪風과 七祖敎綱(화
엄), 臨濟三句상의 一路向上과 一乘의 空假中'을 배대시켜 '禪敎를 兼傳'하
였다고 특기한 것을 보면,[87] 부휴계가 선과 함께 교를 겸수하였고 교는
곧 화엄으로 인식되었음을 알 수 있다.

　화엄교학은 청허계에서도 매우 중시되었다. 특히 楓潭義諶 이후 鞭羊派
를 중심으로 화엄강학이 크게 성행하였는데 이 계열을 중심으로 한 大芚
寺의 13대 宗師와 12대 講師는 유명하다. 최눌의 「불조종파도」에도 鞭羊
彦機-楓潭義諶-月渚道安에서 虎巖體淨에 이르는 편양파 계열이 일부 소개
되어 있는데 이들은 조선후기 화엄강학의 중흥을 이끈 이들이었다. 한편
1863년에 간행된 『山史略抄』에는 청허계 逍遙문파가 '明心見性'으로 禪僧
을 다수 배출하였고 鞭羊문파는 '講法達理'로 座主가 많이 나왔다고 총평
하였다. 이 책은 편양파 白坡亘璇 문하에서 나온 저술로 虎巖體淨, 雪坡尙
彦, 蓮潭有一 등 편양파를 비중있게 서술하였는데 대표적인 교학자들과
그 업적이 망라되어 있다.[88] 그런데 이 책의 인식 및 관점은, 1798년 逍遙

83) 『天鏡集』, 「次呈晦庵和尙」; 「刊都序法集科解序」(『한국불교전서』 9, 611쪽; 620-
　　621쪽).

84) 『다송문고』 권2, 「黙庵禪師立石祭文」(1924)(『한국불교전서』 12, 757쪽).

85) 「松廣寺幻海堂法璘大禪師碑文」(宋泰會, 1920)(『한국고승비문총집-조선·근현대』,
　　642-644쪽); 『다송문고』 권2, 「幻海和尙立石祭文」(『한국불교전서』 12, 747쪽).

86) 『다송문고』 권1, 「浩鵬堂學契序」(『한국불교전서』 12, 690쪽).

87) 『다송문고』 권1, 「宗師契案序」(『한국불교전서』 12, 690-691쪽).

太能의 문집을 중간할 때 "祖師門中에서 四溟은 교종이고 逍遙와 鞭羊은 선종으로 한 때 병치하였다"[89]고 하여 편양파를 선종으로 자리매긴 기존의 이해와는 상반된 입장이다. 편양파는 청허계의 주류 문파이고 그 세력과 영향력이 가장 컸기에, 19세기 중반 편양파 내에서 자파를 기존의 선종이 아닌 교종으로 평가하고 교학상의 업적을 강조하는 인식이 나온 점은 매우 주목된다. 앞에서 부휴계 적전 묵암최눌 계열도 교학으로 인정되었는데 이는 교학, 그 중에서도 화엄학이 중시되고 성행하였으며 19세기에는 교학이 선에 대해 우위를 점하는 단계에 접어들었음을 시사한다.

부휴계는 19세기까지 선교겸수라는 기조를 유지하면서 교학을 중시하였다. 1842년 송광사 대화재의 영향인지 이후 큰 교학적 성과는 보이지 않지만, 20세기 초에도 부휴계는 송광사를 본거지로 하여 교학승이 많았던 華嚴寺, 雙溪寺, 大源寺 등 지리산 유역과 호남지역 사찰을 중심으로 삼남 일대에 영향력을 미치고 있었다. 1911년 사찰령이 반포되고 海印寺가 30本山의 한 本寺로 지정되자 그 末寺로 배속된 쌍계사 등에서는 法類가 다르다는 이유로 본사 지정을 반대하고 부휴계 사찰을 본산으로 해줄 것을 요청하였다. 당시 부휴계에 교종 승려가 다수라는 평가에서,[90] 법류가 다른 부휴계의 전통 속에는 선교겸수 및 교학 중시 경향이 일관되게 지속되었음을 알 수 있다. 仙巖寺의 말사로 지정되자 이의를 제기하여 결국 지리산 유역의 泉隱寺, 燕谷寺, 鷲山寺를 말사로 삼아 새로 본사로 승격된 화엄사의 경우에서도,[91] 부휴계의 계파인식이 강하게 남아있

---

88) 金南允, 「朝鮮後期의 佛敎史書 ≪山史略抄≫」, 『同大史學』 1, 동덕여대 국사학과, 1995.

89) 『逍遙堂集』, 「重刊逍遙堂集序」(『한국불교전서』 8, 185쪽). 또한 雪松演初(1676-1750)의 비문에도 사명파는 교종, 편양파는 선종으로 기술되어 있는데 연초는 양파에 모두 관련된 인물이었다.

90) 高橋亨, 앞 책, 761쪽.

91) 『조선불교통사』 상권, 658쪽.

었음을 재차 확인할 수 있다. 앞에서 소개한 「본말사법」 1장 4조에는 '本末 일반사찰에서는 禪敎兼學으로 한다'고 명기하고 있다. 이처럼 조선불교의 사상적 전통은 선과 교의 겸수로 이해되었는데, 이러한 전통의 형성과 유지에 부휴계가 기능한 역할과 비중은 적지 않았던 것으로 평가된다.

V. 浮休系의 普照遺風 선양

浮休系는 조선후기에 松廣寺를 본거지로 하여 普照知訥의 遺風을 선양하고 계승하면서 系派로서 성립되었다. 송광사와 보조유풍을 매개로 淸虛系와 대별되는 자파의 정체성을 만들고 단일한 계파인식을 강화시켰던 것이다. 하지만 法統에 있어서는 지눌이 아닌 太古普愚를 宗祖로 하는 太古法統說을 수용하였는데, 이는 臨濟宗風을 표방한 당시 불교계의 公論으로서 부휴계 또한 법맥상 정통을 이은 것이다. 조선후기 불교의 사상적 특징은 看話禪을 우위에 둔 禪敎兼修로 요약할 수 있다. 이는 履歷과정 뿐 아니라 禪, 敎, 念佛의 三門修業 형태로 정립되었는데, 그 안에는 보조지눌의 사상적 영향이 내재하고 있다. 하지만 간화선의 내용은 지눌 단계의 것이 아닌 元 이후에 들어온 임제종풍이었다. 또 조선후기 교학에서 특히 중시된 화엄학은 지눌이 중시한 李通玄의 화엄이 아닌 澄觀의 화엄을 대상으로 한 것이었다. 따라서 사상 내용이나 구체적 선풍이 아닌 선교겸수라는 포괄적 수행방식에서 보조유풍의 영향을 고려해야 할 것이다. 17세기 전반 청허계는 선과 교의 다양한 조류를 포괄하고 있었는데 이에 비해 부휴계는 선교겸수의 입장을 초기부터 분명히 하였다. 한편 지눌과 관련된 책을 간행하고 주석을 남기는 등 보조유풍의 계승 노력도 병행하였다. 부휴계는 선교겸수 및 삼문수업 체계를 후대까지 일관되게 유지하였으며 화엄학 성행에 크게 공헌하였고 청허계에 못지않은 교학적 성과도

냈다.

간화선을 필두로 한 선교겸수, 교학 특히 화엄학의 중시는 근대에 접어들어 전통으로 인식되었고, 교학적 성향을 강하게 띤 부휴계는 보조유풍을 내세우며 자파의 정통성과 계파인식을 더욱 강화하였다. '전통 만들기'의 과정에서 지눌의 사상적 영향이 더욱 부각되는 등, 부휴계는 조선후기 이래 근대에 이르기까지 청허계와 대별되는 독자적 계파로서 존립하였고 그 중심에는 보조유풍이 있었다.

이 글은『보조사상』제25집(보조사상연구원, 2006)에 수록된「浮休系'의 계파인식과 普照遺風」을 그대로 실은 것이다.

—

숙종 7년 중국선박의 표착과
백암성총의 불서간행

이종수

—

Ⅰ. 백암성총과 임자도의 표류선

栢庵性聰(1631-1700)이 17세기 말에 전라남도 징광사를 중심으로 佛書
를 간행하여 널리 유통시킴으로써 조선후기 불교계가 새로운 발전의 전
기를 마련하였음은 익히 알려진 바이다.[1] 특히 그가 간행한 서적 중에

---

[1] 근대에 이능화가 『朝鮮佛教通史』하편(新文館, 1918, 867-868쪽)에서 백암 성총
의 불서 간행을 높이 평가하였고, 1975년에 李性陀가 「栢庵의 思想」(『숭산박
길진박사화갑기념한국불교사상사』, 원광대학교)에서 성총의 행적과 사상에
대해 종합적으로 다루었다. 그 후 이만 교수의 「백암화상」(불교신문사 편,
『한국불교인물사상사』, 민족사, 1990)과 정각 스님의 「삼문수업의 형성에 기
여 백암성총」(중앙승가대학교 신문사, 『한국불교인물사상사』, 승가대신문사,
2000) 등 성총의 전기에 대해 간략하게 다룬 글들이 발표되었다. 그리고 최근
에 조명제 교수(신라대)가 「栢庵性聰의 佛典 편찬과 사상적 경향」(『역사와 경

『華嚴經疏演義鈔』(이하『화엄소초』)는 18세기 화엄학의 유행에 획기적인 역할을 하였다. 淸凉澄觀(738-839)의『華嚴經隨疏演義鈔』(이하『화엄수소초』)가 조선전기에 이미 逸失되어『화엄경소』만이 유통되고 있던 상황이었는데 성총에 의해『화엄소초』가 간행됨으로써 조선후기 화엄학이 크게 유행되었던 것이다.[2] 뿐만 아니라 성총은『정토보서』를 간행하여 18세기 정토신앙의 발전에도 큰 기여를 하였다.

그런데 성총이 이처럼 불서를 간행할 수 있기까지는 다음의 역사적 사건이 있었다. 숙종 7년(1681) 6월 5일에 큰 태풍이 있었고, 이때 중국 선박이 전라도 임자도에 표류해 왔다. 표류선에는 불서들이 있었고 그 일부가 왕실에 보내졌다. 숙종은 틈틈이 그 불서들을 열람하였는데 조정 대신들은 불서를 궁궐 밖으로 내보낼 것을 奏請하였다. 왜냐하면 성리학을 본위로 삼고 있던 국가에서 임금이 불서를 보는 것은 적절하지 않다고 판단하였기 때문이다. 결국 숙종은 신하들의 요청을 무시할 수 없어서 마침내 남한산성의 여러 사찰에 불서를 내보냈다. 한편 임자도 근처 영광 불갑사에 있던 성총은 중국선박의 표착과 불서에 대한 소식을 듣고 불서를 수집하여 간행하였다.

이상의 사건 중에서 아직 밝혀지지 않은 두 가지가 있다. 그 하나는 숙종이 남한산성에 보냈다고 하는 불서들의 행방이고, 다른 하나는 표류선의 실체이다. 이는 자료가 미비하여 밝힐 수 없었던 이유도 있었겠지만 좀 더 이 문제에 천착하여 연구하지 못한 탓도 있었을 것이다. 하지만 성총의 불서간행은 조선후기 불교의 방향을 제시하였다는 점에서 대단히 중요한 사실이다.[3] 그러므로 이에 대해 보다 면밀한 검토 없이 자료의

계』제68집, 부산경남사학회, 2008)을 발표하였다.

[2] 본고에서 다루는『화엄소초』와『화엄수소초』는 모두 청량 징관의 疏鈔이지만, 판각 시기와 장소가 다른 책이다. 후술하겠지만 隨字가 없는『화엄소초』는 1625년에 중국의 葉祺胤이 간행한 것으로서『화엄수소초』와 그 형식이 다르다.

한계 탓으로만 돌릴 수는 없다. 특히 성총이 간행한 불서가 중국의 표류선에 있었던 것이므로 우연적인 불교교류이긴 하지만 동아시아 불교사의 관점에서 접근할 필요성이 있는 것이다.

따라서 본고에서는 위에서 언급한 두 가지 미해결 중에서 표류선의 실체를 중심으로 새로운 사실을 밝혀보고, 성총의 불서 간행과 그 의도에 대해 살펴보고자 한다. 먼저 표류선에 실려 있던 불서의 처리에 대해 왕조실록을 중심으로 살펴보고 그 표류선의 실체에 대해 추적해 볼 것이다. 그리고 성총이 수집하여 간행한 불서를 통해 표류선 불서의 종류에 대해 살펴볼 것이다. 이러한 과정에서 표류선의 실체는 무엇이며, 왜 표류선에 불서가 가득 담겨 있었는지, 그 불서는 어떤 종류의 것들이며, 성총의 불서간행에 어떤 의도가 있었는지 등에 대해 밝힐 수 있을 것으로 기대한다.

II. 1681년 중국선박의 표착

1. 표류선 불서의 처리

숙종 7년(1681) 6월 5일에 태풍이 불어 전국적으로 막대한 피해가 있었다. 서울 근처 산에는 아름드리 소나무가 많이 뽑혔으며, 함경도 덕원과 경상도 함양 등지에서는 폭우가 내려 많은 사람들이 물에 떠내려가 목숨을 잃었다.[4] 게다가 전라도 바닷가에서는 고기잡이 어부들과 해산물을 채취하던 어민 71명이 파도에 휩쓸려 죽었다.[5] 전국의 피해는 속속 서울

---

3) 성총의 불서간행은 18세기 불교계의 경절문·원돈문·염불문의 三門修學에 큰 영향을 끼쳤던 것으로 생각된다. 가령 그가 간행한 『화엄소초』는 원돈문의 확립에 기여하였으며, 『정토보서』는 염불문의 확립에 기여하였다.

4) 『숙종실록』 7년(1681) 6월 5일-7월 5일조 참조.

5) 『숙종실록』 7년(1681) 7월 8일조. "전라도 바닷가 고을의 고기 잡고 해산물

의 조정에 보고되었고, 각지에서는 피해를 수습하느라 여념이 없었다. 그런 가운데 전남 신안군 荏子島에는 낯선 선박들이 파도에 떠밀려 왔다.[6] 6월 5일의 태풍으로 배가 파손되어 길을 잃고 표류하던 중에 임자도까지 온 것이었다. 신안 앞바다는 예로부터 태풍으로 상선들이 침몰하거나 표류해 오던 곳이었다. 배에는 거친 풍랑 속에 살아남은 중국인들과 무역을 위해 싣고 가던 각종 물품들이 실려 있었다. 나주 관아에서는 중국 상인들과 배에 실려 있던 각종 물건들을 수습하여 조정에 올려 보냈다. 이에 대해 『숙종실록』에서는 다음과 같이 기록하고 있다.

> 표류선에는 佛經이 있었는데 표지가 아주 새 것이었고, 佛器 등의 물건은 좋은 솜씨로 만들어진 것이었다. 그것들이 물에 떠다니다가 조수에 밀려와, 잇따라 전라도·충청도 등의 바닷가 여러 진과 포구에서 건졌는데, 그 서적의 총계는 1천여 권이었다.[7]

위의 기록에서 알 수 있듯이 거친 풍랑 속에서 배가 많이 파손되었던 것 같다. 그래서 배에 실려 있던 물품들 중 일부는 바다 속에 빠지거나 물에 떠다니다가 해변으로 밀려왔던 것 같다. 그리고 그 중에는 佛書와 佛器가 많았던 모양이다. 그런데 위의 기록에서 서적의 총계가 1천여 권이라는 말은 나주 관아에서 수집하여 조정에 올린 총계일 것이다. 나무궤짝에 담겨 바다에 떠다니다가 건져진 불서와 배에 남아 있던 불서를 모

채취하던 백성 71명이 6월 5일 바다에 나갔다가 풍랑을 만나 빠져 죽었다고 전라도의 신하가 아뢰었다(全羅道濱海邑漁採民人七十一名 六月五日 出海 遇風 渰死 道臣以聞)."

6) 『숙종실록』 7년(1681) 7월 9일조에서 "중국 상선이 큰 풍랑 때문에 표류하여 나주의 지도 등지에 도달한 것이 많았다(中國商舶 因大風 多漂到羅州智島等處)"라고 하여 중국 선박의 숫자는 불분명하다.

7) 『숙종실록』 7년(1681) 7월 9일조. "有佛經帙甚新 佛器等物製造奇巧 漂泛海潮 連爲全羅忠淸等道沿海諸鎭浦所拯得 通計千餘卷."

두 합한 것이 1천여 권이었던 것 같다. 후술하겠지만, 표류선에 실려 있던 불서는 중국의 嘉興大藏經으로서 7천 권이 넘는 분량이다. 그렇다면 관아에서 수집하지 못한 불서는 더욱 많이 있었을 것이며, 이 불서들은 아마도 세 갈래의 운명을 맞이했을 것으로 짐작된다. 첫 번째는 바다 속에 가라앉아 영원히 사라진 것이 있었을 것이다. 두 번째는 민간에서 건져 사찰 등지에 보관된 것으로서, 이 불서들 중에 일부를 백암성총이 수집하여 간행하였다. 세 번째는 관아에서 건져 왕실에 보내진 것으로서, 이 불서들은 왕실 창고에 보관되었고, 임금은 틈틈이 그 불서들을 열람하였다.[8] 그런데 조정의 대신들은 궐내에 불서를 두는 것은 오해의 소지가 있으므로 궐 밖으로 내보내야 한다고 奏請하였다. 이에 대한 기록은 1681년 7월 9일『승정원일기』의 다음 기록에서 확인할 수 있다.

> 민정중이 말하였다. "이번에 전라도에서 건져 얻은 서책들은 모두 불경입니다. 만약 오래 內間에 둔다면 상께서는 비록 두고자 하는 뜻이 없더라도 바깥사람들은 반드시 의심하게 될 것입니다. 내어 주게 하심이 어떻겠습니까?" 임금이 말하였다. "알았다. 내가 평소에 내어 주고자 하였다." … 임금이 말하였다. "책의 글자가 바르고 곧으니 아낄만하다. 근래의 물건 같지 않다."[9]

17세기 말의 정세는 서인과 남인으로 나뉘어져 당파싸움이 한창이었다. 송시열(1607-1689)을 중심으로 한 서인은 주자학만을 최고의 가치로

---

8) 『숙종실록』 7년(1681) 7월 9일조. "도의 신하들이 연속해서 계문하고, 그 책을 첨부하여 올렸는데, 임금이 가져다 보고 오래도록 내려 주지 않았다(道臣連續啓聞 附上其書 上取覽 久不下 鼎重言異端之書 不宜久留聖覽 壽恒亦言之 上乃命分賜南漢寺刹)."

9) 『승정원일기』 제283책, 숙종 7년(1681) 7월 9일조. "鼎重曰 今番全羅道所拯得書冊 俱是佛經 若久置內間 則自上雖無留意之事 而外人想必致訝 使之出給 何如 上曰 唯 予欲出給 雅矣 … 上曰 冊字 楷正可愛 不似近時物."

여기는 교조적 경향을 띠었고, 尹鑴(1617-1680)를 중심으로 한 남인은 서인의 교조주의적 경향에 비판적이었다. 결국 1680년에는 庚申換局으로 윤휴는 賜死되고 말았다. 이러한 상황에서 조정에서는 불서에 대해 민감할 수밖에 없었던 것이다. 그런데 임금이 불서에 심취하여 열람하고 있다면 큰 문제가 아닐 수 없었을 것이다. 이에 조정 대신들은 임금에게 궐내에 불서를 두는 것은 오해의 소지가 있으므로 궐 밖으로 내보내야 한다고 奏請하였던 것으로 보인다. 숙종은 대신들의 의견을 받아들여 '남한의 사찰'에 나누어 주라고 하는 어명을 내린다.[10] 여기서 남한의 사찰이란 남한산성의 사찰을 말한다.[11] 따라서 당시 8도도총섭이 있던 남한산성의 開元寺를 중심으로 불서들이 分賜되었음을 충분히 짐작할 수 있다. 이렇게 일단락 된 조정의 불서 처리는 유학자들의 불교에 대한 인식을 잘 보여주는 것이다.

2. 표류선의 실체

그러면 임자도에 표류해 온 중국선박에 왜 佛書와 佛器가 가득 담겨 있었을까? 그 선박들은 어디로 가려던 길이었을까? 그 불서들은 누가 언제 간행한 것이었을까? 이러한 의문을 해결하기 위해서는 먼저 당시 동아시아의 海上政勢를 살펴보지 않으면 안 된다.

17세기 후반은 중국, 조선, 일본의 해상 私무역이 금지되어 있던 시기였다. 고려 말부터 악명을 떨치던 왜구들은 1392년 일본의 남북조 내란이 종말을 고하면서 잦아들었으나 1467년 應仁의 난 이후 豐臣秀吉이 일본을

---

[10] 『숙종실록』 7년(1681) 7월 9일조. "민정중이 이단의 서책을 오래 머물러 두고서 임금이 보는 것은 적당하지 않다고 말하고 김수항도 그것을 말하자, 임금이 南漢의 사찰에 나누어 내려 주도록 명하였다(鼎重言異端之書 不宜久留聖覽壽恒亦言之 上乃命分賜南漢寺刹)."

[11] 高橋亨은 『李朝佛敎』(寶文館, 1929, 691쪽)에서 남한산성 '開元寺'라고 지칭하였다.

통일할 때까지 다시 왜구가 성행함으로써 중국과 조선은 해상무역을 금지시켰던 것이다.[12] 특히 중국은 17세기에 청나라가 중국대륙을 차지하면서 해상무역을 더욱 엄격하게 통제하였다. 이는 청나라에 끝까지 반항하던 鄭成功(1624-1662) 일파가 대만으로 근거지를 옮겨 계속해서 청나라에 반기를 들었기 때문이었다.

중국인 鄭芝龍과 일본인 田川七左衛門의 딸 사이에 태어난 鄭成功은 일본의 平戶에서 출생하여 7살에 중국으로 갔으며 福松이라는 일본 이름을 가진 인물이었다. 鄭芝龍은 대만해협으로부터 東지나해 일대의 해상권을 장악하면서 해상무역을 통해 그 세력을 떨치고 있었는데, 청나라가 침입해 오자 청나라에 귀순하였다. 그러나 그의 아들 鄭成功은 아버지에 반기를 들고 청나라와 대립하였다. 鄭成功은 南京을 공격하는가 하면 福建省 일대에서 淸軍을 맞이하여 군사적으로 큰 성공을 거두었다. 그러나 청나라에 대항하여 싸우기에는 역부족이었으므로 1661년부터 台灣을 근거지로 하여 장기전에 들어가고자 하였다. 대만은 섬이었으므로 해상전에 약한 淸軍을 상대로 안정적인 근거지를 확보하기 위함이었다. 마침내 鄭씨 일가는 1661년에 군사작전을 감행하여 네덜란드 동인도회사가 차지하고 있던 대만을 무력으로 점령하였다. 그러자 청나라 조정은 명나라 때부터 있어온 海禁令을 더욱 엄격히 적용하여 어선과 상선의 출입을 통제하더니 1661년부터는 遷界令을 발동하여 산동성·광동성·복건성의 연해에 있는 주민을 해안선으로부터 30리 안으로 이주시키고, 연안의 거주민 중에 鄭씨 세력을 지원하거나 연대하는 이가 있으면 가차 없이 처벌하였다. 이에 따라 해상은 완전히 鄭씨 세력에 의해 장악되었다.[13]

鄭成功은 청나라 침입 초기부터 꾸준히 일본에 군대를 요청하였다. 이

---

12) 荒野泰典,『近世日本と東アジア』, 東京大學出版會, 1989.

13) 松丸道雄 外4人 編,『中國史』4, 山川出版社, 1999, 331-333쪽; 寺尾善雄,『(明末の風雲兒)鄭成功』, 東方書店, 1986.

민족인 청나라를 물리치고 명나라를 다시 건국하기 위해 일본의 원조를 희망하였던 것이다. 鄭成功의 고향이 일본 平戸였을 뿐만 아니라 일본과의 무역을 통해서 그 세력을 유지하고 있었기 때문이기도 하다.14) 그러나 鄭成功은 1662년에 병으로 사망하여 그의 꿈은 물거품이 되고 말았다. 鄭成功의 뒤를 이어 그의 장남 鄭經이 권력을 계승하였다. 鄭經 역시 부모의 유업을 이어받아 청나라에 대립하였으며, 일본과의 무역도 계속 유지하였다. 그리고 운남성 · 광동성 · 복건성을 중심으로 이른바 '三藩의 난'15)이 일어났을 때 반란군에 호응하여 청나라에 대항하였다. 그러나 1681년 三藩의 난이 진압되었으며 鄭經마저 죽고 말았다. 鄭經을 이어 12살의 어린 나이로 鄭克塽이 등극하였지만 정씨 일가는 점차 고립되어 갔다. 결국 1683년에 鄭克塽이 중국에 항복함으로써 대만의 정씨 정권은 붕괴하고 말았다.

이상의 내용으로 볼 때 1681년 임자도에 표류한 중국선박은 대만을 차지하고 있던 鄭씨 일가의 무역선으로서 일본에 가던 상선이었던 것으로 보인다.16) 다음의 『승정원일기』에서 이러한 추정을 뒷받침하고 있다.

> 민정중이 말하였다. "그 책들은 모두 佛經입니다. 생각건대 일본이 好佛하므로 가서 팔고자 하였으나 중도에 표류하게 된 것 같습니다." 김수항이 말하였다. "이 일은 표류한 중국인들이 서울에 들어오기를 기다려 물어서 그 대답을 들어야 자세한 곡절을 알 수 있을 것입니다. 신이 그 책들을 보건대 틀림없이 중국의 책입니다."17)

---

14) 石原道博, 『鄭成功』, 三省堂, 1941.

15) 三藩의 난(1673-1681)은 1673년에 오삼계가 운남성을 기반으로 청나라에 반란을 일으키자 광동성과 복건성에서 동조하였던 사건을 말한다. 그러나 이들의 반란은 1681년에 진압되었다.

16) 당시 일본의 長崎에는 鄭씨 일가의 통제를 받지 않는 중국 무역선은 거의 없었다.(任鴻章, 『近世日本と日中貿易』, 六興出版, 1988, 107-112쪽 참조).

17) 『승정원일기』 제283책, 숙종 7년(1681) 7월 9일조. "鼎重曰 其册 皆是佛經 意者

190 · 지리산권 불교의 사상과 문화

표류선은 본래 중국의 무역선으로서 일본으로 가던 중이었는데 태풍을 만나 조선에 표착한 것으로 보인다. 만약 이것이 사실이라면 당시 청나라가 해상을 봉쇄하고 있던 상황에서 불경을 실은 상선이 바다를 건너 일본으로 갈 수 있는 세력은 웬만한 해상 권력자가 아니고서는 불가능하였을 것이다. 그리고 일본과의 지속적인 무역관계를 가지고 있지 않고서는 어려웠을 것이다. 그러므로 당시 해상무역을 장악하고 있던 정씨 일가의 무역선일 가능성은 그만큼 커지는 것이다.

당시 중국과 일본의 주요 교역 품목은 生糸, 絹織物, 砂糖 등이었는데 여러 교역품 중에는 佛書도 포함되어 있었다. 특히 1654년에 일본에 건너가서 황벽종을 개창하였던 중국 승려 隱元隆琦(1592-1673)의 제자들이 정씨 일가의 무역선을 이용해 자주 왕래하고 있었다.[18] 게다가 隱元은 명말부터 판각되기 시작하여 한창 간행 중이던 嘉興大藏經(이하, 가흥장)의 일부를 입수하여 소장하고 있었고,[19] 이것을 鐵眼道光(1630-1682)이 覆刻하여 1669년부터 1681년에 이르기까지 黃檗版一切經(이하 황벽장)을 간행하

日本好佛 故將欲往賣 而中途漂海者也 壽恒曰 此則待漂漢人入京而問之 觀其所答 可得其曲折矣 臣盖見其册本 必是唐册也."

[18] 隱元이 渡日할 때에도 鄭成功의 무역선을 이용하였다. 鄭成功과 隱元과의 관계는 『旅日高僧隱元中土來往書信集』(陳智超, 韋祖輝, 何齡修 編, 北京: 中華全國圖書館文獻縮微複製中心, 1995)에 수록되어 있는 편지를 통해서 짐작할 수 있다. 여기에는 隱元이 渡日하던 해에 鄭成功이 隱元에게 보낸 편지와 鄭成功의 부하 장수였던 張光啓가 1660년에 일본에 군대를 요청하러 왔을 때 隱元에게 보낸 편지 등이 수록되어 있다.

[19] 가흥장이 언제부터 일본에 전래되었는지 정확히 알 수는 없으나 勝性印(1598-1671)이 隱元에게 1658년에 보시하였던 기록이 보이므로 隱元이 渡日하던 즈음이었던 것으로 생각된다. 예전에는 隱元이 渡日할 때 嘉興藏을 가지고 온 것으로 보기도 했다. 이는 赤松晉明의 『鐵眼禪師』(弘文堂, 1942, 54쪽)에서 "老隱元は自ら支那から携行した藏本を與へた"라고 하였고, "鐵眼は老隱元より頂戴した藏本をそのまま活用して底本としたのである"이라고 한 데서 오해가 생겼던 것 같다. 隱元이 중국을 떠날 때 嘉興藏을 가지고 갈 여력이 없었던 점으로 미루어 볼 때 隱元이 渡日한 이후에 勝性印에게 얻은 것으로 보아야 할 것이다. 이에 대해서는 大槻幹郎의 「黃檗版大藏經の原本について」(『(影印)黃檗版大藏經刊記集』, 京都: 恩文閣出版, 1994)를 참조하기 바란다.

였다.[20] 가흥장은 '正藏'과 '續藏' 그리고 '又續藏'으로 구성되어 있는데, 황벽장은 그 중에서 정장에 해당하는 부분만을 1681년까지 복각한 것이다. 이러한 사실은 가흥장과 황벽장의 목록을 비교해보면 알 수 있다.[21] 즉 '속장'과 '우속장'은 포함되지 못한 것이다. 추측건대, 鐵眼은 가흥속장까지 복각하려 했던 것으로 보인다. 그렇다면 표류선의 불서를 구입할 사람은 바로 鐵眼을 비롯한 대장경 간행자들이었을 것이다.[22] 그런데 가흥속장을 싣고 가던 배가 태풍을 만나 일본에 도착하지 못함으로써 황벽장은 정장만을 복각하게 되었던 것으로 생각된다.

III. 백암성총의 佛書 수집과 간행

1. 嘉興大藏經의 입수

숙종이 대신들의 요청에 의해 남한산성 開元寺 등에 나누어 안치한 불서는 가흥장의 일부였다. 즉 중국 표류선에 있었던 불서는 가흥장이었던 것이다.[23] 가흥장은 흔히 萬曆藏, 徑山藏, 方册藏, 楞嚴寺版이라고도 불리

---

20) 大藏會 編, 『大藏經-成立と變遷』, 京都: 百華苑, 1989; 李富華/何梅 著, 『漢文佛教大藏經研究』, 宗教文化出版社, 2003, 595-598쪽.

21) 佛教大學佛教文化研究所 編의 『獅谷法然院 所藏 (麗藏對校)黃檗版大藏經竝 新續入藏經目錄』(佛教大學 佛教文化研究所, 1989)과 中嶋隆藏의 『明萬曆嘉興藏の出版とその影響』(東北大學大學院, 2005)에 수록되어 있는 『『嘉興大藏經目錄』 三種對照表』를 비교해본 결과 嘉興正藏과 黃檗版一切經의 목록이 일치함을 확인하였다.

22) 필자는 2008년 12월 6일에 일본의 '東アジア仏教研究会'에서 발표한 「黃檗版一切經に嘉興續藏が收錄されていない理由について」라는 논문에서 鐵眼이 가흥속장의 존재를 알고 있었으며 일본에 수입하여 간행하려 했지만 1681년에 가흥속장을 실은 중국 선박이 일본에 도착하지 못하여 가흥속장을 복각하지 못했음을 논증하였다.

23) 김용태는 「朝鮮後期 佛教의 臨濟法統과 敎學傳統」(서울대학교 박사학위논문 2008, 158쪽)에서 1681년 중국 표류선에 있던 佛書를 嘉興大藏經일 것으로 추

는데, 명나라 萬曆 17년(1589)에 처음 開刊하여 청나라 康熙 51년(1712)까지 120여년에 걸쳐 완성되었다. 이 대장경에 수록된 典籍은 약 2195부, 10332권으로서 중국에서 간행된 역대 대장경 중에 가장 많은 분량이다.[24] 가흥장은 密藏道開가 1582년(만력 10)경에 발원하여 幻豫法本과 함께 1589년(만력 17)에 五臺山 紫霞谷 妙德菴에서 처음 판각하였다. 그런데 오대산은 날씨가 춥고 지역이 험준하며 교통이 불편하였기 때문에 5년 후인 1593년에 浙江省 余杭 徑山으로 판각장소를 옮겼다. 이로부터 대략 40년간 경산 萬壽禪寺, 寂照庵, 化城寺를 중심으로 판각이 이루어졌다. 1597년에 道開가 갑자기 사라지고 얼마 후 法本마저 세상을 떠나자 일시 대장경 사업이 혼란을 빚었으나 1601년에 道開의 제자 念云興勤에 의해 다시 추진되었다. 그러나 1630년대에 이르러 전국적으로 농민반란이 일어나고 북쪽에는 여진족의 청나라가 침입해 옴에 따라 시주자를 구하기가 힘들어졌다. 그래서 경전 판각을 각지에 분산하여 위임하였다. 그리고 1640년대 이후에는 그때까지 판각한 대장경을 인쇄하고 판매하여 그 수입을 가지고 대장경 사업을 이어갔다. 이 시기에 대장경의 판각과 유통의 중심지가 浙江省 嘉興府 楞嚴寺로 바뀌었다. 그리고 1711년을 전후하여 대장경 사업이 마무리될 때까지 이러한 상황은 지속되었다.[25]

앞에서 언급했듯이 가흥장은 '정장'과 '속장' 그리고 '우속장'으로 구성되어 있다. 정장은 영락제의 칙령에 의해 만든 北藏의 내용과 거의 일치

정하였지만, 본 논문에서는 보다 적극적으로 해석하여 아래에 그 증거를 밝혔다.

24) 본고는 李富華/何梅 著, 앞의 책에서 제시한 분량을 따랐다. 그러나 大藏會 編, 앞의 책, 82쪽에서는 1618부 7334권으로 완성되었다고 하였고, 呂徵의 「明刻徑山方冊本藏經」(『呂徵佛學論著選集』 3, 齊魯書社出版, 1996, 1484-1489쪽)에서는 正藏 1654部 6930卷, 續藏 248部 3800卷, 又續藏 318部 1880卷으로서 총 2220部 12610卷으로 계산하였다.

25) 李富華/何梅 著, 앞의 책; 中嶋隆藏, 『明萬曆嘉興藏の出版とその影響』, 東北大學 大學院, 2005.

하며,[26] 속장과 우속장은 역대 중국 대장경에 수록되어 있지 않은 내용들로 구성되어 있다. 그리고 정장과 속장의 완성 연대는 분명하지 않다. 1676년에 嘉興府 楞嚴寺에서 印經하여 정장과 속장이 간행되었을 때에도 정장이 판각되고 있기 때문에 정장과 속장의 간행 시기를 구분하기는 어렵다.[27] 이 대장경은 일본으로도 수출되었는데, 특히 1654년에 渡日한 隱元에 의해 본격적으로 일본에 소개되어 일본에서 黃檗藏이 만들어진 계기가 되기도 하였다.

그러면 백암성총이 표류선에서 입수하였던 경전을 위에서 말한 가흥장이라고 보는 근거는 무엇인가. 이를 뒷받침하는 증거로서 중요한 두 가지만 들면 다음과 같다.

첫 번째는, 성총이 간행한 경전 중에 葉祺胤이 간행한 『화엄소초』가 포함되어 있다는 점이다. 『화엄소초』는 중국의 거의 모든 대장경에 포함된 것이지만 1625년경에 섭기윤에 의해 간행된 것은 가흥속장에만 수록되어 있다.[28] 게다가 『화엄소초』는 화엄경의 經과 疏와 鈔를 合本하여 간행한 것으로서 그 이전의 『화엄수소초』와도 형식이 다르다.[29] 그러므로 성총이 섭기윤의 『화엄소초』를 입수하여 간행하였다는 증언은 그가 입수한 대장경이 가흥장임을 증명하는 것이다. 이에 대해서는 그 서적들을 수집

---

[26] 北藏에 들어있지 않은 南藏 典籍과 중국 찬술 典籍 41부 591권이 부가된 것이다.

[27] 李富華/何梅 著, 앞의 책, 492-494쪽을 참조하기 바란다. 그런데 大藏會 編, 앞의 책, 82쪽에서는 1666년에 속장을 개판하고 1676년에 우속장을 완성하였다고 하였다.

[28] 中島隆藏, 「嘉興續藏所收『大方廣佛華嚴經疏演義鈔』較刻の葉祺胤」, 田中良昭博士古稀記念論集刊行會 編, 『禪學研究の諸相』, 大東出版社, 2003.

[29] 여기에서의 『화엄수소초』는 武林 昭慶寺本으로서 섭기윤이 『화엄소초』를 간행할 때 저본으로 삼았던 책이다. 昭慶寺本은 '隨疏'의 隨字가 덧붙은 제목이고, 섭기윤이 간행한 책은 '隨'字가 빠진 제목이다. 그리고 昭慶寺本은 『화엄경』의 經文을 생략하고 疏와 鈔만으로 구성된 책인데 비해, 섭기윤의 『화엄소초』는 經文과 疏, 鈔가 함께 구성된 책이다. 이에 대해서는 혜남의 「淸凉 華嚴經疏鈔의 流傳」(『脩多羅』 7, 해인사승가대학, 1992) 참조.

하여 간행한 백암성총의 다음 글에서 확인된다.

> 근래에 대장경을 실은 배가 표류하여 우리나라에 왔다. 그 배에는 명나라
> 평림거사 葉祺胤이 편찬하여 간행한 80권 전부가 있었는데 다행히 내 손에
> 들어왔다.30)

위의 글은 성총이 입수한 『화엄소초』가 평림거사 섭기윤이 간행한 것
임을 증명해 주고 있다. 그러므로 표류선의 불서가 속장을 포함한 가흥장
이라고 말 할 수 있는 것이다.

두 번째는, 성총이 간행한 서적들 대부분이 가흥장에 포함된 불전을 저
본으로 하고 있다는 점이다. 아래의 〈표 1〉에서 보듯이 『정토보서』와 四
集을 제외하면 모두 가흥장에 포함되어 있는 것이다. 그런데 『정토보서』
역시 가흥속장의 정토서적을 편집하여 엮은 것이기 때문에 사실상 가흥
장을 저본으로 하여 만들었다고 할 수 있다. 『정토보서』에서 인용하고 있
는 전적들이 『淨土資糧全集』 『淨土晨鐘』 『歸元直指』 등인데,31) 이들은 모
두 가흥속장에 수록되어 있는 것이다. 또한 성총이 서문에서 『정토보서』
의 글은 표류선에서 구한 정토저술에서 채록하였다고 하였으므로 가흥장
을 저본으로 하였다고 할 수 있는 것이다.32)

---

30) 성총, 「海東新刻淸凉華嚴疏鈔後序」, 『화엄소초』(송광사 성보박물관 소장, 국립
중앙도서관 홈페이지). "頃年載大藏一航 漂至鰈域 有明平林葉居士祺胤所鳌合登
梓者 八十卷全經 幸入吾手."

31) 이에 대해서는 이종수의 「조선후기 淨土思想 연구」(『회당학보』 제13집, 서울:
회당학회, 2008)와 조명제의 앞의 논문을 참조하기 바란다.

32) 성총, 「淨土寶書序」(『한불전』 8-484). "내가 요즘 중국책 정토관련 서적을 10여
질이나 얻었다. … 마침내 여러 저술을 모으고 그 가운데에서 훌륭한 격언과
고금 왕생의 아름다운 글들을 가려 뽑아 한 권의 책으로 펴내었다(不慧 近獲
唐本淨土著述 無慮十有餘秩 … 遂蒐獵諸述 採掇格言及古今徃生之章章者 輯成一
編)."

<표 1> 백암성총이 간행한 불전

판각 장소	불전명		간행 연도	가흥장의 수록 여부	비고
澄光寺	淨土寶書(1권 1책)		1686	없음	續藏에 있는 정토서적을 편집하여 간행한 것임
	金剛般若經疏論纂要刊定記會編(10권 5책)		1686	續藏	현재의 『가흥대장경』 31에 수록되어 있음33)
	四經持驗記(4권 1책)		1686	續藏	
	四集	大慧普覺禪師書(1권 1책)	1686	正藏	嘉興藏과의 관계 불분명
		法集別行錄節要幷入私記(1권 1책)	1686	없음	
		禪源諸詮集都序(2권 1책)	1686	없음	嘉興藏에 같은 제목이 있으나 체제가 약간 다름
		高峰和尙禪要(1권 1책)	1686	없음	
澄光寺 大源庵 梵魚寺	大方廣佛華嚴經疏鈔(80권 70책)		1690 1700	續藏	
雲興寺 定慧寺 靈隱寺	大明三藏法數(50권 17책)		1690	正藏	
雙磎寺	華嚴懸談會玄記(40권 10책)		1695	正藏	
	緇門警訓(3권 3책)		1695	正藏	성총이 주석함
	大乘起信論疏筆削記會編(4권 4책)		1695	正藏	'會編'은 성총이 하였으므로 嘉興藏에는 『大乘起信論疏筆削記』가 실려 있다.

이상의 두 가지 내용에서 중국 표류선에 있었던 불서가 가흥장임을 확

---

33) 中嶋隆藏의 『明萬曆嘉興藏の出版とその影響』에 수록되어 있는 「『嘉興大藏經目錄』 三種對照表」에는 『金剛般若經疏論纂要刊定記會編』이 실려 있지 않다. 그러나 『(明版)嘉興大藏經』 31(新文豊出版公司, 民國76[1987])에는 성총이 간행한 것과 같은 『金剛般若經疏論纂要刊定記會編』이 실려 있다. 그리고 이 책에서는 저자에 대해 "秦三藏法師鳩摩羅什譯經 唐圭山大師宗密述疏 宋長水沙門子璿錄記 淸荊谿後學沙門行策會編"이라고 하였다. 따라서 이 책은 가흥장의 '속장' 혹은 '우속장'에 포함되어야 할 것이다. 왜냐하면 會編의 저자가 청나라 사람이기 때문이다. 본고에서는 편의상 속장으로 간주하여 표기하였다.

신할 수 있다. 다만 四集의 책들은 백암이 표류선의 불서를 수집하는 것과 상관없이 필요에 의해 간행하였을 것으로 생각된다.

또한 위의 목록과 권수는 영조 42년(1766)에 金相福이 찬술한 「栢庵堂性聰大禪師碑文」의 기록과 일치한다.[34] 비문에서 『화엄경소초』 및 『대명법수』, 『회현기』, 『금강기』, 『기신기』, 四大師所錄[35]과 『정토보서』 등 190권을 간행하였다고 하였는데, 위의 표에서 보듯이 성총이 간행한 불전은 총 12종류 197권 115책이다. 이렇게 보면 비문에서 190권을 간행하였다고 한 기록과 현존하는 성총의 불서는 일치한다고 볼 수 있는 것이다.

2. 백암성총의 불서 간행과 의도

碑文에 의하면, 성총은 13세에 출가하여 16세에 法戒를 받았으며, 18세에 지리산에 들어가 翠微守初의 문하에서 9년간 수학하였다. 그 후 30세부터 경전을 강의하기 시작하였으며, 명산을 두루 돌아다녔다. 즉 그는 浮休善修(1543-1615)-碧巖覺性(1575-1660)-翠微守初(1590-1668)의 법맥을 이은 浮休 문파 제3대 제자가 된다.[36] 그러면 성총은 어떻게 해서 표류선의 불서를 구할 수 있었을까? 1681년 표류선이 임자도에 표착했을 때 성총은 인근 지역인 영광 佛岬寺에 있었다.[37] 그래서 중국선박이 나주 앞바다에 있는 임자도에 표착했다는 소식을 비교적 빨리 접하게 되었던 것 같다.

---

34) 金相福 撰, 「栢庵堂性聰大禪師碑文」, 『韓國高僧碑文總集』, 李智冠 編, 서울: 가산불교문화연구원, 2000, 298쪽.

35) 여기서 四大師所錄이라고 한 것은 〈표 1〉에서 보이는 四集을 말한 것 같다.

36) 부휴계의 계파와 관련해서는 김용태의 「浮休系'의 계파인식과 普照遺風」(『보조사상』 제25집, 보조사상연구원, 2006)이 주목된다.

37) 明眼, 「新刻華嚴疏鈔後跋」(大源庵 刻成 『화엄소초』 제80권)에는 "백암선사가 항상 화엄의 오묘한 뜻을 구하였지만 화엄소초를 보지 못하여 마음의 병이 된 지 오래였는데, 임술년 여름에 불갑사에 갔다가 서해변에서 이 소초를 보게 되었다.(栢庵禪師 常究華嚴奧義而不見鈔釋 心病久矣 壬戌夏嘗遊佛岬 得此訣於西海上)"라고 기록하고 있다.

그리고 그 표류선에 불서들이 있다는 소식을 듣고서 그곳으로 달려갔을 것이다. 영조 42년(1766)에 金相福이 찬술한 「栢庵堂性聰大禪師碑文」에서는 다음과 같이 기록하고 있다.

> (백암성총은) 일찍이 바닷가 나루터에 큰 선박이 와서 정박해 있는 것을 발견하고 그곳에 실려 있는 것을 보았는데, 명나라 平林 葉居士가 교간한 『화엄경소초』 및 『대명법수』, 『회현기』, 『금강기』, 『기신기』, 四大師所錄과 『정토보서』 등 190권이었다. 이에 선사는 크게 놀라고 기이하게 여겨 대중들과 함께 예를 올리고 삼가 받들어 신심을 내어 여러 경전을 간행하여 수년 내에 세상에 전하여졌다. 이로부터 사방의 승려들이 모두 존경하지 않는 이가 없었으며 선사를 추대하여 종사로 삼았다.[38]

위의 기록에서 보듯이 표류선에서 불서를 발견한 성총은 대중들과 함께 발심하여 불서를 간행하게 된 것으로 보인다. 그러나 불서를 한꺼번에 표류선에서 구했던 것은 아니었다. 오히려 표류선에 있던 불서는 관아에서 수집하여 서울에 보냈으므로 성총이 손에 넣을 수 있었던 것은 관아에서 미처 수습하지 못하고 표류선에 남아 있던 것이거나 해변 곳곳에 떠내려 온 것들일 것이다. 표류선이 임자도에 표착한 1681년은 성총의 나이가 51세였는데 55세에 수집한 경전을 가지고 징광사로 갈 때까지 4년 동안 곳곳에 흩어진 불서들을 수소문하여 수집하였던 것이다.[39]

성총이 직접 표류선이나 해변에서 구한 것 외에 흩어진 불서를 수집하였던 통로는 크게 두 가지로 생각해 볼 수 있다. 하나는 남한산성 사찰에서 불서를 수집하는 것과 다른 하나는 바다에서 건져 올린 불서를 보관

---

[38] 「栢庵堂性聰大禪師碑文」(李智冠 編의 앞의 책, 298쪽). "嘗於浦海邊 見大船來泊 視其所載 卽大明平林葉居士 所校刊華嚴經疏鈔 及大明法數 會玄記 金剛記 起信記 四大師所錄 與淨土寶書 等一百九十卷也 師乃大驚異 曁其徒衆 頂禮虔奉 發信心 刊諸經 數年內而傳行于世 自是四方之學佛者 莫不靡然尊敬 推以爲宗師焉."

[39] 「栢庵堂性聰大禪師碑文陰記」 略譜(李智冠 編, 앞의 책, 301쪽).

하고 있던 사찰에서 수집하는 것이다. 현재로서는 남한산성 사찰에서 보관하였던 불서에 대해서는 알 길이 없다. 어쩌면 남한산성에서는 불서를 구하지 못했을 가능성도 있다. 성총과 관련한 어떤 기록에서도 남한산성 사찰에서 불서를 구했다는 기록이 없기 때문이다. 만약 남한산성 사찰에서 불서를 수집했다면 그와 관련된 기록이 조금은 남아 있지 않았을까 생각된다. 반면에 바다에서 건져 올린 불서를 보관하고 있던 전라도의 다른 사찰에서 불서를 구했다는 기록은 곳곳에서 발견된다. 성총이 구봉산 보현사 승려에게 보낸 다음의 편지에서 그 사정을 짐작할 수 있다.

> 제가 세 번 능가사에 갔고, 두 번 소요산 선운사에 갔으며, 그 외에 바다와 산들을 찾아 가지 않은 곳이 없습니다. 그래서 여러 경전들을 찾아서 400여 권을 얻을 수 있었습니다. ⋯ 화엄소초 80권 중에 겨우 절반 정도 얻었지만 아직 전체를 구하지는 못하였습니다. 이것이 제가 아침 저녁으로 마음에 걸려 있는 것이었습니다. 그런데 귀사에서 보관하고 있던 8권을 흔쾌히 보여 주시어 그 부족한 것을 보충하게 해 주시니 이 또한 법보시의 일대 인연일 것입니다.[40]

『화엄소초』를 보관하고 있던 보현사에서 책을 빌려준 것에 대해 성총이 감사하는 편지이다. 보현사에서도 8권만을 소장하고 있었던 것을 보면 여러 사찰에 흩어져 있었던 것을 짐작할 수 있다. 그래서 능가사, 선운사를 비롯하여 바다며 산들을 찾아 헤매지 않은 곳이 없었던 모양이다.

---

40) 성총, 「與九峰普賢寺僧」, 『백암집』 권하(『한불전』 8-474상·중). "某三入楞伽 再到 逍遙禪雲 其餘並海諸山 無不投蹤 搜采衆經 已得四百餘卷 ⋯ 雜華疏鈔八十卷 才 得太半 而未由完部 此余朝夕懸係者也 貴寺中所留一匣八卷 快然見許 少補其缺 則 此亦法施之一大緣也." 여기서 400여 권이라 한 것은 비문에서 190권이라고 한 것과 상충하는 내용이다. 이것은 성총이 수집한 권수가 400여 권이고 간행한 권수가 190권일 것으로 생각된다. 한편 李性陀는 「栢庵의 思想」에서 비문을 작성할 당시에 성총이 간행한 것으로서 남아 있던 것이 190권이었거나 권수를 셈하는 차이에서 비롯된 것 같다고 하였다.

『화엄소초』는 1690년에 간행이 1차적으로 마무리되었던 것 같다. 『화엄소초』의 많은 판본이 1690년에 판각된 것으로 적시하고 있기 때문이다. 그리고 이를 기념하여 성총은 1691년에 선암사 창파각에서 화엄대법회를 열었고, 이 때 많은 대중이 구름처럼 모여들었던 것 같다.[41]

한편 성총이 간행한 불전을 보면 일정한 의도를 가지고 간행하였음을 알 수 있다. 이것은 四集의 간행에서 보다 분명하게 드러난다. 위의 〈표1〉에서 보듯이 성총이 간행한 四集은 가흥장에 있던 것이 아니었다. 가령, 성총이 간행하였던 『선원제전집도서』는 가흥장에 수록된 『선원제전집도서』와 다르며, 가흥장에 수록된 『선원제전집도서』는 1694년에 전라도 용흥사에서 간행되었다. 우리나라는 전통적으로 宋刊本 『선원제전집도서』를 판각하였는데, 가흥장본과는 그 내용을 달리하고 있다.[42] 그런데 1694년 전라도 용흥사에서 가흥장본 『선원제전집도서』를 간행한 것이다. 이것은 표류선의 가흥장본 『선원제전집도서』를 용흥사에서 입수하여 간행하였기 때문으로 생각된다. 게다가 『법집별행록절요병입사기』와 『고봉화상선요』는 가흥장의 목록에 들어 있지 않다. 그러므로 성총이 간행한 四集은 가흥장의 것이 아니라 어떤 필요성에 의해 당시 유통되던 것을 다시 간행한 것임을 알 수 있다. 이러한 점에서 볼 때 성총이 표류선의 불서를 무조건 구하여 간행한 것이 아니라 일정한 의도를 가지고 수집하여 간행한 것으로 볼 수 있는 것이다. 그렇다면 성총에게 어떤 의도가 있었던 것일까?

성총이 간행한 서적을 조선후기 이력과정의 책들과 비교하여 보면 그 의도는 보다 뚜렷해진다. 이능화(1869-1943)는 『조선불교통사』에서 다음과 같이 말하고 있다.

---

[41] 「栢庵堂性聰大禪師碑文陰記」 略譜(李智冠 編, 앞의 책, 301쪽).

[42] 仝海住, 「선원제전집도서에 대한 고찰 Ⅰ」, 『불교학보』 제34집, 동국대학교 불교문화연구원, 1997.

백암대사로부터 시작하여, 敎는 사교와 대교의 과목을 정하였고, 禪은『선문염송』을 정하였다. 어떻게 아는가? 백암이전에는『화엄경』이 다만 疏만이 있었고 演義抄는 없었다. 또『기신론필삭기』와『반야경간정기』가 없어서 사교와 대교가 완전하지 않았다. … 백암대사가 목판을 간행하여 인쇄하고 유포하여 사교와 대교가 비로소 완전해질 수 있었다.[43]

이능화는 성총에 의해 사교과와 대교과의 과목이 확정되었다고 보았던 것이다. 이러한 견해의 타당성은 17세기 초에 살았던 휴정의 제자 詠月淸學(1570-1654)의「四集四敎傳燈拈頌華嚴」에 제시된 이력과목과 성총 이후에 확정된 것으로 보이는 이력과목을 비교해 보면 분명하게 드러난다.

〈표 2〉 영월 청학의 이력과정 체계[44]

과정	수강과목
四集科	『高峰禪要』『大慧書狀』『禪源諸詮集都序』『法集別行錄節要私記』
四敎科	『圓覺經』『金剛經』『楞嚴經』『法華經』
大敎科	『華嚴經』『景德傳燈錄』『禪門拈頌』

〈표 3〉『조선불교통사』에 소개된 이력과정[45]

과정	연한	수강과목
沙彌科	1년	受十戒 朝夕誦呪『般若心經』『初心文』『發心文』『自警文』
	3년	위의 과목에『沙彌律儀』『緇門經訓』『禪林寶訓』을 加入
四集科	2년	『禪源諸詮集都序』『大慧普覺禪師書』『法集別行錄節要幷入私記』『高峰和尙禪要』

---

43) 이능화, 앞의 책 하편, 569쪽. "始自栢庵大師 敎則定四敎大敎之科目 禪則定拈頌 何以知之 栢庵以前 華嚴經但有疏本 無有演義抄 又未有起信論筆削記 般若經刊定記 四敎大敎 未得全完 … 栢庵大師刊于木板 印刷流布 四敎大敎 始克全完."

44)〈표 2〉는『한불전』8-234-235에 있는 내용을 도표화한 것으로서, 김용태의 박사논문 132쪽에서 재인용한 것이다.

四敎科	4년	『首楞嚴經』『大乘起信論』『金剛般若經』『圓覺經』
大敎科	3년	『華嚴經』『禪門拈頌』『景德傳燈錄』

위의 〈표 2〉와 〈표 3〉을 비교해 보면, 사미과의 과정이 후대에 첨가되었고, 사교과에서『법화경』이『대승기신론』으로 변화되었음을 알 수 있다. 그 중에 사미과의 경우『치문경훈』이 중요한 교과목인데 성총이 간행한 서적 중에『치문경훈』이 있으므로 사미과의 성립에 성총이 기여하였음을 짐작할 수 있다. 그리고 사교과의 과목이『법화경』에서『기신론』으로 바뀐 것도 성총의『기신론필삭기회편』의 간행과 연관성이 있을 것으로 추정해 볼 수 있다.

그러면 성총이 간행한 서적과 이력과목을 비교해 보자. 沙彌科의『치문경훈』, 四集科 전부, 四敎科의『대승기신론』『금강반야경』, 大敎科의『화엄경』이 각각 대응하고 있다. 즉 성총이 간행한『치문경훈』, 四集,『기신론소필삭기회편』,『금강경소간정기회편』,『화엄경소연의초』,『화엄현담회현기』가 모두 이력의 과목이거나 참고서에 해당하는 책들이다.

『치문경훈』은 성총이 직접 주석을 덧붙여 간행한 것인데, 이 책은 성총이 간행하기 이전에 이미 여러 곳에서 간행되어 유통되고 있었다. 그러나 그에 대한 주석서가 없어서 이력과정의 교재로 사용되지는 않았던 것 같다. 그런데 성총이 주석을 덧붙여 간행하여 널리 보급함으로써 사미과의 이력과목으로서 채택되었던 것으로 보인다.[46]

『기신론소필삭기』는 성총 당시에 유통되지 않았던 것 같다.[47] 성총이

---

45) 이능화, 앞의 책 하편, 989쪽.

46) 高姬淑은「韓國佛敎 講院 沙彌科 敎材의 書誌的 硏究」(『서지학연구』제10집, 서지학회, 1994)에서 성총이『치문경훈』을 간행한 이후에 이 책의 중요성이 인식되어 사미과의 이력과목으로 편입되었다고 하였다.

47)『기신론필삭기』는 현재 보물 제734-18호로서 3판이 해인사 대장경판 사이에

쓴 서문에 "당나라 현수대사가 疏를 지어 풀이하였고, 나중에 석벽스님이 廣記를 지어 해석하였으나 실제로는 번잡하고 쓸모없는 미비점이 있었다. 그래서 장수법사가 필삭하였으니 論과 疏를 이해하기 위해서는 가장 절실한 것이다. 그런데 우리나라에는 유통되었다는 말을 들은 적이 없다."[48]라고 하고 있기 때문이다. 이러한 서문의 내용에서 짐작할 수 있듯이 이력과목의 참고서로서 적당한 책이라고 판단하여 간행하였던 것 같다. 더구나 성총이 직접 會編하여 배우는 자들이 쉽고 간편하게 論과 疏를 대조하며 볼 수 있게 하였다.[49]

『금강경소간정기회편』도 전쟁으로 판본이 소실되어 당시에 유통되지 못하였던 모양이다. 성총은 그 서문에서 "疏를 써서 기록한 자는 규봉종밀과 장수법사 뿐이었는데, 두 스님은 하나같이 다른 논리로 사람들의 지남이 되었다. 그러나 규봉의 疏는 이미 경전에 포함되었지만 장수법사의 기록만 별도로 전해지다가 근래에 판본마저 전쟁으로 불에 타버렸다. 그래서 배우는 자들이 손으로 베끼는 것이 매우 힘들고 또 여러 사람에게 전해지다 보니 물학에 뒤섞여서 豕자인지 亥자인지 구별하지 못하여 보는 것도 어려웠다."[50]라고 하였다. 그러므로 이 책 역시 이력과목의 참고서로서 적당하다고 판단하여 간행하였던 것으로 볼 수 있겠다.

『화엄수소초』는 일찍이 신라시대에 전래되어 고려시대에도 유행하였

있는 동·서 사간판전(寺刊版殿)에 보관되어 있다. 이 목판은 고려시대에 판각된 것이다. 그러므로 『기신론필삭기』가 고려시대에 유통되었을 것으로 추정된다. 그러나 성총은 이 책을 접하지 못하였던 것 같다.

48) 성총, 「刻起信論疏記會編叙」, 『기신론소필삭기회편』(『한불전』 8-654). "唐賢首大士 造疏以釋 嗣後石壁師 作廣記以解之實傷繁冗 長水法師 即筆削而於中節論通疏 最爲切 當我海東 則未有聞."

49) 이 책의 내용과 간행에 따른 조선후기 불교의 영향에 대해서는 조명제의 앞의 논문을 참조하기 바란다.

50) 성총, 「重刻金剛經疏記會編序」, 『금강경간정기』(보련각, 영인본, 1968). "疏之記 之者 獨圭山長水耳 二師 一以兩論 爲指南 然圭疏已合於經 長水之記 獨別行而近 又板本 燬于兵燹 學者 手抄甚艱 且歷傳衆手 雜於水鶴 莫辨豕亥 覽者 病焉."

으나 조선 초기에 일실되어 없어졌던 것을 성총이 표류선에서 구해 간행한 것이다.[51] 이렇게 간행된『화엄소초』는 18세기 화엄학의 유행에 지대한 역할을 하였다. 강원에서는 화엄학의 대가가 되어야 강주로서 인정을 받을 수 있을 정도였다. 18세기에 묵암최눌(1717-1790)이 송광사에서, 연담유일(1720-1799)이 대둔사에서, 인악의첨(1746-1796)이 동화사에서 활동하였는데 화엄학의 대가로서 모두『화엄소초』에 정통했던 점은 익히 알려진 바이다. 성총 이전에『화엄경』은 이미 이력과목으로서 채택되어 교재로 사용되었으며,[52] 『화엄경소』도 유통되고 있었지만, 『화엄소초』가 없어서 학자들이 화엄의 자세한 뜻에 대해 근거할 데가 없었다. 그런데 이 때 성총이『화엄소초』를 새롭게 간행함으로써 화엄학의 유행에 큰 전기가 마련된 것이었다. 그러므로 이 책의 간행도 이력과목의 참고서로서 활용할 목적이 있었던 것으로 볼 수 있다.

그리고 이력과목에 포함되지 않은 것으로서『대명삼장법수』, 『정토보서』, 『사경지험기』가 있다. 『대명삼장법수』는 오늘날의 사전과 같은 책이므로 강원에서 공부하는 승려들에게 있어서 매우 유용한 책이다. 그러므로 이 책 역시 이력과목과 직접적인 연관은 없으나 참고서로서 매우 유용하게 활용될 수 있는 것이었다. 그리고『정토보서』와『사경지험기』는 정토신앙을 고양하고 경전의 수지 독송을 강조한 것으로서 5권 2책의 분량에 불과하여 190권이 넘는 성총의 불서 간행에 비하면 미미하다. 그러나 성총 사후에 간행된 것으로서 성총이 직접 저술한 4韻 8句 100首의『淨土讚』과 더불어 18세기 불교계에 미친 영향을 생각해 본다면 결코 그

---

51) 성총, 「海東新刻淸凉華嚴疏鈔後序」, 『화엄소초』(송광사 성보박물관 소장, 국립중앙도서관 홈페이지); 明眼, 「新刻華嚴疏鈔後跋」(大源庵 刻成『화엄소초』제80권); 혜남, 앞의 논문, 1992; 盧在性, 「澄觀 華嚴經疏鈔の流傳について」, 『佛敎文化の展開』, 大久保良順先生傘壽記念論文集, 山喜房佛書林, 1996; 盧在性, 「華嚴經疏鈔の韓國流傳について」, 『宗敎硏究』65, 日本宗敎學會, 1992.

52) 宗梵, 「講院敎育에 끼친 普照思想」, 『보조사상』제3집, 보조사상연구원, 1989, 75-87쪽. 김용태의 박사논문 132페이지 참조.

가치가 적지 않다. 특히 1704년에 明衍(생몰년 미상)에 의해 처음 간행된
『염불보권문』이 80여년에 걸쳐 전국 각지에서 최소 6번 이상 覆刻과 改刻
이 이루어지며 크게 유행했던 것53)은『정토보서』와『정토찬』의 간행이
선행되었기 때문에 가능했던 것으로 생각된다. 그리고 18세기 불교의 특
징이라고 할 수 있는 경절문·원돈문·염불문의 三門에서 염불문이 독자
적 영역을 차지할 수 있었던 것도 성총에게서 비롯된 것으로 보아도 좋
을 것이다.

Ⅳ. 표류선의 가흥대장경과 그 영향

이상의 내용에서 1681년 임자도에 표류해온 중국 선박의 실체와 그 속
에 담겨 있던 불서의 종류, 그리고 성총의 불서 간행에 대해서 이전 연구
에 비해 좀 더 진전된 결론에 도달할 수 있게 되었다. 이러한 내용을 요
약하여 정리해보면 다음과 같다.

임자도에 표류해온 중국 선박은 일본으로 가던 중국 무역선으로서 당
시 해상을 장악하고 있던 정씨 일가에 의해 통제받던 상선일 것으로 추
정된다. 1661년 이후로 정씨 일가는 청나라와 대립하며 대만을 근거지로
하여 해상을 장악하고 있었고, 청나라는 海禁 정책을 엄격히 적용하여 해
상무역을 금지하였기 때문에 당시 외국과의 무역을 할 수 있는 세력은
정씨 세력 이외에 없었다고 할 수 있다. 그러므로 표류선의 정체는 정씨
일가의 비호를 받는 무역선이라고 할 수 있다.

표류선에 있던 불서는 관아에서 건져 서울에 보낸 것도 있었지만 인근
사찰에서 건져 올린 것도 있었다. 그 중에서 일부의 불서를 성총이 수집

---

53) 김영배·정우영·김무봉 편저,『念佛普勸文의 國語學的 研究』, 동악어문학회,
1996.

하여 간행하였는데, 그 가운데에는『화엄소초』가 있었다. 성총이 간행한 『화엄소초』는 1625년경에 섭기윤이 간행했던 것으로서 가흥장의 속장 이외에는 수록되어 있지 않은 것이었다. 게다가 성총이 간행한『정토보서』는 여러 정토서적의 글을 편집하여 엮은 것인데 그 인용 서적 또한 가흥속장에 수록된 정토 서적이었다. 따라서 표류선의 불서는 가흥 속장을 포함한 가흥장임을 알 수 있었다.

가흥장은 중국의 민간에서 명나라 말기부터 간행하기 시작하였던 것으로서 판매를 위해 인쇄되었으며 일본에까지 수출되었다. 그리고 그 가흥장을 복각하여 간행한 것이 일본의 황벽장이다. 황벽장은 일본의 鐵眼道光이 발원하여 1669년부터 1681년에 걸쳐 간행한 것으로서 가흥정장의 목록과 일치한다. 그런데 1681년은 황벽장의 완료시점일 뿐만 아니라 가흥속장을 실은 중국 무역선이 임자도에 표류해온 해이기도 하다. 따라서 표류선의 불서는 일본에서 황벽장을 간행하던 사람들에 의해 구입될 예정이었던 것으로 추정된다. 이러한 추정이 사실이라면 중국 무역선이 안전하게 일본에 도착하였더라면 황벽장은 가흥속장까지도 복각하여 지금보다 훨씬 많은 분량이 되었을 것이다.

한편, 표류선의 불서를 4년에 걸쳐 수집한 성총은 1685년에 징광사로 가서 판각하기 시작하였다. 제일 먼저 판각을 마친 것은『정토보서』였다. 이 책은 가흥속장에 있던 여러 정토서적의 내용을 발췌하여 엮은 것으로서 정토신앙을 강조하고 있다. 이후 성총은 총 12종류 197권 5000판의 책을 간행하였다. 특히 이 중에서『화엄소초』는 18세기 이후 불교계에 화엄학이 유행하게 되는 결정적인 역할을 하였던 것으로 알려져 있다. 또한 성총은 직접『정토찬』이라고 하는 100수의 시를 지었는데 이 책은『정토보서』와 더불어 18세기 정토신앙의 유행에 밑거름이 되었던 것으로 생각된다. 따라서 성총의 불서 간행에 의해 18세기 三門修學이 일반화 되는 계기가 되었던 것으로 여겨진다. 고려 말부터 불교의 주도적 역할을 담당하였던 禪의 경절문에 원돈문과 염불문이 더해져 불교계가 더욱 풍부하게 되었던 것이다.

그리고 성총이 간행한 불서의 종류를 보면, 총 12종류의 불서 중에서 四集을 포함한 9종류가 당시에 성립되어 가던 이력과목과 직접적인 관련이 있음을 알 수 있다. 즉 『치문경훈』은 사미과, 四集은 사집과, 『대승기신론필삭기회편』과 『금강반야경소론찬요간정기회편』은 사교과, 『화엄소초』는 대교과에 각각 대응하고 있다. 이들 서적들은 모두 이력과목의 참고서로서 18세기 이력과정의 확립에 크게 기여하였던 것으로 생각된다.

이상에서 성총의 불서 간행 속에는 조선 사회를 넘어 중국과 일본과 연계되어 있음을 알 수 있었다. 그러므로 조선후기 불서에 대해 접근할 때, 단순히 국내의 유통에만 관심을 가질 것이 아니라 동아시아적 관점에서 서로 어떤 연관성을 가지고 있는지에 대해 고민해보아야 하리라 생각된다. 우연적 교류이기는 하지만 표류선에 의한 불교교류는 이후 삼국 간에 적지 않은 영향을 미쳤을 것으로 생각되기 때문이다.

이 글은 『불교학연구』 제21집(불교학연구회, 2008)에 수록된 「숙종 7년 중국선박의 표착과 백암성총의 불서간행」을 그대로 실은 것이다.

―

조선후기 가흥대장경의 復刻

이종수

―

I. 왜 가흥장인가?

　조선후기에 유입된 嘉興大藏經(이하, 가흥장)은 불교사학과 불교출판
문화에 매우 큰 영향을 미친 것으로 생각된다. 불교사학적인 면에서 가흥
장은 復刻과 改刊으로 강원교육이 발전하는 계기가 되었고, 더 나아가 동
아시아 불교교류의 매개체였다. 불교출판에 있어서는 明朝體의 판각과 10
행 20자의 목판이 불교계에 유행하게 되는 계기가 되었던 것 같다.

　가흥장은 중국 명나라 말기부터 약 100여 년간 절강성 지역을 중심으
로 간행되었던 최초의 방책본 대장경이다. 이 대장경은 명청 교체기라는
혼란한 정치소용돌이 속에서도 꾸준히 간행되어 일본으로 수출되었으며
일본에서는 이를 복각한 黃檗大藏經이 탄생하기도 하였다.[1] 그런데 1681

---

[1]　大藏會 編, 『大藏經-成立と變遷』(百華苑, 1989), 100-102쪽; 李富華, 何梅 共著,

년에 이 가흥장을 싣고 일본으로 가던 배가 태풍으로 인해 난파하여 전라도 荏子島에 표착한 사실이 있다.[2] 이때 표류선에 있던 가흥장 가운데 약 1천여 권은 왕실에 이송되었다가 다시 남한산성 開元寺로 보내졌으나 현재로서는 그 행방을 알 수 없고, 나머지는 전국으로 흩어져 유통되었다. 전국에 흩어졌던 책 가운데 일부는 복각되어 유통되었고 또 다른 일부는 지금까지 전해져 전국 곳곳에서 발견되고 있다. 그리고 1681년에 유입된 것이 아니라 사신이나 상인을 통해 유입된 가흥장도 발견되고 있다.[3]

그런데 가흥장의 조선 전래와 복각에 관해서는 최근의 연구 결과로 알려진 사실이기 때문에 그 존재 사실을 알았더라도 중국책이라는 이유로 연구자들이 별다른 관심을 갖지 않았다. 하지만 이 서적들을 조선후기 승려들이 읽었고 또 그 가운데 일부는 복각되어 유통되었으므로 불교사적 영향 및 서지학적 연구가 요구된다. 특히 담양 용흥사에서 발견된 草衣意恂(1786-1866)의 유품에 있는 가흥장에는 꼼꼼히 독서한 흔적이 발견되므로 그 책들이 초의의 사상에 영향을 미쳤을 것이라는 짐작이 가능하다. 더 시대를 거슬러 올라가보면 초의의순의 스승인 蓮潭有一(1720-1799)도 접했을 가능성이 있고 그 외의 여러 大講白들도 참고했을 가능성을 생각해볼 수 있다. 그렇다면 가흥장의 존재와 유통을 결코 가벼이 여길 수만은 없는 것이다.

가흥장과 관련한 이런 여러 연구 과제들 가운데 본 논문에서는 가흥장

『漢文佛敎大藏經硏究』(宗敎文化出版社, 2003), 595-598쪽.

[2] 이종수, 「숙종 7년 중국선박의 표착과 백암성총의 불서간행」, 『불교학연구』 제21호(2008. 12), 264-268쪽.

[3] 필자는 2011년에 전남 담양 龍興寺에서 조선후기 草衣意恂이 보았던 佛書 가운데 가흥장 70여 권이 있음을 확인하였다. 그리고 올해(2013) 해인사 백련암이 소장하고 있는 성철 스님 유품에서도 가흥장 수십 권을 발견하였는데, 이는 19세기 중반에 劉聖鍾이 북경에서 구입한 것으로 추정된다.

이 복각된 사례들을 수집하여 그 복각 주체와 배경에 대해 논구해보려한다. 이에 대한 연구는 전무한 실정이므로 거의 하나에서부터 열까지 새로운 규명이 될 것이다. 가흥장의 유입에 대해서는 이미 인정되고 있는바이지만 그 복각의 전모를 파악하는 것이라든가 그 복각본의 사상적 영향에 대해서는 거의 연구된 사례가 없기 때문이다. 그런 탓에 본 논문은조선에 유입된 가흥장의 불교사적 영향을 연구하기 위한 기초적인 시론으로써 그 복각본들을 소개할 것이다.

II. 가흥장의 유입

17세기 후반 조선과 중국의 교류는 철저하게 육로를 통해 이루어졌다. 해상을 통한 교역은 청나라의 해상봉쇄 정책으로 인해 거의 불가능하였기 때문이다. 청나라는 명나라의 재건을 위해 반란을 일으켰다가 실패하고 대만으로 피신해 간 鄭成功(1624-1662) 일파를 견제하기 위해 1661년부터 遷界令을 내려 산동성·광동성·복건성의 주민을 해안선에서 30리 안으로 이주시켰다. 게다가 1673년부터 1681년까지 三藩의 亂(吳三桂가 운남성에서 청나라에 반란을 일으키자 광동성과 복건성에서 동조하였던 사건)이 일어나 중국 정국이 혼란한 상황이었다. 그리고 특정 항구를 통해 일본 등의 섬나라와 교역하였으므로 해상을 통한 조선과의 교역이 거의불가능했다. 이런 시기인 1681년 6월에, 큰 태풍이 불어 경상도와 전라도 등지에서 많은 사람들이 목숨을 잃는 등 전국적으로 막대한 피해가 있었고 전라도 임자도에 중국 상선이 표류해 왔다. 그 배에는 여러 물품들과더불어 佛書가 상자에 가득 들어 있었는데 그 책들은 바로 가흥장이었다. 이를 나주 관아에서 수습하여 조정에 보고하고 여러 물품과 불서들을 왕실로 이송하였다. 당시 숙종은 나주에서 올라온 불서에 심취되어 政事를

소홀히 하게 되자 대신들로부터 질타를 받기도 하였다. 1681년 7월 9일의
『숙종실록』에서는 이에 대해 다음과 같이 말하고 있다.

> 그때 중국의 장사하는 배가 큰 풍랑 때문에 표류하여 羅州 智島 등지에 도달
> 한 것이 많았다. 또 佛書로 매우 새로운 것과 佛事에 쓰는 그릇 등 기이하고
> 교묘한 것이 있었다. 이것들이 물에 떠다니다가 조수에 밀려와, 잇따라 전
> 라도·충청도 등의 바닷가 여러 鎭과 浦口에서 건져 내었는데, 총계가 1천여
> 권이었다. 道의 신하들이 연속해서 啓聞하고, 그 책을 첨부하여 올렸다. 임
> 금이 가져다 보고 오래도록 내려 주지 않으므로, 민정중이 이단의 서책을
> 오래 머물러 두고서 임금이 보는 것은 적당하지 못하다고 말하고 김수항도
> 그것을 말하자, 임금이 남한산성 사찰에 나누어 내려 주도록 명하였다.4)

  숙종이 대신들에게 질타를 받을 정도로 오래도록 보았던 불서는 어떤
책이었을까? 필자는 가흥장의 전래에 대해 알고 난 후부터 숙종이 보았
던 불서가 무슨 책인지 궁금하였다. 그런데 근래에 우연히 1854년에 聖住
庵에서 간행한 통윤의 『維摩詰所說經直疏』(上中下卷)의 서문과 발문을 읽
던 중에 中卷에서 水觀居士로 불렸던 椒園 李忠翊(1744-1816)의 글을 읽게
되었는데 그 내용 가운데 필자의 궁금증을 해소할 만한 글귀가 있었다.5)
이 글은 그의 문집인 『椒園遺藁』에도 「書自書維摩經後」라는 제목으로 실
려 있다.

4) 『朝鮮王朝實錄』肅宗 7年(1681) 7月 9日 庚申(條).
   "時中國商舶 因大風多漂到羅州智島等處 而又有佛經縹帙甚新 佛器等物製造奇巧 漂
   泛海潮 連爲全羅忠淸等道 沿海諸鎭浦所拯得 通計千餘卷 道臣連續啓聞 附上其書
   上取覽 久不下 鼎重見 異端之書 不宜久留聖覽 壽恒亦言之 上乃命分賜南漢寺刹."
5) 필자는 동국대 중앙도서관과 해인사 백련암(성철 스님 유품)과 담양 용흥사
   소장본의 『維摩詰所說經直疏』(鐵原 寶盖山 聖住庵 1854年 刊) 中卷에서 이충익
   의 서문이 있음을 확인하였다.

숙종 7년 신유년(1681)에 주인도 없고 어디로부터 왔는지 모르는 어떤 배가 호남 임자도에 정박하였는데 불서가 가득 실려 있었다. 바람과 암초에 부딪혀 일부는 바다에 가라앉았고 남은 것들은 수레에 실어 서울로 보냈다. 그 당시 판서를 역임한 恬軒 任相元이 승지로 있었는데 많은 불서를 암송하고 있어서 謔內典이라 불렸다. 임금이 유마힐경을 보다가 임상원에게 해설해달라고 명하였다. 그러자 임상원이 사양하며 '신의 직분은 경연에서 질의하는 것인데 어전에서 불서를 강하는 것은 마땅하지 않은 것 같습니다'고 하였다. 임금이 옳게 여기고 불서를 모두 남한산성 개원사에 보냈다. 그리고 '유마힐경' 3권은 임상원에게 하사하여 그 집안에서 소장하였다. 후에 어린 승려가 그것을 얻어 권첩을 절개하고 필사하였지만, 임상원의 증손 希聖이 다시 얻어 소장하였다. 나는 사람을 통해 얻어 보았는데 오나라 지겸이 두 번째로 번역한 것이었다. 문구가 어렵고 심오하여 여러 차례 뜻을 생각하였으나 결국 이해하지 못한 부분들이 있었고, 다른 책에서 이 경전을 인용한 곳을 보아도 대부분 문장이 다르거나 빠져서 실려 있지 않았다. 다만 권첩을 수리하고 완미한 후에 돌려주어 지금은 그 집안에 있다. 상주 李學源이 선산에 있을 때 그 아들 田秀가 따라 갔다가 합천 해인사 장경각에서 '유마힐경' 3권을 인출하여 서울에 왔다. 바로 이 책이다. 나는 똑같이 필사하고 원본은 돌려주었다. 이 책을 오나라 지겸의 번역본과 비교해보니 읽기 쉬웠고 다른 책에서 인용한 부분과도 모두 일치하였다. 비로소 역대 존숙들이 진나라 구마라집 번역본을 널리 보았던 이유를 알았다.6)

---

6) 鐵原 寶盖山 聖住庵 1854年 刊 『維摩詰所說經直疏』 中卷;『椒園遺藁』 册2, 「書自書維摩經後」.
"肅廟七年辛酉 有一海舶 無人不知 自何來泊 湖南荏子島 滿載佛書 爲風石所激 敗書沈沒 略存輦至京師 時恬軒任判書相元爲承旨 號謔內典 上取維摩詰經 命爲解說 判書辭曰 臣職帶經筵叅質 而於殿上講佛書 恐非宜 上然之 書盡輸南漢開元寺 維摩詰經三卷 逐賜判書藏于家 後爲童行所得 折開卷疊 艸寫程文 判書曾孫眞長希聖 復獲而藏之 余因人得見之 東吳支謙師於大帝時 第二譯者也 文句艱深 玩繹累遭 竟未通曉 他書所引本經 文多異同 或闕不載 但爲補葺完好而歸之 今在其家 李尚州學源 爲善山時 其子田秀隨往 就陝川海印寺藏中 印維摩詰經三卷歸京師 卽是本也 余爲書寫如此 原本歸于李 是書比吳譯 稍易讀 他書所引悉具 始知歷代尊宿皆弘秦本."

이충익은 任相元(1638-1697)의 후손으로부터 지겸이 번역한『維摩詰經』을 빌려 보고 필사해두었던 것 같다. 그런데 그 내용에서 이해하기 어려운 부분들이 있어서 답답해하던 차에 이학원의 아들로부터 해인사 소장본 구마라집 번역의『維摩詰所說經』을 얻어 필사하여 보았다. 이를 통해 어려워했던 부분을 이해하게 되고 그 구마라집 번역의 필사본 앞에 서문을 달았던 것 같다. 바로 이 서문을 통해 숙종이 보았던 불서가『유마힐경』이었고 그 책을 임상원에게 하사하였음을 알 수 있었던 것이다. 그런데 이충익의 서문이 수록되어 있는 1854년 聖住庵 간행의『유마힐소설경직소』는 임상원이 숙종으로부터 하사받은『유마힐경』과도 다른 책이고 해인사에서 구하여 필사한 책과도 다른 책이다.

『유마힐소설경직소』는 구마라집이 번역한『유마힐소설경』에 명나라 통윤이 疏를 붙인 것으로 가흥장에도 포함되지 않은 것이다. 즉, 성주암 간행의『유마힐소설경직소』는 가흥장을 복각한 것이 아니라 다른 판본을 중국에서 구입하여 복각한 것이다. 1854년에 寶月堂 慧昭가 쓴 上卷의 서문에 "1853년에 劉聖鍾이 북경에서 유마힐경직소를 구해와 쌍월당 성활대사에게 보여주었다."[7]라고 되어 있다. 이처럼 이충익과는 별로 상관없이 판각한 책에 이충익의 서문을 붙인 것이다. 그렇다면 이충익의 서문을 이 책의 中卷에 수록한 이유는 무엇일까? 아마도 지겸이 번역한『유마힐경』이 당시에 필사되어 유통되었지만 제대로 이해하지 못하였는데, 通潤(1565-1624)이 疏를 붙인『유마힐소설경직소』를 구한 반가움에 판각을 주관하던 사람들이 이충익의 글을 함께 새겨 넣은 것이 아닌가 생각된다. 그 下卷에 華隱護敬이 쓴 발문에서 다음과 같이 기록하고 있다.

이 경전은 우리나라에 일찍부터 있었지만 이를 해석한 疏가 예전에는 없었

---

7) 聖住庵 1854年 刊 위의 책 上卷, 序文.
  "咸豊三年癸丑(1853) 信士劉聖鍾 求來維摩詰經直疏於燕京 示于雙月堂性潤大師."

다. 그래서 배우는 자들이 종종 경전을 번역하다가 막막하여 그 근원을 궁구하지 못하는 경우가 있어서 총림에서 병통으로 여긴지 오래되었다. 계축년(1853)에 雙月性灠 선사가 서울의 劉聖鍾 집안에서 통윤의 『유마힐소설경직소』를 얻어 간행하였다. 이듬해 갑인년(1854)에 나에게 교감해달라고 요청하여 완미하며 거듭 그 글을 연역하였다.8)

당시 『유마힐경』이 유통되었지만 그 뜻이 어려워 공부하는 이들이 이해하기 어려운 부분들이 있었는데 유성종이 북경에서 구해온 『유마힐소설경직소』를 간행함으로써 그 의미를 간명하게 이해할 수 있게 되었다는 것이다. 현재 아쉽게도 숙종이 임상원에게 하사한 책과 이충익 필사본의 행방은 알려진 바가 없지만 19세기 중반에 『유마힐경』이 유통되었다면 임상원 집안 소장의 『유마힐경』이 필사 유통되었던 것 같다. 이 책의 향방에 관해서도 언젠가 밝혀질 수 있으리라 기대된다.

한편, 위의 『숙종실록』과 「서자서유마경후」에서 알 수 있듯이 배에 있던 물건들이 인근 해안가에서 발견되었다는 것은 배가 파손되었다는 것을 의미한다. 그런데 표류선이 먼 바다에서 파괴되었다면 임자도까지 오지 못하고 침몰하였을 것이다. 그럼에도 배에 있던 물건들이 인근 해안가에서 발견되고 또 임자도까지 떠밀려 왔다면 표류선은 임자도에서 멀지 않은 곳에서 부분 파손된 후 해류를 따라 떠밀려 왔을 가능성이 있다. 이와 관련하여 다음의 기록이 주목된다.

신유년(1681)에 정처를 알 수 없는 한 상선이 표류해 七山島에 이르러 문득 파괴되었고, 불서를 가득 담은 수많은 목함들이 파도를 따라 해안가에 밀려왔다.9)

---

8) 聖住庵 1854年 刊 위의 책 下卷, 跋文.
 "此經我東曾有 而舊無疏釋 學者翻經 往往有杳漠 莫能窺其涯窮其源 叢林病焉者久矣 歲癸丑 雙月性灠禪師 得通潤直疏於京中信士劉聖鍾家 繡梓登刊 越明年甲寅 請余校證 余玩味再繹其文."

9) 昌平 龍興寺 1694年 刊 『禪源諸詮集都序』 跋文; 서수정, 『禪源諸詮集都序』의 간

이 기록을 통해 중국 상선이 태풍으로 인해 전남 영광 칠산도까지 표류해 와서 파괴되고 다시 임자도까지 파도에 떠밀려 간 것으로 해석할 수 있다. 칠산도는 영광군 낙월면 일대에 있는 무인도로써 임자도의 북쪽에 위치해 있다. 아마도 한반도 남쪽을 지나던 상선이 동남아시아에서 한반도로 부는 태풍을 만나 북쪽으로 표류하여 칠산도에 이르고, 여기서 암초에 부딪혀 파손된 후 다시 남쪽으로 떠밀려 임자도에 이른 것이 아닌가 생각된다. 그렇다면 표류선이 최종 표착한 곳은 칠산도에서 임자도 방향으로 흐르는 해류의 어느 지점이었을 것이다.

임자도에 표착한 표류선의 불서들은 대부분 나주관아에서 수습하였지만 해안가의 불서들은 미처 수습하지 못한 것도 많이 있었던 것 같다. 나주관아에서 수습한 것은 1천여 권에 불과했지만 당시 가흥장은 1만여 권이 넘었을 것으로 추정되기 때문이다.[10] 그렇다면 관아에서 수습하지 못한 책들은 어디로 갔을까? 당시 가흥장을 수집하는데 가장 많은 노력을 기울인 이가 栢庵性聰(1631-1700)이었다. 그는 1681년에 중국 표류선이 임자도에 표착했을 때 인근 영광 佛甲寺에 있다가 표류선의 불서에 대한 소식을 듣고 달려가 해안가에서 여러 책을 수습하였다.[11] 하지만 완질을 구한 책은 그리 많지 않아서 缺本들은 인근 사찰에서 구하기도 하였던 모양이다.

행과 유통판본 고찰, 『한국불교학』 제59집(2011. 2), 215-216쪽에서 재인용.
"歲在辛酉 海舶自無何而漂 至七山島 忽破壞之 千函萬軸書 爲逐浪流散乎海."

[10] 李富華, 何梅 共著의 『漢文佛敎大藏經硏究』(宗敎文化出版社, 2003) 465쪽에서는 약 2,195부 10,332권이라고 하였고, 大藏會 編(1989) 위의 책 82쪽에서는 1,618부 7,334권이라 하였다.

[11] 「栢庵堂性聰大禪師碑文陰記」(李智冠 編, 『韓國高僧碑文總集』, 가산불교문화연구원, 2000, 301쪽)에 백암성총이 영광 불갑사에 주석하다가 해안가로 달려가 가흥장을 수습하던 일을 기록하고 있다. 그런데 근래 불갑사 팔상전 복장유물에서 가흥장 19종이 발굴되었는데 이때 수습된 책들이 아닐까 추정된다.

제가 세 번 능가사에 갔고, 두 번 소요산 선운사에 갔으며, 그 외에 바다와 산들을 찾아 가지 않은 곳이 없습니다. 그래서 여러 경전들을 찾아서 400여 권을 얻을 수 있었습니다. … 화엄소초 80권 중에 겨우 절반 정도 얻었지만 아직 전체를 구하지는 못하였습니다. 이것이 제가 아침 저녁으로 마음에 걸려 있는 것이었습니다. 그런데 귀사에서 보관하고 있던 8권을 흔쾌히 보여 주시어 그 부족한 것을 보충하게 해 주시니 이 또한 법보시의 일대 인연일 것입니다.12)

백암성총이 구봉산 보현사 승려에게 보낸 위의 편지에서 불서 수집의 사정을 짐작할 수 있다. 이 때만해도 백암성총은 80권『화엄소초』가운데 겨우 절반밖에 구하지 못했던 모양이다. 이런 수집의 노력으로 마침내 전질을 수집할 수 있었으며, 여러 사찰에서 수집한 가흥장을 복각할 수 있었다. 그 복각한 판본의 서문이나 발문에는 대부분 1681년 표류선에 있던 불서를 구하여 간행한다고 언급하고 있다. 그러면 이때 유입된 가흥장을 복각하여 유통했던 불서는 어떤 책들이 있을까? 다음 장에서 가흥장의 복각 주체를 통해 복각의 경위에 대해 살펴보도록 하자.

III. 가흥장 복각 주체

숙종에 의해 개원사로 이관되거나 하사된 가흥장은 대부분 그 행방을 알지 못하지만, 당시 표류선에 있던 불서 중 일부는 불교계에 유통되었고 그 가운데 復刻이나 改刊되어 전래되는 책들이 있다. 또한 유성종이 1853년에『유마힐소설경직소』를 구입해온 것처럼 1681년의 표류선에 있던 가

---

12)『栢庵集』,「與九峰普賢寺僧」;『韓國佛教全書』第8册, 474上-中.
　　"某三入楞伽 再到逍遙禪雲 其餘並海諸山 無不投蹤 搜采衆經 已得四百餘卷 … 雜華疏鈔八十卷 才得太半 而未由完部 此余朝夕懸係者也 貴寺中所留一匣八卷 快然見許 少補其缺 則此亦法施之一大緣也."

흥장이 아니라 별도로 중국에서 구해온 가흥장도 있었던 것 같다. 현재로
서는 그 복각본의 유입 경로를 모두 확정할 수는 없지만 필자가 지금까
지 확인한 가흥장 복각본은 모두 19종 242권이다.

〈표 1〉 가흥장 복각본

연번	책명		저역자	발행사항	가흥장 목록 번호
1	四經持驗記 (4권)	歷朝華嚴經持驗紀	周克復(清) 撰	樂安 澄光寺, 1686년	續51(新, 권19, 239-245쪽)
2		歷朝法華持驗紀	周克復(清) 撰		續52(新, 권19, 247-270쪽)
3		歷朝金剛持驗紀	周克復(清) 撰		續53(新, 권19, 271-302쪽)
4		觀世音持驗紀	周克復(清) 撰		續54(新, 권19, 303-320쪽)
5	金剛般若經疏論纂要刊定記會編 (10권)		鳩摩羅什(後秦) 譯, 宗密(唐) 疏, 子璿(宋) 記, 行策(清) 編	樂安 澄光寺, 1686년	又續6(新, 권31, 671-748쪽)
6	大明三藏法數(50권)		一如(明) 等 編註	樂安 澄光寺, 1690년	正1622(新, 권6, 539-846쪽)
7	大方廣佛華嚴經疏鈔(90권)		澄觀(唐) 撰	樂安 澄光寺, 1690-1700년	續2(新, 권11, 권12)
8	禪源諸詮集都序(2권)		宗密(唐) 述	昌平 龍興寺, 1694년	正1649(新, 권9, 359-372쪽)
9	華嚴懸談會玄記(40권)		普瑞(元) 集	智異山 雙溪寺, 1695년	正1623(新, 권7, 1-247쪽)
10	注華嚴法界觀門(1권)		宗密(唐) 注	智異山 王山寺, 1713년	正1597(新, 권5, 611-616쪽)
11	因明入正理論解(1권)		眞界(明) 撰	智異山 王山寺, 1714년	續79(新, 권19, 657-666쪽)
12	歸元直指集(2권)		一元宗本(明) 編	智異山 華嚴寺, 1724년	續118(新, 권22, 1-55쪽)
13	准提淨業(3권)		地婆訶羅(唐) 譯	智異山 華嚴寺, 1724년	正343(新, 권19, 609-627쪽)
14	寶王三昧念佛直指(2권)		妙叶(明) 集	智異山 華嚴寺, 1724년	續88(新, 권20, 109-134쪽)

15	百法論	大乘百法明門論 (1권)	玄奘(唐) 譯	安邊 釋王寺, 1750년	續83(新, 권19, 693쪽)
16		性相通說(2권)	玄奘(唐) 譯, 德淸(明) 述		續80(新에 없음)
17	菩薩戒義疏(2권)		智顗(隋) 說, 灌頂(唐) 記	安東 鳳停寺, 1769년	正1555(新, 권3, 411-425쪽)
18	四分戒本如釋(12권)		佛陀耶舍(後秦) 譯, 弘贊(明) 釋	安東 鳳停寺, 1769년	又續49(新, 권35, 233-322쪽)
19	起信論疏筆削記(20권)		子璿(宋) 錄	安東 鳳停寺, 1769년	正1627(新, 권7, 471-563쪽)

* 新은 新文豊出版公司 간행 가흥대장경 영인본을 말함

1. 낙안 징광사와 담양 용흥사

가흥장 복각본 19종 가운데 백암성총이 낙안 징광사를 중심으로 간행
했던 불서와 그 불교사적 영향에 대해서는 여러 논문에서 언급되어 왔
다.[13] 백암성총은 4종의 지험기를 복각하고 합철하여 '四經持驗記'라는 제
목으로 유통시켰으며,『금강반야경소론찬요간정기회편』(10권 3책),『대명
삼장법수』(50권 10책),『대방광불화엄경소초』(90권 80책)를 복각하여 유
통시켰다.[14]

『사경지험기』는 1686년에 징광사에서 판각되었다. 이 책은 청나라 周克
復이 찬술한『역조화엄경지험기』,『역조법화지험기』,『역조금강지험기』,
『관세음지험기』를 1책으로 묶은 것이다.[15] 이 4종이 원래부터 1책으로

---

13) 조명제,「栢庵性聰의 佛典 편찬과 사상적 경향」,『역사와 경계』68(2008. 9),
   89-111쪽; 김용태,『조선후기 불교사 연구』(신구문화사, 2010), 257-265쪽.
14) 백암성총이 간행한『淨土寶書』와『大乘起信論疏筆削記會編』도 가흥장과 관련이
   있지만 이 두 책은 원본 그대로 새긴 復刻이 아니라 내용을 抄出하거나 會編
   하여 새긴 改刊이기 때문에 여기서는 제외하였다.
15)『韓國佛敎全書』第8冊에 실려 있는『四經持驗記』에는 "栢庵性聰 集"이라고 하여
   백암성총이 모아서 만든 것처럼 되어 있지만, 엄밀히 말하면 이는 잘못된 것
   이다. 백암성총은 가흥장에 있던 4편의 지험기를 복각하였을 뿐이다.

장정되어 있었던 것인지는 불분명하지만 모두 짤막한 글들이기 때문에 그럴 가능성이 높다. 『역조화엄경지험기』는 22장, 『역조법화지험기』는 26 장, 『역조금강지험기』와 『관세음지험기』는 20장으로 모두 합쳐도 88장에 불과하기 때문이다. 만약 그렇다면 백암성총이 이 책을 자의적으로 합철했다기보다 합철되어 있는 가흥장의 체제를 그대로 따라 복각했을 것이다. 또 표지 제목도 원래 『사경지험기』로 되어 있었던 것 같다.

『금강반야경소론찬요간정기회편』 역시 1686년에 징광사에서 판각되었다.[16] 이 책은 구마라집이 번역한 『금강반야경』에 대한 宗密의 疏를 송나라 子璿이 刊定한 것을 청나라 行策이 회편한 것이다. 백암성총은 10권 3책의 완본을 구하여 1686년에 징광사에서 복각하면서 가흥장과 마찬가지로 3책(권1-4, 권5-7, 권8-10)으로 장정하였던 것 같다.[17] 그리고 이 판본은, 후술하겠지만, 1752년에 함월해원(1691-1770)이 주도하여 안변 석왕사에서 재복각되었다. 그만큼 이 책의 인출이 잦았다는 것을 보여준다.

『대명삼장법수』는 총50권 10책으로 이루어져 있으며, 여러 불교 개념들을 설명하고 있으므로 불교사전이라 할 수 있다. 복각은 1690년에 정혜사, 고성 雲興寺, 함양 靈隱寺 등지에서 이루어졌으며 간기 및 인출기는 아래와 같다.

> 卷6末: 曹溪山人雋覺 募緣刻此大明法數 自第六至第十卷移留澄光寺
> 卷10末: 康熙二十九年(1690)庚午季春日 定慧寺開刊 于松廣寺傳留
> 卷20末: 康熙二十九年庚午(1690)清和日 開刊
> 卷27末: 康熙二十九年(1690)庚午暮春 固城地雲興寺開刊

---

16) 樂安 澄光寺 1686年 刊 『金剛般若經疏論纂要刊定記會編』 卷5末.
"康熙二十五年丙寅(1686)四月全羅道樂安郡金華山澄光寺開刊."

17) 澄光寺 1686年 刊 위의 책, 「重刻金剛經疏記會編序」.
"대부분 권질이 산일되어 완질로 만들 수 없었으나 청나라 형계 행책선사가 회편한 금강경소기는 1질 3책으로 완본이었다.(擧皆散逸卷帙 未成全部 而淸荊溪策禪師 所會編金剛經疏記一帙三册 幸獲全完)."

卷30末: 康熙二十九年(1690)庚午暮春 固城地雲興寺開刊

卷35末: 康熙二十九年(1690)庚午七月日 慶尙道固城地卧竜山雲興寺自二十六至四
十五開刊

卷49末: 康熙二十九年(1690)庚午四月日 慶尙右道咸陽地白雲山靈隱寺開刊

위의 기록으로 볼 때, 권6-10은 정혜사에서, 권26-45는 운흥사에서 판각
하였고, 권47-50은 영은사에서 판각했던 것 같다. 그리고 나머지 권1-5와
권11-25는 판각장소가 불분명한데 아마도 징광사에서 새기지 않았을까
생각된다. 이 목판들은 모두 징광사에서 보관하였고 그 발문을 백암성총
이 쓰고 있기 때문에 징광사에서 판각한 것은 굳이 그 판각장소를 표시
하지 않았던 것이 아닌가 생각되는 것이다.

『대방광불화엄경소초』(이하, 『화엄소초』)는 華嚴玄談 8권과 華嚴疏鈔
80권, 그리고 普賢行願品疏와 鼇合凡例音釋 각 1책 등 총90권 80책으로 이
루어져 있으며, 천자문 순서로 권차를 표시하고 있다. 洪字卷(제7책)은 동
래 梵魚寺에서 간행하였고, 成(제27책)-呂字卷(제30책)은 순천 松廣寺, 潛
(제70책)-官字卷(제78책)은 지리산 大源庵에서 간행하는 등 여러 사찰에서
간행하여 징광사에 목판을 안치하였다.[18) 그런데 1770년에 징광사의 화
재로 인해『화엄소초』판목이 모두 불에 타버리자[19) 1773-75년에 덕유산
영각사에 있던 雪坡尙彦(1707-1791)이 주도하여 그 전체를 다시 복각한

18) 당시 『華嚴疏鈔』를 판각한 사찰에 대해서는 아직 조사가 제대로 이루어지지
않아 정확히 파악하지 못하였다.

19) 蓮潭有一,「重刊華嚴經後序」(德裕山 靈覺寺 1775年 刊『華嚴疏鈔』;『韓國佛教全
書』第10冊 259中-下)에서 "지난 경인년(1770) 겨울에 장경각에 화재가 나서
80권판이 모두 재가 되어 날아갔다.(曩於庚寅冬板閣災 八十卷板子 盡爲灰飛)"라
고 하여 당시 징광사에 화재가 나서 목판이 불탔다고 했는데 어느 정도의
피해가 있었는지는 불분명하다. 다만『大明三藏法數』는 그 이후에 인출된 것
으로 보이는 판본(중앙승가대 도서관 소장본)이 있으므로 이때 불에 타지 않
은 것 같다. 아니면『大明三藏法數』의 목판이 이미 다른 곳에 안치되어 있었
을 가능성도 배제할 수 없다.

다.20) 이때에도 대부분 지리산 臺岩庵과 內院精寺 등 인근 여러 사찰에서 판각하여 덕유산 靈覺寺에 안치하였다. 그런데 그로부터 80년이 지나 잦은 引經으로 인해 목판이 마멸되어 인출한 책의 글자를 알아보기 어렵게 되고, 또 목판이 남부지방인 덕유산에 있었기 때문에 인출본을 구하기 힘들게 되자, 경기도 지역에 있던 南湖永奇가 奉恩寺에서 1855년에 이를 다시 복각한다.21) 그 목판이 현재 서울 봉은사 板殿에 안치되어 있는데 이 판본의 마지막 권에는 징광사본과 영각사본의 달라진 글자를 비교한「靈澄二本對校」가 있다. 이처럼『화엄소초』가 세 번이나 판각되고 목판이 마멸될 정도로 많이 인출된 것에서 보듯이 가흥장 복각본이 불교계에 미친 영향은 지대하였다.

백암성총이 표류선의 가흥장을 수집하여 간행하던 1694년에 전남 담양 용흥사에서는 가흥장『禪源諸詮集都序』를 복각하였다. 우리나라에 유통된『선원제전집도서』는 크게 宋板本과 明藏本으로 나뉜다. 송판본은 裵休(791-870)의 필사본이 10세기 말 송나라 契玄에 의해 간행되어 우리나라에 전래된 것이고, 명장본은 14세기 초에 雪堂普仁이 새로 교정하여 간행한 것으로써 명나라 南藏과 가흥장에 수록된 것이다.22) 당시 가흥장에 수록된 명장본이 용흥사에서 복각되었다. 그 발문에서 다음과 같이 말한다.

辛酉年(1681) 정처를 알 수 없는 한 상선이 표류해 七山島에 이르러 문득 파

---

20) 蓮潭有一,「重刊華嚴經後序」(靈覺寺 1775年 刊 위의 책).
"지금 여러 큰 대덕들이 거의 입적하셨는데 오직 설파 대사만이 살아계셔서 영광전처럼 총림의 높은 우러름을 받고 계시니『화엄소초』를 판각하는 큰 일을 실로 피할 수 없었다. … 갑오년(1774) 봄에 일을 시작하여 다음해 을미년(1775) 여름에 일을 마쳐 靈覺寺에 판각을 세우고 보관하였다.(今諸大耆德 淪落殆盡 而惟大師存焉 叢林仰之歸然 若魯靈光 則大經鋟梓之大事 宗爲躲閃不得 … 越明年乙未夏竣功 建閣于靈覺寺 以藏之)."

21) 김종진,「1850년대 불서간행운동과 불교가사 - 남호영기를 중심으로」,『한민족문화연구』제14집(2004. 6), 111-130쪽.

22) 서수정(2011), 앞의 논문, 201-206쪽.

괴되었고, 불서를 가득 담은 수많은 목함들이 파도를 따라 해안가에 흩어져 진실로 마음 아팠다. 그 가운데 규봉종밀이 지은『선원제전집도서』는 교화의 연원이며 깊고 깊은 뜻을 함장하고 있으므로 깨달음의 길을 열고 길 잃은 이를 나루터로 안내하기 위해서는 이 책을 판각하여 오래도록 전수하는 것 만한 것이 없다고 여겼는데, 隱愚가 四恩에 보답하고자 명양 용악산 용흥사에서 이 책을 간행하였다. 인연을 모으고 장인을 모아 1694년에 판각하기 시작하여 그 해에 작업을 마쳤으니, 눈 있고 귀 있는 자가 이 책을 보고 듣는 인연으로 여래의 知見에 깨달아 들어가게 하고자 하였다.[23]

위의 발문을 통해 隱愚라고 하는 비구가 표류선에 있던 가흥장을 구하여 용흥사에서 복각했던 것을 알 수 있다. 당시 용흥사는 호남에서 규모가 큰 사찰 가운데 하나였으므로[24] 강원 교육을 위해 이 책을 복각하였던 것 같다. 한편 霜峯淨源(1627-1709)은 표류선이 왔던 그 이듬해인 1682년에 가흥장『선원제전집도서』를 보고 分科하여 1701년에 聞慶 鳳巖寺에서 간행하고 다음과 같이 발문을 붙였다.

배우는 자들이 얻고 싶은 것 가운데 중국 간행『선원제전집도서』만 한 것이

---

[23] 昌平 龍興寺 1694年 刊『禪源諸詮集都序』, 跋文; 서수정(2011), 앞의 논문에서 재인용.
"歲在辛酉 海舶自無何而漂至七山島 忽破壞之 千函萬軸書 爲逐浪流散並海 誠可悲夫 至於圭峯定慧禪師所撰諸詮都序者 乃一化淵源甚深奧藏也 開覺路渡迷津 莫如刊梓 以壽其傳受 有道人隱愚 欲報四恩 開刊于鳴陽地龍岳山龍興寺 募緣會工 自甲戌始役訖功於周年 將欲使有耳目者 因于見聞 以悟入如來知見矣."

[24] 昌平 龍興寺 1724年 刊『全羅南道潭陽郡月山面龍興寺事蹟』.
"지금 우리나라에 모두 360개의 비보사찰이 있다. 우선 수승한 규모로써 논한다면 지방의 으뜸인 사찰로 3개가 있으니, 금강산의 유점사, 묘향산의 보현사, 수양산의 신광사이다. 호남과 영남의 사찰 가운데 가장 이름난 곳은 5곳이 있으니, 속리산 법주사, 가야산 해인사, 두류산 쌍계사, 낭주의 도갑사, 명양의 용흥사이다.(今夫域中僧藍 惣有三百六十裨補之所 且擧勝制而論之 夫關外魁利有三焉 如金剛之榆店也 妙香之普賢也 首陽之神光也 是也 至於湖嶺諸刹最知名者 猶將五處 如俗離之法住也 伽倻之海印也 頭流之雙溪也 以至朗州之道岬也 鳴陽之龍興也 是也)."

없다. 우리나라에는 그 저본이 없어서 실로 얻기 어려워 전전긍긍하였다. 내가 경기 지역에 있을 때 북경으로 가는 사신에게 사려고 했지만 돈이 있어도 구하지 못한 지 오래되었다. 그런데 임술년(1682)에 우연히 이 책을 얻게 되어 매우 기뻤다. (중략) 雪堂普仁이 앞사람의 뜻을 이어 뒷사람에게 이어주었듯이 나는 후학들에게 도움이 되도록 하기 위해 이 책을 분과하여 하나로 통하게 하고 글자도 여러 군데 고쳤다. 바다에 들어가 모래를 세는 격이고 좋은 옥을 캐내고도 보배를 망치는 격이니 先德에게 죄를 도망칠 데가 없을 뿐이다.25)

상봉정원이 본 책 역시 가흥장이었지만 어디서 누구로부터 구하였는지는 알 수 없다. 우연히 구하였다고 하였으므로 사신으로부터 구입하지는 않은 것 같다. 그가 얻었다고 한 해가 1682년이므로 아마도 1681년의 표류선에 있었던 것일 가능성이 높다. 그러나 용흥사 은우 비구가 구했던 책과는 다른 가흥장이었던 것 같다. 담양 용흥사와 문경 봉암사는 거리도 멀고, 상봉정원이 용흥사나 은우에 대해서는 아무런 언급을 하지 않았기 때문이다. 그렇다면 표류선에 『선원제전집도서』가 여러 권 있었다는 이야기다. 아마도 표류선에 여러 帙의 가흥장이 있었기 때문에 같은 책들이 유통되었을 것이다.

2. 지리산 雙磎寺 · 왕산사 · 화엄사

가흥장 『화엄현담회현기』는 총40권으로 구성되어 있는데 桂坡性能이 주도하여 1695년에 지리산 雙磎寺에서 복각하였고,26) 그 서문과 발문을

---

25) 聞慶 鳳巖寺 1701年 刊『禪源諸詮集都序』,「唐本對校後跋」;『韓國佛敎全書』第8册, 438-439쪽.
"學者之所欲得者 莫如都序唐本 而仁域之所未有底 信難得之 良用矻矻 余頃在畿甸購求赴燕使諸公 而徒以懷金缺望者 久矣 歲次壬戌 偶得此文 施始于懷也 (중략) 謹續雪堂之續前 庸資霜峰之資後 科分一通 文改數處 入海算沙 琢玉傷寶 無所逃罪於先德也尔."

백암성총이 썼다. 이 책은 당나라 청량징관이 쓴『화엄현담』을 원나라 보서가 주석한 것으로 조선후기 화엄학의 유행에 크게 기여한 책이다. 백암성총은 그 발문에서 "지금 鶴駕山人 계파성능이 힘들게 인연을 모아 목판에 새겨 후학들에게 은혜를 베풀었다. 앞의 두 보살(징관과 보서)과 뜻이 합하고 마음이 같았으니 훗날 화엄과 관련한 글을 읽는 자들은 더욱더 생각하고 소홀히 여기지 말아야 할 것이다."[27]라고 하였다. 여기서 학가산은 안동 봉정사를 말한다. 계파성능은 봉정사 출신으로 쌍계사에 주석하면서 많은 불서를 간행하였다. 그 가운데『화엄현담회현기』는 전국 강원에 보급되어 강원의 참고서로 활용되었으며 蓮潭有一(1720-1799)이나 仁嶽義沾(1746-1796)에 의해 私記가 만들어지기도 하였다.

백암성총과 계파성능의 가흥장 복각 사업은 石室明眼(1646-1710)의 제자 印湛에게로 이어진다. 인담은 가흥장『注華嚴法界觀門』과『因明入正理論解』를 1713-14년에 지리산 왕산사에서 복각하는데, 백암성총의 제자이며 석실명안과 동문수학했던 無用秀演(1651-1719)이 발문에서 다음과 같이 말하고 있다.

重刊華嚴法界觀門跋 : 우리 문하의 설암공[28]이 중국책을 얻어 매우 귀중하게 여기고 판각하여 널리 유포하고자 하였지만 뜻을 이루지 못하고 입적하였다. 오호! 그 사법제자 인담이 마음으로 스승의 뜻을 이루겠다고 다짐하고 서휘상인과 상의하였다. 서휘는 판각을 잘하여 직접 나무에 새겨 법계관문

---

26) 『華嚴懸談會玄記』卷34末에 "康熙乙亥(1695)智異山雙溪寺開刊"이라 되어 있고, 卷40末에 "板留于智異山雙磎寺 大化士 性能比丘"라고 되어 있다.

27) 1695年 刊『華嚴懸談會玄記』, 跋文.
"今鶴駕山人性能 苦心募緣 鋸鐫方板 嘉惠後學 與前之二菩薩 志合而心同 後之讀華嚴者 尤致意而毋忽哉."

28) 당시 설암대사로는 雪巖秋鵬(1651-1706)과 石室明眼(1646-1710)이 있는데 무용수연이 我門兄이라고 하였으므로 석실명안이 확실하다. 석실명안 역시 백암성총의 제자이기 때문이다.

과 큰 인연을 맺었으니, 아마도 그 소원하는 뜻이 깊었던 것 같다. 아! 설암
공과 인담과 서휘, 세 사람의 마음이 합동하여 능히 일을 이루어 책을 만들
었다. 이에 중간한 법계관문 뒤에 발문을 쓴다.[29]

重刊因明論跋 : 나의 법형 석실명안이 신유년의 태풍으로 표류해온 중국 선
박에서 얻었던 것을 판각하지 못하고 입적하였는데, 그 사법제자인 인담이
스승의 뜻을 이어 목판에 새겼다. 인담은 국가와 부처님과 스승의 은혜에
대한 보답을 아는 자라고 할 만하다. 이에 발문을 쓴다.[30]

석실명안과 무용수연은 스승인 백암성총과 함께 불서 판각에 참여하였
을 것이다. 그리고 석실명안의 제자 인담 역시 실무적인 일을 담당하였을
것으로 생각된다. 그러므로 인담의 가흥장 복각은 백암성총의 遺志를 이
은 것이라 볼 수 있다. 석실명안이 스승의 유지를 이어 가흥장 일부를 판
각하려다가 뜻을 이루지 못하고 입적하자 그 제자가 복각한 것으로 짐작
된다. 이때 복각한 『주화엄법계관문』은 『화엄소초』와 더불어 조선후기
화엄학 유행에 일조하였던 것으로 생각된다. 그에 비해 『인명입정리론해』
는 불교 因明學의 논서로서 매우 난해한 내용을 담고 있어서인지 조선후
기 다른 기록에서는 그 교학적 내용에 대해 언급한 기록을 발견하기 어
렵다.

한편, 1724년 지리산 화엄사에서 『准提淨業』, 『寶王三昧念佛直指』, 『歸
元直指集』을 간행하는데, 이 3종의 책은 함경도 안변 석왕사에서 온 龍谷

---

29) 1713年 刊 『注華嚴法界觀門』, 「重刊華嚴法界觀門跋」.
   "我門兄雪嵓公得唐本一册心重之 欲鋟梓而廣其傳 未果忽焉 嗚呼 其嗣法湛公 心表
   畢欲 如其師之志 與瑞輝上人 謀焉 輝剞劂好手 手自模板 於法界觀門 結大因緣 其
   志顧深矣 噫 三心合同 能事斯畢可書 此爲重刊法界觀門後跋."
30) 1714年 刊 『因明入正理論解』, 「重刊因明論跋」.
   "我法兄石室公 幸得於辛酉颺風唐舶漂蕩之餘 未上板而西焉 其嗣法湛公 繼其志 鏤
   諸方板 公於一國於佛恩師恩 可謂知報者矣 是爲跋."

一諶,이 가지고 있던 가흥장이었다. 이 세 책은 모두 정토신앙과 관련된 내용을 담고 있는데, 당시는 禪의 徑截門과 교학의 圓頓門과 정토의 念佛門의 三門修學이 보편화되고 있었으므로[31] 그 영향으로 복각되었을 것이다. 또한 백암성총이 가흥장『화엄소초』나『대승기신론소필삭기회편』등 교학적인 책도 복각하였지만, 가흥장『사경지험기』를 복각하고『정토찬』을 찬술하여 서방정토신앙을 강조했던 것과 그 맥을 같이 하는 것으로 생각된다.

그런데 용곡일심이 이 가흥장을 석왕사에서 가져온 것인지, 아니면 다른 곳에서 얻은 것인지는 불분명하다. 碧梧初烱이 쓴『준제정업』의 서문에서는 용곡일심이 석왕사로부터 와서 '준제경' 1권을 꺼내 보여주었다[32]고 하여 마치 석왕사에서부터 가져온 것처럼 서술되어 있지만, 용곡일심이 쓴 발문에서는 다르게 서술되어 있기 때문이다. 그의 발문을 보자.

나는 어려서 서방정토의 법을 배웠지만 장님 코끼리 만지듯 완전한 모습을 보지 못하고 부처님 법의 끈이 끊어진 세상에 잘난 체 하며 섞여 살았다.

---

31) 이종수, 「조선후기 불교의 수행체계 연구 - 三門修學을 중심으로」,(박사학위논문, 동국대 대학원, 2010), 218-225쪽; 김용태(2010), 앞의 책, 223-240쪽.

32) 智異山 華嚴寺 1724年 刊『准提淨業』,「准提經序」.
"근래에 용곡장로가 관북으로부터 조계산에 왔다. 나는 한 번 보고 보통 사람이 아님을 알아챘는데 문득 준제경 1권을 꺼내 보여주며 '안타깝게도 우리나라에는 아직 있지 않았던 책입니다.'라고 하였다. 나는 '판각하여 인출하는 것에 대해 공은 어찌 생각하십니까?'라고 물었다. 장로는 진실로 기뻐하고 마음속 깊이 간직하며 동지들과 함께 판각하고자 하였다. 마침 지리산 화엄사 順學장로가 함께 도모하여 힘써 도와주고 인연을 모아 판각하였는데, 법계처럼 광대하고 허공처럼 끝이 없는 은혜로운 보시들이 와서 法施가 되었으니, 어찌 칠구지불모대비심보다 못하겠는가. 옆에서 지켜보며 기뻐하고 한껏 찬탄한 자 누구인가. 조계산의 벽오초형이로다.(今有龍谷長老 自關北來曹溪 余一見知其非常人 忽出准提經一卷示之 曰慨我靑丘未曾有本 灾木印施 如公意何 長老心悅誠伏 拳拳服膺 欲與同志共之 適因方丈之華嚴寺 學長老 叶謀拮据 募緣鋟梓 廣大如法界 究竟如虛空 惠施將來 其爲法施 豈讓乎七俱胝佛母心者哉 傍觀隨喜而滿口讚許者誰 曹溪碧梧道人初烱)."

나이 50이 되어서야 (나라에 도가 있으면 벼슬하고 도가 없으면 숨어 살았던) 거백옥의 일을 알았고, 교학을 버리고 선을 닦는 것이 아니라면 모두 뜬 구름이오 짧은 지팡이일 뿐임을 알았다. 그래서 인연 따라 남하하여 지리산과 조계산을 번갈아 가며 지냈다. 그러다가 우연히 '준제경'과 '염불직지'와 '귀원직지'의 세 책을 얻었다. 이 보배로운 책들은 우리나라에 없던 것이었다. 모든 불제자들이 외우고 익히며 그에 따라 수행하지 않으면 안 될 것이었다. 그래서 동지 순학 등과 더불어 인연을 모으고 판각하여 널리 전하고자 하였다.[33]

용곡일심은 스스로 세 권의 가흥장을 우연히 얻은 것으로 서술하고 있다. 그런데 그가 어려서 서방정토의 법을 배웠다는 대목에서 이를 그대로 믿기 어려운 점이 있다. 나이 50세 이후에 정토신앙을 버리고 禪 수행을 최고의 가치로 여기게 되었다고 하지만 정토신앙과 관련된 책을 구하여 판각했던 점은 여전히 그가 정토신앙에 심취되어 있었다는 것을 반증하기 때문이다. 그렇다면 석왕사에서부터 그 책을 가지고 왔을 혐의를 지우기 어려운 것이다. 게다가 이 세 책이 간행되고 난 지 26년이 지난 후 안변 석왕사에서 함월해원이 주도하여 가흥장을 복각하고 있다. 이것은 당시 석왕사에 여러 種의 가흥장이 소장되어 있었을 가능성을 보여주는 것이다. 그러므로 용곡일심이 가지고 있던 가흥장은 석왕사에서부터 소장하고 있었던 가흥장일 수도 있다. 다음 장에서는 안변 석왕사와 안동 봉정사 등 서해안과 멀리 떨어진 지역의 가흥장 복각에 대해 살펴보고자 한다.

---

33) 華嚴寺 1724年 刊 위의 책, 「後跋」.
"余早學西法全象 難見佛法 絶紐之世 濫吹齊門 年登五十 斗覺蘧玉之知 非放敎修禪 共浮雲短節 隨緣落南 智異曹溪 南中勝地 適往棲止 而偶得准提・念佛直指・皈元直指三本 經之利寶 乃國之所無者 凡爲釋子者 不可不誦習而依行 故與同志順學等 募緣鋟梓 以廣其傳."

3. 안변 석왕사와 안동 봉정사

함월해원은 1750년에 석왕사에서 가흥장『大乘百法明門論』과『性相通說』을 合刊하였다. 그 책말에 "此論大文二張 幸得他本中 附卷首 關北安邊釋王寺刊 百法論一部"라고 하여『대승백법명문론』2장을『성상통설』앞에 붙인다고 하였으므로 두 종의 논서를 1책으로 복각하였던 것을 알 수 있다.[34] 이 논서들은 유식학의 논서로써 조선후기 불교 교학의 수준과 경향을 가늠하는데 매우 주목되는 책이다. 이 책의 간행 사실은 당시 불교계에서 화엄학을 제외한 교학에 대해 연구하지 않았다는 일반적인 이해를 뒤집는 것이므로 그 불교사상적 영향에 대해서는 새로운 연구가 필요하리라 생각된다. 하지만 아직 이에 대한 연구가 없으므로 여기서는 간행과 유통에 대해서만 살펴보고자 한다. 먼저 剋聰이 쓴 발문을 살펴보면 다음과 같다.

우리나라는 변방에 치우쳐 있어서 판본이 없고 필사본이 유통되어 이쪽저쪽에서 베끼며 여러 사람의 손을 거쳐 전하다가 그 근거를 구분하지 못하는 폐단이 없지 않았다. 종사들이 강의할 때 자주 그러한 것을 병통으로 여겼다. 이때에 함월대사가 이러한 것을 개탄한지 오래되었는데 우연히 중국 판본을 구하였으니, 바다에 빠졌다가 배를 만난 격이요 허공에 떨어졌다가 학을 탄 격이었다. (중략) 건륭 15년 경오년(1750) 8월 학곡사문 극총이 삼가 발문을 쓰다.[35]

---

[34] 『性相通說』은 新文豊出版公司 발행본『嘉興大藏經』에는 없으나 北京故宮博物院 소장 가흥장 목록에는 보인다. 북경고궁박물원 소장본 목록은 中嶋隆藏의 『明萬曆嘉興藏の出版とその影響』(東北大學大學院, 2005)을 참조하기 바란다. 그리고 석왕사의 연혁 및 서적 간행에 대해서는 임기영의 「안변 석왕사 간행 판본의 서지적 연구」(『서지학연구』제54호(2013. 6)를 참조하기 바란다.

[35] 安邊 釋王寺 1750年 刊『百法論』,「刊百法論後跋」.
"海東僻在一隅 板本闕如 而書本流行 此謄彼謄 歷傳多手 不無根銀莫辨之患 宗師 臨講 極涉病焉 當是時也 涵月大士慨嘆者久矣 偶得唐板正本 可謂溺海遇舟 墜空乘 鶴者也 (중략) 乾隆十五年庚午仲秋鶴谷沙門剋聰謹跋."

함월해원 역시 우연히 이 책들을 얻었다고 하였는데 현재로서는 그 경로를 알 수 없다. 1681년 표류선에 있던 가흥장일 가능성도 있고 사신이나 상인을 통해 중국에서 직접 구입한 것일 수도 있다. 또한 남한산성 개원사에 있던 것을 입수하였을 가능성도 배제할 수 없다. 그런데 이 책을 간행한지 2년 후인 1752년에 함월해원은 『금강반야경소론찬요간정기회편』을 재복각한다. 그 서문에서 그는 백암성총이 간행했던 목판이 마멸되어 글자를 알아보기 어렵게 되었기 때문에 복각하는 것이라고 하였다.36) 그런데 이때 복각된 『금강반야경소론찬요간정기회편』의 卷6末에 "鶴城使君金公相福 穩城使君尹公景淵"37)이라는 문구가 새겨져 있는데, 여기서 金相福(1714-1782)은 바로 백암성총의 비문을 쓴 사람이다. 그렇다면 석왕사에 있던 가흥장은 백암성총이 수집했던 것 가운데 일부가 어떤 이유로 석왕사로 흘러들어간 것이 아니겠는가. 그러나 더 이상 석왕사의 가흥장 복각이나 개간은 보이지 않는다.

가흥장의 복각은 1769년에 봉정사에서 다시 이루어진다. 봉정사에서 복각된 가흥장은 『菩薩戒義疏』, 『四分戒本如釋』, 『起信論疏筆削記』 3종이다. 말하자면 계율과 관련된 2종과 강원교재 1종이다.38) 『보살계의소』는 대승계율에 대한 智顗(隋)와 灌頂(唐)의 주석이고, 『사분계본여석』은 사분율에 대한 弘贊(明)의 해석이다. 이 책들을 간행하게 된 배경이 臥雲信慧가 쓴 서문에 잘 나와 있다.

---

36) 安邊 釋王寺 1752年 刊 『金剛般若經疏論纂要刊定記會編』, 「重刻金剛經疏記序」.
"至丙寅(1686)春 栢庵和尙 得此全寶剞劂 而眼目人天矣 星霜積而板刊字微 學者病焉."
37) 서울대 규장각 소장의 安邊 釋王寺 1752年 刊 『金剛般若經疏論纂要刊定記會編編』 卷6末.
38) 안동 봉정사에서 1769년에 판각한 목판본 가운데 『佛說優婆塞五戒相經』과 『四分律七取大目抄』는 가흥장을 그대로 복각한 것이 아니라 글자체를 바꾸거나 抄出한 가흥장의 改刊本이므로 본 논의에서는 제외하였다.

근세에 주인 없는 선박이 중국으로부터 와서 임자도에 표착하였는데 몇 권이나 되는지 알 수 없는 대장경이 가득 들어 있었고 그 가운데 '사분율'이 있었다. 이때 백암성총이 개발하고 간행할 뜻이 있어서 계파성능과 함께 인연을 모아 화엄경 및 여러 경론을 판각하였지만 이 경전에까지는 여력이 미치지 못하였으니, 아! 백암과 계파의 나머지가 여기에 있게 되었다. 그 누군들 그들의 뜻과 같지 않겠는가마는 발을 싸매어 나서지 못하였다. 백여 년의 오랜 세월이 흘러 거의 인멸되어 볼 수 없게 된다면 중국에서 보내준 고마운 뜻을 어찌 할 것인가. 이에 이름이 觀性이고 호가 雪月인 도인이 月巖子 旵聞에게 일을 맡겼다. 지한은 스스로 삼백금을 보시하고 동심으로 협력하여 재목을 모으고 후세 억만 세에 유포하고자 하였다. (중략) 백암 당시에 직접 계파에게 그 일을 맡겼지만 완료되지 못하였기 때문에 저승에서 월암자에게 그 일을 주어서 마치지 못한 일을 마치도록 한 것이 아니겠는가. 계파와 월암은 모두 학가산인이니, 아마도 학가산인이 함께 앞에서 큰 임무를 받아 어렵지 않게 마친 것이리라.[39]

백암성총과 계파성능이 합심하여 표류선에 있던 불서를 간행하였으나 뜻을 다 이루지 못하고 입적하였는데 그로부터 60여 년이 지나 월암자 旵聞이 사업을 완수하였다는 것이다. 이 불서 간행 사업이 봉정사에서 완수될 수 있었던 것은 계파성능이 학가산인이었기 때문이다. 앞서 살펴보았듯이 계파성능은 1695년에 가흥장 『화엄현담회현기』를 성공적으로 복각한 바 있었다. 그래서 그가 이루지 못한 뜻을 이어서 지한이 복각을 완수하였던 것이다. 그렇다면 1769년에 봉정사에서 간행된 다른 가흥장의 복

---

39) 安東 鳳停寺 1769年 刊 『四分戒本如釋』, 「重刻四分律序」.
   "近世有無主海舶 自支那而來 泊於荏子島 乃滿船大藏 不知幾許卷 而四分在其中矣
   爾時也 有栢庵古老 開發而有鏤行之志 與桂坡能道人 召緣而刻大經 及諸經論而力未
   及於此 則栢桂之餘 嘅其在玆矣 人誰不欲如其志而裹足不出者 至百有餘年之久 幾乎
   湮沒而不見 則其支那波送揄揚之志 何哉 有道人於此 觀性其名 雪月其號也 委事於
   月巖子旵聞 開也自施金三百 而與之同心勠力 鳩財壽木 爲流後世億萬 (중략) 栢老
   當年親授桂坡 事猶未了 則得非冥授於月巖子終其未終也耶 桂與月俱是鶴駕山人也
   胡爲乎 鶴之人同任大措於前 不難而終耶."

각들도 지한과 관련이 있을 것이다. 그래서『보살계의소』와『기신론소필삭기』의 시주질을 찾아보니 "븝閒"이라는 인명이 보이고 있다. 아마도 그가 이 세 책의 복각을 주도하였던 것 같다.

그런데『기신론소필삭기』는 백암성총이 1695년에 회편하여 지리산 쌍계사에서 간행했던『大乘起信論疏筆削記會編』의 저본이 되었던 책이다.『대승기신론소필삭기회편』은『大乘起信論疏』(4권, 唐 法藏 撰, 宗密 註)와『起信論疏筆削記』(20권, 宋 子璿 錄)을 회편한 것이기 때문이다. 그럼에도 이때에 송나라 자선의『기신론소필삭기』를 별도로 복각하였고, 또 그 서문을 함월해원이 쓰고 있다. 어떤 이유로 함월해원이 서문을 쓰게된 것인지 분명하지 않으나 아마도 그가 이미 가흥장을 복각한 경험이 있었기 때문에 지한 등 간행 주체들이 그에게 서문을 부탁한 것이 아닌가 생각된다. 이렇게 보면 함월해원이 복각했던 가흥장 역시 1681년 표류선의 것이었을 가능성은 더욱 높아지는 셈이다. 봉정사에서 복각한 가흥장은 1681년에 유입된 것이 확실하기 때문이다. 우선 함월해원의 서문을 보자.

신유년(1681)에 깨달음의 바다 바람이 불어서 부처님의 배가 정박하여 장수자선이 쓴『기신론소필삭기』가 무궁화의 고향을 비추었으니『기신론소』와 달리 유통되던 것이다. 백암장로가 법장의 疏 아래에 종밀의 註와 자선의 記를 달아 간행하여 후학들의 안목을 열었으니 다행함이 막대하였다. 그러나 글자가 작고 행수가 조밀하며 세월이 지날수록 목판이 마멸되어 글자를 알아보기 어려운지 오래되었다. 그래서 翫月弘 楓岳仁 虛明珠 幻宇胤 南溟鵬 聖巖允 翠松惠 龍城海 赤州禪 翠雲岸 등 여러 스님들이 재물을 모으고 장인을 불러 별도로 유통되던 중국 책을 얻어 급하게 간행하였으니, 그 전래가 넓지 못할까 염려하였기 때문이다. 아마도 불법을 지켜 사람들을 이익 되게 하려는 마음이 간절하고 간절하였던 것이리라.[40]

_____

40) 安東 鳳停寺 1769年 刊『起信論疏筆削記』,「重刊起信論筆削記序」.
"康熙辛酉 覺海宗風 吹泊慈航 長水之記 得暎槿花之鄉 則疏外別行者也 栢庵長老

백암성총이 간행한『대승기신론소필삭기회편』의 인출이 잦은 탓에 판목의 글자 마멸이 심하였으므로 성총이 저본으로 했던『기신론소필삭기』를 판각하였다는 것이다. 당시『대승기신론소필삭기회편』은 전국 강원의 교재로 사용되었기 때문에 많은 양이 인출되어 마멸이 심하였을 것으로 짐작된다. 그러나 달리 생각해보면 백암성총이 회편하여 간행한『대승기신론소필삭기회편』을 복각하거나 개간하는 편이 더 나았을 것 같은데 함월해원은 그렇게 하지 않았다. 그 이유는 분명하지 않으나 이미 여러 사찰에서 간행된 법장의『대승기신론소』가 유통[41]되고 있었으므로 백암성총이 회편한 책을 판각하기보다 자선의『기신론소필삭기』를 복각하여 법장의『대승기신론소』와 함께 보는 편이 더 낫다고 판단했기 때문이 아닌가 생각된다.

IV. 가흥장 복각의 불교사적 의미

이상으로 조선후기 가흥장이 유입되고 복각된 내용들을 서술하였다. 가흥장이 처음 들어온 것은 표류선에 의한 우연적인 것이었지만 그 양이 매우 많았고 전국적으로 유통되면서 불교계에 미친 영향이 지대하였다. 특히 복각을 통한 유통으로 불교 사상계에 새로운 활력을 불어넣었던 것으로 생각된다.

그런데 지금까지 가흥장의 복각 사실을 알지 못했기 때문에 이에 대한

注記於疏下 而繡梓流傳 開後學之眼目 幸莫大焉 而字細行密 歲深板刑 難圖久遠 故 翫月弘 楓岳仁 虛明珠 幻宇胤 南溟鵬 聖巖允 翠松惠 龍城海 赤州禪 翠雲岸 諸師 鳩財命工 搜得別行唐本 而汲汲於刊行者 惟恐傳之不廣 其護法利人之心 勤且切矣."

[41] 당시 유통되던 法藏의『大乘起信論疏』판본으로는 1528년 金山 身安寺, 1616년 脩甑寺, 1636년 海南 大興寺, 1681년 谷城 泰安寺, 1681-82년 蔚山 雲興寺 刊本 등이 있었다.

연구가 이루어지지 못하였다. 그런 이유로 중국 불서의 유입과 복각이 조선 불교출판계에 어떤 영향을 미쳤는지에 대한 연구가 미진하였다. 그리고 가흥장의 복각과 유통으로 인한 중국불교의 사상적 영향 역시 연구과제로 남아 있다. 이러한 연구를 위해서는 우선 어떤 책이 복각되고 개간되었는지를 살펴보아야 하므로 본고에서는 그 복각본을 우선적으로 다루었다. 이를 통해 총 19종 242권의 가흥장 복각 사실을 확인할 수 있었다. 하지만 본고에서 다루지 못한 가흥장 복각본이 더 있을 수 있다. 여기서 소개한 복각본은 필자가 그동안의 조사를 통해 찾아낸 것이기 때문에 아직 찾아내지 못한 책이 있을 수 있는 것이다.

또한 가흥장을 저본으로 하여 글자를 바꾸거나 抄出한 改刊本도 있다. 아직 찾고 있는 중에 있기 때문에 그 규모를 정확히 말할 수는 없으나 지금까지 필자가 확인한 것만으로도 5-6종이 된다. 개간본은 복각본보다 불교사상사적으로는 더 큰 의미가 있을 것으로 생각된다. 아울러 서지학적으로도 그 판각 연원과 특징을 통해 조선후기 사찰판본에 대한 이해를 넓히는 계기가 될 것이다. 가흥장의 개간본에 대해서는 향후의 과제로 남겨두고자 한다.

이 글은 『서지학연구』 제56집(한국서지학회, 2013)에 수록된 「조선후기 가흥대장경의 復刻」을 그대로 실은 것이다.

—

지리산 소재 사찰의
조선시대 開板 佛書 연구

송일기, 박민희

—

I. 서언

　지리산은 예로부터 우리 민족의 숭배의 대상이 되어 신선이 사는 산이라 하여 '方丈山'이라고 일컬어지기도 하였다. 『三國史記』「祭祀志」에는 신라시대의 명산으로 五岳三山을 기록하고 있는데, 이 중 지리산은 오악의 하나로 꼽히고 中祀의 대상으로 숭배되었다. 또한 지리산은 백두산의 큰 줄기가 다한 곳이라 하여 일명 '頭流山'이라고 불리며,『擇里志』에는 금강산, 한라산과 함께 '三神山'으로 꼽힌다고 기록되어 있다. 이처럼 민족의 영산으로 존숭되는 이곳에 우리나라에 불교가 전래된 이후 수많은 사찰이 건립되었다.

　지리산에 사찰이 설립된 문헌상의 기록은 통일신라시대로 거슬러 올라간다. 화엄사와 연곡사는 경덕왕 대에 사경된 「新羅白紙墨書華嚴寫經」의 발원문에서 이름이 확인되는 연기 조사에 의해 중창된 것으로 알려져, 그 창건 시기는 이보다 앞선 시기로 확인된다. 그리고 신라 경덕왕 대에 단속사 창건에 대한 기록이 있는데, 최치원(857-?)이 쌍계사에 머물렀던 것으로 기록되어 있다.[1] 특히 지리산이 불교사적으로 중요한 의미로 자리매김하기 시작한 것은 중국에서 귀국한 승려 洪陟이 남원의 실상사에 선문을 열면서부터이다. 實相山門은 선종 불교 전파의 중심지로서 통일신라 말기에 성립된 九山禪門의 일문으로 형성되었다. 고려시대에는 普照知訥(1158-1210)의 참선 수행 도량이 되기도 하였다. 지눌은 수선결사를 맺고 居祖寺에서 출발하여 새로 중창하는 송광사로 향하던 중, 지리산에 있는 上無住庵[2]에 머물면서 3년 동안 참선 수행을 하였다.

조선시대에 있어서 지리산은 조선 중기 불교계의 양대 계파를 형성한 '청허계'와 '부휴계'의 승려들의 활동과 밀접히 관련된 매우 의미 있는 지역이다. 이들은 지리산 일대 사찰에서 머물면서 여러 사찰을 왕래하며 강론을 펴기도 하였으며, 지리산 지역 사찰의 중창을 주도하기도 하였다. 특히 부휴계 승려들은 보조지눌의 가르침을 따라 송광사를 중심으로 그들의 사상성을 확대해 갔는데,[3] 특히 쌍계사와 능인암은 浮休善修(1543-1615)와 그의 제자인 碧巖覺性(1575-1660), 栢庵性聰(1631-1700) 등 부휴계 승려들의 주요한 활동 지역이었다. 이들 승려들은 불서 간행에 직접 참여하는 등 開板 불사를 주도하였다.

이처럼 삼국시대 이래로 조선후기까지 지리산에 건립했던 사찰은 155개소에 이르고 있는 것으로 확인되고 있다. 이 중 조선시대에 1종이라도

---

1) 『三國史記』「列傳」〈崔致遠〉傳.

2) 지금의 함양군 마천면 삼정리에 위치하였던 암자.

3) 김용태, 「부휴계의 계파인식과 보조유풍」, 『보조사상』 제25집, 2006, 329-339쪽.

불서를 간행한 사찰은 모두 26개소에 이르며, 간행본은 1399년 德壽寺에
서 개판된 『高峰和尙禪要』를 시작으로 120종에 이르는 불서가 개판되었
던 것으로 파악되고 있다. 주지하다시피 사찰본은 간행에 참여한 사람들
의 역할과 성명, 그리고 시주자들의 성명을 권말에 상세히 기록해놓은 것
이 특징이다. 그리하여 이러한 간행 정보를 통해 지역, 시기, 참여자 등을
확인할 수 있다. 또한 서문과 발문이 수록되어 있어 간행의 동기나 배경
을 살필 수 있기 때문에 간행 불서의 여러 특징을 밝힐 수 있다.

그리하여 이 연구에서는 지리산이 불교사에서 하나의 문화권역을 형
성하였음을 전제로 조선시대로 한정하여 불서의 간행 사실을 조사하고,
이를 토대로 개판불서를 대상으로 지역별·시대별·주제별 특징을 분
석하여 지리산 권역에서 간행된 불서의 종합적 성격을 파악하는데 목적
을 두고 있다. 그러나 지면 관계상 이 논문에서는 개판 불서의 권역별
분석과 간행에 직간접으로 참여한 각수 등의 교류 활약상만을 대상으로
한다.

II. 지리산 소재 사찰 및 불서개판 현황

1. 지리산의 사찰 소재 현황

역사적으로 지리산에 소재하였던 사찰은 총 155개소인 것으로 조사되
었다. 관련 문헌에 수록되어 있는 지리산권의 사찰을 종합하여 시·군별
로 정리하면 〈표 1〉과 같다.4)

---

4) 조사 문헌은 다음과 같다. 『新增東國輿地勝覽』(1530년 간행), 『東國輿地志』(1656
    년 간행), 『韓國寺刹全書』(1979년 간행). 『韓國寺刹全書』는 『太古寺法』, 『東國
    輿地勝覽 佛宇條』, 『梵宇攷』, 『伽藍攷』, 『亂中雜錄』, 『李陸遊山記』 등의 문헌을
    두루 살펴 전국의 사찰에 관한 내용을 망라한 책이다.

<표 1> 智異山 所在 寺刹 調査

지역	사찰
山淸 (30개)	金藏庵 南臺庵(南臺寺) 內院庵(內院精舍, 德山寺) 斷俗寺(槽淵寺) 大源寺(平原寺) 兜率庵 東上元寺 無爲庵 文殊庵 方丈庵 百王庵 法戒寺(千佛庵) 普門庵 普庵 普庵寺, 佛藏庵 三壯寺(三藏寺) 石上庵 深寂寺 王臺寺 王山寺 圓通庵 淨趣庵 坐方寺 智谷寺 (知谷寺, 智居寺) 地藏庵 天藏庵 香積寺 解會庵 花林寺
河東 (42개)	迦葉臺 古僧堂 國師庵 金輪庵 金沙窟 南臺庵 內院庵 能仁寺 大隱庵 妙峯庵 黙契寺 (黙溪寺) 文殊庵 普門庵 普珠庵 佛日庵 佛出庵 貧鉢庵 沙惠庵 上水國寺 西方丈 成佛庵 小隱庵 深院庵 安養寺 靈臺庵(靈臺寺) 靈神庵(靈神庵) 五臺寺 玉簫庵 牛翻臺 隱城庵 隱井臺 義神寺(義神庵) 神興寺(神凝庵, 新興寺, 臣興寺) 雙溪寺 眞樂臺 長興庵 中水國寺 鐵堀 靑巖寺 靑鶴庵 七佛寺(雲上院, 雲院寺, 七佛庵) 下水國寺
咸陽 (31개)	見佛寺 古涅庵 君子寺 金臺庵 羅漢殿 大乘庵 德峰寺 兜率庵 頭流庵 馬迹寺 妙峰庵 妙貞庵 無住庵 文殊寺 白蓮庵 白丈庵 法華寺(法華庵) 碧松庵 報國庵 寶月庵 上流庵 上蓮臺庵 上無住庵(無住庵) 先涅庵 新涅庵 安國寺(安國庵) 安靜庵 靈源寺(靈源庵) 寂照庵 紅蓮庵 黃嶺庵(普門庵)
求禮 (26개)	見性庵(浮屠庵) 九層庵 極倫庵 金井庵 內院庵 堂窟庵 大興寺 道界寺 文殊寺 白蓮庵 寶月庵 寶積庵 鳳泉庵 奉天寺 三日庵 上禪寺 上院庵 西窟庵 石窟庵 修道庵 藥師庵 燕谷寺(鷰谷寺) 烟觀寺 知及庵 泉隱寺(天彦寺, 甘露寺) 華嚴寺(華巖寺)
南原 (22개)	江淸庵(石秀庵) 敬德寺 臺巖精舍 妙峯寺 百丈寺 浮屠庵 三岐寺 瑞雲庵 瑞眞庵 松林寺 實相寺 深源寺(深源庵) 藥水庵 龍溪庵 龍鶴庵 頂龍庵 住指寺 天彦寺 波根庵(大興寺) 黃嶺庵 源水寺 長溪寺
미상 (4개)	茅房寺 法主窟 花龍寺 凝石寺

위의 〈표 1〉에 나타난 바와 같이, 관련 문헌에서 확인되는 지리산 소재 사찰 및 암자는 총 155개소인 것으로 조사되었다. 사찰의 수는 하동, 함양, 산청, 구례, 남원 지역 순으로 많았던 것으로 조사되었다. 사찰의 소재지로 晉州를 기재하여 현재의 소재 행정 구역을 확인할 수 없는 경우에는 미상으로 하였고, 이에 해당하는 사찰은 아방사를 비롯한 4개 사찰이다.

2. 불서개판 현황

지리산은 전라남도 구례군과 전라북도 남원시와 경상남도 산청군, 하동군, 함양군에 걸쳐 총면적 440.485㎢ 넓이의 산이다. 호남과 영남을 아우르는 지리산의 지리적 특성으로 말미암아 행정구역을 단위로 이루어진 기존의 사찰본 연구와는 다른 측면에서의 접근이 필요했다. 지리산 일대는 넓게 보면 주변의 행정 시·군 지역까지 포함할 수 있기 때문에 지리산 소재 사찰의 범위를 제한할 기준이 필요했다.

우선 간행본을 대상으로 한 연구이므로 간행본의 간기를 기준으로 하고, 간기를 통해 알 수 없는 경우에는 사찰의 위치를 실제 지도에서 확인하여 지리산 국립공원에 포함되는 경우에는 연구 대상에 포함하였다. 즉, 간기에 '智異山'을 소재지로 기재한 사찰은 연구 대상에 모두 포함하였다.[5] 지리산의 별칭인 '頭流山', '方丈山'을 소재지로 기재한 사찰도 연구 대상에 모두 포함하였다. 연구대상본의 간기 분석 결과, 소재지로 '智異山'이 기재된 사찰이 19개소, '頭流山'이 기재된 사찰이 2개소, '方丈山'이 기재된 사찰이 3개소였다.

벽송암은 사찰의 소재지로 함양이, 황령암은 사찰의 소재지로 남원이 기재되어 있으며, 소재한 산명은 기재되어 있지 않다. 그러나 두 사찰모두 지리산 내에 소재하였던 사찰이므로 연구 대상에 포함하였다. 또한 견불암은 사찰의 소재지로 '金龍山'이 기재되어 있으나, 사찰의 위치를 검토하여 연구 대상에 포함하였다.

이를 통해 26개의 지리산 소재 사찰에서 총 120종의 불서가 간행된 것으로 조사되었다. 불서 간행 사찰의 현황을 행정구역과 존폐 여부로 구분하여 살펴보면 〈표 2〉와 같고, 지도상의 위치는 〈그림 1〉과 같다.[6]

---

[5] 사찰본은 刊行處를 기재할 때, 道名, 郡名, 山名, 寺名을 모두 기재한 것이 많다. 지리산 사찰 간행본 중 산명만을 기재한 경우는 총 84종이다.

<표 2> 寺刹別 開板佛書 現況

圈域	地域	寺刹名	지도상위치	存廢	刊行種數
경상도	산청 (14종)	斷俗寺	A	廢	2
		大源庵	B	存	2
		三藏寺	C	廢	4
		王山寺	D	廢	4
		智谷寺(國泰寺)	E	存	2
	하동 (69종)	國師庵	F	存	4
		南臺庵	G	廢	1
		能仁庵	H	廢	19
		神興寺	I	廢	28
		雙溪寺	J	存	7
		鐵堀	K	廢	5
		靑岩寺	L	存	1
		七佛寺(七佛庵)	M	存	4
	함양 (13종)	見佛庵	N	存	1
		君子寺	O	廢	3
		德奇寺(德奇庵)	P	廢	3
		碧松庵	Q	存	5
		安國寺	R	存	1
전라도	구례 (17종)	甘露寺	S	存	2
		鷰谷寺	T	存	1
		煙觀寺	U	廢	1
		華嚴寺	V	存	13
	남원 (7종)	內院精舍	W	廢	1
		臺嚴精舍(臺嚴蘭若)	X	廢	3
		實相寺	Y	存	2
		黃嶺庵	Z	廢	1
합계		26개소			120종

6) 폐사된 사찰 중 현재 정확한 소재지를 알 수 없는 곳은 덕기암, 내원정사, 대
  암정사, 철굴, 남대암 5개소이다. 이 중 덕기암을 제외한 4곳의 사찰의 위치
  는 간행 불서들을 대조하여 내린 잠정적인 결론이다. 덕기암의 경우는 간행
  불서를 통해 위치를 가늠하는 것조차 불가능하다. 그런데 14, 15세기 사찰본
  을 간행한 지역이 주로 함양지역이므로 이곳으로 비정하였다.

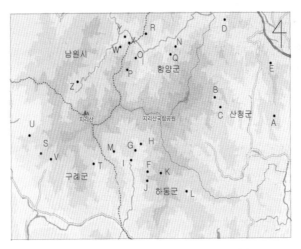

〈그림 1〉 지리산 소재 불서 개판사찰의 위치

　지리산 지역에서는 산청 소재 사찰 5개소에서 14종, 하동 소재 사찰 8개소에서 69종, 함양 소재 사찰 5개소에서 13종, 구례 소재 사찰 3개소에서 17종, 남원 소재 사찰 4개소에서 7종의 불서가 간행되었다. 산청, 하동, 함양의 경상도 지역과 구례, 남원의 전라도 지역으로 크게 구분하여 간행 불서의 시·군별 분석을 수행하였다.

III. 권역별 불서 개판의 양상

　이 장에서는 지리산 소재 사찰 간행본 120종을 대상으로 지역별 분석을 수행하고자 한다. 불서가 집중적으로 간행되었던 시기가 시·군별로 비교적 뚜렷하게 구별되는 것이 지리산 사찰본 간행의 특징 중의 하나이다. 이에 지역별 분석과 더불어 시기별 특징도 분석하고자 한다.

1. 산청지역

산청 지역에서 불서를 개판한 사찰은 단속사, 대원암, 삼장사, 왕산사, 지곡사의 5개소이다. 산청 소재 사찰 간행 불서의 현황은 〈표 3〉과 같다.

〈표 3〉 山淸 所在 寺刹의 開板 佛書

寺刹	書名
단속사	直註道德經(1527), 禪門拈頌集(1528)
대원암	大方廣佛華嚴經疏鈔(1690), 佛說四十二章經註(1748)
삼장사	佛說高王觀世音経(1710), 佛說金沙論(1718), 佛說四十二章經註(1718), 佛遺敎經註(1718)
왕산사	注華嚴法界觀門(1713), 因明入正理論解(1714), 妙法蓮華經(1727), 妙法蓮華經(1734)
지곡사	大方廣佛華嚴經疏科文(1739), 月沙先生集辨誣奏(1804)

산청 지역에서는 5개소의 사찰에서 총 14종의 불서가 간행되었다. 이 중 10종이 18세기 전반 간행본으로 산청 지역에서 불서 간행이 가장 활발했던 시기는 18세기 전반임을 알 수 있다.

산청 지역 사찰 중에서 가장 이른 시기에 간행본을 낸 곳은 단속사로서 단속사에서는 『直註道德經』과 『禪門拈頌集』의 2종의 불서가 간행되었다. 『直註道德經』과 『禪門拈頌集』에는 모두 당대의 대선사였던 碧松智嚴(1464-1534)이 쓴 발문이 수록되어 있다. 『直註道德經』은 원나라 몽산덕이가 유·불·도 삼교의 사상적 일치를 주장한 저술이다. 몽산덕이의 또 다른 저술인 『蒙山和尙六道普說』, 『蒙山和尙法語略錄』은 그 간행 빈도가 높았던데 비해 『直註道德經』은 지리산 단속사 간행본이 유일한 판본인 것으로 확인되고 있다. 『禪門拈頌集』은 깨우침을 위한 공안 모음집으로 보조지눌의 제자인 眞覺慧諶(1178-1234)이 편찬하였다. 2종의 불서는 모두 어미가 없는 것을 비롯하여 고려본의 판식 특징을 계승한 모습이다. 『直註

道德經』은 지엄의 제자인 一禪, 釋安, 靈浚이 募緣하여 간행하였는데 벽송 지엄은 2종의 불서를 간행하던 이 시기에 단속사에 머물렀던 것으로 보인다.

1690년에 대원암에서 간행된『大方廣佛華嚴經疏鈔』는 비슷한 시기의 낙안 징광사의 간행 불사의 분각 활동의 하나인 것으로 보인다.[7] 백암성총이 지은 징광사 간행본의 서문에 의하면 징광사의 승려들이 각지로 分行하면서 모연하였다. 대원암 간행본 권77의 말미에는 대원암에서 각성된 후 金華山 藏中으로 옮겨졌다는 기록이 있어 처음 각성할 때부터 징광사에 수장할 목적이었던 것으로 보인다.[8] 대원암 간행본에는 성총의 후학인 石室明眼(1646-1710)이 발문을 썼고 대원암과 대원암 인근의 삼장사 문인들이 대거 간행에 참여하였다.

18세기 전반기는 산청 지역 사찰에서 불서 간행이 가장 활발하였던 시기이며 이 시기에 불서를 간행한 대원암, 삼장사, 왕산사, 지곡사는 간행 불사에서 공통된 배경이 있어 주목된다. 또한 간행 참여자와 간행 주도자를 분석한 결과 이 시기 산청 지역 사찰은 하동, 구례 지역 사찰과 활발하게 교류한 것으로 나타났다.

왕산사에서 1713년에 간행된『注華嚴法界觀門』에는 無用秀演(1651-1719)이 쓴 重刊跋文이 수록되어 있다. 이에 따르면 설암[石室明眼]은 중국본 한 책을 얻어 이를 간행하고자 하였으나 뜻을 이루지 못하였는데, 그의 뜻을 이어 사법제자인 謜公과 心表가 瑞輝 상인과 함께 간행한 것이다.[9]

---

7) 낙안 징광사에서 간행된『大方廣佛華嚴經疏鈔』는 1690년과 1700년 개판본이 있다.

8) 1690년 대원암 간행본의 권72 말미에는 白雲山의 黃龍寺에서 開刊되어 금화산 장중으로 옮겨졌다는 기록이 있다. 한편, 梵魚寺에서 1700년에 간행된『大方廣佛華嚴經疏演義鈔』에도 '金井山 梵魚寺 分刻'이라고 기재되어 있어, 징광사 간행 불사의 분각 간행본임을 알 수 있다.

9) 重刊華嚴法界觀門跋. '華嚴法界觀門…我門兄雪嵒公得唐本一册 心重之歡 鋟梓而廣 其傳 未果忽焉 嗚呼其嗣法謜公心表畢欲如其師之志 與瑞輝上人謨焉 輝剞劂好手手

명안의 제자들은 명안의 문인인 수연에게 발문의 작성을 요청하였던 것으로 보인다. '重刊'이라고 칭한 것은 중국본을 복각하여 간행하였기 때문이다. 이 책은 이전에 우리나라에서 간행된 바 없었던 것으로 보인다.

또 다른 화엄경 주석서로 1739년에 지곡사(국태사)에서 『大方廣佛華嚴經疏科文』이 간행는데, 若訥이 작성한 발문이 있어 간행 배경을 파악할 수 있다. 신유년[1618]에 표착한 중국 배에서 大經疏鈔[華嚴經疏鈔]는 백암성총에 의해 간행되었으나,[10] 玄談科圖는 아직 간행되지 않았다. 야눌의 문형인 雨巖公은 우연히 얻은 科圖를 私藏하지 않고 諸山門과 공유하고자 하여 간행하게 되었다.[11]

『華嚴經』이외 기타 경전에 대한 주석서의 간행도 활기를 띠었다. 1714년에 왕산사에서 『因明入正理論解』가 간행되었고, 1718년에는 삼장사에서 『佛說四十二章經註』와 『佛遺敎經註』가 합철로 간행되었다. 『因明入正理論解』에도 전년인 1713년에 왕산사에서 간행된 『注華嚴法界觀門』와 마찬가지로 무용수연의 발문이 붙어 있다. 법형인 석실명안이 신유년에 풍랑을

自模板於法界觀門 結大因緣 其志願深矣 噫三心合同能事斯畢可 書此爲重刊法界觀門後跋'

10) 1681년 명의 상선이 표류한 사건은 『肅宗實錄』,『燃藜室記述』,『東師列傳』,『朝鮮佛敎通史』,「海東新刻淸凉華嚴疏抄後序」,「栢庵性聰碑陰記」 등 여러 문헌에서 찾아진다. 명의 상선에 실려 있던 불서들은 전라도와 충청도 일대의 연안에 쓸려왔다. 성총이 지은 「海東新刻淸凉華嚴疏抄後序」에 의하면 '명나라 섭평림(葉平林)이 교감하여 간행한 80권을 모두 입수했다'고 기록하고 있으며,「栢庵性聰碑陰記」에도 1681년부터 1695년까지 15년에 걸쳐 5천의 판자를 만들고 징광사·쌍계사에 수장하였다고 기록하고 있다.(최동원, 「朝鮮時代에 간행된 禪源諸詮集都序의 書誌的 硏究」, 중앙대학교 석사학위논문, 2008, 89-90쪽).

11) "吾東僻在海外 佛家書籍有未盡布 學者病焉 去辛酉唐舶漂至 大經疏鈔 幸爲栢巖老壽梓流行 而獨玄談科圖 一本 未獲登板 盖有所待於人與時也 一部玄談旣摠括一經大義 科圖一冊又約盡 一部玄談誠敬學之司南非此 雖欲踏法界之磧經 無以頌其要而得其門也 我門兄雨巖公偶得於藏經中寶而重之道書 付劂厥以畢前人之餘功 嗚呼 尚哉 嘗觀世人得一新書 必秘而藏之採其華嚼其膏 以爲己有而取讀於人者多矣 今雨巖不爲私藏 公諸山門使其傳布無窮其用心之仁固可書也 而前摠攝機公鳩其財 通政釋仁公管其役贊成之亦不可泯也 略敍卷尾云爾"

당한 배에서 판본을 얻었는데, 아직 간행된 바가 없어 사법제자인 심공이 스승의 뜻을 이어 간행하게 된 것이다.[12] 삼장사에서 1718년에 합철로 간행된『佛說四十二章經註』와『佛遺教經註』역시 간행 배경이 이와 유사하다. 신유년에 표류된 상선에 실려 있었던 책 중 다른 서적들은 이미 간행이 되었으나, 이 두 경만은 광포되지 않아, 방장도인 斗牛가 사재를 털어 간행하게 되었다는 내용이 발문에 수록되어 있다.[13] 두우는 1690년에 대원암에서 간행된『大方廣佛華嚴經疏鈔』권66에도 역할명 없이 기재되어 있어, 성총의 임자도 표착 불서의 간행 불사에 참여한 경력이 확인된다. 또한 두우는 1710년 삼장사 간행본인『佛說高王觀世音經』의 간행을 주도하기도 하였다.[14]

이와 같은 발문 기록과 참여자 기록을 통해 18세기 전반기의 산청 지역 사찰 간행 불서의 주요한 특징을 몇 가지 확인할 수 있다. 첫째, 이 시기 산청 지역 사찰본은 임자도에 표착한 중국 서적을 복각하여 간행한 판본이 다수이며, 둘째, 이 중에서도 특히 미간행된 서적을 간행하고자 노력하였다. 산청 지역에 18세기에 이러한 불사의 성격이 확인되는 배경은 1690년에 대원암에서 이루어진 징광사 수장을 위한 화엄경소초 분각 활동이 그 발단이 되었던 것으로 보인다. 여기에 직·간접적으로 참여한 인근 사찰에서는 임자도 표착 불서의 중간에 대한 관심이 고조되었던 것으로 추정해볼 수 있다.

---

12) 重刊因明論跋. '我東地偏一隅...欲廣傳法海而未由焉可傷也 己因明論者竺迦羅菩薩之所述] 唐玄奘之所譯 而沙門眞界之所解者也...我法兄石室公幸得於辛酉颶風 唐舶漂蕩之餘 未上板而西焉 其嗣法諶公繼其志 [鍊諸方板公於一國 於佛恩師恩可謂知報者矣是爲跋'

13) 重刊四十二章遺教二經跋. '右二經我世尊滅後...然而唐舶波風漂流游浦 所載經論皆 已上板而 此二經 尙未廣布 業門旨訣其不幾於湮沒 而耶方丈道人斗牛慨 然而鋟諸梓 以爲倡明禪學之一助 豈有功於佛氏之遺 教者豈小補哉 玆書跋語於卷尾以誠之云 崇禎後戊戌 方丈沙門 司能題'

14) 跋. (생략)...是故 斗牛禪寺 發願鏤刻 流傳萬歲 以此功德 願子現生父母及多生父母...(생략)

2. 하동지역

하동 지역에서 불서를 간행한 사찰은 국사암, 남대암, 능인암, 신흥사, 쌍계사, 철굴, 청암사, 칠불사의 8개소이다. 하동 소재 사찰 간행 불서의 현황은 〈표 4〉와 같다.

〈표 4〉 河東 所在 寺刹의 開板 佛書

寺刹	書名
국사암	佛說大阿彌陀經(1903), 佛說大乘聖無量壽決定光明王如來陀羅尼經(1903), 妙法蓮華經心(1903), 법화영험(1903)
남대암	高峯和尙禪要(1539)
능인암	誡初心學人文(1603), 高峯和尙禪要(1603), 蒙山和尙法語略錄(1603), 發心修行章(1603), 禪源諸詮集都序(1603), 自警序(1603), 看話決疑論(1604), 高峯和尙禪要(1604), 大慧普覺禪師書(1604), 妙法蓮華經(1604), 法集別行錄節要幷入私記(1604), 水陸無遮平等齋儀撮要(1604)圓頓成佛論(1604), 天地冥陽水陸齋儀纂要(1604), 請文(1604), 大方廣圓覺修多羅了義經(1611), 禪門綱要集(1611), 禪門寶藏錄(1611), 圓頓成佛論(1611)
신흥사	護法論(1528), 景德傳燈錄(1536), 蒙山和尙法語略錄(1536), 蒙山和尙六道普說(1536), 發心修行章(1536), 自警序(1536), 大慧普覺禪師書(1537), 法集別行錄節要幷入私記(1537), 禪源諸詮集都序(1537), 地藏菩薩本願經(1537), 顯正論(1538), 妙法蓮華經(1545), 誡初心學人文(1547), 發心修行章(1547), 自警序(1547), 蒙山和尙法語略錄(1547), 佛說廣本大歲經(1549), 禪門拈頌集(1549), 大方廣圓覺修多羅了義經(1564), 大慧普覺禪師書(1570), 禪宗永嘉集(1570), 釋迦如來行跡頌(1572), 誡初心學人文(1579), 蒙山和尙法語略錄(1579), 發心修行章(1579), 法集別行錄節要幷入私記(1579), 禪源諸詮集都序(1579), 自警序(1579)
쌍계사	大乘起信論疏筆削記會編(1695), 六離合釋法式通關(1695), 緇門警訓(1695), 華嚴懸談會玄記(1695), 般若波羅密多心經略疏竝書連珠記會編(1710), 百愚隨筆(1722), 止軒集(1874)
철굴	禪門綱要集(1531), 禪門寶藏錄(1531), 僧家日用食時黙言作法(1531), 靈驗略抄(1531), 五大眞言集(1531)
청암사	高王觀世音經(乙巳)
칠불사	現行西方經(1531), 任性堂大師行狀(1657), 現行法會禮懺儀式(1710), 現行西方經(1710)

하동 지역 사찰에서는 총 69종의 불서가 간행되었다. 시기별로는 16세

기 35종, 17세기 24종, 18세기 4종, 19세기 1종, 20세기 4종, 미상 1종으로 구분된다. 16세기 간행본, 즉 임란 이전 간행본이 다수를 차지하는 점이 주목된다. 하동 지역 간행본은 청암사 간행본 1종을 제외하고 모두 花開谷에 위치한 사찰에서 간행되었다.

16세기 하동 지역에서는 신흥사의 간행 활동이 두드러진다. 16세기 간행본을 가지고 있는 철굴, 칠불사, 남대암 모두 신흥사 인근의 사찰이거나 신흥사의 암자였음을 감안하면 신흥사를 중심으로 하는 간행 불사가 이 시기에 매우 활발하였음을 알 수 있다. 신흥사는 적어도 1618년까지는 존속하였으나[15] 간행본은 1579년이 마지막인 것으로 조사되었다.

신흥사 간행본 28종 중 21종은 선종류의 불서이다. 『誡初心學人文』, 『蒙山和尙法語略錄』, 『發心修行章』, 『自警序』의 4종의 불서는 초학자를 위한 입문서라는 공통된 성격과 비교적 적은 분량인 까닭에 1547년과 1579년에 합철로 간행되었다. 또한 사집과에 속하는 불서 『高峯和尙禪要』, 『大慧普覺禪師書』, 『法集別行錄節要幷入私記』, 『禪源諸詮集都序』이 각각 4종, 3종, 3종, 3종 간행되었다. 주목되는 사실은 『高峯和尙禪要』를 제외한 3종의 불서가 1537년이라는 이른 시기에 일시에 간행되었으며,[16] 특히 이들 불서는 사집과 불서를 처음 지목하여 강조한 벽송지엄의 제자로 알려진 圓悟, 靈觀에 의해 주도적으로 간행된 것으로 기록되어 있어, 지엄이 사집과 불서를 강조한 이후 제자들이 스승의 뜻을 받들어 실제 간행에 힘쓴 것임을 알 수 있다. 또한 신흥사에서는 조선과 중국의 승려에 의해 각각 저술된 『顯正論』, 『護法論』과 같이 불교 비판에 맞서 불교 수호를 내용으로 하는 불서도 간행되었다.

---

15) 趙緯韓 『玄谷集』 「遊頭流山錄」에 신흥사가 폐사되지 않은 것으로 기록되어 있다. 吳斗寅 『陽谷集』 「頭流山記」에는 1624년에 폐사된 것으로 기록되어 있다.
16) 신흥사의 암자인 것으로 추정되는 남대암에서 1539년에 간행된 『高峯和尙禪要』를 포함하면 사집과에 해당하는 불서가 2~3년 사이에 모두 간행된 것이다.

임란 직후인 1603년에서 1611년까지의 시기에는 능인암에서 대대적인 불서 간행이 있었다. 능인암 한 사찰에서 1603년에 6종, 1604년에 9종, 1611년에 4종의 불서가 간행되었는데, 이 시기의 간행 불사는 부휴선수 (1543-1615)[17]와 그 문도들에 의해 이루어졌다. 1603년에 간행된『誠初心學人文』,『高峯和尙禪要』,『禪源諸詮集都序』와 1604년에 간행된『看話決疑論』,『大慧普覺禪師書』,『圓頓成佛論』과『法集別行錄節要幷入私記』의 참여자에는 대선사 선수의 이름이 보이며, 1604년의『高峯和尙禪要』,『大慧普覺禪師書』에는 선수의 제자인 각성이 교정으로 참여한 것으로 기록되었다. 1611년 간행본에서는 선수와 각성의 이름을 찾아볼 수 없다. 선수는 1609년에 應禪和尙의 요청으로 송광사로 초빙되어, 송광사에서 1610년 3월에『禪家龜鑑』을 간행하였다. 1611년 4월에 지리산을 유람한 유몽인이 남긴「遊頭流山錄」에 의하면, 이때 선수는 영원암에 주석하고 있었다. 따라서 1603년과 1604년의 능인암 간행본은 선수와 각성이 주도하여 개판된 것이며, 1611년 간행본은 송광사로 이동하지 않고 능인암에 남아 있던 제자들에 의해 개판된 것으로 추측된다.

능인암에서 이처럼 짧은 기간에 대대적인 간행 불사가 이루어진 이유는 임란 이후 승려들의 교육적 욕구가 증가하였던 반면, 실제 강학에 필요한 교재가 극히 부족하였던 상황에 기인한 것으로 보인다. 또한 능인암 간행 불서 19종 중 17종이 '能仁菴開刊移鎭雙溪(寺)'라는 간기가 각성되어

---

17) 浮休善修는 속성은 金氏이며 南原 獒樹人이다. 일찍이 출가하여 지리산 信明長老에게 得度되고, 뒤에 부용당 영관의 심법을 얻었다. 그의 인품과 덕화에 道를 묻는 자가 항상 700여 명에 이르렀으며, 광해군 7년(1615년)에 73세의 나이로 칠불암에서 입적하였다.(동국대학교 불교문화연구소,『韓國佛敎撰述文獻總錄』, 동국대학교출판부, 1976. 177쪽) 선수는 능인암 또는 쌍계사에 주로 주석하였던 것으로 보인다. 선수는 1609년 應禪和尙의 요청으로 송광사로 초빙되었으며, 송광사에서 1610년 3월에『禪家龜鑑』을 간행한 사실로 보아 이 때 송광사에서 마지막 불사를 행하고 돌아온 것으로 보인다. 1611년 4월 유몽인의「遊頭流山錄」에 의하면 이때 영원암에 주석하고 있었음을 알 수 있다. 선수는 1614년에는 칠불암으로 거처를 옮겼다가 다음해 입적했다.

있는 것으로 보아 임란 직후 능인암은 쌍계사의 불서 간행을 대신하였던 것으로 판단된다. 즉, 능인암은 쌍계사 인근의 작은 사찰 혹은 암자였으나, 임란 직후 쌍계사가 소실되자 임시로 승려들의 교육에 필요한 불서 간행의 역할을 담당한 것이다. 1632년에 각성에 의해 중건되어 쌍계사가 본래의 중심적인 사찰로서 기능하기 시작하면서, 능인암의 위치는 본래의 작은 사찰로 돌아갔을 것으로 생각된다.

17세기 후반과 18세기에는 쌍계사의 간행 활동이 활발해졌다. 이 시기에 쌍계사에서 간행된 불서는 1종을 제외하고 모두 백암성총과 석실명안의 간행 활동과 관련된 서적이다. 성총은 임자도에 표착한 상선에서 얻은 불서를 낙안 징광사와 쌍계사에서 대대적으로 간행하는 불사를 일으켰다. 『大乘起信論疏筆削記會編』, 『六離合釋法式通關』과 『緇門警訓』은 중국본을 토대로 성총이 새로 편찬하여 개판하였으며, 『華嚴懸談會玄記』는 중국본을 복각한 것으로 보인다. 『大乘起信論疏筆削記會編』은 士元이 서사하였고 三機가 重訂하여 간행되었고, 『華嚴懸談會玄記』 역시 삼기가 교정으로 참여하였다.

『般若波羅密多心經略疏竝書連珠記會編』은 석실명안이 편찬하였으며, 칠불원의 사미인 端肅이 서사하고 圓照, 太暉, 환성지안(1664-1729)이 引勸 겸 校對로, 무용수연이 校證으로 참여하였다. 『百愚隨筆』은 석실명안의 문집이다.

16세기의 신흥사와 인근의 남대암, 철굴, 칠불사, 그리고 17세기 초반의 능인암에서 간행된 불서의 공통된 성격은 승려들의 교육과 강학을 위한 불서가 대대적으로 간행되었다는 점이다. 이를 통해 16세기와 17세기 초반의 하동 지역 사찰들은 지리산 일대에서 중심적인 역할을 하는 사찰로 자리매김했음을 알 수 있다.

3. 함양지역

함양 지역에서 불서를 간행한 지리산 소재 사찰은 견불암, 군자사, 덕기사, 벽송암, 안국사의 5개소이다. 간행 불서의 간기에 의하면 덕기사는 소재지로 '智異山'만을 밝히고 있고 사찰의 연혁에 대한 기록을 찾을 수 없어 소재지를 함양으로 단정할 수는 없다. 다만 15세기 이전에 불서를 간행한 바 있는 견불암과 군자사가 모두 함양 소재인 점을 근거로 덕기사의 소재지를 함양으로 추정하였다. 함양 소재 사찰 간행 불서의 현황은 〈표 5〉와 같다.

〈표 5〉 咸陽 所在 寺刹의 開板 佛書

寺刹	書名
견불암	六經合部(1462)
군자사	六經合部(세종연간), 靑梅集(1633), 妙法蓮華經(1636)
덕기사	高峯和尙禪要(1399), 誡初心學人文(1400), 牧牛子修心訣(1400)
벽송암	四分律七聚大目抄(1797), 梵網經盧舍那佛說心地法門品菩薩戒本(1797), 受菩薩戒法門(1797), 地藏菩薩本願經(1797), 鏡巖集(1804)
안국사	妙法蓮華經(1685)

함양 지역 사찰에서는 총 13종의 불서가 간행되었다. 시기별로는 14세기 간행본 3종, 15세기 간행본 2종, 17세기 간행본 3종, 18세기 간행본 4종, 19세기 간행본 1종으로 세분된다.

덕기사 간행본은 지리산 일대 사찰 중에서 그 간행 시기가 가장 빠르다. 덕기사에서는 1399년에 『高峯和尙禪要』를 간행한 것을 비롯하여, 1400년에는 『誡初心學人文』과 『牧牛子修心訣』을 간행하였다. 『高峯和尙禪要』는 1358년 元의 吳郡의 南禪集雲精舍에서 중각한 판본을 덕기사에서 복각한 것으로, 조선시대에 간행된 『高峯和尙禪要』 판본 가운데 최고본에 해당한다. 『誡初心學人文』과 『牧牛子修心訣』은 합철로 간행되었는데, 『牧牛

子修心訣』의 권말제 다음 행에는 '大德九年(1305)乙巳七月日誌'라는 구간기
가 있으며, '第十代開板'과 '建文二年(1400)八月日誌 智異山德奇庵重刊'이라
는 간기가 있어, 1305년에 개판된 고려본을 1400년에 복각하여 간행한 판
본에 해당된다.

군자사에서는 세종연간에 『六經合部』가 간행되었다. 예전에 평양부윤
成君成達生]이 불도를 신봉하여 손수 6권을 쓰고 침재하여 유통하게 하여
그 이택이 무궁하였는데, 이제 지리산 군자사의 弘禪 도인이 이 경전을
중각하여 유통시키고자 하였다.[18] 즉, 성달생이 필서한 『六經合部』 초간
본이 1424년에 안심사에서 개판된 이래, 군자사에서 홍선 도인이 간선하
여 『六經合部』가 간행된 것이다. 1633년에는 청매인오의 문집인 『靑梅集』
이, 1636년에는 『妙法蓮華經』이 간행되었다. 『靑梅集』의 발문은 당시 靈源
庵[19]에 머물고 있던 인오의 제자 雙運에 의해 작성되었으며, 서문은 지곡
사에서 간행된 바 있는 『月沙先生集辨誣奏』의 저자이자 조선 중기 4대 문
장가의 한 명으로 꼽히는 李廷龜(1564-1635)가 지었다. 『靑梅集』의 목판은
1636년에 양산 통도사로 옮겨졌다.[20]

『六經合部』는 1462년 견불암에서도 간행되었는데, 盧伯孫과 대선사 義
戒, 訥伊, 自澄이 대시주로 간행을 주도하였다. 前萬年寺住持 대선사 義一,
도인 戒楠와 前智谷寺住持 대선사 性敏과 도인 竹根, 대선사 쏙月이 각수
로 참여하였고, 연판은 대선사 尙敬이 맡았다. 대선사의 높은 지위에 있
는 승려들이 각수와 연판의 실무 역할을 한 것이 특이하다.

---

18) 「觀世音菩薩禮文」의 후기. '此六卷經者 成佛之捷徑 初學之先務也 故凡入佛知見者
   莫不由斯而進 是以古今世人尤爲崇信也 向平壤府尹成君信奉斯道 手書六卷 傳鋟于
   梓流傳於世 利澤無窮 今智異山君子寺道人弘禪 於此經中信心堅固 行願圓滿倩互重
   刻印施流通
19) 지금의 靈源寺로서 함양군 마천면 삼정리에 위치한 사찰이다.
20) 통도사 소장 목판 1판. 간기: 崇禎9年(1636)正月日梁山通度南庵樓板傳於智異山君
   子寺(박상국, 『全國寺刹所藏木板集』, 문화재관리국, 1987, 364쪽).

안국사에서는 1685년에 『妙法蓮華經』이 간행되었다. 蓬萊山人 楓溪明誓 (1640-1708)의 발문에 따르면 1683년에 시작하여 1685년에 간행을 마쳤다.[21]

벽송암에서는 1797년에 『四分律七聚大目抄』, 『梵網經盧舍那佛說心地法門品菩薩戒本』, 『受菩薩戒法』이 합철로 간행되었고, 같은 해에 『地藏菩薩本願經』도 간행되었다. 1797년에 벽송암에서 간행된 4종의 불서는 모두 벽송암에서 개판되어 安義 靈覺寺[22]로 移鎭되었다. 1804년에는 벽송암에서 불서 간행을 주도하였던 승려 鏡巖應允(1743-1804)의 문집인 『鏡巖集』이 간행되었다.

함양 지역의 사찰에서 간행된 불서는 다른 지역에 비해 그 수가 적은 편이지만, 14세기, 15세기 간행본은 함양 지역 사찰에서만 확인되어 주목된다. 조선 초기에는 함양 지역 사찰이 지리산 일대불교계의 중심 역할을 하였던 것으로 보인다.

4. 구례지역

구례 지역에 소재한 사찰 중에서 불서를 간행한 사찰은 연곡사, 연관사, 천은사, 화엄사의 4개소이다. 구례 소재 사찰 간행 불서의 현황은 〈표 6〉과 같다.

구례 지역 사찰에서는 총 17종의 불서가 간행되었다. 시기별로는 16세기 1종, 17세기 6종, 18세기 8종, 20세기 1종, 미상 1종으로 세분된다.

1582년 연관사 간행본 『妙法蓮華經』에 참여한 坦衍을 비롯한 각수들은

---

21) 간기에는 사찰의 명칭이 '安旺寺'라고 표기되어 있다. '旺'자는 '國'자의 異形字인데, 간혹 이를 '왕'으로 독음한 사례가 보이고 있어 주의가 필요하다. 책판은 함양 벽송사에 소장되어 있으며 경상남도 유형문화재 제315호로 지정되었다.

22) 함양군 서상면 덕유산 자락에 위치한 사찰이다.

<표 6> 求禮 所在 寺刹의 開板 佛書

寺刹	書名
감로사	天地冥陽水陸齋儀纂要(1636), 水陸無遮平等齋儀撮要(1638)
연곡사	釋迦如來成道記(1655)
연관사	妙法蓮華經(1582)
화엄사	勸念要錄(1637), 湖南道求禮縣智異山大華嚴寺事蹟(1697), 佛說長壽滅罪護諸童子陀羅尼經(1699), 佛說壽生經(1717), 金剛般若波羅密經(1718), 佛說預修十王生七經(1718), 水月道場空花佛事如幻賓主夢中問答(1721), 歸元直指集(1724), 寶王三昧念佛直指(1724), 准提淨業(1724), 佛像功德因果說(1777), 浮休堂大師集(1920), 天罡時課(연대미상)

하동의 신흥사와 능인암 간행본에서 이름이 확인되어 연관사 간행본은 하동 지역 사찰의 영향을 받은 것으로 추정된다.

1724년에 화엄사에서 간행된 『歸元直指集』,『寶王三昧念佛直指』,『准提淨業』은 一諶, 順學 등이 모연하여 간행하였다. 일심은 지리산과 조계산 일대에서 准提와 念佛直指와 歸元直指의 三本經을 우연히 얻게 되었다. 釋者라면 이를 암송하고 익혀야 하기에, 뜻을 같이 하는 순학 등과 함께 모연하여 간행하게 되었다.[23] 이들 세 종의 불서는 일찍이 간행된 바가 없었던 서적으로 발문을 통해서는 알 수 없으나, 판식의 특징을 고려해보면 이들 역시 중국에서 수입된 서적을 바탕으로 복각 간행된 것임을 알 수 있다.

『水月道場空花佛事如幻賓主夢中問答』은 허응당 보우(1515-1565)의 저술로 의식도량의 관법에 대하여 문답 형식으로 서술한 책이다. 霜月璽封(1687-1767)이 서문을 쓰고, 대선사들로 환성지안, 影海若坦(1668-1754), 南

---

23) 龍谷一諶跋. '噫余早學西法 全象難見佛法絶紐之世濫 吹齊門年登五十斗覺處玉之知 非放敎修禪 共浮雲短筇隨緣 落南智異曹溪南中勝地 適往棲止而偶得准提念佛直指 歸元直指三本經之利實 國之所無者凡爲釋于者不可不誦習而依行 故與同志順學等募 緣鋟梓 以廣其傳所冀聖壽天長邦基地久慧風常扇 佛日長明十方 施主以此功德皆登 彼岸'

岳泰宇(?-1732) 등이 간행에 참여하였다. 명종 대의 고승 보우의 저술이 그의 사후 150여 년이 흘러 상월새봉, 환성지안, 영해약탄, 남악태우 등 당대의 명망 있는 대선사들에 의해 간행되어 주목된다.

화엄사의 인근에 위치한 감로사(천은사)에서는 수륙재와 관련된 불서가 2종 간행되었다. 『天地冥陽水陸齋儀纂要』와 『水陸無遮平等齋儀撮要』는 수륙재에 대한 모든 의식과 절차를 모은 책으로 수륙재의 설행에 사용되던 의식서이다.

연곡사에서는 1655년에 『釋迦如來成道記』가 간행되었다. 이 책은 당대의 시인인 왕발(王勃, 649-676)이 쓴 『釋迦如來成道記』에 대해 당나라의 慧悟大師와 道成이 주를 달아 쓴 것을 崔肴干이 서문을 짓고 편찬한 책이다. 각성이 간행을 주도하고, 道英이 화주를 담당하였으며, 明閔이 서사하여 간행되었다.

구례 지역 간행본에서는 화엄사 간행본이 차지하는 비중이 높다. 화엄사는 17세기와 18세기 간행본이 대다수이며, 일반적으로 사찰 간행본에서 다수를 차지하는 선종류 불서를 단 한 종도 간행하지 않은 점이 특징이다. 반면 『歸元直指集』, 『寶王三昧念佛直指』, 『佛像功德因果說』과 같은 정토종류, 『佛說長壽滅罪護諸童子陀羅尼經』, 『准提淨業』과 같은 밀교경류, 『勸念要錄』과 같은 영험류, 『佛說預修十王生七經』과 같은 재의식류 불서들이 다수 간행되었다. 또한 국한문혼용 불서가 3종(『勸念要錄』, 『水月道場空花佛事如幻賓主夢中問答』, 『佛像功德因果說』) 간행되었다. 민중의 종교적 요구에 부합하는 불서가 다수 간행된 점이 화엄사 간행 불서의 특징이다.

5. 남원지역

남원 지역 사찰에서 불서를 간행한 사찰은 내원정사, 대암정사, 실상사, 황령암의 4개소이다. 사찰 간행 불서의 현황은 〈표 7〉과 같다.

<표 7> 南原 所在 寺刹의 開板 佛書

寺刹	書名
내원정사	大方廣佛華嚴經疏鈔(1774)
대암정사	龍潭集(1768), 大方廣佛華嚴經普賢行願品疏(1774), 大方廣佛華嚴經疏鈔(1774)
실상사	南岳集(1753), 大方廣佛華嚴經疏鈔(1777)
황령암	大方廣佛華嚴經疏演義鈔(1773)

남원 지역 사찰에서는 총 7종의 불서가 간행되었다. 7종이 모두 18세기 후반에 간행되었다.

1770년대 『華嚴經疏鈔』의 간행 불사는 징광사 화재로 인해 화엄경판이 소실되자, 雪坡尙彦(1707-1791)[24]의 발원으로 이루어진 재간행 불사이다. 재간행 불사는 대암정사를 중심으로 이루어졌으며, 1773년과 1774년에 황령암, 내원정사에서 이루어진 『華嚴經疏鈔』 간행 불사도 이 재간행 불사의 일환인 것으로 추측된다.

대암정사를 중심으로 진행된 『大方廣佛華嚴經疏鈔』[25]의 재간행 불사는 그 방대함 때문에 주변의 사찰들이 분각하였다. 내원정사는 권 65, 66을 간행하였고, 권60-1 말미에는 '順天海川寺同願成此卷'이라는 기록이 있어 순천의 海川寺가 권60-1을 간행하는데 도움을 주었음을 알 수 있으며, 나머지 권은 대암정사에서 간행되었다. 대암정사 판본과 내원정사 판본은 형태적 특징이 매우 유사하며, 간행 참여자 역시 화주로 達性이, 校對로 采玖가, 都監으로 瑞玲이 참여한 것이 동일하다. 내원정사는 그 위치를 정

---

24) 雪坡尙彦(1707-1791)은 속성은 李氏이며 湖南 茂長人이다. 禪雲寺로 가서 祝髮하고 뒤에 蓮峯과 虎巖에게 수학하였으며 晦菴에게 參學하였다. 그는 三乘五敎에 통하지 않은 바가 없었으나 특히 화엄에 뛰어났으며, 염불을 일과로 하기 10여 년인 1791년에 85세로 입적하였다.(동국대학교 불교문화연구소, 『韓國佛敎撰述文獻總錄』, 동국대학교출판부, 1976, 205쪽).

25) 卷1의 권수제는 '大方廣佛華嚴經疏序演義鈔'이며, 그 외 권의 권수제는 '大方廣佛華嚴經疏鈔'이며, 卷1의 판심제는 '華嚴玄談'이다.

확히 알 수는 없으나, 1777년에 실상사에서 간행된 『大方廣佛華嚴經疏鈔』에 '雲峯縣智異山實相寺內院'이라는 간기가 있어, 실상사와 관련된 사찰이었을 가능성이 있다고 판단된다. 내원정사 뿐만 아니라, 대암정사 인근의 많은 사찰들이 이 재간행 불사에 참여하였는데, 권78의 권말에 있는 諸山大禪師秩, 권79의 권말에 있는 各寺刹名이 수록되어 있다.[26] 이들 사찰들이 모두 간행불사에 직접 참여하였다고 보기는 어려우며, 간접인 도움을 주는 형태로 간행 불사에 뜻을 함께 하였을 것으로 추정된다.

실상사에서 1777년에 간행된 『大方廣佛華嚴經疏鈔』의 참여자 중 体旻, 就和, 幸兼 3명은 대암정사에서 1774년에 간행된 『大方廣佛華嚴經疏鈔』에 참여하였던 인물들이다. 실상사 간행본의 化主로 참여한 体旻은 대암정사 간행본의 施主로 참여하였고, 실상사 간행본의 持殿으로 참여한 就和는 대암정사 간행본의 誦呪로 참여하였다. 실상사 간행본의 梵音으로 참여한 幸兼은 대암정사 간행본의 供養主로 참여하였던 경력이 있다. 따라서 대암정사는 실상사 인근에 위치하였을 가능성이 큰 것으로 추정된다. 실상사 간행본은 권52-1, 권52-2가 현전할 뿐인데, 대암정사 간행본을 복각한 것으로 판단된다.

황령암에서 계사년에 간행된 『大方廣佛華嚴經疏演義鈔』는 판식의 특징으로 보아 대암정사 간행본과 시기가 비슷함을 알 수 있고, 이 때문에 1773년 간행본으로 추정된다.

대암정사에서 1774년에 간행된 『大方廣佛華嚴經普賢行願品疏』는 권1 상, 하로 이루어져 있으며, 권1 상의 말미에 중간 간기가 있다. '比丘瑞玲捨財刊成行願品一卷'이라는 기록이 있어 서령이 사재를 털어 간행하게 되었음을 알 수 있다. 같은 해 대암정사에서 간행된 『大方廣佛華嚴經疏鈔』

---

[26] 제산대선사질에 수록된 승려는 총 33명이다. 黙庵宬訥, 連潭有一, 惠庵玩藏 등 고승들의 이름이 보인다. 각사대시주질에 기재된 사찰은 대부분 경상남도와 경상북도 지역의 주요한 사찰들이다.

에 교대의 역할로 참여한 体宇, 景賢, 采玖의 이름이 동일하게 보이며, 판식도 유사하여 함께 간행되었음을 알 수 있다. 1700년에 징광사에서 간행된 책을 저본으로 한 것으로 보이며, 징광사 간행본에는 수록되어 있는 釐合凡例, 音釋, 性聰의 후서가 대암정사 간행본에는 빠져 있다.

1753년에는 실상사에서 남악태우의 문집인 『南岳集』이 간행되었다. 屏巖이 지은 서문에 의하면 1751년에 智異山人 在初가 金山寺에 남악대사의 비와 부도를 세웠고, 이제 유문을 모아 剞劂하고자 남악대사의 시안을 만들게 되었다.[27] 남악대사의 동문인 상월새봉은 조연으로 간행에 참여하였고, 진곡재초는 제자질에 이름을 올렸다. 대암정사에서는 1768년에는 영조 대의 승려 慥冠(1700-1762)[28]의 문집 『龍潭集』이 간행되었다. 후록에 의하면 정해년(1767)에 감로사에서, 무자년(1768)에는 파근사에서, 기축년(1769)에는 실상사에서 공동으로 선사의 제사를 지냈다고 한다. 이를 통해 감로사, 파근사, 실상사가 모두 조관의 활동 사찰이었음을 알 수 있다. 책판은 감로사의 영각으로 이동되었다고 기록되어 있으며[29], 기록과 일치하게 현재 목판은 천은사(감로사)에 소장되어 있다.

남원 지역 사찰본은 1770년대에 이루어진 『華嚴經疏鈔』의 재간행 불사가 중심을 이룬다. 설파상언의 발원으로 시작된 이 불사는 대암정사가 주도하고 인근의 황령암, 내원정사가 협력했으며, 경상남·북도의 주요 사찰들의 同願과 시주가 함께하였다.

---

27) 南嶽大師詩集序: '紀元後再回辛未陽月十五日戊寅 智異山人在初 以書報余日 南岳大師碑浮屠立於金山寺 今方裒集遺文 將付剞劂 氏 願左右 毋惜 金玉之音 以寵榮吾先師 如何云…(중략)…遂記其師門相傳之次 以爲南岳大師詩案'

28) 행장에 따르면 대사의 法諱는 慥冠이고, 字는 無懷이다. 龍潭은 號고, 속성은 金氏이며 南原 출신이다. 용담조관의 출생일(康熙庚辰(1700)四月初八日)은 석가의 탄신일과 같다.

29) 『龍潭集』 간기: 刊板于智異山臺巖庵移置于甘露寺影閣中.

Ⅳ. 개판 참여자의 교류활동

지리산 내 사찰 간에는 다양한 형태의 인적, 지적, 기술적 교류가 빈번하게 이루어졌다. 간행본을 통해 교류의 수준을 가늠할 수 있는 방법은 비슷한 시기에 간행된 사찰본에 참여한 승려들의 중복여부와 그 빈도를 확인하는 작업을 통해서이다. 이를 위해 서로 다른 사찰 간행본에서 동일한 역할 혹은 관련이 있는 유사한 역할을 한 동명인을 조사하였다. 간행본에 참여한 기능인들, 즉 연판, 서사, 각수, 교정 등은 물론 간행 주도자인 간선, 화주, 인권, 모연 등의 조연자들을 전반적으로 검토하였다.

간선, 화주, 인권, 모연은 넓게 보았을 때 간행의 필요성을 홍보하여 시주를 이끌어내는 임무였으므로 이들의 역할을 따로 구분하지 않고 중복여부를 확인하였다. 그 결과 화주에서 1건의 교류 사실이 확인되었다.[30]

간행에서 실무를 담당한 기능인들의 경우, 서사, 교정을 담당한 인물에서는 교류 사실을 확인할 수 없었다. 지리산 사찰 간의 교류 내용에서 핵심이 되는 부분은 각수, 연판자들의 사찰 간 중복 참여의 정도이다.

판각을 위해 서사자가 판각용 정서본을 마련하고 연판자가 판각에 쓰일 판목을 다듬어 준비하면 각수는 각 책장을 판목 위에 뒤집어 붙이고 글자체의 자획과 판식을 그대로 새겨낸다.[31] 지리산 소재 사찰 간행본에서는 각수의 역할명이 刻, 刻工, 刻士, 刻員, 刻字, 刊刻, 刊字, 刀, 成字 등으로 다양하게 표기되었다.

지리산에 소재하는 사찰의 개판본에는 258명의 각수가 활동하여 총 361회에 걸쳐 불서의 판각활동이 이었던 것으로 분석되었다. 이 중 2개 이상의 사찰에서 판각에 참여한 각수의 활동 양상은 〈표 8〉과 같다.

---

30) 達性은 1774년의 대암정사와 내원정사의 간행본에 화주로 참여하였다. 달성의 중복 참여는 대암정사와 내원정사에서 1774년에 이루어진『대방광불화엄경소초』의 간행 불사가 서로 밀접하게 관련되어 진행되었음을 보여준다.

31) 천혜봉,『한국서지학』, 민음사, 1997, 159쪽.

〈표 8〉刻手의 板刻活動

刻手	寺刹	書名	開板年代	役割名稱
見學	칠불사	現行西方經	1710	刊刻
	화엄사	准提淨業	1724	刻手秩
敬熙 (敬希)	신흥사	大慧普覺禪師書	1537	刻手秩
	신흥사	法集別行錄節要幷入私記	1537	刻士秩
	신흥사	地藏菩薩本願經	1537	刻手
	신흥사	顯正論	1537	刻字
	남대암	高峯和尚禪要	1539	刻手秩
	신흥사	妙法蓮華經	1545	刻手秩
	신흥사	法集別行錄節要幷入私記	1579	刻
戒心	철굴	禪門寶藏錄	1531	刻手
	철굴	五大眞言集	1531	刻手秩
	신흥사	蒙山和尚法語略錄	1536	刻手秩
	신흥사	地藏菩薩本願經	1537	刻手
戒珠	철굴	禪門寶藏錄	1531	刻手
	철굴	五大眞言集	1531	刻手秩
	신흥사	蒙山和尚法語略錄	1536	刻手秩
	신흥사	蒙山和尚六道普說	1536	刻手
順學	쌍계사	華嚴懸談會玄記	1695	刻工
	화엄사	湖南道求禮縣智異山大華嚴寺事蹟	1697	刻字
信崇	신흥사	蒙山和尚法語略錄	1536	刻手秩
	신흥사	蒙山和尚六道普說	1536	刻手
	신흥사	地藏菩薩本願經	1537	刻手
	신흥사	顯正論	1538	刊字
	남대암	高峯和尚禪要	1539	刻手秩
	신흥사	妙法蓮華經	1545	刻手秩
	신흥사	誠初心學人文	1547	刻手
信一	쌍계사	華嚴懸談會玄記	1695	刻工
	지곡사	大方廣佛華嚴經疏科文	1739	刻手秩
卓梅	칠불사	現行西方經	1710	刊刻
	왕산사	妙法蓮華經	1727	刻秩
坦衍	신흥사	誠初心學人文	1579	刻字
	연관사	妙法蓮華經	1582	刻手秩

行淨	화엄사	准提淨業	1724	刻手秩
(幸淨)	왕산사	妙法蓮華經	1727	刻秩
惠聰	남대암	高峯和尙禪要	1539	刻手秩
	신흥사	妙法蓮華經	1545	刻手秩

위의 표에 나타난 바와 같이 2개 이상의 사찰에서 각수로 활동한 인물
은 見學을 비롯한 총 11명이다. 戒心과 戒珠는 철굴과 신흥사 간행본에 각
수로 참여하였다. 철굴은 신흥사의 암자로 이들은 암자인 철굴에서 먼저
활동한 후 본사인 신흥사로 옮겨간 것으로 보인다. 信崇과 敬熙[32]는 신흥
사 간행본 6종에 각수로 참여한 것으로 보아 신흥사에서 주로 활동하였
던 인물들이다. 이들은 1539년에는 신흥사의 암자인 남대암 간행본에도
각수로 참여하였다. 남대암에서 신숭과 경희와 함께 각수로 참여한 惠聰
은 1545년에 신흥사에서 『妙法蓮華經』의 간행에 참여하였다. 각수들의 교
류를 통해 볼 때, 불서 간행에서 신흥사와 암자들 간의 협력이 공고하였
음을 확인할 수 있다.

順學은 1695년에 쌍계사에서 『華嚴懸談會玄記』의 간행에 참여한 후 2년
뒤에 화엄사로 가서 『湖南道求禮縣智異山大華嚴寺事蹟』에 각수로 참여하
였다. 『華嚴懸談會玄記』과 『湖南道求禮縣智異山大華嚴寺事蹟』은 백암성총
이 편찬한 불서라는 공통점이 있어 순학이 성총을 따라 화엄사로 이동하
여 판각 활동을 하였던 것으로 보인다.[33]

見學은 석실명안이 간행을 주도하여 칠불사에서 1710년에 간행된 『現
行西方經』의 간행에 참여하였다가 1724년에 화엄사에서 간행된 『准提淨

---

[32] 남대암 간행본에는 '敬希'란 이름으로 기재되었는데, 동일인으로 판단하였다.

[33] 1717년, 1718년, 1724년에 화엄사에서 간행된 불서에 화주로 여러 차례 참여
한 順學과 동일 인물인지는 확인할 수 없으나, 개연성은 있는 것으로 판단된
다.

業』에 참여하였다. 순학과 견학은 하동 지역인 쌍계사와 칠불사에서 각
각 활동하다가 화엄사로 옮겨간 경우에 해당된다. 이를 통해 볼 때『准提
淨業』은 물론 같은 해에 간행된『歸元直指集』,『寶王三昧念佛直指』역시
쌍계사, 칠불사 간행 불사의 영향을 받았던 것으로 판단된다.

信一은 1695년에 쌍계사에서 간행된『華嚴懸談會玄記』와 1739년에 지곡
사에서 간행된『大方廣佛華嚴經疏科文』의 간행에 참여하여, 쌍계사에서
지곡사로 옮겨간 것으로 보인다. 卓梅는 1710년의 칠불사 간행본에서, 行
淨은 1724년의 화엄사 간행본에서 각각 활동하였다. 탁매와 행정은 1727
년에는 모두 왕산사에서 간행된『妙法蓮華經』에 각수로 참여한 것으로 확
인되어 주목된다. 이는『妙法蓮華經』이 거질인 이유로 이들이 왕산사의
간행 불사에 초빙되었던 것으로 판단된다.

신일, 탁매, 행정은 각각 쌍계사, 칠불사, 화엄사에서 활동하다가 산청
지역의 사찰로 옮겨간 각수들로 이들은 18세기 전반 산청 지역 사찰의 간
행 불사에 참여하였다. 이들의 이동을 통해 17세기 후반과 18세기 초기
하동 지역 사찰과 산청 지역 사찰 간의 교류 사실을 확인할 수 있었고,
이 시기에 지리산 일대에서는 그 어느 때보다 사찰 간의 인적, 기술적 교
류가 더욱 활발하였을 것을 추정할 수 있다.

坦衍은 1579년에 신흥사에서『誡初心學人文』을 각자하였고, 3년 후인
1582년에 구례로 이동하여 연관사에서『妙法蓮華經』을 각자하였다. 탄연
외의 승려는 다른 간행본에서 각수로 참여한 기록이 없으나, 도명, 신경,
성은, 천은, 덕호는 신흥사 간행본과 능인암 간행본에 역할명 없이 이름을
올리고 있다.[34] 탄연을 비롯한 이들 승려들의 활동을 통해 16세기에 하동
의 신흥사와 구례의 연관사 사이에 인적 교류가 있었음을 확인할 수 있다.

---

[34] 道明은 법집별행록절요병입사기(신흥사, 1579), 信冏은 대혜보각선사서(신흥사,
1537), 性讐은 선원제전집도서(신흥사, 1537), 天云은 대혜보각선사서(능인암,
1604), 德浩는 묘법연화경(능인암, 1604)에서 역할명 없이 이름이 수록되어 있
음을 확인할 수 있다.

각수가 글자를 새길 판목을 마련하기 위해 鍊板을 담당한 사람은 목재를 취해 판목을 켜고 쪄서 말린 다음 대패질하여 마구리를 붙인다.[35] 지리산의 사찰 간행본에 연판자로 참여한 사람은 총 52명이다. 이 중에서 사찰 간에 중복 참여한 것으로 확인된 인물은 修鏡이 유일하다.

<표 9> 寺刹間 重複 參與 鍊板者

鍊板者名	寺刹	書名	開板年代	役割名稱
修鏡	삼장사	佛說高王觀世音經	1710	鍊板
	쌍계사	百愚隨筆	1722	鍊板

연판을 담당한 수경의 이름은 1710년에 산청의 삼장사에서 간행된『佛說高王觀世音經』과 1722년 쌍계사에서 간행된『百愚隨筆』에서 중복 확인된다. 수경의 중복 참여를 통해 18세기 초기 하동 지역과 산청 지역 사찰 간에 활발했던 불서 간행에서의 인력 교류의 단면을 확인할 수 있다.

V. 결론

조선시대 지리산에 소재하였던 26개소의 사찰에서 총 120종의 불서가 간행되었다. 이들 사찰본을 대상으로 5개 지역별 개판 현황을 조사하고, 이에 참여한 각수 등의 활동양상을 분석한 결과는 다음과 같다.

1. 함양지역의 사찰에서는 조선시대 14-15세기 간행본은 지리산 지역 중 유일하게 이 지역에서만 현전본이 확인된다. 함양 지역 사찰은 조선 초기에 지리산 일대 불교계의 중심적인 역할을 하였던 것으로 추정된다.

---

35) 천혜봉,『한국전적인쇄사』, 범우사, 1990, 114쪽.

2. 하동지역 사찰에서는 주로 16-17세기 초반에 승려들의 교육과 강학을 위한 불서가 대대적으로 간행되었던 특징을 보이고 있다. 이는 벽송지엄, 부휴선수 등의 불교계 고승의 문하에 많은 승려들이 모여 들었기 때문이다.

3. 산청지역 사찰에서는 18세기 전반기에 전라도 임자도에 표착한 선박에서 발견된 중국 불서 중 아직 간행되지 않은 서적을 복각하여 간행하였던 특이점을 보이고 있다. 이는 1690년 대원암에서 이루어진 『華嚴經疏鈔』의 경우처럼 여러 지역의 사찰에서 분담하여 개판 활동이 이었던 사례를 영향을 받은 것으로 추정된다.

4. 구례지역의 사찰에서는 17-18세기의 구례 화엄사에서 개판된 불서로, 주로 정토종류, 밀교경류, 영험류, 재의식류 불서가 대부분을 차지하는 특징을 보이고 있다. 그리고 형식면에서는 유일하게 3종의 국한문혼용 불서를 간행하였는데, 이는 당시 일반 민중의 종교적 요구에 부합하는 일면을 보이고 있다.

5. 남원지역 사찰에서는 모두 18세기 후반에 개판하였던 양상을 보이고 있다. 사찰본은 1770년대에 이루어진 『華嚴經疏鈔』의 재간행 불사가 중심을 이룬다. 설파 상언의 발원으로 시작된 이 불사는 대암정사가 주도하고 인근의 황령암, 내원정사가 협력했으며, 널리는 경상남·북도의 주요 사찰들이 함께 참여하여 시주한 비용으로 충당하였다.

6. 그리고 칠불사-화엄사, 쌍계사-화엄사, 쌍계사-지곡사, 칠불사-왕산사, 신흥사-연관사, 화엄사-왕산사, 삼장사-쌍계사의 간행본에 중복 참여한 각수와 연판자의 활동상을 통해, 사찰의 경계를 뛰어넘는 지리산 사찰 내에서의 전문 인적자원의 교류를 확인할 수 있다.

이 글은 『서지학연구』 제46집(서지학회, 2010)에 수록된 「智異山 所在 寺刹의 朝鮮時代 開板佛書 硏究」를 그대로 실은 것이다.

朝鮮佛教에 대한 性理學의 영향: 지리산권의 儒佛交涉을 중심으로

김기주

I. '불교 안의 유교'를 찾아서

儒·佛·道 三敎는 동아시아의 문화를 이해하기 위한 핵심 키워드이다. 동아시아 문화가 직접적으로는 유·불·도 삼교에 의해서, 그리고 간접적으로는 이 삼자의 상호교류에 의해 형성되었고 또 전개되어 왔다고 해도 과언이 아니기 때문이다. 인도로부터 불교가 전래할 당시 중국에는 이미 유가와 도가로 대표되는 다양한 사상체계가 형성되어 있었다. 이러한 상황에서 불교는 이 두 학파와의 충돌과 상호영향의 과정을 거치며 뿌리내렸고, 유가와 도가 역시 불교와의 상호작용 속에서 자신들을 단련하거나 일정부분 그 모습을 변형시킬 수밖에 없었다. 외래 종교인 불교가 중국에 전래되면서 이미 형성되어 있던 사상체계와의 충돌과 상호 영향은 필연적이었던 것이다.

　이러한 삼교 간의 영향관계, 그 중에서도 유불에 대한 연구는 지금까지 흔히 유교에 대한 불교의 영향에 깊이 주목했을 뿐이다. 많은 사람들이 宋·明시대의 성리학자들, 예를 들어 周敦頤(濂溪, 1017-1073)·張載(橫渠, 1020-1077)·程顥(明道, 1032-1085)·程頤(伊川, 1033-1107)·朱熹(晦庵, 1130-1200)·陸九淵(象山, 1139-1192)·王守仁(陽明, 1472-1528?) 등과 같은 성리학의 대가들이 청소년 시절 불교에 심취했던 경험이 있음을 지적한다. 그리고 주희가 논하였던 '理一分殊'는 불교, 특히 華嚴宗의 '月印萬川'의 관념으로부터 영향을 받은 것이라 말하기도 한다. 여기에 더하여 육구연은 주희를 道敎에 가깝다 하고, 주희는 육구연을 禪佛敎에 가깝다며 서로 비판하였다. 후대에 王夫之(船山, 1619-1692)는 주희의 학술이 불교로부터 온 것이라 비판하기도 하였다. 이렇듯 성리학 내부에서도 불교와 도교에 대한 영향관계는 자신의 순수성과 정통성을 주장하는 주요한 근거이자 다른 학자를 비판하는 빌미가 되기도 하였다.

　이러한 일련의 논의, 곧 국내외에서 출간된 유불의 상호관계에 대한 논저뿐만 아니라, 송명시대 성리학자 내부에서 조차 논의의 중심은 늘 '유교 안의 불교'에 놓여 있었다.[1] 그러나 이제 논의방향과 내용을 전환하여 양자의 관계에 대해 보다 다각적으로 접근하여 이해할 필요가 있다고 생각된다. 일방적이지 않은, 곧 '유교 안의 불교'만이 아닌 '불교 안의 유교'를 함께 고찰함으로써 유교와 불교의 상호 영향 혹은 그 교류사를 보다

---

[1] 특히 우리나라에서는 아직 조선시대의 유불교섭, 그 중에서도 불교에 대한 유교(성리학)의 영향관계에 대해 충분히 정리되었다고 볼 수 없다. 근래에 와서야 김방룡의 「조선시대 불교계의 유불교섭과 철학적 담론」(『유학연구』 제25집, 충남대학교 유학연구소, 2011)과 「16-17세기 朝鮮禪의 확립에 미친 유불교섭의 영향과 그 의의」(『동서철학연구』 제59집, 한국동서철학회, 2011), 김용태, 「조선시대 불교의 유불공존 모색과 시대성의 추구」(『조선시대사학보』 제49집, 조선시대사학회, 2009) 등의 논문에서 이 주제와 관련된 논의가 직간접적으로 시도되었을 뿐이다.

폭넓은 시각과 다원적인 측면에서 이해하며 지평을 넓혀갈 때 양자에 대한 보다 깊은 이해 역시 가능할 것이기 때문이다.

이 글은 이러한 문제의식에 토대를 두고, 조선에서 유불의 상호관계 속에서 불교에 대한 유교의 영향을 살펴보기 위한 하나의 시론이다. 따라서 먼저 불교에 대한 유교의 영향이 왜 조선에서 상대적으로 뚜렷하게 나타날 수밖에 없었는지에 대한 논의에서 출발해, 논의의 범위를 지리산권에 한정하면서, 성리학의 영향 속에서 불교에 어떤 변화가 구체적으로 나타나게 되었는지를 살펴보자.

II. 조선에서의 성리학과 불교

이 장에서 우리가 해결해야 할 문제는 먼저 조선에서 불교에 대한 유교의 영향이 상대적으로 강하게 나타나고 있는 현상에 대한 이해이다. 이 것은 하필이면 조선에서 왜 불교에 대한 유교의 영향이 비교적 강하게 나타나는지 묻고 그 답을 찾아보는 것이기도 하다. 이 문제에 답하기 위해서는 조선이라는 나라에 대한 이해와 함께, 고려 말 성리학을 도입하게 되는 계기에서 시작하여, 그렇게 도입한 성리학을 이념적인 기반으로 조선이 건국되고, 다시 억불정책이 지속적으로 시행되는 과정에 대한 이해를 필요로 한다. 왜냐하면 이와 같은 일련의 상황들이 연속적으로 전개되는 과정에서 불교는 스스로의 외형을 변화시켜 가며 생존을 모색했기 때문이다. 먼저 조선이 어떤 나라인지부터 살펴보자.

모두가 알고 있듯, 조선은 고려(918-1392)를 이어 1392년에 건국된 후 1910년까지 약 518년 동안 지속되었다. 그런데 인류의 역사 속에서 수 많은 국가가 흥망을 거듭하였지만 500년 이상의 역사를 가진 국가는 그렇게 많지 않다. 조선이 몇 차례의 국난과 내란을 겪으면서도 518년이라는 긴 시간 동안 지속될 수 있었던 것은 그 만큼 굳건한 뿌리를 가지고 있었기 때문이다. 그리고 그 뿌리는 다름 아닌 성리학이다. 조선에서 성리학은 모든 것을 지배하는 이념이었고, 그것은 후대로 내려갈수록 강화되면서 동시에 형식화되기도 하였다.

성리학이 모든 것을 지배하였다는 것은 국왕에서 일반 서민의 일상적인 삶뿐만 아니라, 국가의 제도와 정책이 모두 성리학에 그 뿌리를 두고 있음을 의미한다. 국왕이나 정부의 공권력 역시 성리학적 이념에 의해 정당화되었고, 아울러 이들 권력을 견제하거나 통제하는 힘 역시 성리학적 이념을 통해 제시되었다. 국왕의 일상적인 삶뿐만 아니라, 정부가 지향하는 정책의 방향은 모두 성리학을 통해 그 정당성을 확인하였던 것이다. 이러한 측면에서 조선은 성리학적 이념이 지구상에서 가장 충실하게 실현되었던 국가였다고 할 수 있을 것이다. 그리고 이것이 바로 조선이 가진 힘이기도 하고, 조선의 문화가 가진 특징이기도 하다. 그리고 조선이 보여주고 있는 이러한 특징, 곧 조선이 강력한 성리학적 국가였다는 사실을 다음과 같은 經筵, 朋黨 등에서 충분히 확인할 수 있다.

먼저 경연제도를 살펴보자. 경연은 유교가 지향한 이상정치를 실현하기 위해 군왕에게 유교의 경전과 역사서를 가르치는 교육제도였지만, 다른 한편으로는 왕권을 제한하는 기능 역시 수행하였다. 고려 睿宗(在位 1105-1122)이 처음 경연을 처음 실시하였지만, 이때는 불교가 성하던 시기라 명맥만 유지되었을 뿐 활발하게 진행되지 못하였다. 그러나 조선이 건국된 후 경연은 완전히 정착하였다. 太祖(在位 1392-1398)에 의해 經筵廳이 설치된 후, 定宗(在位 1398-1400)과 太宗(在位 1400-1418) 대에 경연은 정례화 되었고, 뒤를 이은 世宗(在位 1418-1450)은 즉위한 뒤 약 20년 동안 매일 경연에 참석하였다. 특히 成宗(在位 1470-1494)은 재위 25년 동안 매일 세 번씩 경연에 참석하면서 경연은 여러 정치 문제를 협의하는 자리가 되기도 하였다. 경연은 이후 世祖(在位, 1455-1468)와 燕山君(재위 1495-

1506) 때에 잠시 폐지되기도 했으나 곧 부활되어 高宗(在位 1863-1907) 때까지 존속하였다. 이렇듯 조선이 건국된 이래 경연을 통해 국왕을 성리학적 이념으로 교육하였고, 그것을 통해 성리학적 이상을 현실에 실현하려고 노력하였다는 점에서 조선이 성리학적 국가라는 사실과 함께, 왕권을 성리학적 이념에 의해 제한하려는 노력이 지속되었음을 확인할 수 있다.

다음으로 붕당정치에서도 우리는 조선이 강한 성리학적 국가였음을 확인할 수 있다. 조선에서는 宣祖(在位 1567-1608) 이후 약 300년 동안 붕당정치가 실시되었다. 붕당이란 同門으로 구성된 정당을 뜻한다. 학파 혹은 학맥과 정당이 하나로 묶여 있던 것이다. 학파와 정당이 하나로 묶여있다는 것은 또 다른 한편으로 정당의 정견이 학문적 토대에 의해 결정되었음을 뜻한다. 그리고 당시의 학문적 토대란 곧 성리학이므로, 정치적 견해 혹은 이념의 차이만큼 성리학에 대한 이해의 차이를 이들은 보여주었던 것이다. 비록 정치적 이념에서 드러나는 차이만큼 그들이 이해한 성리학 역시 조금씩 다른 모습이지만, 그럼에도 불구하고 이들이 토대로 하고 있던 학문은 성리학 이외의 다른 것이 아니었다. 이러한 측면에서 보자면 조선에서 성리학은 학문의 대상이면서 동시에 그 이념은 정치적 실현의 대상이 되었던 것이다. 이점에서 조선은 어느 곳에서도 찾아보기 어려운 철저한 성리학적 국가를 추구하였다고 볼 수 있는 것이다.

이 밖에 정당 간의 정쟁마저 禮적 명분위에서 진행되었음을 보여주는 禮訟 등 조선이 얼마나 강하게 성리학적인 국가를 추구하였는지를 확인할 수 있는 증거들은 수없이 많다. 다만 이러한 전거들로부터 하나의 의문이 제기될 수 있는데, 그것은 바로 조선은 왜 이렇듯 강력한 성리학적 국가를 추구하게 되었을까하는 의문이다. 이 의문에 답하기 위해서는 고려 말 성리학을 도입하는 과정에 대한 이해를 필요로 한다.

조선 500년을 지배한 성리학이 도입된 것은 조선 건국 약 100년 전인 고려 말이다. 그 이전, 곧 삼국시대에서 고려시대에 이르기까지 사회적인 통합을 담당했던 이념은 유교가 아니라 불교였다. 조선시대 이전까지 유교의 역할은 제한적이었던 반면, 불교는 전래된 이후 고려시대에 이르기까지 국가적 혹은 사회적 이념으로 주도적인 영향력을 발휘하였다.

그런데 이러한 불교의 영향력은 고려 말에 이르러 종언을 고하였다. 고려 말에 이르면서 불교는 종교적 권위와 문화적 구심점 역할을 더 이상 수행할 수 없었다. 이러한 상황 속에서 성리학은 불교를 대체할 새로운 사회적 혹은 정치적 이념으로 고려 말의 지식인들에 의해 선택되었다. 그런데 고려의 지식인들은 왜 하필 성리학을 선택하였을까? 이 선택에는 내·외적인 두 가지 측면의 계기가 작용하고 있었다. 먼저 내적으로 고려의 지식인들은 불교의 부패에 의한 이념적 구심점의 상실을 가장 근원적인 문제로 파악함으로써, 불교에 대해 비판적인 태도를 보여주고 있었다. 따라서 이들에게 있어서 위기상황을 해결할 새로운 이념은 당연히 불교를 대체할 수 있는 이념인 동시에 불교에 비판적이어야 했다. 그리고 이러한 기준을 충족하고 있는 성리학은 그들의 주목을 받을 수밖에 없었던 것이다.

외적으로도 몽고제국에서 칭기즈칸의 손자인 쿠빌라이가 1260년 정권을 잡은 후, 성리학을 통해 중국과 같은 중앙집권적 국가 건설에 힘써 1271년 마침내 元나라를 건국하였다는 점은 고려의 개혁세력에게도 큰 영향을 끼쳤으리라 짐작할 수 있다. 몽고제국이 성리학적 이념을 토대로 하여 북방의 유목국가에서 중국식의 중앙집권국가로 개혁해 가는 모습을 지켜본 고려의 지식인들에게 그것은 개혁의 전형으로 받아들여졌을 것이다.

이와 같은 상황에 대한 이해에서 보자면, 고려 말기 성리학은 단순히 새로운 학문에 대한 호기심에서가 아니라, 정치 사회적 개혁을 위한 이념적 동력을 확보하기 위해 도입되었던 것이다. 결과적으로 본다면 성리학이 도입된 지 약 100여 년이 흐른 1392년 마침내 성리학을 이념으로 한 조선이 건국되었다. 여기에서 성리학을 이념으로 건국했다는 것은 국가의 모든 법률과 제도 등이 모두 성리학적 이념의 실현을 목표로 했음을 의미한다. 그리고 이러한 국가체제에서 불교에 대한 정책은 자연스럽게 부정적인 측면으로 기울어지며, 지속적인 억불정책으로 나타났던 것이다.

그리고 지속된 조선의 억불정책으로 인해 불교의 사회경제적 기반은 축소되었고 결국 연산군과 中宗(在位 1506-1544) 대에 이르러 불교의 사회적 위상과 세력은 크게 약화되었다. 明宗(在位 1545-1567) 대에 이르러 일시적으로 세력을 회복하기도 하였지만 선조 대 이후에는 정치, 사상, 문화, 의례 등 제반 분야에서 성리학적 가치가 불교를 압도하게 되었다. 이러한 상황 속에서 불교는 자신을 보존하기 위한 노력을 경주하지 않을 수 없는 상황에 직면하게 되었던 것이다.

Ⅲ. 지리산권의 승려와 그 문헌

앞에서 우리 논의의 중심은 조선의 불교가 직면했던 현실적인 상황, 곧 왜 조선의 불교는 자신의 모습을 변화시킬 수밖에 없었는지를 확인하는 것에 모아졌다. 그렇다면 이제 본격적으로 조선의 불교가 어떤 모습으로 자신을 변화시켰는지 그 내용을 구체적으로 확인할 차례이다. 그런데 이 두 번째 논의 주제는 최소한 두 가지 측면을 함축하고 있다. 즉 이 주제에 대한 논의는 자연스럽게 논의의 범위에 대한 규정과 함께 구체적인 변화 내용이라는 두 가지와 관련되는 것이다. 따라서 먼저 우리 논의의 범위와 대상부터 확정해 보자.

우리나라에서는 최근 수십 년 동안 두 가지 방향에서 과거의 문헌들이 정리되었다. 하나는 과거에 출간되었던 개인 문집을 정리하는 것이고, 다른 하나는 불교와 관련된 승려들의 문헌들을 정리하는 것이었다. 그 결과물인 개인문집의 집대성은 『한국문집총간』으로 출간되었고, 승려들의 문헌은 『한국불교전서』로 출간되었다. 『한국불교전서』는 지난 수십 년 동안 동국대학교에서 삼국시대로부터 근대에 이르기까지 한국불교계 승려들의 문헌을 집대성하여 모두 14책으로 출간한 것이다. 이 책에는 모두 320여 종의 문헌이 수록되어 있는데, 오늘 우리의 논의는 이 가운데 지리산을 중심으로 활동했던 조선시대 승려 27인의 문헌 50종을 그 대상으로 제한하고 있다.

지리산을 중심으로 활동했던 승려 27인의 문헌 50종으로 우리들의 논의 범위를 제한하는 것은 이들이 조선 불교계를 대표할 수 있기 때문이다. 이들 승려와 그들의 문헌이 어떻게 조선 불교를 대표할 수 있는가? 1392년 조선이 개국된 이후 시행된 억불정책으로 불교는 전래된 이래 최대의 위기를 맞았지만, 그러한 상황 속에서 명맥을 유지하며 새로운 전환을 모색한 곳이 바로 지리산이기 때문이다. 조선 개국 10여년 뒤인 1405년에 전국 242개 사찰을 제외한 나머지 사찰의 토지 등을 국가에서 몰수하였고, 2년 뒤에는 11개 종단을 7개 종단으로 축소하였다. 그리고 1424년에는 기존의 종파를 禪宗과 敎宗의 兩宗으로 통폐합하면서, 전국 36개 지정사찰을 제외한 대다수 사찰의 경제기반을 축소하였다. 이렇듯 조선 개국 이후 약 30년 동안 대부분의 불교 교단이 해체됨으로써 불교의 사회적 위상은 약화되었고, 조선의 불교는 사실상 구심점을 상실한 채 방향을 잃은 상태로 흘러가고 있었다.

그런데 이러한 상황을 적극적으로 전환한 인물들이 바로 지리산을 중심으로 활동했던 승려들이다. 조선 중기이후 불교는 智嚴(碧松, 1464-1534)으로부터 시작하여 靈觀(芙蓉, 1485-1571)을 거쳐 休靜(淸虛, 1520- 1604)과 善修(浮休, 1543-1615)에 이르러 두 계열로 분화되면서 전개되었다. 이 가운데 휴정 계열은 임진왜란에 승군으로 적극 참전함으로써 정치적인 지지기반을 마련하였고 조선조 불교계의 중심세력으로 성장하였다. 반면 선수계열은 휴정계열에 비해 세력은 미약하였지만 불교의 순수성과 고유성을 지키려는 노력을 기울였다.[2] 어찌되었든 이 두 불교세력은 조선불교의 중심이자, 현대 한국불교의 원류이기도 하다. 그리고 그 원류를 형성한 인물인 지엄과 휴정, 선수가 지리산에서 출가하고 지리산을 중심으로 강학과 저술활동을 하였던 것이다.

이러한 측면에서 보자면, 조선의 불교가 지리산에서 태동하여 명맥을 이었고, 나아가 성장했을 뿐만 아니라, 현대 한국불교 역시 지리산에 그 뿌리를 두고 있다고 해고 결코 과언이 아닌 것이다. 성리학을 이념으로 하는 조선이 건국된 후, 쇠퇴해진 불교의 명맥을 이어 오늘에 이르게 한 주요한 승려들의 주요 활동 무대가 바로 지리산 자락이었다는 사실에서 한국불교의 전개사에 있어서 지리산의 위치가 확인된다. 그리고 지리산권 불교로부터 조선불교의 특징을 확인할 수 있는 것도 바로 이러한 까닭이다.

이제 이러한 승려들과 그 문인들로 구성된 전체 27인의 50종 문헌에는 어떤 것이 있으며 그 성격과 내용은 또 어떠한지를 간단하게 살펴보면 다음 〈표 1〉과 같다.

〈표 1〉

저자	서명	성격	내용	기타
智嚴(碧松, 1464-1534)	『碧松堂埜老頌』	歌頌集	禪詩15題16首, 次韻詩3題4首	
	『拈頌說話節錄』	解說書	『禪門拈頌說話』의 요약	
	『訓蒙要抄』	解說書	起信論要義	
休靜(淸虛, 1520-1604)	『江西馬祖四家錄草』	解說書	『四家語錄』의 요약	
	『三家龜鑑』	解說書	儒佛道三家一致를 주장	

2) 朴明姬, 「순천 송광사 간행 고승문집 연구」, 『동방한문학』 제24집, 동방한문학회, 2003, 265쪽.

	『三老行蹟』	行狀	朝鮮佛敎 최초의 行狀	
	『禪敎訣』	解說書	禪敎의 要訣에 대한 설명	
	『禪敎釋』	解說書	禪敎一致를 주장	
	『說禪儀』	儀禮集	說法儀式에 대한 설명	
	『續眞實珠集』	解說書	『眞實珠集』의 내용을 보충	
	『心法要抄』	解說書	工夫修行의 指針에 대한 요약 설명	
	『雲水壇謌詞』	儀禮集	불교 儀式節次에 대한 설명	
	『精選四家錄』	解說書	馬祖·百丈·黃蘗·臨濟의 語錄에 대한 설명	
	『淸虛集』	詩文集	詩, 書信, 記, 雜著 등 수록	
海日(暎虛, 1541-1609)	『暎虛集』	詩文集	詩, 書信, 記, 雜著 등 수록	
善修(浮休, 1543-1615)	『浮休堂大師集』	詩文集	詩, 書信, 記, 雜著 등 수록	
印悟(靑梅, 1548-1623)	『靑梅集』	詩文集	詩, 書信, 記, 雜著 등 수록	
法堅(奇巖, 1552-1634)	『奇巖集』	詩文集	詩, 書信, 記, 雜著 등 수록	
太能(逍遙, 1562-1649)	『逍遙堂集』	詩文集	詩, 書信, 記, 雜著 등 수록	
海眼(中觀, 1567-?)	『中觀大師遺稿』	詩文集	詩, 書信, 記, 雜著 등 수록	
淸學(詠月, 1570-1654)	『詠月堂大師文集』	詩文集	詩, 書信, 記, 雜著 등 수록	
覺性(碧巖, 1575-1660)	『釋門喪儀抄』	儀禮集	喪禮에 대한 설명	
守初(翠微, 1590-1668)	『翠微大師詩集』	詩文集	詩155首	
明照(虛白, 1593-1661)	『僧家禮儀文』	儀禮集	喪禮에 대한 설명	
懸辯(枕肱, 1616-1684)	『枕肱集』	詩文集	詩, 書信, 記, 雜著 등 수록	
處能(白谷, 1617-1680)	『大覺登階集』	詩文集	詩, 書信, 記, 雜著 등 수록	
	「任性堂大師行狀」	行狀	任性忠彦의 行狀	
震言(暮雲, 1622-1703)	『華嚴品目問目貫節圖』	解說書	華嚴經에 대한 설명	
無住(月峯,	『月峯集』	詩文集	詩, 書信, 記, 雜著 등 수록	

1623-?)				
性聰(栢庵, 1631-1700)	『大乘起信論疏筆削記會編』	解說書	『大乘起信論』의 疏와 筆削記 등을 모아서 편찬	
	『栢庵淨土讚』	歌頌集	淨土를 찬양한 歌頌	
	『栢庵集』	詩文集	詩, 書信, 記, 雜著 등 수록	
	『四經持驗紀』	解說書	傳教를 위한 靈驗談	
	『淨土寶書』	解說書	淨土信仰에 대한 강조	
	『緇門警訓註』	解說書	『緇門警訓』의 해설	
明眼(百愚, 1646-1710)	『般若波羅蜜多心經略疏連珠記會編』	解說書	『般若波羅蜜多心經略疏』와 『般若波羅蜜多心經連珠記』를 모아서 편찬	
	『百愚隨筆』	詩文集	詩, 記, 雜著 등 수록	
	『現行法會禮懺儀式』	儀禮集	禮佛節次에 대한 설명	
秀演(無用, 1651-1719)	『無用堂集』	詩文集	詩, 書信, 記, 雜著 등 수록	
聖能(桂坡, ?-?)	『仔夔文節次條列』	儀禮集	水陸齋에 대한 설명	
愷冠(龍潭, 1700-1762)	『龍潭集』	詩文集	詩, 書信, 記, 雜著 등 수록	
時聖(野雲, 1710-1776)	『野雲大禪師文集』	詩文集	詩, 書信, 記, 雜著 등 수록	
旨冊(沖虛, 1721-1809)	『沖虛大師遺集』	詩文集	詩, 書信, 記, 雜著 등 수록	
應允(鏡巖, 1743-1804)	『鏡巖集』	詩文集	詩, 書信, 記, 雜著 등 수록	
亘璇(白坡, 1767-1852)	『茶毘說』	儀禮集	茶毘儀式에 대한 설명	
	『禪文手鏡』	解說書	說明禪門5宗임제, 위앙, 조동, 운문, 법안의 선문 5종에 대한 설명	
	『修禪結社文科釋』	解說書	『修禪結社文』에 대한 해설	
	『作法龜鑑』	儀禮集	佛教儀禮에 대한 설명	
德眞(虛舟, 1806-1888)	『淨土紺珠』	解說書	佛教用語에 대한 해설	
惺牛(鏡虛, 1849-1912)	『鏡虛集』	詩文集	詩, 書信, 記, 雜著 등 수록	

앞에서 제시된 지리산을 중심으로 활동한 승려 27인의 50종 문헌을 그

성격과 내용에 따라 구분해 보면 다음과 같이 3가지로 나누어진다. 전체 50종 문헌 가운데 가장 많은 양을 차지하고 있는 것은 시문집으로 모두 20종이나 된다. 그 다음으로 불교 교리나 경전의 내용을 수록하거나 해설하고 있는 해설서가 18종이고, 그 뒤를 이어 예불의식, 상례 등과 관련된 각종 의례서가 8종을 차지하고 있다. 이 밖에는 2종의 歌頌集과 2종의 행장이 있지만 이 4종 문헌들이 넓게는 시문집의 내용에 포함할 수 있으므로, 전체 50종 문헌은 시문집과 해설서 그리고 의례서의 3가지로 구분된다. 이렇게 논의의 대상과 범위를 제한해 두고, 이제 조선 불교에 대해 성리학이 어떤 영향을 끼쳤는지를 구체적으로 확인해 보자.

Ⅳ. 조선불교 안의 성리학

앞에서 우리는 지리산에서 활동하며 저술을 남겼던 승려 27인의 문헌 50종과 그 성격 등을 살펴보았다. 이제 우리에게는 제한된 범위 속에서 성리학이 불교에 끼친 영향에는 어떤 것이 있는지를 확인하는 일만 남아 있다. 그런데 성리학이 불교에 어떤 영향을 끼쳤는지는 당연히 앞에서 제시한 50종 문헌의 내용에서 확인할 수 있을 것이다. 그러나 성리학의 불교에 대한 영향은 시문집과 해설서, 그리고 의례서로 대별되는 문헌의 분포에서도 이미 일정부분 드러나고 있다. 따라서 우리의 논의는 문헌의 성격 분포에서 드러나는 성리학의 영향을 살펴보고, 이어서 문헌의 내용에서 성리학의 불교에 대한 영향에는 어떤 것이 있는지 차례대로 확인해 보자.

먼저 문헌의 성격 분포에서 확인되는 것은 승려들에 의해 많은 시문집이 발간되었다는 점이다. 승려들에 의해 많은 시문집이 발간되었다는 사실은 이미 그 자체로 성리학의 영향으로 이해될 수 있다. 주지하듯 시문집이란 특정 개인의 시문을 모아 묶은 책이다. 시문과 그것을 편집한 시문집은 본래 승려들이 관심을 보인 것이 아니라 사실상 유자들의 전유물이었다. 현존하는 문집을 살펴보면 우리나라 최초의 시문집은 최치원의 『桂苑筆耕』으로, 그 이후 고려시대에 30종(간본 27종, 사본3종), 조선시대에는 3,072종(간본 2,690종, 사본 382종)의 시문집이 발간되거나 편집된 것으로 집계된다. 이러한 시대적 분포에서 볼 때 시문집은 고려시대의 것이 1%, 나머지 99%는 조선시대의 것임을 알 수 있다. 특히 조선에서도 임진왜란(1592년) 이전에 전체의 13%인 397종(간본 354종, 사본 43종)이 분포되어 있고, 86%인 2,675종(간본 2,336종, 사본 339종)은 17세기 이후에 분포되어 있다.[3] 반면 조선시대에 발간된 승려들의 시문집은 모두 80종으로 모두 17세기 이후에 간행되었다.[4]

이와 같은 시문집 발간의 역사적인 분포에서도 시문집의 발간이 넓게는 유학, 좁게는 성리학과 얼마나 밀접하게 관련되어 있는지 드러나고 있는 것이다. 성리학 국가인 조선이 성립된 이후 증가하는 문집발행이 성리학의 사회적 정착이 완성되는 17세기에 이르러 폭발적으로 증가하는 것에서도 이 같은 사실은 확인되고 있다. 이점에서 보자면 승려들의 시문집 발간 자체가 이미 승려들이 유학자들의 문집 발간 형식을 그대로 모방한 것으로, 불교에 대한 성리학의 영향 가운데 하나라고 할 수 있는 것이다.

다음으로 50종 문헌의 분포에서 불교에 대한 성리학의 영향을 찾는다면 불교가 일정부분 성리학적 윤리관을 수용하고 있다는 점을 지적할 수 있다. 이것 역시 승려들의 시문집 발간과 연결해서 논할 수 있는데, 그것은 승려들의 손에 의해 시문집이 발간되었다는 사실이 단순히 성리학자

---

3) 辛承云, 「儒敎社會의 出版文化」, 『大東文化研究』 第39輯, 성균관대학교 대동문화연구원, 2001, 369頁.

4) 朴明姬, 「順天 松廣寺刊行 高僧 文集 硏究」, 『東方漢文學』 第24輯, 동방한문학회, 2003, 244-246頁.

들의 문집 발간에서 영향을 받아 그것을 모방한 것에서 그치는 것이 아니라 보다 깊은 의미를 함축하고 있기 때문이다. 다시 말해서 문집의 발간은 승려들의 시문에 대한 관심만을 보여주는 것이 아니라, 그러한 시문집을 발간할 수 있는 경제적인 혹은 사회적인 역량을 승려들이 가지게 되었음을 의미한다. 즉 당시 시문집의 발간은 사회적인 지위나 경제적인 토대가 없다면 진행하기 어려운 사업이었다는 사실에 주목할 때 이 영향 관계는 드러나게 된다. 즉 조선의 성립과 함께 억불정책이 국가적으로 시행된 상황 속에서 불교가 어떻게 시문집을 발간할 수 있는 사회적인 지위나 경제적인 토대를 갖출 수 있었는지 묻고 그 답을 찾아갈 때 우리는 시문집 발간에서 불교에 대한 성리학의 보다 깊은 영향을 확인하게 된다.

'불교는 부모도 없고 임금도 없는 가르침'이라는 비판은 북송으로부터 시작하여 조선에 이르기까지 성리학자들의 공통된 시각이었다. 그런데 임진왜란과 병자호란을 거치는 과정에서 조선의 불교는 이러한 성리학자들의 비판과는 완전히 상반된 모습을 보여준다. 전란의 과정에서 승려들은 승군으로 참전하여 전공을 세움으로써 충을 중심으로 하는 유교적 덕목을 수용하고 실천하기에 이른 것이다. 그리고 그 결과 조선후기 불교는 국가로부터 일정부분 신분을 보장받게 되었으며, 이러한 국가로부터의 신분보장을 토대로 전쟁으로 피해를 입은 사찰들을 복구하는 한편 경제력이 필요한 문집의 발간도 가능하게 되었던 것이다.[5] 문집 발간이 주로 휴정 계열에서 성행했던 까닭 역시 승군의 활동이 휴정을 중심으로 이루어졌던 사실과 연계해서 이해할 수 있을 것이다.

어떤 학자는 "조선불교는 내면적 순수성보다 유교적 덕목인 충효를 내세움으로써 존재의 의의를 인정받게 되었으니, 이는 자가당착이 아닐 수

---

[5] 임진왜란과 병자호란을 거친 뒤 전쟁에서 피해를 입은 수많은 사찰의 중건이 진행되었는데, 그 중건비용의 상당부분은 중앙정부나 왕실에서 제공한 것이다. 그리고 조선후기는 이러한 사찰의 중건이 가장 활발하게 진행된 시기이기도 하다.

없다. 유교에서는 불교가 이단이라고 배척하는데, 불교에서는 유교의 가장 기본적인 덕목인 충효로써 장점을 삼고자 했으니 대단히 이상한 결과를 가져오고 말았다."[6]는 말로 당시의 승군을 평가하고 있다. 하지만 그러한 승군의 활동, 보다 폭넓게 표현하자면 성리학적 윤리관의 수용을 통해 조선의 불교는 명맥을 보존할 수 있었을 뿐만 아니라, 경제적인 토대를 마련함으로써 승려들의 시문집마저도 발간할 수 있게 되었던 것이다.

셋째로 상례와 제례를 중심으로 다수의 의례서가 발간되었다는 점에서 성리학의 영향을 읽을 수 있다. 불교 역시 다른 종교와 마찬가지로 종교의 형식적 특징을 강하게 보여준다는 측면에서 의례에 대한 강조나 의례서의 발간이 결코 이상할 것이 없다. 다만 8편의 의례관련 문헌 가운데 유독 水陸齋, 茶毘 등 상례, 제례와 관련된 의례집이 4편이나 된다는 점은 주목할 만한 부분이다. 특히 조선 불교에서 의례집을 다수 출간할 당시가 바로 조선유학의 전개 과정에서 흔히 예학의 시대라고 부르는 때라는 점을 상기한다면 성리학과 불교가 동일한 시기 비슷한 고민을 하고 있었다는 사실이 드러나고 있는 것이다.

조선의 17세기를 흔히 예학의 시대라고 부르는데, 그것은 당시에 학문적으로도 역사적으로도 예학이 요청되었기 때문이다. 이러한 성리학적 예학의 시대는 두 가지 뿌리를 가지고 전개되었다. 하나는 성리학에 대한 심화된 이해라는 사상적인 뿌리와 전란이후 무너진 질서성의 회복이라는 역사적인 뿌리가 그것이다. 이러한 두 가지 뿌리는 불교의 의례집 발간에서도 적용된다고 할 수 있다. 즉 한편으로 앞의 역사적인 측면과 마찬가지로 임진병자년의 전쟁을 겪은 사람과 사망한 사람을 위한 종교적 위로가 요청되었다면, 또 다른 한편에서 불교의 의례집 발간은 성리학적 예학의 시대에 대한 불교적 대응이었다고 이해할 수도 있는 것이다. 특히 관

---

6) 양은용, 김덕수 편, 이진오, 「조선조 호국승병의 재인식」, 『임진왜란과 불교의 승군』, 경서원, 1992, 31쪽.

혼상제의 의례 가운데 쉽게 불교와 관련 맺을 수 있는 상례와 제례를 강조하고 있다는 측면에서도 유교의 의례에 대한 불교의 대응이라고 이해할 수 있는 것이다.

그러나 아쉽게도 이 세 가지 측면에서 확인되는 불교에 대한 성리학의 영향은 어느 정도의 설득력을 가지긴 하였지만, 분명하고 확실한 증거를 가진 것은 아니다. 그런 측면에서 다음에 논하고 있는 문헌들의 구체적인 내용에서 확인되는 영향관계는 상대적으로 뚜렷한 근거를 가지는 것이라고 할 수 있다. 이 부분에서 확인되는 영향 역시 아래와 세 가지로 나누어 볼 수 있다.

가장 먼저 여러 문헌들의 내용에서 확인되는 영향관계에서 주목되는 것은 성리학적 의례의 수용이다. 특히 성리학의 여러 의례 중에서도 불교에서 분명하게 수용한 것은 다름 아닌 '五服制'이다.[7] 오복제는 족친의 상을 당했을 때 상복을 입는 기간을 규정한 것으로 사실상 불교에서는 수용되기 어려운 요소였다. 조선 후기는 부계 중심의 친족관계로 급격히 전환해 가던 시기였고, 이러한 변화와 맞물려 성리학적인 의례의 규정에서 가장 중요한 전거 자료가 되었던 것이 바로 『朱子家禮』였고, 그 가운데 오복제는 족친의 親疎를 규정한 주요한 내용이었던 것이다. 그런데 놀랍게도 불교에서도 이것을 수용하여 覺性(碧巖, 1575-1660)은 『釋門喪儀抄』에 「僧五服圖」를 수록하였고, 明照(虛白, 1593-1661)는 『僧家禮儀文』에 「僧喪服圖」를 싣고 있다. 여기에서는 세속의 족친과 함께 출가후의 사승관계를 중심으로 親疎遠近과 함께 喪服을 입는 기간을 규정하고 있다. 이런 내용을 살펴본다면 조선 후기 불교는 성리학적 예학의 전개로부터 상당 부분 영향을 받으며 불교의 의례를 만들어 간 것으로 이해할 수 있는 것

---

7) 고인과의 친소원근에 따라 상복의 재료와 기간을 달리하는데 오복은 斬衰, 齊衰, 大功, 小功, 緦麻로 구분되며, 최대 3년에서 최소 3개월 동안 각기 정해진 상복을 입는 것으로 규정되어 있다.

이다.

둘째로 문헌들의 내용에서 성리학의 영향이라고 할 수 있는 것이 바로 승려들에 의해 유불의 일치, 곧 유불이 결코 둘이 아니라는 점이 강조되고 있다는 점이다. 휴정의 『三家龜鑑』과 處能(白谷, 1617-1680)의 『大覺登階集』에 실려 있는 「諫廢釋敎疏」, 그리고 亘璇(白坡, 1767-1852)의 『修禪結社文科釋』에 기재된 「對辨三敎以顯正理」 등이 이 주제와 밀접하게 관련되어 있는 문헌들이다. 이들 저술은 기본적으로 조선초기의 호불론적 저술인 己和(涵虛, 1376-1433)의 『顯正論』과 『儒釋質疑論』의 시각을 계승하면서도 각 시기별로 논조에 있어서는 차별성을 보여준다.

휴정은 『삼가귀감』에서 "나는 삼교의 무리들이 각기 다른 견해를 고집하여 기꺼이 모여서 함께하려 하지 않음을 많이 보았다. 그래서 지금 세 가르침의 문호를 열어 통하게 할 따름이다. 아! 삼교에서는 모두 도를 말하는데, 도란 무엇인가"[8]라고 자문한 뒤, "○의 의미를 철저히 깨달으면 유가니 도가니 불가니 하는 것이 모두 헛된 이름일 뿐임을 알 것이다"[9]라고 말한다. 원(○)은 불교에서 마음을 설명하는 방편으로 이용되는 것이다. 마음이 어떤 구체적인 형상으로 규정될 수는 없지만, 그것이 평등하고 보편적이며 완전한 것임을 보여주기 위해 고안된 것이다. 그리고 휴정은 또한 "『중용』의 性·道·敎 세 구절 또한 이름만 다를 뿐 사실은 같은 것이다"[10]라는 말에서 도라는 것은 결국 '성', 곧 인간의 본성이라는 점이 드러난다. 결국 유·불·도 삼가에서 추구하는 도는 인간의 본성이고 이것을 실현하기 위해 노력한다는 점에서 삼교는 동일하다는 뜻으로 이해된다.

---

8) 休靜, 『三家龜鑑』 「道家龜鑑」, "余多見三敎之徒, 各執異見, 莫肯會同故, 今略開三門戶而通之爾, 噫三敎通稱曰道, 道是何物."
9) 休靜, 『三家龜鑑』 「道家龜鑑」, "○ 若究得徹去, 方悟, 儒也釋也道也, 皆虛名耳."
10) 休靜, 『三家龜鑑』 「儒家龜鑑」, "中庸性道敎三句, 亦名異而實同."

반면에 처능은 「간폐석교소」에서 顯宗(在位 1659-1674) 즉위 직후인 1660년대 초반 도성 안의 비구니 사찰인 仁壽院과 慈壽院을 폐하고 사전과 노비를 환수하는 것을 비판하고 있다. 아울러 그는 불교에 대한 오해와 비판에 대해 해명하고, 역사적인 사례를 들어가며 불교가 국가에 도움이 된다는 불교 功效論을 주장하며 불교에 대한 탄압을 중지할 것을 요구하였다.[11] 그리고 긍선은 삼교가 모두 정을 버리고 성을 드러내는 공통점이 있음을 전제하면서도, "유학은 유를 숭상하여 상견에 막히고, 노자의 무는 단항에 빠져서 각각 유무와 정의 누습을 없애지 못하는데, 불교는 유무도 없고 누습도 없이 중도를 드러내는 것"[12]이라고 하여 불교가 우월하다고 주장하였다. 긍선의 이러한 자신감은 후대로 내려갈수록 억불정책이 약화되면서 불교의 지위가 강화되는 상황을 반영한 것으로 이해된다.

하지만 유불이 결국 하나의 가르침이고 같은 지향을 가진다는 것, 그래서 겉으로 드러나는 차별성 너머에 근원적인 동질성이 배경으로 담겨져 있다는 휴정으로부터 불교는 유가나 도가처럼 유무나, 누습 없이 중도를 지킨다는 자신감을 보이면서도, 그 안에 삼교가 모두 정을 버리고 성을 드러내는 공통점을 전제하는 긍선의 시각에 이르기까지, 이들의 시각 속에는 성리학에 대한 최소한의 존중과 배려가 담겨 있다. 이것은 성리학적 국가에서 불교가 자신의 영역을 지켜내기 위한 불가피한 선택으로 이해된다.

다음으로 성리학의 직접적인 영향은 아니지만 해설서의 내용 대부분이

---

11) 處能, 『大覺登階集』, 「諫廢釋敎疏」, "臣常爲國慨然 爲國怵然 噫合而觀之 有寺則在所益矣 無僧則在所損矣 治道之益損 亦預乎其間 而何必日除僧毀寺 然後爲治平者哉 臣非架空而誣罔於殿下也 殿下涉獵圖史 曉達古今 廢寺而勃興者 有幾君乎 存僧而忽亡者 有幾主乎"

12) 亘璇, 『修禪結社文科釋』, 「對辨三敎以顯正理」, "竊觀三敎指歸 無非去情顯性 然儒崇有而滯於常見 老賓無而溺於斷坑 尙未盡於有無之情累 安能顯於中道之正性 不有不無 而蕩盡情累 雙照雙遮而圓顯中道者 唯佛敎爲能也."

기존 논소의 요약본이라는 점 역시 넓게는 성리학의 영향으로 이해된다. 즉 해설서의 반이 이미 출간되었던 論疏의 내용을 요약하여 편집한 것이고, 나머지도 매우 적은 분량으로 구성된 한정된 주제의 해설서라는 점에서 상당한 규모를 갖추었거나 새로운 시각을 보여주지 않는다. 전체 50종 문헌 가운데 해설서는 18종에 이르지만, 지엄의『拈頌說話節錄』,『訓蒙要抄』, 휴정의『江西馬祖四家錄草』등 모두 7종의 문헌이 이미 출간되어 있는 논소를 요약한 경우에 속한다. 이 밖에 性聰(栢庵, 1631-1700)의『四經持驗紀』는 전해지고 있는 불교설화를 편집한 것이고, 德眞(虛舟, 1806-1888)의『淨土紺珠』가 일반적인 불교 용어를 설명하고 있을 뿐이다. 이러한 사실은 비록 성리학의 직접적인 영향관계를 보여주지는 못하지만, 성리학의 시대에 불교가 처했던 상황을 반영해 보여준다. 즉 새로운 해석을 통해 불교에 대해 깊고 다양한 이해의 길로 나아가는 것이 아니라, 기존의 시각 혹은 전통적인 관점의 계승에 치중해 있음이 확인되고 있는 것이다.

전체적으로 본다면 성리학적 국가인 조선에서 불교는 시문집의 발행이나 의례서의 발행 등에 있어서 일정부분 성리학자들을 모방하고 있다. 그리고 내용적인 측면에서도 성리학적 윤리관과 의례를 수용하거나 유불이 결국 동일한 지향을 가진 가르침임을 역설하고 있는 모습을 보여주고 있다. 이러한 변화나 성리학적 요소의 수용을 통해서 불교는 성리학적 국가인 조선에서 자신의 터전을 확보할 수 있었던 것이다.

V. 外儒內佛과 外佛內儒

앞에서 왜 조선에서 특히 유학의 불교에 대한 영향이 강하게 나타나게 되었는지를 확인하는 것에서 시작하여, 지리산권에서 활동한 승려 27인의 50종 저술의 성격과 형식을 통해 우리 논의의 범위를 제한한 상태에서 성리학의 불교에 대한 영향을 두 가지 측면에서 살펴보았다. 먼저 50종 저술의 성격과 형식에서 ① 승려들에 의해 시문집이 광범위하게 저술된 점, ② 시문집을 발간할 수 있는 경제력은 충을 중심으로 한 성리학적 윤리관의 수용을 통해서라는 점, ③ 상례와 제례를 중심으로 다수의 의례서가 발간되었다는 점에서 성리학의 영향을 확인할 수 있었다. 뿐만 아니라 문헌들의 구체적인 내용에서도 ① 상례와 제례에 있어서 특히 오복제 등 성리학적 의례가 수용되었고, ② 유불이 근원적인 지향에서 하나라는 주장이 지속적으로 제기되었으며, ③ 해설서의 대부분이 기존 논소의 내용 요약 편집되었다는 점에서 성리학의 영향을 확인할 수 있다.

살펴본 바에 따르면 조선은 철저한 성리학 국가였다. 그리고 그 어느 지역보다 불교에 대한 정치적인 탄압이 적극적이면서도 지속적으로 전개되었던 곳이기도 하다. 이렇듯 치밀하게 추진된 억불정책 속에서 불교는 스스로를 변화시킬 수밖에 없었고, 성리학적 요소를 일정부분 수용함으로써 스스로를 보존할 수 있었다. 그런데 불교가 보여주고 있는 이러한 변화는 우리에게 유교에 대한 불교의 영향관계를 이해할 때에도 시사하는 바가 있다고 판단된다. 조선시대의 사상적 전개가 성리학 중심이었다는 점에서는 이견이 있을 수 없다. 그렇다고 주변적인 요소로서의 다른 모든 사상체계가 배제되어 버린 것은 아니다. 이단으로 지목되며 배척되었던 불교가 자신의 외형적인 모습을 바꿔가며 존립을 위해 분투하는 과정은, 사상사가 결코 단순한 혹은 단일한 하나의 주류사조에 의해 그 흐름이 완전하게 결정되는 것이 아님을 시사해 주고 있는 것이다.

그리고 기존의 유교에 대한 불교의 영향을 논하는 과정에서 그 영향의 깊이에 대해 크게 두 가지 시각이 제시되었다. 그 가운데 하나는 송명시대의 성리학이 불교로부터 깊은 영향을 받았으므로, 겉으로는 유학이지만 속으로는 불교라거나 불교와 유학이 뒤섞여 있다는 관점이다. 반면에 다른 하나는 성리학이 비록 불교로부터 영향을 전혀 받지 않은 것은 아니지만, 그것은 어디까지나 비본질적인 것일 뿐이고, 외적인 자극에 불과하다는 시각이다. 즉 성리학은 불교와 도교의 외적인 자극 속에서 독자적으로 발전한 것이라는 주장이다. 그런데 이 두 가지 관점이 보여주고 있는 형식적인 틀에서 보자면, 조선시대 성리학의 불교에 대한 영향은 후자, 곧 외적인 자극에 불과한 것처럼 보인다. 앞의 논의가 제한적이긴 하지만, 그리고 비록 성리학으로부터 일정부분 영향을 받아 성리학적 윤리관을 수용하고, 또 문집이나 의례서 등을 발간하였지만 그것이 불교의 근원적인 방향 전환은 아니라고 판단되기 때문이다.[13]

이 글은 『동아인문학』 제23집(동아인문학회, 2012)에 수록된 「朝鮮佛敎에 대한 性理學의 영향 : 지리산권의 儒佛交涉을 중심으로」를 그대로 실은 것이다.

---

13) 牟宗三 역시 『心體와 性體』 제1책(소명출판, 2012) 158쪽에서 程顥가 어떤 기준에 따라 유교와 불교를 구분하고 있는지를 설명하면서, 道體와 性體인 天理實體를 긍정한다면, 緣起性空을 긍정할 수 없다는 점에서 유교와 불교는 근본적인 차별성을 보여준다고 말한다. 이 밖에 서로 유사하거나 비슷하고, 서로 통하는 점이 있다고 하더라도 그것은 근본적인 것이 아니며, 따라서 양자 간에 주고받은 영향, 곧 불교가 성리학에게, 혹은 성리학이 불교에게 준 영향 역시 그와 같은 근본적인 차별성을 지우지는 못하였던 것으로 이해된다.

지리산 화엄사의 '사사자삼층석탑': '진리의 현현'

문동규

I. 시작하는 말

이 글에서 필자는 하나의 불교 석탑으로 알려져 있는 지리산 화엄사의 사사자삼층석탑[1])에 대한 일반적인 이야기와 이것을 넘어선 또 다른 이야기를 보여주고자 한다. 말하자면 하나의 작품인 사사자삼층석탑의 건립 시기 · 건립배경 · 건축양식 등에 관한 존재자적 탐색 길인 일반적인 시선에 대한 이야기, 그리고 존재를 향한 길인 존재론적인 시선을 통해 '존재의 진리'가 사사자삼층석탑에서 드러난다는 또 다른 이야기인 '진리의 현

---

[1]) 문화재청에서 제공하는 이 사사자삼층석탑에 대한 정보에 따르면, 이 탑의 정확한 명칭은 '求禮 華嚴寺 四獅子 三層石塔'이다. 그러나 이 글에서는 이 탑을 편의상 '사사자삼층석탑'으로 표기하기로 한다.

현'을 보여주고자 한다. 물론 이때 필자의 주관심사는 후자에 있다.

알려진 바에 따르면 사사자삼층석탑은 국보 제35호로 지정된 불교 문화재이다. 그리고 우리나라의 대표적인 이형석탑으로서 사자상을 부재로 사용하고 있는 탑들 중 최고의 석탑으로 알려져 있다. 또한 탑의 각 부분의 조각이 매우 뛰어나고 옥개석에서는 최상의 아름다움을 보여주고 있는 것으로 평가받고 있다. 간단히 말해 사사자삼층석탑은 종교적·역사적 가치를 가지고 있을 뿐만 아니라 뛰어난 '예술작품'이라는 것이다. 그런데 사사자삼층석탑이 하나의 예술작품이라면, 우리는 그때 그것이 아름다움을 간직하고 있으므로 그것을 우리의 심미적 대상으로 생각하고 그 작품에서 아름다움, 즉 미를 찾으려고 할 것이다. 그러나 예술작품에서 환히 밝혀져 드러나는 것은 우리가 보통 알고 있는 미를 있게 하는 하나의 진리의 사건이다. 다시 말해 예술작품 속에서 열려 보여지는 것은 '비은폐성', 즉 존재자의 탈은폐와 은폐의 사건, 탈은폐와 은폐 사이의 근원투쟁이다. 물론 이때 '비은폐성'은 그리스어 '알레테이아(Aletheia, 진리)'의 번역어이다. 그렇다면 예술작품은 우리에게 통상적으로 알려진 심미적 대상만은 아니리라. 사실 예술작품은 '작품이 작품으로 존재하는' '작품존재'에서 드러나는 비은폐성으로서의 존재의 진리의 영역에 속한다. 따라서 사사자삼층석탑이 하나의 예술작품이라면, 사사자삼층석탑은 당연히 존재의 진리의 영역에 속할 것이다.

그러나 존재의 진리의 영역에 속해 있는 사사자삼층석탑의 모습을 어떻게 보여줄 것인가? 필자는 그것을 마르틴 하이데거(M. Heidegger)의 작품인 「예술작품의 근원」을 통해 보여줄 것이다.[2] 사실 하이데거는 이 작품에서 빈센트 반 고흐의 '농촌 아낙네의 신발'이라는 작품, 그리스 민족

---

[2] M. Heidegger, "Der Ursprung des Kunstwerkes", Holzwege, Vittorio Klostermann, Frankfurt a. M., 1977. 이하에서는 UK로 약칭하고, 번역본(신상희 옮김, 「예술작품의 근원」, 『숲길』, 나남, 2008)을 참고함.

들에게 존재의미로 가득 찬 '그리스 신전'이라는 예술작품에 대한 해석학적 통찰을 통해 그들 작품 속에서 진리가 현현하고 있음을 보여주고 있다. 물론 그는 「예술작품의 근원」에서 작품존재의 본질적 특징인 세계와 대지의 투쟁관계를 보여주면서 이 투쟁의 근원성이 알레테이아인 비은폐성으로서의 존재의 진리에 근거하고 있음을 밝히고 있다. 그래서 필자는 하이데거의 이러한 사유에 입각해서 지리산 화엄사에서 찬연히 빛나면서 우리에게 아름다움을 선사하고 있는 하나의 예술작품인 '사사자삼층석탑'에도 진리가 현현하고 있음을 드러내 보도록 할 것이다. 이것을 위해 우선 필자는 사사자삼층석탑에 대한 존재자적 탐색 길인 일반적인 시선을 살펴보고, 그런 후 존재를 향한 길인 존재론적인 시선으로 나아가도록 할 것이다.

II. 사사자삼층석탑에 대한 존재자적인 시선

1. 사사자삼층석탑에 대한 일반적인 이야기

불교신앙의 대상 중 하나로서 통일신라시대에 만들어진 것으로 알려져 있는 '구례 화엄사 사사자 삼층석탑'에 대한 일반적인 시선, 즉 일반적인 이야기는 대체로 다음과 같다.

화엄사에 있는 각황전 건물 좌측을 돌아 108계단을 오르면 소나무 숲으로 둘러싸인 아늑한 공간인 '孝臺'라는 곳이 나타나는데, 그곳에 사사자삼층석탑이 있다. 이 탑의 형식은 2층의 기단부·3층의 탑신부·상륜부로 구성되어 있지만, 상층기단 네 모서리에 사자상을 배치하고 상층기단 가운데에 尊像(인물상)을 봉안한 특수한 양식의 석탑, 통일신라시대의 대표적인 이형석탑이다. 특히 상층기단의 사자 상 조각은 이 탑 구성에서 중요한 역할을 담당하고 있어 경주 불국사에 있는 다보탑(국보 제20호)과 함께 우리나라 이형석탑의 쌍벽을 이룬다고 한다.[3] 그런데 이 탑은 연기조사가 화엄사를 창건하고 모친의 명복을 빌기 위해 세웠다고 하기도 하고, 자장법사가 연기조사의 지극한 효성을 기리기 위해 또는 부처님의 진신사리를 봉안하기 위해 세웠다고도 한다. 또한 이 탑은 아직까지 움직인 적이 없고, 원형 그대로 보전되고 있다고 한다.[4] 아울러 이후의 석탑들이 이것을 본 따 만들어졌으나 이 석탑의 아름다움을 넘어서지 못했다는 점에서 이 형태를 하고 있는 탑들 중 최고의 탑으로 알려져 있다.

일단 위의 이야기에 따르면 이 사사자삼층석탑은 연기조사나 자장법사에 의해 만들어진 것으로 보인다. 그러나 문제는 그것을 증명할 길이 없다는 것이다. 단지 그렇게 추측할 뿐이다. 그래서 이 탑을 누가 만들었는지는 사실 알 길이 없다. 그리고 이 석탑의 건립배경은 孝와 관련 있는 것으로 이해되었다. 사실 석탑이 '효대'에 위치하고 있다는 점에 주목하여 효사상이 그 배경이라는 연구가 주를 이루었기 때문이다.[5] 물론 '효대'라는 단어가 처음으로 등장한 것은 고려시대 승려인 의천이 지은 시[6]로 알려져 있다. 그런데 그 시에 따를 때, 문제는 '효대'가 어디인지 불분명하고, '효대'라고 불리고 있는 지금의 자리가 그때의 그 자리인지 알 수 없다는 것이다. 그렇다면 효사상을 사사자삼층석탑의 건립배경으로 풀이하기

---

3) 정병삼 외,『화엄사』, 대원사, 2000, 28쪽; 정영호,「화엄사의 석조유물」,『화엄사 · 화엄석경』(화엄사 · 화엄석경 보존 · 복원을 위한 연구논문집), 도서출판 늘함께, 2002, 84쪽 참조.

4) 정영호, 앞의 글, 87-88쪽 참조.

5) 이기백,「신라 경덕왕대 화엄경 사경 관여자에 대한 검토」,『역사학보』83, 1979; 김두진,「신라 의상계 화엄종의 '효선쌍미' 신앙」,『한국학논총』15, 1992; 김용환 · 김형래,「구례 화엄사의 효대공간에 관한 고찰」,『박물관지』9, 충청대학박물관, 2002; 김주성,「화엄사 4사자석탑 건립배경」,『한국상고사학보』18, 한국상고사학회, 1995.

6) "留題智異山華嚴寺 - 寂滅堂前多勝景/吉祥峰上絶纖埃/彷徨盡日思前事/薄暮悲風起孝坮"(『대각국사문집』권 17, 김미자,『화엄사 사사자삼층석탑에 관한 연구』, 동국대학교 대학원 석사학위논문, 2004, 각주 30)에서 재인용) 이 시 마지막 부분에 '효대'라는 글자가 보인다.

에는 문제가 있는 것으로 보인다. 따라서 이 탑의 건립배경을 다른 식으로 풀이해야 한다는 의견이 나타나게 되었는데, 그 의견에 따르면 그것을 불교사적 배경, 경제적 배경, 교리적 배경, 문화적 배경에 의해 설명하는 것이다.[7] 물론 이러한 배경들 다 좋은 이야기이지만, 그래도 그 중 교리적 배경이 이 탑에 대한 배경으로 가장 낫지 않은가 하는 생각이 든다. 왜냐하면 '화엄사'라는 명칭과 교리적 배경인 '화엄사상'이 연관되어 있는 것으로 보이기 때문이다. 앞에서 보았듯이 사사자삼층석탑의 상층기단부에는 사자상이 배치되어 있는데, 이러한 사자상이 불교 조형물에 등장하게 된 배경에는 사자가 백수의 왕이라는 관념에 따라 사자를 여래의 위치에 비유하거나 사자의 위엄을 표현하기 위해 불교 건조물에 광범위하게 이용된 것으로 알려져 있을 뿐만 아니라,[8] 사자와 관련된 이야기를 『화엄경』에서 찾을 수 있기 때문이다. 그래서 사사자삼층석탑이 『화엄경』「입법계품」에 근거하여 건립되었다는 주장 또한 나타나게 된다.[9]

다음으로 사사자삼층석탑의 건립 시기는 어느 때일까? 이것은 건축양식을 통해 확인된다. 대체로 이 탑은 8세기 중엽에 만들어진 것으로 생각되어왔다. 그런데 이러한 의견은 공통적으로 사사자삼층석탑의 각부의

---

7) 이것에 대한 구체적인 내용은 다음을 참고하기 바란다. 이순영, 『화엄사 사사자삼층석탑에 관한 연구』, 단국대학교 대학원 석사학위논문, 2007, 59-68쪽.

8) 정영호, 앞의 글, 87쪽 참조.

9) 신용철, 「화엄사 사사자석탑의 조영과 상징 —탑으로 구현된 광명의 법신—」, 『미술사학연구』, 한국미술사학회, 2006. 알려져 있듯이 화엄의 주존불은 '비로자나불'이므로 대좌에 조식된 사자란 비로자나불이 앉는 '사자좌'를 상징한다. 그렇다면 사사자삼층석탑을 불교의 화엄 사상에 의해 건립된 것으로 볼 때, 그 탑의 탑신부는 비로자나불을 말할 것이며 탑신을 받치는 기단부는 불상대좌에 해당될 것이다. 그래서 사자상이 배치된 사사자삼층석탑의 상층기단부는 비로자나불상의 불상대좌 기단부와 같이 화엄 사상에 의하여 탑신을 받치는 사자좌를 의미한다고 할 수 있고, 탑신을 받치는 기단에 사자를 배치함으로써 탑신은 부처님의 진신이 되고, 그 진신에서 진리의 설법이 나옴으로써 그 자체가 法身이 되는 것이다.(강우방, 「한국의 화엄미술론」, 『가산학보』 4, 가산불교문화원, 1995, 129쪽).

조각수법이나 건조양식, 특히 불국사 다보탑과 비교하여 상층기단부에 배치된 사자상이 隅柱를 대신한다는 점, 중앙의 존상이 擦柱를 대신한다는 점을 들어 8세기에 건립된 특수양식의 석탑으로 파악한 것이다.[10] 그러나 이 탑의 건립시기를 9세기로 보는 견해도 있는데, 이를테면 다음과 같은 것들 때문이다.[11] '이 탑의 사자상은 경직된 신체표현 · 간략해진 조각수법 · 수식이 달린 목걸이 장식을 보이고 있는데, 이것은 9세기 사자상과 유사성을 보이고 있다는 것', '이 탑은 부연이 생략되었지만, 상면이 경사지고 합각선이 뚜렷이 나타나는 경사형 갑석 형태를 보여주고 있어 9세기 석탑의 범주에 속한다는 것', '이 탑 탑신부의 초층탑신 면석 4면에는 자물쇠와 문고리가 표현된 문비형을 중심으로 좌우에 여러 존상, 즉 범천 · 제석천왕 · 사천왕상 · 인왕상이 조각되어 있는데, 이것은 9세기 석조물의 특징이라는 것', '이 탑의 범천상과 제석천왕상에는 길게 늘어진 소매 자락과 원심타원형의 도식화된 옷 주름 등이 표현되고 있는데, 이것은 9세기 불상 조각양식의 반영이라는 것', '이 탑의 문비 내부에 있는 자물쇠와 문고리를 표현하는 형식 역시 9세기의 시대성을 보여준다는 것', '이 탑의 옥개석은 일반형 석탑의 옥개석처럼 각형 5단의 옥개받침과 각형 2단의 탑신 받침이 조출되어 있어 이는 사사자삼층석탑이 8세기 중엽에 건립되었다는 양식적 근거가 되어왔으나 이 탑의 각형 2단 탑신 받침과 각형 5단 옥개 받침의 치석 수법은 9세기대의 석탑과 긴밀한 연관성을 보여주고 있다는 것' 등등 말이다. 결국 사사자삼층석탑은 이형석탑임에도 불구하고 하층기단부 · 상층기단부 · 초층탑신 · 옥개석 등에서 9세기의

---

10) 이순영, 앞의 글, 56-57쪽 참조.

11) 이 내용에 대해서는 다음을 참고하였다. 이순영, 「화엄사 사사자삼층석탑의 건립시기에 관한 고찰」, 『문화사학』(제34호), 한국문화사학회, 2010; 이순영, 『화엄사 사사자삼층석탑에 관한 연구』, 단국대학교 대학원 석사학위논문, 2007. 좀 더 정확하게는 이순영, 「화엄사 사사자삼층석탑의 건립시기에 관한 고찰」, 『문화사학』(제34호), 한국문화사학회, 2010, 75, 77, 78, 81, 82, 83, 84쪽을 참고하였다.

일반형 석탑과 양식적으로 매우 유사한 모습을 보여주고 있고, 장엄조식의 조각수법 역시 9세 이후 석조물의 양식과 강한 연관성을 보여주고 있으므로, 화엄사에 있는 이 사사자삼층석탑은 8세기가 아닌 9세기에 건립된 것으로 이해해야 한다는 것이다. 그러나 초층탑신받침이 각형 2단인점, 옥개석 상면의 탑신받침이 각형 2단인 점, 옥개석 하면의 옥개받침이 각형 5단인 점 등이 8세기 석탑의 여운을 간직하고 있으므로, 사사자삼층석탑은 9세기 전기에 건립된 것으로 생각될 수 있다는 것이다.

이상과 같은 사사자삼층석탑에 대한 일반적인 이야기를 정리하면 다음과 같다. 이 석탑을 만든 자가 누구인지는 확실하지 않다. 이 석탑의 건립배경은 효사상 또는 『화엄경』의 「입법계품」에 근거하여 건립되었을 것이다. 이 석탑의 건립 시기는 8세기 중엽 또는 9세기 초반으로 추측되고 있다. 이 석탑의 건축양식은 통일신라시대의 전형적인 석탑 양식으로서 2층의 기단부·3층의 탑신부·상륜부로 구성되어 있으나, 2층 기단부 중 상층기단의 네 모서리 각각에 사자들과 그 기단의 중앙에 존상(인물상)이 서 있는 이형적인 모습이며, 우리나라 사자 석탑 중 가장 우수한 석탑이다.[12] 이러한 것이 사사자삼층석탑을 이해하는데 있어 우리에게 제공된 일반적인 시선이다. 그러나 이 탑의 건립배경·건립시기·건축양식을 통해서 우리는 사사자삼층석탑을 완전히 이해했는가?

2. 작품의 대상존재에서 작품존재로

지금까지의 이야기는 사사자삼층석탑에 대한 '일반적인 이야기', 사사자삼층석탑을 '존재자를 탐색하는 시선으로 본 이야기'였다. 이를테면 그 탑이 언제 어떤 배경 하에서 만들어졌고, 누가 세웠으며, 어떤 양식을 가지고 있는지 등등 말이다. 물론 하나의 예술작품이 우리 앞에 서 있을 때,

---

12) 윤정혜, 『통일신라시대 화엄사에 관한 연구』, 영남대학교 대학원 석사학위논문, 2005, 33쪽 참조.

사람들은 그 작품을 누가 어느 때 만들었는지, 그 작품이 만들어진 의도·배경·기법이 무엇인지, 그리고 그 작품의 형식과 내용은 무엇이며 어떤 가치를 가지고 있는지, 더 나아가 작품의 보존 상태는 어떠한지, 심지어는 가격은 어느 정도인지 등등에 대해 궁금해 할 것이다. 이러한 것은 일반 사람들뿐만 아니라 예술 내지는 예술작품을 사랑하는 자들이나 예술 전문가들도 마찬가지일 것이고, 이러한 시선이 어떤 작품을 이해하는데 도움을 줄 수 있는 것 또한 사실이다.[13]

그러나 문제는 이것이다. 하나의 작품이 있다고 할 때, 존재자를 탐색하는 시선은 그 작품의 "순수한 자립 상태"[14]를 이해시켜주는 것이 아니라는 점이다. 왜냐하면 그때 그 작품은 작품 그 자체로 이해되는 것이 아니라 하나의 '선입견' 속에서 이해되기 때문이다.[15] 다시 말해 작품을 그 작품의 '작품다움', 즉 '작품존재'에서 만나는 것이 아니라는 것이다. 사실 작품을 작품으로 만나기 위해 우리에게 중요한 것은 "작품을 자기 자신이 아닌 모든 여타의 관련들로부터 끄집어내어 오로지 작품 그 자체가 저

---

13) 이 부분은 다음을 참고하였다. 염재철, 「존재지향적인 길에서 예술작품의 내적관계—하이데거의 예술철학 논구(Ⅱ)」, 『미학』(제65집), 한국미학회, 2011, 68-69쪽. 사실 위의 물음들은 어떤 작품이 있다고 할 때, 그 작품을 감상하는데 도움을 줄 수도 있다. 우리가 매우 이해하기 힘든 작품 앞에 설 때, 그 작품을 만든 자가 누구인지, 그리고 그 작품이 만들어진 의도와 배경을 안다면, 그 작품을 쉽게 이해할 수 있는 길이 우리에게 생길 수도 있을 것이기 때문이다. 또한 우리가 그 작품을 만든 기법에 대한 설명을 듣거나 그 작품의 형식과 내용을 이해한다면, 우리 앞에 서 있는 어떤 작품이 우리에게 훨씬 더 의미 있게 다가올 수도 있을 것이기 때문이다. 그래서 그러한 물음은 매우 중요한 물음임엔 틀림없는 것으로 보인다.(염재철, 위의 글, 69쪽 참조).

14) UK, 25쪽.

15) 여기에서 우리는 예술 비평가들과 예술사가들의 접근 방식 또한 문제 삼을 수 있다. 하이데거에 따르면 "[예술] 전문가와 비평가들은 작품을 심사하느라 분주하고 (…) 예술사를 연구하는 사람들은 작품을 학문의 대상으로 삼는다."(UK, 26쪽) 그런데 이것은 그들이 작품 그 자체와 만나는 것이 아니라, 단지 작품을 대상화하는 자들임을 말하는 것이다. 그래서 그들은 작품을 작품의 '작품존재'에서가 아니라 작품의 '대상존재(Gegenstandsein)'에서 만나는 자들이다.

홀로 자기 안에 고요히 머무를 수 있게 하는"[16] 것이다. 이때 이것은 작품을 대상화하지 말고, 작품을 그 자신으로 서 있게 놔두라는 것이다. 왜냐하면 이럴 때야 비로소 우리는 작품을 그 작품 안에서 일어나고 있는 것에서부터 만나고 경험할 수 있기 때문이다.

물론 '작품을 대상화하고, 작품을 대상존재로 만나는 것이 문제가 있다'는 것에 대해 이의를 제기하는 자들이 있을 수도 있다. 그러나 작품을 대상존재로 만나는 것에 대해 조금만 검토해 보면 문제가 드러난다.[17] '대상존재'란 말 그대로 인식하는 주체의 대상을 말한다. 이를테면 어떤 작품을 감상하는 자가 그 작품을 만든 기법을 찾으려는 목적에서 그 작품을 만든 기법 중심적으로 인식하거나, 또는 그 작품이 만들어진 배경을 분석하려는 목적으로 그 작품을 배경 중심적으로 인식하기 시작한다면, 이때 어떤 작품은 그러한 주제의 대상에 불과하게 될 것이다. 그래서 이러한 시각에서는 어떤 작품은 작품 그 자체로 우리에게 다가올 수가 없다.[18] 그리고 우리가 작품에 동원된 창작기법을 철저히 분석해서 그 작품의 내용이나 형식들을 올바르게 파악한다고 하더라도 그 작품을 작품 그 자체로 만나는 것은 아니다. 오히려 이때 작품은 작품을 만든 기법, 그 작품의 내용과 형식 속에서 자신을 잃고 말기 때문이다. 사실 우리가 우리 앞에 있는 돌을 보고 이 돌의 무게·형태·성분 등을 안다고 해서 그 돌을 아는 것은 아니다. 그때 그 돌은 돌이 아니게 된다. 사실 우리가 우리의 존재방식인 실존 상황 속에서 하나의 작품을 만나 파토스(pathos)적

---

16) UK, 26쪽.

17) 이 부분은 염재철, 앞의 글, 73-75쪽을 참고하였다.

18) 예를 들어 영화의 효과음만을 평생 만들어 온 사람이 있다고 하자. 그는 영화를 볼 때 아마 자신도 모르게 영화의 효과음에 주목할 것이다. 그리고 그는 '저 때 저 장면에서 저 소리는 어떻게 만들었을까?'라고 물을 것이다. 그런데 이때 중요한 것은 이러한 시각아래에서는 영화의 '작품 자체', '작품다움', 즉 '작품존재'는 사라지고 말 것이라는 점이다.(염재철, 앞의 글, 73쪽 참조).

상황에 있다는 것은 '어떤 작품이 자신으로 존재하면서 드러내는 바로 그 것' 때문이지, 작품의 내용이나 작품으로부터 찾아낸 기법과 형식 때문은 결코 아니다.

이러한 이야기를 받아들일 수 있다면, 작품의 '대상존재'가 아니라 '작품존재'에 입각해서 작품을 경험하는 것이 중요할 것이다. 다시 말해 우리의 시선을 존재자를 탐색하는 길인 일반적인 시선으로부터 존재를 향한 길인 존재론적인 시선으로 바꾸는 것 말이다. 말하자면 작품 그것이 그대로 드러나고 있는 사태와 더 나아가 그것이 자신을 숨기는 사태로 향하는 길 말이다. 그러나 우리가 이렇게 시선을 돌릴 때, 작품의 작품존재에서 현성하고 있는 것은 무엇일까? 뒤에서 보겠지만, 그것이 바로 '진리(알레테이아)의 현현인 근원투쟁'인데, 이것은 세계와 대지의 투쟁으로 드러난다. 왜냐하면 "작품의 작품존재는 세계와 대지 사이에서 벌어지는 투쟁의 투쟁화 속에 존립하고",[19] 이 투쟁의 투쟁화는 '근원투쟁'에 근거하고 있기 때문이다. 그래서 존재론적인 시선은 바로 작품의 작품존재에서 드러나는 '세계와 대지의 투쟁'으로 향하는 길이고, 그리고 그 투쟁이 근거하고 있는 진리, 즉 알레테이아의 '근원투쟁'으로 향하는 길이다. 그리고 그러한 것을 경험하는 것이다. 그런데 이러한 것이 과연 지리산 화엄사 사사자삼층석탑에서도 드러나고 있을까?

III. 사사자삼층석탑에 대한 존재론적인 시선

앞의 이야기에 따를 때, 우리가 작품을 작품 그 자신으로 경험하려면, 우리의 시선은 존재를 향한 길로 나아가야 할 것이다. 다시 말해 작품의 대상존재가 아니라 작품의 작품존재로 시선을 돌려야 할 것이다. 그런데

---

19) UK, 36쪽.

작품의 작품존재에서 드러나는 것이 세계와 대지의 투쟁이라면, 우선 세계와 대지가 무엇이고 그 둘의 투쟁이 무엇인지가 해명되어야 할 것이다. 그런 다음 세계와 대지의 투쟁의 근원성이 진리의 근원투쟁이라면, 진리가 무엇인지 밝혀져야 할 것이고, 다음으로는 하나의 예술작품인 사사자삼층석탑에서도 그러한 것이 드러나야 할 것이다.

1. 예술작품의 작품존재: 세계와 대지의 투쟁

일단 어떤 작품을 이해하려면, 작품이 그 자신으로 있어야 한다. 말하자면 작품이 '자립상태'로 있어야만 한다. 즉 '작품존재'로 말이다. 그런데 작품의 작품존재는 어떻게 드러날까? 다시 말해 작품존재에 속해 있는 본질적인 특징은 무엇일까? '세계의 건립(Aufstellen)'과 '대지의 내세움(Herstellen)'이 바로 그것이다.[20] 말하자면 어떤 작품이 있을 때, 그 작품이 작품으로 존재한다는 것은 작품 안에 세계를 건립하고 세계의 열려 있음(Offenheit)으로 대지를 내세운다는 것이다. 도대체 무슨 말인가?

우선 세계란 무엇일까? 대개 세계란 존재자들의 총체로 여겨지고 있다. 이를테면 연구실 안에 있는 컴퓨터 책상, 그 책상 위에 놓여 있는 책, 자판을 두들기라고 기다리고 있는 컴퓨터, 푹 쉼과는 거리가 먼 연구실 등등이 모인 총체가 세계라는 말이다. 그러나 하이데거에 따르면 "세계란, 눈앞에 있는 셀 수 있거나 셀 수 없는 것 혹은 친숙하거나 친숙하지 않은 눈앞에 현존하는 모든 사물들의 단순한 집합이 아니다."[21] 세계란 인간 현존재의 세계로서 '열려 있음(개방성)'을 말한다. 이를테면 어떤 작품이 있을 때, 그 작품이 그곳에 있음으로서 드러나는 인간 현존재와 연관된 다양한 존재 연관들, 즉 탄생과 죽음의, 축복과 저주의, 흥망과 성쇠의

---

[20] "세계의 건립(Aufstellen, 열어 세움)과 대지의 내세움(Herstellen, 불러 내세움)은 작품의 작품존재에 속해 있는 두 가지 본질적 특성이다."(UK, 34쪽).

[21] UK, 30쪽.

(…) 다양한 존재 연관들,[22] 이들 연관들이 바로 인간 현존재가 살아가고 있는 세계로서의 열려 있음이다. 그러니까 세계란 인간 현존재가 살아가면서 결정하는 다양한 측면들이 펼쳐지는 전체적 궤도이자 그와 관련 있는 존재 의미가 열어 밝혀지는 연관들로서의 열려 있음이다. 그래서 세계는 존재자들을 모아 놓은 총체가 아니라, 오히려 "세계는 세계화한다."[23] 세계란 그때그때마다 어떤 사건들이 개방적인 의미 연관 전체로서 펼쳐진다는 것을 뜻하는 것으로서 어떤 하나의 사건에 의해 개방된 세계가 또 다른 것과 연관해서 개방된다는 것을 말하기 때문이다. 이를테면 어떤 불탑 앞에서 어떤 사람이 합장하고 있을 때, 이것은 그 탑 앞에서 신에게 경배하는 사람의 경건함과 소망이 열리고, 그와 더불어 그 사람의 삶의 다양한 측면들이 또 연관되어 열릴 뿐만 아니라, 그와 연관된 인간 이외의 존재자들의 존재가 열린다는 것을 말하기 때문이다. 그래서 이러한 개방적인 존재의 의미 연관이 전체적으로 연결된 관계망으로서의 세계는 존재자의 존재가 개방되기 위한 가능조건이자 인간이 다양한 존재자들과 만나기 위한 가능조건인 것이다.[24] 따라서 작품은 세계가 세계화하는 그런 열려 있음을 자기 안에 마련하는 것이다. 물론 이러한 것은 존재자의 존재가 드러나는 열린 장인 '환희 트인 터(Lichtung)'[25]를 작품 속에 정립

---

22) UK, 28쪽 참조.

23) UK, 30쪽. 이것에 대해 헤르만은 다음과 같이 말하고 있다. "이로써 첫째 다음의 사실이 말해지고 있다. 즉 세계란 세계 내에 존재하는 그런 존재자와 같은 것이 아니다. 세계가 그 본질에서 파악되어야 한다면, 세계는 그 자체에서 다음과 같이 규정되어야만 한다. 즉 세계는 그 나름의 방식대로 '존재'한다는 것이다. 이는 곧 세계가 세계화한다는 것을 말한다. 세계의 본질에 대한 표현인 '세계화한다'라는 표현은 그 밖에도 둘째, 세계가 발생의 성격을 지니고 있다는 사실을 지시하고 있다."(F.-W. 폰 헤르만 지음, 이기상·강태성 옮김, 『하이데거의 예술철학』, 문예출판사, 1997, 226쪽).

24) 신상희, 「하이데거의 예술론」, 『인문과학』(제41집), 성균관대학교 인문과학연구소, 2008, 173-174쪽 참조.

25) 여기에서 '환히 트인 터', 즉 'Lichtung'은 다음을 말한다. "우리는 이러한 열려 있음(Offenheit)—이 열려 있음이 나타나게 함의 가능성과 나타내 보여줌을 허

해가는 것을 말한다. 이때 세계는 건립된다.

　다음으로 대지란 무엇일까? 하이데거에 따르면 "대지란 피어오르는[자라나는] 모든 것들의 피어남[자라남]이 그러한 것으로서 '되돌아가 간직되는' 그런 터전이다."[26] 그러니까 대지는 피어오르는 모든 것들을 품어 감싸는 것, 쉽게 말해 존재하는 모든 것이 간직되는 터전이다. 그렇다면 대지는 스스로를 여는 것은 아닐 것이다. 즉 자기폐쇄적일 것이다. 그렇지만 이 대지는 세계의 열려 있음에서 자신의 모습을 보여준다. 왜냐하면 대지가 존재하는 모든 것들을 품어 감싸는 것이라면, 존재하는 모든 것은 열어 밝혀질 수 없을 것이므로, 열어 밝혀지는 모든 것들은 자신들이 열어 밝혀지기 위해 세계의 열려 있음을 필요로 하기 때문이다. 그런데 이러한 대지는 작품과 연관될 때 자신의 모습을 여실히 드러낸다. 일단 작품은 이러저러한 재료들, 즉 돌, 나무, 청동, 언어, 소리, 색 등등을 사용하

용한다―을 환히 트인 터(환한 밝힘)라고 부른다. 독일어 Lichtung은 언어사적으로는 프랑스어 clairière(숲 속의 빈터)를 차용한 번역어이다. (…) Etwas lichten(어떤 것을 환히 밝히고 환히 트이게 하다)는 (…) 예컨대, '나무를 베어내어 숲 속의 어떤 곳을 탁 트이게 하다'를 의미한다. 이렇게 해서 생기는 환히 트인 곳(das Freie)이 환히 트인 터(Lichtung)이다."(M., Heidegger, Zur Sache des Denkens, Zweite, unveränderte Auflage, Max Niemeyer, Tübingen, 1976, 71-72쪽 ; 마르틴 하이데거 지음, 문동규·신상희 옮김, 『사유의 사태로』, 도서출판 길, 2008, 158-159쪽)

[26] UK, 28쪽. 여기에서 피어오른다는 것은 퓌시스(φύσιϛ)를 말한다. 이러한 퓌시스에 대해 하이데거는 「마치 축제일처럼…」에서 다음과 같이 말하고 있다. "퓌시스는 출현하여 피어남이고, 스스로 개현함이다. 이러한 자기 개현은 피어나면서 동시에 출현으로 되돌아가고, 그리하여 그때마다 현존하는 것에게 현존을 수여해주는 그런 것 속에 자기를 닫아버린다... 퓌시스는 피어나면서 자기 안으로 되돌아감이고, 그렇게 현성하여 피어나는 열린 장 속에 머무르는 것의 현성을 일컫는다."(M. Heidegger, "Wie wenn am Feiertage ….", Erläuterungen zu Hölderlins Dichtung, Vittorio Klostermann, Frankfurt a. M., 1981, 56쪽; 마르틴 하이데거 지음, 신상희 옮김, 『횔덜린 시의 해명』, 아카넷, 2009, 109쪽) 여기에서 다루어지고 있지 않은 대지에 대한 더 많은 이야기는 다음을 참고하기 바란다. 전봉주, 「하이데거의 「예술작품의 근원」에서 세계와 대지의 해석」, 『해석학연구』, 한국해석학회, 2010; 양갑현, 「하이데거의 「예술작품의 근원」에서 대지(大地) 개념」, 『범한철학』(제48집), 범한철학회, 2008.

여 제작된다. 이때 이러한 질료적 요소들인 재료들은 모두 대지에 속해 있다. 그렇다면 대지는 '단지' 작품이 만들어지는 재료의 출처일 것이다.[27] 그러나 중요한 것은 작품이 작품으로 존재할 때, 작품은 이러한 재료들을 소모하는 것이 아니라, 오히려 이것들을 세계의 열려 있음으로 이끌어와 더욱 찬연히 드러내준다는 것이다. 이를테면 우리가 돌도끼라는 도구를 만든다고 할 때, 돌도끼를 만들기 위한 재료인 돌은 소모된다. 그러나 석탑이라는 하나의 작품을 만들 때, 돌은 소모되는 것이 아니라 돌그 자체를 드러나게 한다.[28] 그러니까 하나의 석탑이라는 작품이 만들어져 그 탑이 자신이 있는 그 자리에 있을 때, 그 탑은 자신의 재료인 돌을 그 돌 자체인 완강한 버팀과 육중함으로 드러낸다는 것이다. 이것은 작품의 재료가 작품 속에서 가장 자기답게 존재하는 것을 말하는 것으로서 작품의 제작(산출)이란 작품이 그 존재방식에서 세계의 열려 있음을 통해 대지라는 영역을 불러 세우기 때문에 가능한 것임을 보여주는 것이다. 따라서 작품이 작품으로 존재하면서 대지에 속해 있는 것이 피어오를 때, 대지는 바로 스스로를 여는 세계 안으로 내세워지는 것이리라.

그렇다면 작품이 자기 이외의 다른 것과의 관계 맺음 없이 자기 자신인 그 자체로 존재한다면, 그 작품은 반드시 세계를 건립하고 동시에 대지를 내세울 것이다. 그러나 이때 우리가 주목해야 하는 것은 작품이 작

---

[27] 그렇다고 대지가 재료의 출처만은 아니다. 대지는 인간이 거주하기 위한 "고향과도 같은 아늑한 터전"(UK, 28쪽)이기도 하기 때문이다. 이를테면 신전에서 건립되는 세계가 돌의 육중함과 무게 속으로 되돌려 세워질 때, 그 세계는 인간이 거주하기 위한 고향적 터전으로서의 대지 위에 되돌려 세워질 수 있기 때문이다.(신상희, 앞의 글, 174쪽 참조).

[28] 하이데거는 이러한 것을 그리스 신전을 통해 보여주는데, 그것은 다음과 같다. "예컨대 도끼라는 도구를 제작할 경우에, 돌은 사용되고 소모된다. 돌은 용도성 가운데서 소실된다... 이에 반해 신전이란 작품은 하나의 세계를 건립하면서 질료를 소멸시키는 것이 아니라, 오히려 처음으로 [질료 자체로서] 나타나게 하며, 그것도 작품의 세계의 열린 장 안에서 나타나게 한다. 바위는 지탱함과 머무름에 이르게 되고, 이로써 비로소 바위가 된다."(UK, 32쪽).

품으로 존재할 때 작품 안에서는 커다란 운동이 발생할 것이라는 점이다. 왜냐하면 사실 작품의 작품 존재에서 세계의 건립과 대지의 내세움이 일어난다고 할 때, 그 둘은 투쟁하기 때문이다. 앞에서 보았듯이 세계는 개방적인 성격을 지니고 있고 대지는 자기를 닫으려는 성격을 가지고 있어, 그 둘은 투쟁할 수밖에 없기 때문이다. 그러나 그 둘의 투쟁은 어떤 반목이나 불화가 아니라, 자기 자신의 고유함을 찾으면서도 서로가 서로를 향해 서로를 보듬는 것이다. 그러니까 이 투쟁은 하나의 '공속' 속에서 통일성을 보여준다는 것이다.

> 세계와 대지 사이의 관계는 결코, 서로 아무런 관련도 없이 그저 대립되고 있는 것의 공허한 통일 속으로 위축되지 않는다. 세계는 대지 위에 고요히 머물면서 이 대지를 높여 주려고 노력한다. 세계는 스스로를 여는 것으로서 어떠한 폐쇄도 용납하지 않는다. 그러나 대지는 감싸주는 것으로서 그때그때마다 세계를 자기에게 끌어들여 자기 속에 간직해두려는 경향이 있다.[29]

이 인용문에서 보듯이 세계는 어떠한 폐쇄도 용납하지 않고 스스로를 여는 것이고, 대지는 감싸는 것으로서 세계를 자기 안에 끌어들여 간직해두려는 폐쇄적인 성격을 지니고 있다. 그래서 이러한 성격을 지닌 세계와 대지는 서로 투쟁관계 속에 있을 수밖에 없다. 그러나 이 둘의 투쟁은 각각이 자신의 고유한 본질에 이르도록 서로서로를 고양시키는 것이자 그 둘의 통일이다. 왜냐하면 작품의 작품존재는 세계와 대지의 '투쟁의 투쟁화' 속에 존립하는데, 이때 "투쟁의 투쟁화는 작품의 운동의 과도한 지속적 결집이며"[30] "작품의 통일성은 투쟁의 투쟁화 속에서 생겨나기"[31] 때

---

29) UK, 35쪽.
30) UK, 36쪽.
31) UK, 36쪽.

문이다. 그러니까 우리 눈에는 보이지 않지만 작품 속에는 세계와 대지의 투쟁이 성하고 있는데, 이것은 작품이 그 투쟁 속에서만 작품으로 고요히 자신에게 머무르고 있다는 말이다. "따라서 자기 안에 고요히 머물고 있는 작품의 이러한 고요한 머무름은 그 본질을 투쟁의 긴밀함(내밀함) 속에 지니고 있는"[32] 것이다. 그렇다면 결국 세계와 대지의 투쟁의 투쟁화 속에서, 즉 세계의 개방성과 대지의 자기 폐쇄가 서로 대립하면서도 서로를 필요로 하는 '공속'에서, 세계의 건립과 대지의 내세움은 작품 안에 긴밀하게 결집될 것이다. 그리고 이때 예술작품의 통일성은 이루어지는 것이리라.[33]

2. 비은폐성으로서의 진리

예술작품의 작품존재에서는 세계와 대지의 투쟁이 드러나고 있다. 그리고 그 투쟁의 투쟁화 속에서 작품의 통일성이 이루어지고 있다. 그런데 이러한 세계와 대지의 투쟁의 근원성은 사실 진리의 근원투쟁에 있다. 도대체 왜 그럴까? 이것은 진리가 무엇인지가 드러날 때 해명될 수 있는 문제다.

하이데거에 따르면 진리는 '비은폐성', 즉 '존재의 진리'를 말한다.[34] 그런데 '비은폐성'이란 무슨 말일까? 일단 '비은폐성'이 '비'와 '은폐성'으로 이루어져 있음은 우리가 보고 있는 바다. 이때 이것은 한편으로는 '비', 즉 은폐성의 제거(은폐성으로부터 벗어남)에, 다른 한편으로는 '은폐성'에 유의해 볼 것을 지시하고 있다.[35] 여기에서 우리는 우선 '비은폐성은 은폐

---

[32] UK, 36쪽.

[33] 신상희, 앞의 글, 176쪽 참조.

[34] 여기에서 다루어지고 있지 않은 '존재의 진리'에 대해서는 다음을 참고하기 바란다. 문동규, 「하이데거에서 존재의 진리―'비은폐성'」, 『범한철학』(제24집), 범한철학회, 2001.

[35] M. Heidegger, *Parmenides*, Vittorio Klostermann, Frankfurt, a. M., 1982, 20쪽

성으로부터 벗어난다'는 '탈은폐'를 확인할 수 있고, 다음으로 비은폐성이 은폐성으로부터 벗어나는 것이라면, 어떠한 방식으로든 자신을 숨기는 '은폐'가 있음을 확인할 수 있다. 그러나 비은폐성이 은폐로부터 벗어나는 것이라면, 비은폐성은 은폐성과의 투쟁관계에 있을 것이다. 그래서 "비-은폐성으로서의 진리의 본질에는 어떠한 방식의 은폐성 그리고 은폐와의 투쟁이 편재하고 있다."[36] 그런데 이러한 '비은폐성'에 있어서의 '탈은폐와 은폐의 투쟁', 다시 말해 '환한 밝힘과 이중적인 은폐 사이의 맞선 대립'[37]이 바로 "근원투쟁"[38]이다.

그렇다면 이러한 근원투쟁은 작품의 작품존재에서 드러나는 세계와 대지의 투쟁과는 어떤 관련이 있을까? 미리 말하면 근원투쟁은 모든 투쟁보다 더 근원적이어서, 세계와 대지의 투쟁은 사실 탈은폐와 은폐 사이의 근원투쟁에 근거하고 있다. 도대체 왜 그럴까? 세계와 대지의 투쟁은 존재자 전체가 열어 밝혀지는 존재의 열린 장에서 이루어진다. "[존재의] 열린 장에는 세계와 대지가 속해 있기"[39] 때문이다. 그렇다고 세계는 단순히 존재의 열린 장에 상응하는 '환한 밝힘'이 아니며, 대지 또한 존재의 시원적 은폐에 상응하는 '완강한 거부(Verweigerung, 거절)'가 아니다.[40] 앞에서 보았듯이 세계는 인간 삶의 모든 본질적 결정들이 내려지는 유의미한 존재 연관들의 열려 있음이며, 그리고 대지는 존재하는 모든 것을 감싸면서 자기를 닫아버리는 것으로서 '스스로 피어오르는 퓌시스'를 통해

참조.

[36] 위의 책, 20쪽.
[37] 여기에서의 '환한 밝힘'은 '탈은폐'에 해당되는 말이다. 그리고 여기에서는 다루고 있지 않지만, 사실 은폐는 이중적이다. 그것은 거부(versagen)로서의 은폐와 위장함(Verstellen)으로서의 은폐로 드러난다. 이것에 대해서는 UK 39-42쪽을 참고하기 바란다.
[38] UK, 42쪽.
[39] UK, 42쪽.
[40] 신상희, 앞의 글, 177쪽 참조.

세계의 열려 있음에서 솟아오르는 것이기 때문이다. 그런데 탈은폐와 은폐 사이에서 발생하는 존재의 열린 장(환히 트인 터)이 발현할 경우에만, 세계는 비로소 스스로를 여는 것으로서 열릴 수 있고, 대지는 하나의 세계가 열리면서 펼쳐질 때 자기를 닫아버리는 것으로서 '솟아오른다'. "진리가 환한 밝힘[탈은폐]과 은폐 사이의 근원투쟁으로서 일어나는 한에서만, 대지는 세계를 움터 오르게 하고, 세계는 대지 위에 스스로 지반을 놓기"[41] 때문이다. 그렇다면 세계와 대지의 투쟁은 존재의 열린 장 안에서 발생할 것이며, 그리고 이때에만 세계와 대지는 탈은폐와 은폐의 근원투쟁 속으로 들어설 수 있을 것이다. 따라서 작품존재에서의 세계와 대지의 투쟁은 비은폐성인 존재의 진리가 발현될 때만 가능한 것이다.

이상과 같은 이야기에 따르면 탈은폐와 은폐의 근원투쟁이 발생하는 한에서만, 스스로를 여는 세계가 대지 위로 자기를 근거 짓고, 자기를 닫아 버리는 대지 속에서 세계가 감싸지며, 자기 폐쇄적인 대지는 세계의 열려 있음에서 퓌시스를 통해 솟아오른다. 그래서 세계와 대지의 투쟁은 탈은폐와 은폐 사이의 근원투쟁에 근거하고 있는 것이다. 따라서 탈은폐와 은폐의 근원투쟁에서만 세계의 '열려 있음(개방성)'과 대지의 '자기를 닫아 버림(자기폐쇄)' 사이의 투쟁을 통해 예술작품이 작품으로 존재할 수 있는 것이다. 말하자면 예술작품의 작품존재에서는 세계가 건립되고 대지가 내세워지면서 진리가 현현하는 것이다.

3. 예술작품인 사사자삼층석탑에서 드러나는 진리

앞에서 보았듯이 작품의 작품존재에서는 세계의 건립과 대지의 내세움이 성하고 있는데, 이러한 것은 비은폐성으로서의 존재의 진리의 근원투쟁에 근거하고 있는 것이다. 그렇다면 우리가 물을 수 있는 것은 하나의

---

[41] UK, 42쪽.

예술작품인 사사자삼층석탑에서도 이러한 진리가 드러나고 있는지 일 것이다. 그런데 이것은 앞에서 보았듯이 한편으로는 세계와의 연관에서, 다른 한편으로는 대지와의 연관에서 이야기되어야 한다. 즉 "작품은 거기에서서 세계를 열어 놓는 동시에 [대지의 품으로] 되돌아가 그 세계를 대지 위에 세운다"[42]는 것이 말해져야 한다. 그리고 그곳에서 진리가 현현하고, 그것을 통해 예술작품의 예술미가 빛난다는 것이 말해져야 한다.

사사자삼층석탑은 하나의 건축 작품이다. 이때 하나의 건축 작품으로서의 사사자삼층석탑은 어떤 것을 모사하고 있지는 않다. 단지 지리산 화엄사 각황전 뒤 108계단 위 평평한 곳 한 가운데에 우뚝 서 있을 뿐이다. 그런데 탑이란 무엇인가? 불교에서 탑은 "석가모니의 사리나 유골을 모시거나 특별한 영지(靈地)를 나타내기 위하여, 또는 그 덕을 기리기 위하여 세운 건축물이다. 본래는 석가모니의 사리를 묻고 그 위에 돌이나 흙을 높이 쌓은 무덤이나 묘(廟)였다."[43] 그렇다면 하나의 불교신앙의 탑인 이 사사자삼층석탑은 신을 위해 '봉헌'된 것이리라. 그래서 이 사사자삼층석탑에는 신이 '현존'하고 있다. 물론 이때 신의 현존이란 신이 세계의 개방성 속으로 들어선다는 것을 말한다. 따라서 사사자삼층석탑은 사실 이 탑 안에서 신이 현존함으로써만 개방된다. 즉 열려진다. 그와 더불어 사사자삼층석탑에는 '성스러움'이 현현한다. 그렇다면 이 사사자삼층석탑은 일단 신이 세계의 개방성 안으로 들어서도록 신에게 봉헌된 성스러운 건축 작품이자, 신과 성스러움이 현현하고 있는 작품일 것이다.

그러나 이 사사자삼층석탑에서는 그것만이 현현하고 있는 것은 아니다. 왜냐하면 이 작품은 인간들이 살아가야 할 삶의 행로와 다양한 삶의 연관들을 모아들여 이어주고 있을 뿐만 아니라 동시에 그것들을 통일하고 있기 때문이다. 이 탑 앞에 누군가가 합장을 하고 있다고 하자. 이때

42) UK, 28쪽.
43) naver 백과사전.

이 탑에는 그 누군가와 연관된 유의미한 존재연관들, 즉 탄생의, 죽음의, 불행의, 축복의 (...) 연관들이 그 인간에게 숙명적인 모습으로 다가오고 있을 것이다. 그리고 그것들이 함께 모아들여져 통일되고 있을 것이다. 이때 인간 현존재에게 유의미한 존재연관들이 편재하는 '열려있음'이 바로 세계임은 앞에서 본 바 있다. 그래서 이 탑은 인간 현존재의 유의미한 존재연관들을 모아들여 통일하면서 그들의 세계를 밝혀주고 있는 것이다. 말하자면 이 사사자삼층석탑은 인간 현존재의 유의미한 세계를 환히 드러내고 있는 것이다. 즉 건립하고 있는 것이다. 물론 이때 세계는 세계화한다. 그리고 인간 현존재는 세계의 세계화 속에서 인간 이외의 존재자와 또한 만난다. 이것은 사사자삼층석탑에서 세계가 세계화하는 가운데 모든 존재자가 존재자로서 드러날 수 있는 존재의 열린 장인 환히 트인 곳이 마련된다는 것을 말한다.

다른 한편 이 탑은 대지와의 연관 속에서 대지를 [불러] 내세우고 있다. 사사자삼층석탑은 '흙 위에 고요히 머물러 있다'. 이때 이 사사자삼층석탑은 '고요히 머물러 있음' 속에서 그저 자신을 떠받치고 있는 그 흙의 드러나지 않은 '어둠'을 이끌어내고 있다. 물론 흙으로부터 아무런 대가도 바라지 않으면서 말이다. 그렇다면 사사자삼층석탑의 '고요한 머무름'은 특별히 흙의 떠받침, 다시 말해 대지의 떠받침 때문에 가능할 것이다. 그래서 사사자삼층석탑은 자신의 서 있음을 대지의 떠받침에서부터 얻고 있는 것이다. 그러나 여기에서 우리가 주목해야 하는 것은 대지의 떠받침, 대지의 본질특징이다. 무엇인가? '어둠'이다. 이때 '어둠'은 단순한 어둠이 아니라 '감쌈과 스스로를 닫아버림(자기폐쇄)'이라는 대지의 근본특징을 지시하고 있다. 따라서 사사자삼층석탑에서는 대지가 [불러] 내세워지고 있는 것이다.

그러나 대지 위에 고요히 머물러 있는 사사자삼층석탑은 자기에게 몰아치는 세찬 바람을 가슴에 안으면서 비로소 그 바람이 지닌 위력 자체를 내보여준다. 그리고 이 사사자삼층석탑은 빛과 대기로 충만한 공간 속에 불쑥 위로 솟아 있는데, 이것은 보통 때는 텅 빈 공간이었겠지만 이 탑이 그곳에 있음으로 인해 허공의 공간을 보이게 해준다. 또한 이 사사자삼층석탑은 자신의 배경에 있는 산을 산으로 드러나게 해주고, 이와 더불어 자기 곁에 있는 나무·목초·참새·귀뚜라미·청솔무·뱀 등등을 그들 자신으로 드러내 준다. 물론 이러한 것들은 대지 위의, 즉 하늘과 대지 사이의 식물과 동물에 해당되는 것들이다. 그러나 이러한 것들의 드러남은 사실 사사자삼층석탑에 대한 대지의 떠받침과 더불어 드러나는 것이다.

다시 한 번 살펴보자. 예술작품으로서의 사사자삼층석탑은 일명 화엄사 '효대'라는 아늑한 공간 안에 하나의 존재자로 서 있다. 즉 사사자삼층석탑은 흙이라는 지반 위에, 산 중턱에, 하늘 아래에, 빛과 대기로 충만한 공간 안에 변덕스러운 날씨에 내맡겨진 채로, 동물과 식물로 에워싸인 채 우뚝 서 있다. 물론 여기서 열거된 존재자는 주위세계적인 도구연관이 아니라 자연 존재자의 다양한 존재연관이다. 이때 자연 존재자는 세계의 개방성 안으로 솟아오르고 피어오르는 가운데 스스로를 그것이 무엇인 바 그것, 즉 자신으로 내보인다. 자연 존재자의 솟아나옴과 피어오름이 바로 퓌시스임은 앞에서 본 바 있다. 그런데 이 퓌시스는 자연 존재자의 고유한 탈은폐의 방식이다. 그리고 이 퓌시스가 대지를 밝힌다. 즉 이 퓌시스가 사물과 동식물을 대지 위에 피어오르게 한다. 이때 대지는 대지 위에 피어오르는 것을 감싸면서 현성한다. 즉 대지는 퓌시스의 탈은폐 속에서 대지 위에 피어오르는 그것을 떠받치면서 품어 감싸는 것으로 드러나는 것이다.

이것뿐만이 아니다. 또한 대지는 인간의 거주를 위해 떠받치면서 감싸는 것으로 드러나기도 한다.[44] 일단 인간 현존재의 세계는 자신을 열어 밝히면서 대지 위에 자신을 세운다. 그렇다면 이러한 대지 위에 세워지는 세계에는 인간 현존재의 삶이 속속들이 열어 밝혀질 것이다. 말하자면 인간 현존재의 실존이 드러날 것이다. 그런데 세계의 개방성이 대지와의 투쟁 속에서 드러난다면, 당연히 사사자삼층석탑에는 인간 거주의 실존함뿐만 아니라 사사자삼층석탑에서 드러나고 있는 다양한 존재자와 인간 현존재 간의 만남 또한 드러나리라. 그러나 이때 중요한 것은 사사자삼층석탑에서 드러나는 모든 것은 흙으로서의 대지 위에서 가능하다는 사실이다. 그렇다면 사사자삼층석탑은 인간이 탑을 건립함으로써 이 대지 위에다 그의 세계 내 거주의 지반을 놓는 것이며, 그와 동시에 대지가 인간 현존재와 더불어 다른 모든 존재자를 품어 감싸고 있는 것이리라.

이상과 같은 이야기에 따르면 사사자삼층석탑과 세계와의 연관은 하나의 세계를 건립한다는 점에서 성립하고, 사사자삼층석탑과 대지와의 연관은 열려 있음인 세계를 대지 위로 세운다는 것에서 성립하고 있을 것이다. 다시 말해 사사자삼층석탑이 인간 현존재의 유의미한 존재연관들을 모으면서 세계를 탁월한 방식으로 열어 놓을 때, 사사자삼층석탑은 하나의 세계를 열어 보이고, 그리고 사사자삼층석탑이 세계를 열어 보임과 동시에 대지를 탁월한 방식으로 솟아나게 해 줌으로써, 대지는 열려 있음인 세계로부터 모든 존재자를 드러냄과 동시에 인간의 거주를 위한 바탕으로 솟아나온다. 그러나 이때 우리가 주목해야 하는 것은 그러한 세계의 개방성과 대지의 품어 감싸면서 솟아남은 그들 사이의 투쟁의 투쟁화 속에서 '빛나고 있다'는 것이다.[45] 그런데 세계와 대지의 투쟁은 탈은폐와

---

44) 사실 대지는 인간이 발 딛고 살아가는 바탕 아닌가? 그래서 대지는 다음과 같이 말해질 수 있다. "이렇게 [은닉된 영역으로부터] 솟아나와 피어오르는 행위 그 자체 및 이러한 행위 전체를 그리스인들은 일찍이 퓌시스라고 불렀다. 이 퓌시스는 동시에, 인간이 근본적으로 거주해야 할 그 바탕과 터전을 환히 밝혀주고 있다. 우리는 이것을 대지라고 부른다."(UK, 28쪽)

45) 하이데거에 따르면 "작품 속으로 퍼져 있는 그 빛남(Scheinen)이 아름다운 것 (das Schöne)이다. 아름다움(Schönheit, 미)은 진리가 비은폐성으로서 현성하는 하나의 방식이다."(UK, 43쪽) 그래서 예술이란 비은폐성으로서의 진리가 작품

은폐의 근원투쟁에 근거하고 있다. 즉 그것은 비은폐성인 진리와 연관되어 있다. 그래서 사사자삼층석탑은 그 안에서 존재의 진리가 고유하게 발현하고 있는, 즉 현현하고 있는 탁월한 예술작품인 것이다.

IV. 맺는 말

지리산 화엄사에는 하나의 예술작품인 사사자삼층석탑이 서 있다. 이 때 우리는 이 작품을 다음과 같이 접근할 수 있을 것이다. 이를테면 이 탑이 언제 만들어졌는지, 어떤 배경 하에서 만들어졌고 누가 만들었는지, 그 작품의 형식과 내용 그리고 그 작품을 만든 기법은 무엇인지 등등 말이다. 그런데 이러한 시선은 거의 일반적인 시선, 즉 존재자를 탐색하는 길에 머물고 있는 시선이다. 그렇다고 이러한 시선이 그 작품을 이해하는 데 있어 거의 쓸모없다는 것은 아니다. 문제는 그러한 시선으로 그 작품을 바라볼 때, 그 작품은 작품 그 자체로 있을 수 없다는 것이다. 말하자면 작품존재로 우리에게 다가오는 것이 아니라 대상존재로 전락한다는 것이다.

그렇다면 사사자삼층석탑과 만날 수 있는 다른 시선은 없는가? 있다면 그것은 무엇인가? 그것은 바로 어떤 작품이 있을 때, 그 작품이 작품으로 존재하고 있는 작품존재에서, 즉 그 작품이 그 자신으로 존재하면서 드러내주는 것과 만나면서 그 작품을 경험하는 것이다. 그런데 이러한 시선이 바로 존재를 향한 길에 머물러 있는 존재론적인 시선이다. 그러나 이러한

속에서 현성하는 하나의 탁월한 방식이다.(신상희, 앞의 글, 178쪽 참조) 따라서 아름다움은 주관적 체험으로부터 드러나는 것이 아니라 예술작품 속에서 스스로를 나타내 보이는 비은폐성이라는 진리로부터 밝혀지는 것이다.(W, Biemel, *Martin Heidegger in Selbstzeugnissen und Bilddokumenten*, Rowohlt, Hamburg, 1973; 발터 비멜 지음, 신상희 옮김, 『하이데거』, 한길사, 1997, 170쪽 참조).

시선에서 사사자삼층석탑을 만난다면 사사자삼층석탑은 어떻게 자신을 드러낼까? 다시 말해 우리는 사사자삼층석탑을 어떻게 경험할 수 있을까?

지리산 화엄사 사사자삼층석탑이 그 자체로 그 자리에 고요히 머물러 있다. 다시 말해 사사자삼층석탑이 '순수한 자립상태'로 있다. 이때 사사자삼층석탑은 하나의 작품으로 거기에 서 있음으로서, 세계와 대지의 투쟁을 보여주면서 인간 현존재가 살아가는 터전을 드러내 주고 있다. 말하자면 사사자삼층석탑은 인간의 실존과 더불어 하나의 세계를 탁월하게 열어놓고, 이러한 세계를 대지 위로 세우면서 이 대지를 인간 실존의 근거로 드러나게 해주고 있다. 그런데 이러한 것은 하나의 예술작품의 작품존재에서 드러나고 있는 것이다. 그래서 사사자삼층석탑은 보통 우리가 알고 있는 통상적인 어떤 존재자가 아니라, 하나의 탁월한 존재자인 예술작품이다. 말하자면 사사자삼층석탑에서 하나의 세계가 건립되고 세계가 대지 위로 세워질 때, 인간은 사사자삼층석탑 곁에 체류하는 가운데 '거주함'이라는 자신의 삶에 대한 전망을 획득하기 때문이다.[46] 또한 사사자삼층석탑은 자신의 주변에 있는 사물적 존재자들의 존재를 맘껏 드러내주고 있다. 다시 말해 사사자삼층석탑은 자신이 있는 거기에 서 있음으로써 자신의 재료가 되는 존재자와 대지를 드러내고 있을 뿐만 아니라 그것과 연관된 자연 존재자들을 맘껏 우리가 느낄 수 있게 해주고 있다. 그래서 사사자삼층석탑은 우리를 파토스적 상황에 처하게 하고 있다. 그런데 사사자삼층석탑에서 열어 밝혀지는 모든 것은 진리의 근원투쟁 속에서 이루어진다. 따라서 하나의 예술작품인 사사자삼층석탑에는 진리가 현현하고 있다. 아니 진리가 그 석탑으로 스스로를 정립하고 있다. 물론 이때의 진리는 존재의 진리인 비은폐성으로서의 알레테이아이다. 그러나

---

[46] '거주함'에 대해서는 다음을 참고하기 바란다. M. Heidegger, "Bauen Wohnen Denken", *Vorträge und Aufsätze, Vierte Auflage*, Günter Neske, Pfullingen, 1978; 문동규, 「건축과 거주」, 『철학논총』(제 54집), 새한철학회, 2008; 문동규, 「'이상적인 삶': '본래적인 거주하기'」, 『범한철학』(제52호), 범한철학회, 2009.

이러한 알레테이아는 우리가 통상적으로 알고 있는 아름다움인 미를 한 껏 보증해준다. 왜냐하면 미(Schönheit)란 말 그대로 '빛나는' 것으로서 그 것은 환히 밝혀진 터 안에서만 빛나기 때문이다. 그렇다면 사사자삼층석 탑은 '예술미'를 구현하고 있는 것이리라.

이 글은 『범한철학』 제68집(범한철학회, 2013)에 수록된 「지리산 화엄사의 '사사자삼 층석탑' : '진리의 현현'」을 그대로 실은 것이다.

—

깨달음과 이상적인 삶

−벽송지엄의 『碧松堂埜老頌』을 중심으로−

문동규

—

Ⅰ. 시작하는 말

　이상적인 삶을 누리고자 하는 것은 모든 인간의 바람일 것이고, 사실 만족스럽지 못한 현실을 살아가는 사람들은 대부분 자신이 살고 있는 현실보다 더 나은 이상을 꿈꿀 것이다. 그러나 그 이상이란 말 그대로 이상이어서 그 이상이 여기에서 이루어지기 어렵다는 것은 잘 알려진 사실이다. 그럼에도 불구하고 우리는 살아가면서 언제나 이상 내지는 이상적인 삶에 대해 말하고 이야기한다. 이것은 비록 이상이 여기에 있지 않지만, 바로 여기에 있길 바라는 인간의 마음 때문이리라.

　사실 이상적인 삶이 무엇인가에 대해서는 다양한 이야기들이 있어왔다. 이를테면 '인간의 욕구가 절제되어 자연과 조화를 이루는 곳인 아르

카디아(Arcadia)에서의 삶, 인간의 욕구가 충족된 환락과 쾌락의 장소인 코케인(Cockaygne)에서의 삶, 기독교의 천년왕국(Millennium)에서의 삶, 살기 힘든 이 세상을 살기 좋은 새로운 세상으로 바꾸어 그곳에서 사는 삶',[1] 그리고 동양에서 말하는 '무릉도원과 대동 사회에서의 삶', 또한 하이데거의 존재 사유에 나타난 '본래적인 거주하기로서의 이상적인 삶[2] 등등 말이다.

그러나 이러한 것들 외에 이상적인 삶은 '覺性'하고 삼라만상의 본래면목이 自性의 본래면목이라는 깨달음의 세계 속에서 사는 삶일 수도 있다. 깨달은 자의 삶 말이다. 그런데 깨달은 자의 삶인 이상적인 삶에 대해 이야기하려면 역시 우리는 선승들의 삶을 떠올릴 수 있을 것이다. 왜냐하면 선승들은 깨달은 자로서 '깨달음'의 세계 속에서 사는 자신들의 삶을 아마 이상적인 삶이라고 말할지도 모르기 때문이다. 더군다나 선불교에서는 붓다의 지혜가 일체 중생들의 불성에 모두 갖추어져 있으므로 각자가 선의 수행을 통해 불성을 단번에 깨달아(頓悟) 부처와 똑같은 지혜를 갖추도록 見性成佛을 주장하고, 각자의 본래면목인 불성을 깨달아 정법을 바로 볼 수 있는 지혜의 안목을 갖추어 반야의 지혜로 지금 여기에서 자신의 본분사를 창조적으로 살아갈 것을 말하기 때문이다.[3]

그런데 선승들의 그러한 삶, 즉 그들의 이상적인 삶의 모습은 그들의 다양한 행위 속에 드러나 있을 것이다. 그러나 그들의 다양한 행위들 중 필자는 그들의 작품에 주목하고자 한다. 그들의 이상적인 삶의 모습을 드

---

1) 이러한 이야기에 대한 구체적인 것들은 다음을 참고하기 바란다. 김영한, 「유토피아주의」, 『서양의 지적 운동 Ⅰ』(김영한·임지현 편, 지식산업사, 2004), 5-46쪽.

2) 이것에 대해서는 다음을 참고하기 바란다. 문동규, 「이상적인 삶' : '본래적인 거주하기」, 『범한철학』 제52집, 범한철학회, 2009, 309-329쪽.

3) 성본, 「선의 실천사상과 깨달음(自覺)의 문제」, 『보조사상』 제29집, 보조사상 연구원, 2008, 372쪽 참조.

러내기 위해서는 그래도 이상적인 삶에 대한 모습을 글로 표출하고 있는 그들의 작품이 우리의 시선을 끌 수 있을 것이기 때문이다. 그렇다면 누구의 어떤 작품에 주목할 것인가? 조선 전기의 선승으로 알려진 碧松智嚴의 가송인『벽송당야로송』,[4] 그것도 그 작품 속에 실린 禪詩인 偈頌들이다.

사실 한국 불교의 법맥에 대해서는 이견이 있지만, 한국 불교의 법맥을 太古普愚에서 시작한다고 한다면, 벽송지엄은 태고보우의 제 5세로서 碧溪正心의 법을 이었고, 제 6세인 芙蓉靈觀에게 법을 물려준 자이다. 그래서 그는 당시뿐만 아니라 한국 불교의 법맥 속에서 중요한 승려 중 한 명이다.[5] 그리고 지엄의 작품인『벽송당야로송』은 18題 20首로 구성된 지

---

4) 이『벽송당야로송』은 1569년(선조 2) 묘향산 보현사 개간본(고려대 소장)『이로행록(二老行錄)』과 1690년(숙종 16) 울산 운흥사 개간본(동국대 소장)『이로행록』에 수록되어 있으며, 그 외 광명산 법주사 개간본(규장각 한국학연구원 소장)『訓蒙要抄』에는 벽송지엄의 제자 진일이 엮은『벽송당야로집』이 合綴되어 있는데, 이『벽송당야로집』에는『벽송당야로송』에 수록된 시와 동일한 선시 16수가 전한다. (지관 편저,『가산불교대사림』권9, 가산불교문화연구원, 2007, 609-610쪽) 그리고 이『벽송당야로송』은『한국불교전서』(제7책, 동국대학교, 1984) 384-385쪽에 수록되어 있다.

5) 주호찬에 따르면 벽송지엄에 관한 자료는『해동불조원류』,『동사열전』에 보이는 단편적인 기록, 청허휴정이 1560년(명종 15)에 지은「벽송당대사행적」(『한국불교전서』제7책, 동국대학교, 1984, 752-754쪽)과『벽송당야로송』(『한국불교전서』제7책, 동국대학교, 1984, 384-385쪽), 그리고 최근에 발견된 신자료 세 가지(고익진,「벽송지엄의 신자료와 법통문제」,『불교학보』22집, 1985)가 전부이고,(주호찬,「벽송 지엄의「벽송당야로송」」,『한국선학』, 한국선학회, 2006, 164쪽 참조) 지엄에 관한 연구는 주로 그의 선사적 위상과 관련된 법통의 문제와 그의 선사상에 대한 논의(고익진, 앞의 글; 김영태,「조선 초기 선사들과 그 선문계통」,『김갑주교수 화갑논총』, 1994; 황인규,『고려말·조선전기 불교계와 고승연구』, 혜안, 2005, 59-61쪽, 339-346쪽)가 주를 이루고 있는데, 이들 논의는 기본적인 자료가 부족하여 휴정이 지은「벽송당대사행적」의 기록을 확인하는 것에 머물고 있다.(주호찬, 앞의 글, 165쪽 참조) 그리고 주호찬은「벽송 지엄의「벽송당야로송」」에서 그가 밝히고 있듯이 '지엄의 게송이 선지를 담은 법문으로서의 게송이라는 점에 착안하여 게송에 담긴 선지가 어떤 시적 구도를 가지고 있는지에 대한 문제, 표현방식에 있어 선의 기본 입장을 지키면서 어떻게 문자화하고 있는가에 대한 문제'를 다루고 있다.

엄의 가송이다.[6] 그런데 여기에는 필자가 살펴보고자 하는 깨달음의 세계 속에서 사는 자의 이상적인 삶이 표출되고 있다. 왜냐하면 지엄의 가

(주호찬, 앞의 글, 197쪽) 사실 필자의 이 글은 주호찬의 글이 없었으면 작성되지 못했을 것이다. 『벽송당야로송』외에 『한국불교전서』에 수록되어 있는 지엄의 작품에는 고익진이 말하는 신자료인 『拈頌說話節錄』과 『훈몽요초』등이 있다. 『염송설화절록』은 지엄이 慧諶의 『禪門拈頌』에 해설을 붙여 편찬한 覺雲의 『禪門拈頌說話』중에서 중요한 부분을 초록한 것으로서, 『선문염송설화』가 혜심을 비롯한 여러 선사들의 염송을 싣고 있는데 비해 송나라 선승인 大慧宗杲의 입장을 상대적으로 비중 있게 소개하고 있는 최초의 문헌이다.(황갑연 외, 『지리산권 불교문헌해제』, 심미안, 2009, 17-18쪽 참조) 『훈몽요초』는 지엄이 불교 교리의 요긴한 점을 간추려 편찬한 책으로서, 후학을 교도한 지침서이자, 교육의 순서를 논한 글이다. (황갑연 외, 앞의 책, 21쪽 참조) 그런데 지엄은 그의 생애를 살펴볼 때 한국의 명산 중 하나인 지리산과 긴밀한 관계에 있다. 왜냐하면 그것은 그가 1520년(중종 15) 지리산에서 草庵(후에 碧松寺)을 짓고 수도하여 벽송사의 宗師가 되었기 때문이다. 사실 지엄이 한국의 명산 중 하나인 지리산에 터 잡으면서 생활했다는 것은 그가 추구하고자 했던 삶과 결코 무관하지 않을 것이다. 말하자면 그가 지향하고 추구하고자 했던 깨달음을 통해 살아가는 이상적인 삶과 연관관계에 있을 것이다. 그것도 일상인이 아닌 선승인 그에게는 더욱더 의미가 있을 것이다. 물론 사람들은 지엄이 지리산에 거하게 된 까닭을 그의 스승 벽계정심을 찾아간 것에서 찾고자 할 것이다. 그러나 필자는 이러한 것 외에도 지엄이 지리산에 초암을 짓고 살았던 것은 그의 이상적인 삶과 연관되어 있다고 생각한다. 왜냐하면 그 시기에 이미 지리산은 명산이었을 뿐만 아니라 고통에 휩싸여 있는 세속보다는 세속을 벗어난 명산에서의 삶이 이상적인 삶을 드러내는데 훨씬 용이했을 것이기 때문이다. 물론 지리산이 왜 명산인지, 그리고 명산에서 사는 것이 이상적인 삶과 어떻게 연관되는지에 대해서는 상세한 설명을 필요로 할 것이다. 이것에 대해서는 다음 기회로 미루고, 다만 지리산이 이상적인 삶을 펼칠 수 있는 '고향'과 같은 곳이라고만 이 자리에서 지적하고자 한다.

6) 『벽송당야로송』에 수록되어 있는 것은 다음과 같다. 「贈一禪禪和子」, 「寄淵大師」, 「賽六空求語」, 「示法俊禪伯」, 「示眞一禪子」, 「次魚學士得江韻」(二首), 「次金承旨曜韻」, 「次朴牧使祥韻」, 「贈曦峻禪德」, 「贈學熙禪子」, 「示義禪小師」, 「贈玉崙禪德」, 「示靈芝小師」, 「示牧庵」, 「寄道源大師」, 「贈心印禪子」(二首), 「讚達摩眞」, 「自嘲」 등이다.(『한국불교전서』 제7책, 384쪽) 주호찬에 따르면 『벽송집』에 실린 시의 전부인 『벽송당야로송』에 대한 선행 연구는 거의 이루어지지 않았다.(주호찬, 앞의 글, 167쪽) 그러나 휴정이 지은 「벽송당대사행적」을 통해 지엄의 생애에 대해 소개하면서 『벽송당야로송』에 실린 시 중 여섯 편을 소개하는 자료는 있다.(이종찬, 『한국불가시문학사론』, 불광출판부, 1993, 261-266쪽).

송인『벽송당야로송』은 지엄이 자신의 이상 내지는 이상적인 삶을 다른 승려들에게 드러내 보이는 15제 16수의 게송과 유학자의 시에 차운한 3제 4수의 次韻詩[7]로 구성되어 있기 때문이다. 말하자면『벽송당야로송』에 실린 시 중 차운시를 제외한 다른 게송들에서 지엄은 '선지'를 드러내고 있는데, 이들 게송들은 소위 선불교에서 말하는 '깨달음'이라는 바탕 위에서 지어진 것들로서 깨달음을 이룬 자가 자신이 깨달은 것을 바탕으로 자신의 본래면목이자 삼라만상의 본래면목인 근본적인 실상을 드러내고, 깨달음을 자신의 삶에 수용하여 자유로움을 누리는 모습을 보여주고 있기 때문이다. 이러한 것은 당연히 깨달음을 이룬 자가 그 깨달음을 통해 자신의 이상적인 삶을 보여주는 것이리라.

따라서 필자는 이 글에서『벽송당야로송』에 실린 게송들에 나타난 지엄의 깨달음과 그 깨달음을 펼쳐 보이는 모습을 통해 지엄이 추구했던 또는 우리들이 반추해 볼 수 있는 이상적인 삶의 모습을 살펴보도록 할 것이다. 그렇다고『벽송당야로송』에 실려 있는 모든 게송들이 대상이 되는 것은 아니다. 뒤에서 보겠지만 그 중 몇 편을 골라 글을 전개하도록 할 것이다. 그러나 필자는 지엄의 깨달음과 이상적인 삶에 대한 이야기를 전개하기 위해 우선 깨달음이 이상과 불가분의 관계에 있음을 살펴보도록 할 것이다. 왜냐하면 그럴 때야 비로소 깨달음이 이상적인 삶과 연관된다는 것이 드러날 것이기 때문이다.

---

7) 이 차운시 3제 4수가 선택된 것에 대해 주호찬은 지엄의 스승인 벽계정심이 불법 사태를 만나 황악산으로 은거했던 일에 비추어 지엄이 산중에 고립된 선승만은 아니었음을 시사하기 위한 편자의 의도가 반영된 것으로 생각해볼 수 있을 것이라고 말한다. 그런데 이 3제 4수의 시에는 다른 게송과는 달리 다만 유가적 덕목을 내세워 상대방을 높이고 자신을 낮추는 예의를 갖출 뿐, 선지는 배제되어 있다.(주호찬, 앞의 글, 167쪽 참조).

II. 깨달음 '과' 이상

　사전적인 정의에 따르면 '깨달음'은 '생각하고 궁리하다가 알게 되는 것', 또는 '알아차리는 짐작'이다. 그래서 깨달음은 무언가를 '알다', 어떤 이치 따위를 깨달아 아는 '깨치다'를 뜻한다. 그런데 이 '깨치다'는 말에서 '깨'는 '깨다'라는 말의 줄임말이며, '깨다'는 '혼미함 따위가 사라지고 온전한 정신 상태로 돌아오다', '생각이나 지혜 따위가 사리를 가릴 수 있게 되다'를 뜻한다.[8] 말하자면 이러한 '깨다'는 어떤 것에 미혹되다가 그것을 '부수고' 그 어떤 것으로부터 벗어나 온전한 상태가 되어 사리를 가릴 수 있음을 뜻한다.

　그런데 여기에서 우리가 생각해 보아야 할 것은 '깨다'가 '부수다'와 연관되어 있다는 것이다. 사실 '깨다'라는 말은 정신적인 의미에서나 물질적인 의미에서도 '부수다'를 뜻한다. 그런데 '부수다'는 분명히 '무엇을' 부수는 것이다. 도대체 무엇을 부술까? 아마 그것은 정신적이든 물질적이든 '기존의 것'을 부술 것이다. 그러나 기존의 것을 왜 부술까? 그것은 기존의 것이 문제가 있기 때문일 것이다. 그런데 문제가 있는 기존의 것을 부순다는 것은 그것을 없애기 위해서일 것이다. 그래서 무언가를 부술 땐 언제나 부수어져 사라진 그 무언가의 자리에 새로운 다른 것이 들어설 수밖에 없다. 물론 새로운 다른 것은 기존의 것보다 더 나은 어떤 것이어야 할 것이다. 그렇지 않다면 기존의 것을 부순다는 것은 의미가 없을 것이기 때문이다. 따라서 기존의 것은 어떻게 보면 반드시 뛰어넘어야 할 장애물이다. 그렇다면 깨달음에 이른다는 것은 기존의 것이라는 장애물을 없애고 그것을 뛰어 넘어 새로운 것에 다다른다는 것을 말할 것이다.[9]

---

8) naver 백과사전.

9) 깨달음을 이런 식으로 이야기할 때 우리는 많은 반대 논쟁들에 부딪히게 될 것이다. 더군다나 깨달음에 대한 철학적 탐구에는 다양한 방식들이 있을 수 있고, 깨달음에 대한 이해 또한 상이할 것이기 때문이다. 이런 것들에 대해

이러한 이야기를 우리가 그대로 받아들인다면, '깨달음'이란 '이상'과 연관될 수밖에 없을 것이다. 왜냐하면 '이상'이란 분명히 기존의 것, 즉 현실을 넘어선 새로운 것으로서 기존의 것인 현실적인 것과는 다른 것이기 때문이다. 이것은 이미 이상이란 말 속엔 기존의 것을 거부하면서 그것을 부수어 없애버려야 한다는 것뿐만 아니라 새로움을 보여주고 있다. 물론 혹자는 이상이 단지 현실 도피를 의미한다고 말할 수도 있다. 그러나 현실 도피 또한 이미 현실인 기존의 것을 부정 내지 거부하고 있을 뿐만 아니라 새로움을 추구하고 있다는 것에 우리는 주의해야 한다. 왜냐하면 현실로부터의 도피란 그 근원에서는 이미 현실을 벗어나기 위한 현실비판을 전제로 하고 있기 때문이다.

그런데 깨달음에 대한 이러한 이야기는 불교에서 말하는 '깨달음'[10]과 연관관계에 놓여 있는 것으로 보인다. 불교에서 말하는 중생(일상인)은 감각을 통해 우리 눈에 보이는 형상의 세계에서 살고 있다. 이때 이 형상은 모든 사물의 감각적 양상인 '상'을 말하는 것으로서, 그것은 '본성'인 '근본실상'이 아니다. 그렇다면 우리가 사물을 볼 때 우리에게 중요한 것은 기존의 것인 형상이 아니라 기존의 것인 형상을 넘어선 근본 실상, 즉

서는 다음을 참고하기 바란다. 정성호, 「깨달음의 철학을 위하여—앎과 깨달음—」, 『철학』, 한국철학회, 1995, 33-73쪽. 물론 이 글에서 정성호는 철학적 분석의 대상으로서 깨달음의 세 필요조건들, 즉 꿰뚫음, 맑고 밝음의 상태, 그리고 실현성의 수반 등에 대해 말하고 있다.(정성호, 앞의 글, 73쪽 참조).

10) 불교에서는 깨달음을 '阿縟多羅三貘三菩提'라고 하는데, 이것은 가장 완벽한 깨달음을 뜻하는 말로서, 산스크리트어 '아눗타라 사미아크 삼보디(anuttara-samyak-sambodhi)'를 한자로 표기한 것이다. 이때 '아뇩다라'는 無上, '삼막삼보리'는 正等覺의 뜻이므로 無上正等覺이라 번역된다. 그리고 아루보리(아뇩보리)라고도 한다. 물론 보리란 부처·성문·연각이 각각 그 과보에 따라 얻는 깨달음을 말한다. 사실 부처 이외에도 깨달음은 있을 수 있으나 무상정등각은 오로지 부처의 깨달음만을 뜻한다. (naver 백과사전 참조) 그러나 불교에서 깨달음은 다양하게 이야기되면서 논쟁을 유발하고 있는데, 그것은 한국에서도 마찬가지다. 이것에 대해서는 다음을 참고하기 바란다. 법성, 「깨달음의 일상성과 혁명성, 한국불교 돈·점(頓漸)논쟁에 부쳐」, 『창작과 비평』(통권 82호), 창비, 1993, 329-340쪽.

본성을 보는 것이리라. 그러나 중생인 우리가 이 근본실상을 볼 수 있을까? 불교의 이야기에 따르면 우리는 그것을 볼 수 있다. 왜냐하면 인간은 불성을 갖추고 있으며,[11] 근본실상(본성, 진성)을 보는 것이 바로 지혜, 正見이기 때문이다. 그런데 우리가 '상'만 보다가 '성'을 볼 때, 이것을 불교에서는 '깨쳤다'라고 말한다. 그래서 불교에서의 깨달음이란 우리말 '깨치다'인 '어떤 이치 따위를 깨달아 알다' 뿐만 아니라 기존의 것인 '상'을 넘어서서 새로움인 '성'으로 나아가는 것과 연관되어 있음은 분명하다.

물론 불교에서는 다양한 깨달음의 방법을 제시한다.[12] 그렇다고 불교에서 깨달음의 방법을 말하기는 어려워 보인다. 깨달음이란 '견성'하고, 기존의 것인 형상이라는 장애물을 부수고 뛰어넘어 새로운 것인 근본실상을 알고 그것을 수용하는 것으로서, 형상의 세계가 아니라 지혜의 세계이기 때문에, 방법이라는 형상을 통해서 우리는 깨달음을 얻는다고 말하기는 어려운 것으로 보인다. 그리고 깨달음이 무엇인지에 대해 말하기도 어려워 보인다. 왜냐하면 깨달음이란 각자의 체험적인 각성이기 때문이다.[13] 물론 각자의 체험적인 각성인 '자각'은 각자의 직접적인 깨달음의

---

11) 이것을 아는 것이 見性, 즉 진실로 자기의 참된 모습을 바로 아는 지혜이자 깨달음이다. 사실 선불교에서 깨달음은 '성품을 보아 부처를 이룸(見性成佛)' 으로 표현되는데, 이것은 어떤 절대적인 성품을 보아 완성된 경지를 이루는 것을 불교의 깨달음이라고 볼 수 있는 언어적인 분위기를 안고 있다. 선불교에서 '自性을 본다', '성품을 본다(見性)'라는 표현은, 연기론의 원래적인 표현 방식으로 보면, '어떤 것의 고정된 자성이 없음(無自性)을 통달한다', '어떤 것에 나라고 할 실체 없음(無我)을 깨닫는다'는 표현이다. 곧 '모든 법에 자성 없음(諸法無我)을 깨닫다'는 불교의 원래적인 표현을 선불교는 '성품을 본다'는 원리적인 표현으로 뒤바꿔놓고 있는 것이다.(법성, 앞의 글, 333쪽 참조).

12) 물론 불교사를 통해서 볼 때, 깨달음에 이르는 여러 가지 길이 제시되어 온 것은 사실이다. 이를테면 초기불교의 四禪, 아비다르마의 四種道, 유식의 聖道 五位 등등 말이다. 그리고 깨달음과 그 깨달음에 이르는 길 또한 시대와 장소에 따라 상이할 수밖에 없을 것이다. 이러한 것들에 대해서는, 우제선, 「인식의 전환, 다르마끼르띠와 태고보우의 깨달음」, 『보조사상』(제 22집), 보조사상연구원, 2004, 107-110쪽을 참고하기 바란다. 이 글에서 우제선은 특히 인도 대승불교와 한국선이 깨달음의 문제를 어떻게 다루는지에 대해 논하고 있다.

체험으로서 불법의 완전한 지혜를 획득하여 지혜의 삶을 실행하도록 하는 것이다. 그런데 이것은 스승이 언어나 문자로 가르치고 전달할 수가 없다. 그래서 선불교에서는 불립문자, 교외별전을 강조하는 것이다.

그럼에도 불구하고 선불교에서의 깨달음이란 진실로 자신의 존재와 참된 모습을 올바르게 아는 지혜이며, 모든 법의 진상, 즉 근본실상을 바르게 보는 지혜의 안목이 열리는 것을 말한다.[14] 이것은 깨달음을 통해 형상의 세계에서 형상의 본래 모습인 실상(본성, 진성)을 알고 그것을 받아들일 수 있음을 말한다. 그런데 불교의 이야기에 따르면 이때 깨달은 자는 형상으로부터 벗어나 자유로워질 수 있다고 한다. 말하자면 기존이 것인 형상에 얽히고 매이는 집착의 감정이 사라져 자유로워진다는 것이다. 아마 이것은 자기의 진짜 마음이 바로 형상의 본래면목임을 알 때 자유롭게 행위 할 수 있음을 말할 것이다. 어떤 것에도 얽매이지 않고 초연하게 행위 할 수 있음 말이다.

그렇다면 지금까지의 이야기를 통해 우리는 불교에서의 깨달음을 다음과 같이 정리할 수 있을 것이다. 첫째, 깨달음은 근본실상을 보는 것이다. 둘째, 깨달음이 근본실상을 보는 것이라면, 형상으로부터 벗어나는 것이다. 이때 형상으로부터 벗어난 깨달음이란 기존의 것인 형상을 부수는 것이다. 셋째, 깨달음이란 기존의 것인 형상을 부수어 그것으로부터 벗어나 새롭게 나타난 근본실상(이상)을 수용하는 것이다. 넷째, 그러나 깨달음이란 자기 마음을 보는 것이다. 왜냐하면 자성의 본래면목은 형상의 본래면목이기 때문이다. 다섯째, 결국 깨달음이란 깨달은 자에게 자유로움을 보장한다는 것이다. 왜냐하면 형상에 집착하는 감정이 사라지기 때문이다.

---

13) 이런 것 때문에 우리는 깨달음의 보편성에 대해 논의할 필요가 있을 것이다. 이것에 대해서는, 최현각, 「깨달음에 대한 선적 일고」, 『불교학보』(제36집), 동국대학교 불교문화연구원, 1999, 12-15쪽을 참고하기 바란다.

14) 성본, 앞의 글, 371쪽 참조.

그래서 깨달음을 통해 이상적인 삶을 펼칠 수 있다는 것이다.

이러한 이야기는 우리가 보통 말하는 깨달음과 불교에서의 깨달음이 그렇게 큰 차이가 없으며, 그 깨달음 각각은 우리가 말하는 이상과 연관되어 있음을 보여주는 것으로 이해될 수 있을 것이다. 그러니까 깨달음은 무언가를 부수고 그 무언가로부터 벗어나는 것인데, 이때 그 무언가는 기존의 것, 즉 우리가 뛰어 넘어야 할 장애물(형상)이며, 이러한 장애물을 뛰어넘어 새로운 것(형상의 근본실상, 사실은 새로운 것도 아니다)을 받아들이는 것이다. 그런데 이때 그 새로운 것이 바로 이상이며, 그 이상에서 사는 것이 바로 자유로운 삶인 이상적인 삶이다.

그런데 앞에서 말했듯이 지엄의 『벽송당야로송』속의 게송들엔 깨달은 자가 자신이 깨달은 것을 바탕으로 삼라만상(형상)의 본래면목인 근본실상을 드러내고, 자신의 삶에 깨달음을 수용하여 자유로움을 누리는 모습이 드러나 있다. 따라서 필자는 이하에서 지엄이 어떤 깨달음의 모습을 우리에게 보여주고 있는지, 그리고 그 깨달음을 바탕으로 얼마나 자유로운 이상적인 삶을 살아가고 있는지를 그의 게송들을 통해 살펴볼 것이다.

III. 삼라만상의 본래면목에 대한 깨달음

조선 전기의 선승인 지엄은 그의 선시[15]인 게송들을 통해 삼라만상의 본래면목이 자성의 본래면목임을 선적인 입장에서 보여주고 있다. 이를 테면 『벽송당야로송』에 실린 게송들 중 「일선선화자에게(贈一禪禪和子)」,

---

[15] 선시를 이해하는 것은 매우 어렵고, 그 성립 근거 또한 말하기는 쉽지 않다. 선시를 이해하는 데 있어 '난해함'과 선시의 성립근거에 대해서는, 주호찬, 앞의 글, 161-163쪽을 참조하기 바란다. 그리고 한국의 역사에서 선시에 대한 기록은 고려 말에 집중적으로 나타나는데, 이 선시들에 대해서는 다음을 참조하기 바란다. 이종찬, 『한국선시의 이론과 실제』, 이화문화출판사, 2001.

「영지소사에게 보임(示靈芝小師)」, 「달마의 진영에 찬하다(讚達摩眞)」,
「진일선자에게 보임(示眞一禪子)」, 「학희선자에게 줌(贈學熙禪子)」 등등이
그렇다. 그래서 이 게송들을 차례로 살펴보기로 한다.

「일선선화자에게」

(그것은) 이미 하나이다. 참과 거짓을 떠나고 이름과 모습을 (완전히) 잃어
버림이다.
굳세고 깨끗하며 시원하고 뚜렷하니, 무엇을 禪이라 할까.
삼라만상이 그대로 여래의 실상이라면, 보고 듣고 깨달아서 아는 것이 반야
의 신령스런 광명이니,
(……)
이것이 바로 一味禪이지.
拂子를 들어 한 번 내리치고 侍者에게 차 한 잔을 올리라고 한 뒤에,
조금 있다가 말하기를,

푸른 대나무는 바람결에 곧게 서 있고,
붉은 꽃은 이슬을 머금고 향기롭다.16)

이 게송은 주호찬의 말대로『벽송당야로송』에서 지엄의 상당법어에 해
당될 수 있지만,17) 이 게송에서 우리가 주목해야 하는 것은 바로 이 게송

---

16) 이 게송의 원문 전체는 다음과 같다. "旣是一也 離眞妄絕名相 乾乾淨淨 洒洒落
落 喚什麼作禪 若言萬象森羅 悉是如來實相 見聞覺知 無非般若靈光 猶是天魔種族
外道邪宗 怎生是一味禪 拈拂子搣一搣 喚侍者點茶來 良久云 翠竹和風直 紅花帶露
香"(『한국불교전서』 제7책, 384쪽).
17) 주호찬은 이 게송에 대해 다음과 같이 말한다. "이 게송은 上堂法語 · 示衆 · 法
語 등 語錄으로서의 체재를 갖추지 않은『碧松堂埜老頌』에서 지엄의 상당법어
에 해당하는 게송이다. 물론 제목에서 보는 대로 一禪 禪子에게 주는 게송이
지만, 一禪의 이름자인 '一'과 '禪'을 가지고서 지엄 자신의 가풍이 臨濟宗風에
있음을 천명하고 그 깨달음의 경계를 온전히 드러내 보이고 있다는 점에서

의 마지막에 우뚝 솟아 있는 "푸른 대나무는 바람결에 곧게 서 있고, 붉은 꽃은 이슬을 머금고 향기롭다"라는 문구이다.[18] 일단 이 문구는 단지 우리 눈앞에 보이는 '대나무'와 '꽃'이라는 대상을 감각을 통해 묘사한 것으로 보인다. 그러나 정말 그럴까? 그렇지 않다. 사실 이것은 수행자 내지는 일상인이 추구해야 할 경지에 대해 말하고 있는 것으로서, 이 문구 앞에 나오는 '참과 거짓을 떠나고 이름과 모습을 (완전히) 잃어버린', 아니 '그러한 것들을 철저하게 떠난' 경지를 표현하고 있다.[19] 말하자면 깨달음의 경지를 드러내고 있다.

우리가 알듯이 '푸른 대나무'는 아무리 세 찬 바람이 불어도 끄떡 없이 그 자리에 우뚝 서 있다. 물론 대나무는 바람결에 따라 이리 저리 흔들거리지만, 그래도 그 대나무는 다시 곧게 선다. 그리고 꽃은 언제나 자신의 향기를 내뿜으면서 자신의 모습을 찬연히 보여준다. 그런데 '이슬을 머금'은 꽃이란 어떨까? 그것은 말할 것도 없이 더욱더 아름다운 자태를 보여줄 것이다. 여기에 더해 그 꽃이 붉은 빛을 보여준다면? 그야말로 그 꽃은 자신의 모습을 '있는 그대로' 보여주고 있는 것이리라.

선불교의 이야기에 따르면 자성을 옳고 바르게 깨우친 사람의 경지에선 일상인(중생)들이 그들의 삶에서 보고 듣는 삼라만상은 있는 그대로 현현한다. 말하자면 깨달은 자에게 삼라만상은 깨닫지 못한 자가 차별심과 분별심을 통해 보고 듣는 대상이 아니라, 진여자성이 현현하는 경지이다. 그래서 이 게송의 마지막에 우뚝 솟아 있는 문구는 우리 눈앞에 보이

상당법어와 같은 맥락으로 이해할 수 있다."(주호찬, 앞의 글, 169쪽).

[18] 그런데 휴정이 지은 「벽송당대사행적」에는 이 문구가 다음과 같이 기록되어 있다. "萬片落花隨水去 一聲長笛出雲來(만 조각 떨어진 꽃잎은 물을 따라 흘러가고 / 한 소리 긴 피리 소리는 구름에서 솟아난다)"(『한국불교전서』제7책, 753쪽) 그러나 이 문구의 의미가 위의 문구와 완전히 다른 것은 아니다. 이것 또한 위의 문구와 같은 의미를 지니고 있기 때문이다.

[19] 주호찬, 앞의 글, 171쪽 참조.

는 어떤 대상을 감각을 통해 묘사한 것으로 보이지만, 사실은 진여자성이 현현하는 경지이자 이 게송에서 보이는 '여래의 실상'인 삼라만상의 본래 면목, 즉 근본실상을 보여주는 것이다. 말하자면 이 게송에 나오는 '일미 선'인 깨달음의 경지를 보여주고 있는 것이다.

앞에서 보았듯이 중생(일상인)의 세계에서는 형상들, 즉 상들만이 난무 하지만 그 형상으로부터 벗어나면 그 형상들의 본성인 근본실상이 드러 난다. 그래서 우리는 어느 날 '갑자기' 근본실상을 '볼 수' 있다. 따라서 우 리에게 중요한 것은 사물의 본성을 보느냐 형상을 보느냐 하는 것이다. 이때 형상이 아니라 근본실상(본성)을 보는 것이 중요한데, 이것이 바로 견성이다. 그런데 형상을 보는 차별심과 분별심으로부터 떠나 삼라만상 의 근본실상을 볼 때, 삼라만상은 우리에게 진여자성이 현현하는 것으로 드러난다.

삼라만상의 본래면목인 근본실상을 보는 이러한 깨달음의 경지는「영 지소사에게 보임」,「달마의 진영에 찬하다」에서도 나타난다.

「영지소사에게 보임」

삼월 봄비에 푸르러지는 풀,
구월 (가을) 서리에 (물드는) 단풍.
시구로써 (이것을) 알려고 한다면,
법왕을 한바탕 웃게 하리라.[20]

「달마의 진영에 찬하다」

우뚝하고 드높은 그대여
누가 그대의 안목을 얻었는가.

---

[20] "芳草三春雨 丹楓九月霜 若將詩句會 笑殺法中王"(『한국불교전서』 제7책, 384쪽).

해질 무렵 산 빛 속에
새들이 울어 댄다.21)

우선 「영지소사에게 보임」이라는 게송에서는 삼라만상의 본래면목인
진여자성이 현현하는 경지가 '삼월 봄비에 푸르러지는 풀'과 '구월 (가을)
서리에 (물드는) 단풍'이라는 문구로 표현되고 있다. 당연한 이야기다. 풀
이 푸른 모습으로 자라는 것은 자연의 이치다. 그것도 봄비에 자라는 것
은 누구든지 잘 알 수 있는 사실이다. 그리고 단풍이란 무엇인가? 엽록소
가 사라져 나뭇잎에 물드는 것을 말하지 않는가? 그런데 이 물드는 나뭇
잎은 시간의 흐름 속에서 저절로 그러한 것이다. 그것도 가을에 말이다.
그래서 봄비에 풀이 푸르러지고 가을에 나뭇잎에 단풍 드는 것이야말로
그것들의 실상이다. 그런데 이러한 것을 우리는 보통 우리 눈앞에 보이는
감각대상을 묘사하는 시구로 이해한다. 그러나 그렇다면 그거야 말로 '실
상'을 외면하는 일이 될 것이다. 따라서 지엄은 그러한 것을 우리가 '시구
로써 알려고 한다면' 그것은 '법왕을' '웃게 하는' 일이라고 말하고 있는 것
이다. 왜냐하면 너무도 당연한 이치를 다른 것으로 아는 것은 '성'을 보는
것이 아니라 '상'을 보는 것에 불과한 것이기 때문이리라.

그리고 「달마의 진영에 찬하다」라는 게송에서 지엄은 중국 선종의 시
조인 보리달마의 진정한 '안목'이란 우리가 보통 알듯이 달마의 뒤를 이
어 선불교의 2대 교조가 된 혜가에게 있는 것이 아니라, 밖에서 놀다가
해가 서쪽으로 기울어지는 저녁 무렵에 자신의 둥지로 돌아와 지저귀는
새들의 울음소리, 즉 '해질 무렵 산 빛 속에 새들이 울어 댐'에 참된 면목
으로 나타나 있다고 말하고 있다.22) 말하자면 '우뚝하고 드높은' 달마의

---

21) "落落巍巍子 誰開碧眼睛 夕陽山色裏 春鳥自呼名"(『한국불교전서』 제7책, 385쪽).
22) 주호찬, 앞의 글, 173쪽 참조. 그리고 이것에 대해 주호찬은 다음과 같이 말
    한다. "달마의 안목이란 '조사가 서쪽에서 온 뜻(祖師西來意)'이며 이것을 달리
    말하면 佛法의 똑바른 이치(佛法的大意)이니, 이른바 格外의 禪旨를 가리키는

진정한 '안목'은 '해질 무렵 산 빛 속에 새들의 울어 댐'인 삼라만상의 본래면목에 있다고 말하고 있다. 그러니까 달마의 참된 안목은 혜가를 비롯한 그 '누구'의 안목에 있는 것이 아니라 자연스러움 그 자체에 드러나 있다는 것이다. 이것은 바로 깨달은 자의 안목이란 삼라만상의 본래면목과 같음을 말하는 것이리라.

사실 우리가 알듯이 봄이 오면 꽃이 피는 것과 마찬가지로 봄이 되면 풀은 당연히 그 나름대로 푸르러진다. 그리고 가을이 되면 나뭇잎에 단풍이 드는데, 단풍이 서리를 맞으면 그 단풍은 저절로 붉어진다. 또한 낮에 자신의 둥지 밖에서 잘 놀던 새들이 저녁 무렵에 자신의 둥지를 찾아들고 그곳에서 울어대는 것은 당연하다. 말하자면 그러한 것들은 삼라만상의 이치, 즉 말 그대로 스스로 그러함인 '자연(본래적임)'이다. 물론 우리는 이러한 것을 우리의 일상적인 삶에서 언제나 본다. 그러나 중요한 것은 바로 그러한 것 속에서 형상이 아니라 근본실상을 보는 것이며, 그러한 것 속에 불법의 참됨이 있다는 것을 아는 것이다.

이러한 이야기는 「진일선자에게 보임」과 「학희선자에게 줌」라는 게송에서도 드러나고 있는데, 그것은 다음과 같다.

「진일선자에게 보임」

비 맞아 섬돌에 꽃은 피어나고,
난간 밖에 부는 솔바람 소리,
어찌 굳이 묘한 뜻을 알려고 하는가,
이 낱낱의 것이 그대로 깨달음인 것을.[23]

_____

말이다. 격외의 선지는 보통 사람의 범상한 소견에서 벗어나 있는 까닭에 있는 마음으로나 없는 마음으로나 모두 알 수가 없다고 한다." 그래서 그것을 지엄은 위와 같이 표현하고 있다는 것이다.(주호찬, 앞의 글, 173쪽).

[23] "花笑階前雨 松鳴檻外風 何須窮妙旨 這箇是圓通"(『한국불교전서』 제7책, 384쪽)

「학희선자에게 줌」

밝은 달은 온 산을 (밝게) 비추고,
시원한 바람은 온 세상에 불어온다.
진면목을 묻는가,
하늘가에 기러기 점점이 날아간다.24)

  우선 「진일선자에게 보임」이라는 게송에서 지엄은 진일 또는 우리에게
'꽃'과 '솔바람 소리'를 통해 '묘한 뜻'과 '깨달음'을 보여주고자 하는 것으
로 보인다. 그런데 '꽃'과 '솔바람 소리'는 우리의 감각 대상에 불과하다.
사실 우리는 우리의 삶에서 그것을 보고 듣지 않는가. 그런데도 지엄은
그러한 '낱낱의 것'이 '묘한 뜻'이자 '깨달음'임을 말하고 있다. 사실 꽃이
피어나는 것은 저절로 그러하다. 그런데 이 게송에 따르면 그 꽃은 자연
스런 현상인 '비를 맞으면서' 자란다. 그것도 우리와 매우 가까이 있는 '섬
돌'에서 말이다. 그리고 '솔바람 소리'는 우리가 불지 말라고 해서 불지 않
는 것이 아니다. 더군다나 그 바람이 바깥에서 분다면 더욱더 그러하다.
그러니까 꽃이 피어나는 것과 바람이 부는 것은 그 자체 스스로 그러함
이다. 그래서 그러한 것은 바로 '묘한 뜻'이다. 그리고 그것을 우리가 그
대로 수용하는 것이 바로 '깨달음' 아니겠는가?

  이 게송 앞엔 다음과 같은 문구들이 있다. "진일은 호남 사람이다. 비록 세
  상에 쓰이는 재주는 없으나 성품과 행실이 남다른 데가 있다. 나에게 게송을
  청하기에 사양할 수가 없어 한마디 쓴다.(眞一湖南人也 雖無世才 性行非凡 請
  我伽陁 辭不獲已 濡筆揮之)"(『한국불교전서』 제7책, 384쪽) 이종찬은 이 게송에
  대해 다음과 같은 것을 전해준다. 사실 선사들의 시에는 이전에 이미 있었던
  시구를 상황에 따라 그저 인용하는 경우가 있는데, 이 게송도 지엄보다 이후
  의 승려인 소요당(1562-1649)의 시집에 무제로 있다는 것이다. 그런데 그것이
  험이 될 수는 없으며, 어떤 기연에 따라 적절히 원용했느냐 만이 그 근기의
  문제라고 지적하고 있다. (이종찬, 앞의 책, 264쪽 참조).
24) "月晶山前後 風淸海外中 間誰眞面目 更有點天鴻"(『한국불교전서』 제7책, 384쪽).

「학희선자에게 줌」이라는 게송에서도 지엄은 '달'과 '바람'을 통해 '진면목'을 보여준다. 그런데 이 게송에서 달은 그냥 달이 아니라 '밝은 달'이다. 그리고 그 '밝은 달'은 자신의 모습을 한껏 뽐낸다. '온 산을 (밝게) 비춘다'는 것이다. 또한 바람도 그냥 바람이 아니라 '시원한 바람'이다. 온갖 잡념과 속된 것을 깨끗이 날려버릴 수 있는 깨끗하고 청정한 '시원한 바람' 말이다. 그런데 이 바람이 '온 세상에 불어온다'. 깨끗하고 청정한 바람이 온 세상에 불고 있다는 것이다. 물론 우리는 이 표현을 불국토의 세계로 연상할 수 있겠지만, 그 생각을 멈추자. 그 표현은 단지 세상의 '진면목'이기 때문이다.

결국 「진일선자에게 보임」이라는 게송에선 진여자성의 본래면목이 '비를 맞으면서 섬돌에 피어나는 꽃'과 '난간 밖에서 불고 있는 솔바람 소리'로 표현되어 있고, 「학희선자에게 줌」이라는 게송에선 '온 산을 (밝게) 비추고 있는 밝은 달'과 '온 세상에 불어오는 시원한 바람'이라고 표현되어 있은데, 이 표현들 또한 앞에서 보았던 것들과 마찬가지로 삼라만상의 본래면목 그 자체다. 그래서 지엄은 「진일선자에게 보임」이라는 게송에선 '묘한 뜻'을 다른 데서 찾을 것이 아니라 바로 우리의 눈앞에서 펼쳐지고 있는 것을 그대로 보면 바로 그것이 '깨달음'이라고 말하고 있으며, 「학희선자에게 줌」이라는 게송에선 '진면목'조차 묻지 말 것을 보여주고 있다. 왜냐하면 시시비비는 나에게 있으며, 내 마음이 차분하게 가라앉으면 천둥소리도 들리지 않기 때문이다.[25]

그렇지만 탐·진·치에 물들어 있는 일상인(중생)이 '낱낱의 것이 그대로 깨달음인 것을' 아는 것은 어렵다. 말하자면 '성의 세계'가 아니라 '형상의 세계'에서 놀고 있는 일상인이 삼라만상이 현현하는 본래면목을 보기는 어렵다. 사실 삼라만상은 언제나 자신의 본래 모습을 그대로 보여주

25) 이종찬, 앞의 책, 264쪽 참조.

고 있건만, '일상성'에 물들어 있는 우리에게 그것은 단지 어떤 대상, 더 나아가서는 사용 수단으로만 보이기 때문이다. 그래서 사람들은 보통 삼라만상의 본래면목을 보기 위해서는 철저하게 수행해야 한다고 말한다. 그러나 우리에게 불성이 본래 갖추어져 있다면, 과연 그러한 수행이 필요할까? 그러한 수행은 아마 삼라만상의 본래면목을 보는 것과는 아무런 관계가 없을 것이다. 우리 눈에 보이고 우리 귀에 들리는 모든 것이 자성의 본래면목이므로 따로 밖에서 구할 것이 없기 때문이다.

지금까지 살펴본 것은 「일선선화자에게」, 「영지소사에게 보임」, 「달마의 진영에 찬하다」, 「진일선자에게 보임」, 「학희선자에게 줌」이라는 게송들에 나타난 지엄의 깨달음에 대한 모습이었다. 그런데 앞에서 보았듯이 이들 게송들은 거의 다 대상을 있는 그대로 묘사하고 있는 것처럼 보인다. 이를테면 '바람결에 곧게 서 있는 푸른 대나무와 이슬을 머금고 있는 향기로운 붉은 꽃', '삼월 봄비에 푸르러지는 풀과 구월 (가을) 서리에 물드는 단풍', '해질 무렵 산 빛 속에 새들이 울어댐', '비를 맞으면서 섬돌에 피어나는 꽃과 난간 밖에 부는 솔바람 소리', '온산을 (밝게) 비추고 있는 밝은 달과 온 세상에 불어오는 시원한 바람' 등등 말이다. 그러나 그것들은 다 하나의 경지, 즉 진여자성이 삼라만상에 현현해 있다는 것을 드러내 보여주고 있다는 것에 우리는 주의를 기울여야 한다. 말하자면 그것들은 깨달음의 경지를 보여주는 것으로 이해해야 한다.

그러나 이렇게 진여자성의 본래면목이 삼라만상의 본래면목이며, 진여자성이 삼라만상에 현현해 있다는 깨달음을 말할 수 있는 것은 어디까지나 깨달은 자의 분상에서나 가능하다. 수행자와 일상인에게 그러한 것은 그들이 궁극적으로 도달해야 할 것으로서의 의미 외에 어떤 의미도 갖지 못한다.[26] 열매가 단지 쓴지는 스스로 먹어볼 때 아는 것과 같기 때문이

---

26) 주호찬, 앞의 글, 181쪽 참조.

330 · 지리산권 불교의 사상과 문화

다. 말하자면 깨달음은 그 스스로에게 있기 때문이다.

Ⅳ. 이상적인 삶으로서의 깨달은 자의 삶

깨달음은 그 스스로의 깨달음, 자각, 각성이다. 그러나 깨달음에 이른 깨달은 자의 삶은 어떤 것일까? 그것은 이상적인 삶이다. 물론 앞에서 보았듯이 이상적인 삶은 다양하게 이야기될 수 있을 것이다. 아르카디아에서의 삶, 코케인에서의 삶, 천년왕국에서의 삶, 새로운 세상에서의 삶, 본래적인 거주하기로서의 이상적인 삶, 무릉도원과 대동 사회에서의 삶 등등 말이다. 그러나 이상적인 삶은 기존의 것인 삼라만상의 본래면목이 자성의 본래면목이라는 깨달음의 세계 속에서 사는 삶일 수도 있다.[27]

그렇다고 자성의 본래면목이 삼라만상의 본래면목이라는 깨달음의 세계에서 사는 삶인 이상적인 삶이 이 세상을 벗어난 저 세상에서 이루어지는 것은 아니다. 이 이상적인 삶은 분명히 우리가 살아가고 있는 우리의 일상생활에서 이루어진다. 그렇지만 그 삶은 일상인들의 삶과 같은 것은 아니다. 도대체 어떠한 삶일까? 말하자면 깨달은 자를 도인이라고 표현한다면, 그 도인은 이 세상을 살아가면서 어떠한 모습을 보여줄까? 그것은 '한가로움'이다. 이러한 한가로운 도인의 살림살이(活計)는 「심인선자에게 줌(贈心印禪子)」이라는 게송[28]에 드러나 있는데, 그것은 다음과 같다.

---

[27] 물론 우리는 여기에서 '다양한 이상적인 삶'과 '삼라만상이 자성의 본래면목이라는 깨달음의 세계 속에서 사는 삶'의 차이에 대해 논해야 할 것이다. 그러나 그것은 이 글의 범위를 넘어서 있다. 그래서 필자는 이 글에서는 후자에만 초점을 맞추기로 한다.

[28] 이 게송은 2수이지만, 필자는 이 2수 중 1수만, 즉 첫 번째 수에 주목하기로 한다. 왜냐하면 도인의 살림살이는 첫 번째 수에 드러나 있기 때문이다. 그러나 참고로 두 번째 수는 다음과 같다. "참선은 분명하고 분명한 것을 밝히는 일이니, '잣나무'는 뜰 앞에 서 있음이라. 우습구나, 선재동자여, 괜히 백십 개의 성을 찾아 다녔구나.(〈其二〉 "參禪明了了 栢樹立中庭 可笑南詢子 徒勞

「심인선자에게 줌」

우뚝 솟은 산 맑은 물소리,
솔솔 부는 바람 가만히 피어 있는 꽃.
도인의 살림살이는 이 같을 뿐이니,
어찌 구구하게 세속의 정을 따르랴.[29]

이 게송에서 우리가 주목해야 하는 것은 '한가로운' 도인의 경지, 한가
로운 '도인의 살림살이'다. 그러나 '한가롭다'는 것은 무엇을 뜻하는가? 그
것은 '시간적으로 여유가 있고 모든 것을 다해서 할 일이 없어 마음이 편
하다'는 것을 말한다. 그런데 지엄은 이 게송에서 이러한 한가로움을 우
리 눈앞에 보이는 '우뚝 솟은 산'과 우리 귀에 들리는 '맑은 물소리', 우리
의 얼굴을 스치는 '솔솔 부는 바람'과 우리의 눈앞에서 자신을 드러내지
않은 채 '가만히 피어 있는 꽃'으로 표현하고 있다. 말하자면 한가로움을
누리는 도인의 살림살이란 단지 '이 같을 뿐'이라는 것이다.

그러나 우리의 상식으로는 이러한 것이 이해되기 어렵다. 사실 '우뚝
솟은 산', '맑은 물소리', '솔솔 부는 바람', '가만히 피어 있는 꽃'이라는 표
현은 '어떤 것의 모습' 아닌가? 그런데도 지엄은 그것을 한가로운 도인의
살림살이라고 말하고 있다. 도대체 왜 그럴까? 위의 게송에서 '이 같을
뿐'인 것은 각각 '산, 물소리, 바람, 꽃'으로 드러나 있다. 그런데 여기에서
산은 '우뚝 솟은 산'으로 표현되어 있다. 이것은 산이 산으로서 자신의 모
습을 그대로 보여주는 것을 표현하는 것으로 보인다. 그리고 물소리는

百十城(『한국불교전서』 제7책, 385쪽) 이 내용은 다음과 같다. 불성으로서의
진여자성이 '뜰 앞에 서 있는 잣나무'에서 온전히 드러나고 있다는 것이다.
그래서 도를 얻으러 여기저기 돌아다닐 필요가 없음을 설파하고 있다.

[29] 〈其一〉 "山矗矗水泠泠 風習習花冥冥 道人活計只如此 何用區區順世情"(『한국불교
전서』 제7책, 385쪽).

'맑은 물소리'다. 이것 또한 물의 물다움, 물의 깨끗함을 표현하고 있는 것으로 보인다. 다음으로 바람은 어떤 바람인가? 폭풍도 아니고 뜨거운 바람도 아닌 우리가 보통 바람하면 연상할 수 있는 바람 그 자체인 '솔솔 부는 바람'이다. 그리고 꽃은 촐싹이지 않으면서 자신의 모습을 그대로 보여주기 위해 '가만히 피어 있는 꽃'이다. 그렇다면 이 게송에서 표현된 것들은 그것들 각각의 스스로 그러함인 자연을 보여주고 있는 것으로 보인다. 그런데 그러한 자연이란 무엇인가? 그것의 본래적임을 말한다. 말하자면 그것들 각각의 본래면목 말이다. 그러나 이러한 것이 왜 한가로운 도인의 살림살이일까? 그것은 바로 깨달은 자인 도인의 본래면목이 그것들 각각의 본래면목이기 때문이다. 그래서 지엄은 그것들 각각의 본래면목을 한가로운 도인의 살림살이라고 말하고 있는 것이다. 말하자면 '도인의 살림살이는 이 같을 뿐이니'라는 것이다. 따라서 '우뚝 솟은 산', '맑은 물소리', '솔솔 부는 바람', '가만히 피어 있는 꽃' 등등의 표현은 그것들 자신의 스스로 그러함인 여유로움이자, 바로 도인의 편안함인 것이다.

그런데 위의 게송에 따르면 한가로움을 누리는 자에게 '세속의 정' 따위는 문제가 되지 않는다. 말하자면 도인의 삶의 계획(살림살이)은 '구구하게 세속의 정'에 얽매일 필요가 없다는 것이다. 즉 각성을 통한 자성의 본래면목의 자리에서 삼라만상의 현상을 보니, 여태까지 차별적인 현상으로 보이던 기존의 것이 그대로 진리의 본 모습인 근본실상이어서 어떤 것인 '세속의 정'에도 얽매일 필요가 없더라는 것이다. 사실 깨달은 자란 이미 기존의 것을 바라보는 무지, 망상으로부터 떠난 자이다. 그래서 무명의 그림자가 깨끗이 사라진 깨달은 자에게는 진여자성의 본래면목인 '여래의 실상'이 현현하고, 차별심과 분별심이라는 마음을 통해 나타난 삼라만상(형상)은 존재하지 않게 된다. 즉 기존의 것인 장애물은 존재하지 않게 된다. 따라서 차별심과 분별심이라는 마음이 사라진다면, 그 마음을 통해 나타난 삼라만상, 즉 형상은 없을 것이다. 그런데 이러한 삼라만상이 없다면, 그 자리엔 도대체 무엇이 드러날까? 아마 삼라만상의 본래면목이 드러날 것이다. 말하자면 삼라만상이 곧 진여자성이고 진여자성이 곧 삼라만상이라는 것이 드러날 것이다. 왜냐하면 불교의 이야기에 따르면 진여자성의 본래면목이란 삼라만상의 본래면목과 다르지 않기 때문이다. 따라서 이 게송에서 지엄이 말하고 있는 '우뚝 솟은 산', '맑은 물소리', '솔솔 부는 바람', '가만히 피어 있는 꽃' 등등은 한가로운 도인의 살림살이이자 진여자성 그 자체인 것이다.30) 그렇다면 이미 깨달음의 경지에 이른 도인에게 '세속의 정' 따위는 문제가 되지 않을 것이다. 즉 그는 구차하게 그것에 얽매일 필요가 없을 것이다. 그래서 그는 한가로운 생활을 할 수 있을 것이다.

그러나 이러한 한가로운 도인의 살림살이는 도대체 어떻게 전개될까? 앞에서 보았듯이 깨달은 자에겐 '그것은 그것, 저것은 저것' 그대로의 그러함인 '자연'이 바로 진여 그 자체이자 자신의 살림살이다. 그런데 지엄은 이러한 살림살이를 다음의 게송에선 '자유로움을 누리는 것'으로 표현한다.

「어리석은 사람(自嘲)」

벽송당 안의 어리석은 사람,
애달프다 용렬하여 어느 것도 하지 못하니,
바위 아랫길이나 다니면서,
눈을 들어 구만리장천을 날아가는 대붕을 본다.31)

---

30) 그래서 이종찬은 이 게송에 대해 다음과 같이 말한다. "삼라만상 있는 그대로가 바로 도인의 삶이다. 자신의 정을 만들어 놓고 그 정에 매달리는 것이 속인의 삶이 아닌가. 지금도 산은 머물러 있고 물은 흐른다. 내 마음은 어디에 머무르고 어디에서 흐르는가. 그 방향은 누가 설정하는 것인가."(이종찬, 앞의 책, 265쪽).

31) "碧松堂裏之愚者 咄咄踈慵百不能 只得行行巖下路 擡眸雲外搏天鵬"(『한국불교전서』

우선 이 게송에서 우리가 주목해야 하는 것은 '어리석은 사람', '용렬하다', '어느 것도 하지 못하다'로 보인다. 사실 지엄은 스스로를 '어리석은 사람', '용렬하여 어느 것도 하지 못하는' 사람이라고 표현하고 있다. 그러나 '용렬한 사람'이란 어떤 사람일까? '용렬'이란 변변치 못하고 졸렬하다는 것을 뜻하므로, 용렬한 사람은 무언가 부족하고 옹졸한 자를 말한다. 그렇다면 용렬한 사람이 하는 '용렬한 행위'란 아마 격에 맞지 않는 행위일 것이다. 말하자면 '세속의 정'에 얽매어 어떤 것을 그대로 두지 않고 그 어떤 것을 요리 조리하는 행위 말이다. 그래서 '용렬하여' 어떤 것을 한다는 것은 이미 차별심과 분별심에 사로잡혀 행위 한다는 것을 말할 것이다.

그렇다면 이 게송에서 지엄이 스스로를 용렬하여 어느 것도 하지 못하는 사람이라고 표현할 때, '진짜' 용렬한 사람, '진짜' '어리석은 사람'을 말하고자 하는 것일까? 아니다. 사실 그 '어리석은 사람'은 '진짜' 어리석고 용렬한 사람이 아니라 오히려 어떤 것도 하지 않는 데서 오는 한가로움을 맛보면서 그것을 누리는 사람이다. 왜냐하면 어떤 것도 하지 않은 이러한 '무위'에서 오는 한가로움이란 다른 것이 아니라 바로 자유로움이기 때문이다. 말하자면 모든 차별심과 분별심을 버린 다음에야 얻어지는 어떤 것에 걸림 없는 자유로움, 즉 궁극적인 자유이기 때문이다.[32] 물론 자유로움을 누리는 것 또한 하나의 행위다. 그러나 이때의 자유는 우리가 보통 일상생활에서 어떤 것에 얽매어 행위 하는 것과는 다르다. 자유로움이란 이미 어떤 것과 하나가 되어 그것을 돌보는 행위, 그것과 조화롭게

제7책, 385쪽).

[32] 주호찬, 앞의 글, 188쪽 참조. 불교에서 말하는 궁극적 자유의 삶은 삶의 외적인 측면에서 볼 때 자신 이외의 모든 인간, 모든 생명, 더 나아가서는 모든 존재와 '조화롭게' 사는 것이지만, 삶의 내적인 측면에서 볼 때 그것은 탐·진·치, 갈애, 혹은 집착의 속박으로부터 완전히 벗어난 상태의 삶을 말한다. (안옥선, 「불교에서의 선악으로부터의 자유」, 『범한철학』 제47집, 범한철학회, 2007, 54-55쪽 참조).

어울리는 것을 말한다. 말하자면 이미 어떤 것을 이용하고 사용하기 위해 몸부림치면서 머릿속에서 무언가를 짜내어 행위 하는 그런 것이 아니라, 어떤 것과 '자유로운 장'에서 자유롭게 만나면서 말 건네며 노는 행위를 말한다. 그래서 이 행위에선 '어떤 것을 눈앞에 세워 요리하고 조리하는 방법'이란 필요 없고, 단지 그 어떤 것들과 정담을 나누는 일만이 필요하다. 즉 조화로움과 자신에게서 말미암은 자유로움 말이다.

따라서 이 게송에 따르면 어떤 것을 요리하고 조리하고자 하는 것으로부터 벗어나 한가로움과 자유로움을 누리는 '어리석은 사람'이 하는 일은 매우 한갓되게 보이는 '바위 아랫길이나 다니'는 것이다. 그러나 어리석은 그가 보고 행하는 것은 일상인들의 일상적인 존재방식이 아니다. 하이데거(M. Heidegger)의 표현을 빌리자면 단지 '잡담'하고 '호기심'으로 가득 찬 행위를 하는 그런 것이 아니다.33) 그의 눈길은 '구만리장천을 날아가는 대붕'에 있다. 우리가 알듯이 장자가 말하는 '구만리장천을 날아가는 대붕의 날갯짓'은 '도와 일치하여 무엇에도 속박되지 않은 절대적으로 자유로운 경지'를 비유적으로 표현한 말이다. 그래서 '어리석은 사람'이 '바위 아랫길이나 다니'는 일은 그렇게 한갓된 것이 아니다. 그것은 바로 깨달은 자의 깨달음의 세계를 보여주는 것이자, 자유로움을 누리는 이상적인 삶을 말하는 것이기 때문이다.

---

33) 하이데거는 『존재와 시간』에서 인간 현존재(Dasein)의 존재방식인 '실존(Existenz)'을 보여주는데, 이때 실존은 인간 현존재가 자신이 존재할 수 있는 가능성들을 문제 삼으면서 존재한다는 것을 말한다. 그런데 현존재의 존재 가능성은 크게 둘로, 즉 현존재가 자기 자신의 존재 가능성을 자기 자신이 아닌 다른 것에서부터 선택할 가능성과 현존재가 자기 자신의 존재 가능성을 자기 자신에서부터 선택할 가능성으로 나누어진다. 따라서 실존은 인간 현존재가 자기 자신의 존재가능성을 선택할 가능성에 따라 크게 두 가지로 나누어질 수 있다. 전자의 가능성이 바로 '비본래적인 실존'이고, 후자의 가능성이 바로 '본래적인 실존'이다. 그런데 비본래적인 실존은 '잡담', '호기심' 등등으로 나타난다.(M. Heidegger, Sein und Zeit, Vittorio Klostermann, Frankfurt a. M., 1977).

이러한 이야기에 따르면 깨달은 자의 삶이란 자신이 처한 어떤 곳에서
도 차별심과 분별심을 통해 어떤 것을 하지 않는 한가로움, 또는 차별심
과 분별심으로부터 떠난 자유로움, 즉 어떤 것에도 얽매이지 않은 자유로
움으로 드러난다. 이러한 것을 지엄은 「옥륜 선덕에게(贈玉崙禪德)」와
「목암에게 보임(示牧庵)」이라는 게송에서도 보여준다.

「옥륜 선덕에게」

백발에 온화한 얼굴,
산중에서도 저자 거리에서도 자유롭게 돌아다니니,
어떤 대상 경계라도
보고 듣는 것마다 저절로 공(空)함이로다.[34]

여기에서 깨달은 자는 자유롭다. 그것도 그가 처한 어떤 곳에서도, 지
엄의 표현대로 '산중에서도 저자 거리에서도' 자유롭다. 왜 그럴까? 그것
은 '백발에 온화한 얼굴'을 가진 그에게 이미 어떤 것에 얽매이는 차별심
과 분별심이란 없기 때문이다. 온갖 욕구로 가득 찬 차별심과 분별심으로
부터 벗어난 깨달은 자에게 그가 '보고 듣는 것'은 이미 '공함'이기 때문이
다. 그래서 '공함'을 알고 있는 그는 어떤 것에 걸릴게 없다. 즉 도처에서
자유롭다. 이것은 그에게 차별심과 분별심이라는 마음에서 비롯된 삼라
만상(형상)인 기존의 것이 다 사라진 그 자리에 다시 새롭게 존재하는 妙
有(모든 것이 실체가 없으면서 존재하고 있는 모양)의 삼라만상 세계, 즉
삼라만상의 본래면목이 펼쳐지기 때문이다. 이러한 자유로움을 누리는
깨달은 자의 삶의 모습이 「목암에게 보임」이라는 게송에서는 절정에 이
른다.

---

34) "雪髮春風面 逍遙山市中 無窮聲與色 觸處自空空"(『한국불교전서』 제7책, 384쪽).

「목암에게 보임」

　無生歌 한 곡조를 한바탕 부르니,
　먼 산봉우리에 석양이 붉다.
　고향집 소를 거꾸로 타고 누우니,
　꽃잎 지는 (늦봄의 따스한) 바람이 얼굴에 가득 불어온다.35)

　'무생가 한 곡조를 부른다'는 것은 이미 수행 단계를 넘어선 경지다. 그래서 궁극적인 경지에서나 부를 법한 노래다. 그것은 無生法認,(불생불멸의 경지)을 체득한 사람이 부르는 노래이기 때문이다. 그런데 그 노래를 부르자 삼라만상의 본래면목이 그대로 드러난다. '먼 산봉우리에 석양이 붉다'는 것이다.36) 그러나 무생가 한 곡조를 부르면서 자유로움을 만끽하는 깨달은 자는 그의 삶을 우리의 일상에서 펼친다. 그것이 바로 '고향집 소를 거꾸로 타고 누우니'라는 자유로움이다. '고향집 소를 거꾸로 타고 누운다'는 것은 사실 우리의 일상적인 생각으로는 이해하기 어렵다. 그러나 여기에서 '고향집 소'는 소치는 일이 이미 끝난 상태에서 마음 닦는 관념까지 없어져 수행이니 깨달음이니 하는 일체의 분별심으로부터 벗어났음을 의미하고, '거꾸로 타고 누웠다'는 것은 거기서 더 나아가 본래의 마음자리로 돌아감을 의미한다.37) 그런데 자성의 본래면목으로 돌아가 행

---

35) "無生歌一曲 遠岫夕陽紅 家山牛背臥 吹面落花風"(『한국불교전서』제7책, 384쪽)
　이 게송에 대해 주호찬은 다음과 같이 말하고 있는데, 우리가 귀 기울일 수 있는 내용이다. "馬祖 道一의 제자인 南泉 普願이 마음 닦는 수행을 소 길들이는 일에 견주어 「牧牛頌」을 지은 이래 수많은 頌古詩가 지어지고, 그것을 그림과 頌으로 나타낸 十牛圖頌이 이어지면서 禪理를 형상화하였다. 이 게송은 十牛圖頌의 한 단계를 연상시키지만, 그 실질은 수행단계를 넘어선 궁극의 경지를 노래하고 있다." (주호찬, 앞의 글, 189쪽).
36) 계속해서 말해왔듯이 이 표현 또한 우리 눈앞에서 펼쳐지고 있는 감각적인 대상을 묘사하고 있는 것이 아니다. 그것은 이미 자성의 본래면목과 삼라만상의 본래면목이 그대로 드러나고 있는 것을 보여주고 있는 것이다. 말하자면 깨달음 그 자체이다.

위를 하는 그의 모습은 자유로움 그 자체라는 것에 우리는 주목해야 한다.

지금까지 살펴본 것은 지엄의 「심인선자에게 줌」, 「어리석은 사람」, 「옥륜 선덕에게」, 「목암에게 보임」이라는 게송들에 나타난 이상적인 삶으로서의 깨달은 자의 삶에 대한 모습이었다. 그런데 그것은 '진여자성의 본래면목을 깨닫고 있는 도인의 살림살이란 구구하게 세속의 정에 얽매이는 것도 아니고', '분별심으로부터 벗어나 한가로움과 자유로움을 누리는 어리석은 사람이 하는 일이란 매우 한갓되게 보이는 바위 아랫길이나 다니는 것'이었으며, 깨달은 자의 삶이란 '산중에서도 저자 거리에서도 자유롭고' '무생가 한 곡조를 부르면서 자신의 삶을 우리의 일상에서 펼치는데', 그것은 우리의 일상적인 생각으로는 이해하기 어려운 '고향집 소를 거꾸로 타고 놓는 자유로움'이었다. 사실 이러한 것들은 이미 기존의 것인 형상의 세계로부터 벗어나 새로움인 깨달음의 세계 속에서 노는 깨달은 자의 자유로운 삶, 즉 이상적인 자유로움을 말하고 있는 것이리라.

V. 맺는 말

이 세상에 살고 있는 모든 인간은 이상적인 삶을 꿈꾼다. 즉 인간은 이상적인 삶을 바란다. 그리고 그 이상적인 삶을 여기에서 이루고자 한다. 그러나 역시 이상적인 삶은 우리의 바람일 뿐이다. 그 바람이 바로 여기

---

37) 주호찬, 앞의 글, 190쪽 참조. '깨닫는다'는 것은 도대체 무엇인가? 그것은 바로 기존의 것을 부수고 없애 그것을 넘어서서 새로운 것에 이르는 것이다. 그런데 우리 일상인은 언제나 기존의 것인 형상에 매몰되어 있다. 그래서 그에게 필요한 것은 그 형상을 넘어서서 그 형상의 실상을 보는 것이다. 그러나 그 실상은 다른 것이 아니라 본래의 자기, 즉 진여자성이다. 그렇다면 깨닫는다는 것은 본래 자기의 마음자리, 즉 자성의 본래면목에 와 있다는 것을 말할 것이다.

에서 쉽게 이루어지지 않기 때문이다. 그럼에도 불구하고 우리는 여전히 그 바람에 대해 말하고 이야기 한다. 아마 그것은 그 바람을 바라고 있기 때문이리라.

사실 모든 인간의 바람인 이상적인 삶은 앞에서 언급했듯이 서양 사상사와 동양 사상사에서 다양하게 나타났다. 그런데 그러한 다양한 것들 중 필자가 이 글에서 살펴본 것은 선승의 이상적인 삶이었다. 말하자면 삼라만상의 본래면목이 자성의 본래면목임을 알고, 그것을 자신의 삶에 수용하여 자유롭게 사는 것 말이다. 물론 이것은 선불교의 정신에 해당될 수 있다. 선불교에서는 붓다와 똑 같은 지혜와 덕성을 갖추고 있는 우리들이 각자 자기의 불성을 깨달아야 할 뿐만 아니라 지혜의 광명을 통해 일체의 것에 집착하지 않으면서 자유로운 삶을 전개하는 것이야 말로 선불교의 정신이라고 말하기 때문이다.[38] 말하자면 각자의 불성을 깨닫고 만법의 진실을 알아, 기존의 것인 삼라만상(형상)에 얽매이지 않고 그 기존의 것인 장애물을 넘어 새로운 것인 삼라만상의 본래면목이자 자성의 본래면목으로 나아가 자유롭게 자신의 삶을 전개하라는 것이다.

그런데 앞에서 보았듯이 이러한 것이 조선 시대의 선승으로 알려진 지엄의 『벽송당야로송』의 게송들 속에 녹아 있었다. 왜냐하면 깨달은 자인 지엄이 우리에게 들려주는 깨달음의 모습은 우리가 일상적인 삶에서 보고 듣는 그대로가 진여자성이라는 것, 인간의 깨달음이 성취할 수 있는 궁극의 경지는 바로 그것뿐이라는 것, 우리가 보통 사용대상 내지는 수단이라고 여기는 삼라만상이 진여자성의 본래면목이며, 우리가 이러한 깨달음을 수용할 때 우리는 삼라만상에 대해 유유자적할 수 있다는 것, 그리고 그러한 유유자적함인 자유로움 내지는 한가로움을 누리는 것이야말로 바로 이상적인 삶이라는 것이었기 때문이다.

---

[38] 성본, 앞의 글, 374쪽.

좀 더 말하면 지엄은 「일선선화자에게」, 「영지소사에게 보임」, 「달마의 진영에 찬하다」, 「진일선자에게 보임」, 「학희선자에게 줌」이라는 게송들에서 '푸른 대나무와 향기로운 붉은 꽃', ' 봄비에 푸르러지는 풀과 서리에 물드는 단풍', '해질 무렵 새들의 울어 댐', '섬돌에 피어나는 꽃과 바깥의 솔바람 소리', '온산을 비추는 밝은 달과 온 세상에 불어오는 시원한 바람' 등등에 대해 말하고 있는데, 이러한 것들은 우리의 어떤 감각적인 대상을 묘사하는 것이 아니라, 진여자성이 삼라만상에 현현해 있다는 하나의 경지를 드러내 보여주는 것이다. 즉 그것들은 삼라만상의 본래면목이 자성의 본래면목이라는 깨달음의 경지를 보여주는 것이다. 그리고 지엄은 「심인선자에게 줌」, 「어리석은 사람」, 「옥륜 선덕에게」, 「목암에게 보임」이라는 게송들에선, 진여자성의 본래면목을 깨달은 자의 삶이란 '세속적인 정에 얽매이는 것'도 아니고, 차별심과 분별심을 벗어던지고 깨달음에 이른 자의 삶이란 '한가로움과 자유로움을 누리는 삶'이며, 깨달은 자의 삶이란 '그 어느 곳에서도 자유롭고' '무생가 한 곡조를 부르면서 자신의 삶을 우리의 일상에서 자유롭게 펼치는 것'에 대해 말하고 있는데, 사실 이러한 것들은 이미 형상의 세계로부터 벗어나 깨달음의 세계 속에서 노는 깨달은 자의 자유로운 삶을 말하는 것이다.

그러나 우리의 일상적인 삶에서 우리는 무엇을 보는가? 우리는 존재하는 모든 것들이 여기저기서 신음하는 모습, 산은 산대로, 물은 물대로, 인간은 인간대로 고통스러워 신음하고 있는 모습을 본다. 말하자면 산은 산이 아니요, 물은 물이 아니며, 인간은 인간이 아닌, 단지 에너지를 공급해야 하는 하나의 자원에 불과한 모습을 본다. 이것은 이 세상에 존재하는 모든 것을 언제나 하나의 이용 가능한 대상 내지는, 하이데거의 표현대로 '부품'으로 보고 있기 때문에 그렇다. 그래서 우리는 언제나 자유롭지 못하다. 왜냐하면 우리는 언제나 존재하는 어떤 것을 어떻게 이용할 것인가라는 분별심에 사로 잡혀 있기 때문이다. 따라서 우리는 괴롭다.

그러나 우리는 그 괴로움으로부터 벗어날 수 있는 길이 있다. 사실 선불교에 따르면 누구나 자기 안에 진여자성인 불성을 갖추고 있으며, 진여자성은 삼라만상에 현현하고 있다. 그래서 우리가 자신이 있는 바로 그 자리에서 그대로 자기의 본래면목을 보게 되면, 우리는 괴로움으로부터 벗어날 수 있다. 그리고 그것을 통해 자유롭게 살 수 있다. 즉 이상적인 삶을 누릴 수 있다는 것이다. 따라서 이상적인 삶은 우리가 일상적인 삶이라고 명명하는 바로 그 자리에서 이루어진다. 그러나 그 삶은 일상인의 눈엔 분명히 이상하게 보인다. 그렇지만 그 삶이야말로 우리 인간이 추구하고 바라는 삶일지도 모른다. 그런데 그 삶은 앞에서 보았듯이 진여자성의 본래면목이 삼라만상의 본래면목임을 깨달을 때에나 이루어질 수 있을 것이다. 말하자면 선불교에서 말하는 깨달음을 통해 자유롭게 행위하는 것 말이다.

이 글은 『철학논총』 제57집(새한철학회, 2009)에 수록된 「깨달음과 이상적인 삶 : 벽송지엄의 『벽송당야로송(碧松堂埜老頌)』을 중심으로」를 그대로 실은 것이다.

저자 약력

곽승훈(郭丞勳)

충남대학교 인문과학연구소 연구원. 한국고대사 전공. 한림대학교 사학과 문학박사. 저서로는 『금석문을 통한 신라사 연구』(한국학중앙연구원, 2005), 『신라금석문 연구』(한국사학, 2007) 등이 있으며, 논문으로는 「보조체직선사의 선교일체와 보현행원신앙」, 「해동고승전 안함전 연구」, 「고려시대 운문사 창건연기의 변천과 역사적 의의」 등 다수 있음.

조범환(曺凡煥)

서강대학교 사학과 교수. 한국고대사 전공. 서강대 사학과 문학박사. 저서로는 『羅末麗初 南宗禪 研究』(일조각, 2013) 등이 있으며, 논문으로는 「『삼국유사』 탑상편에 보이는 삼소관음 중생사조에 대한 몇 가지 새로운 검토」, 「9세기 海印寺 法寶展 毗盧遮那佛 조성과 檀越세력—墨書銘에 대한 검토를 중심으로—」, 「신라 중대 聖德王의 왕위 계승 再考—『三國遺事』의 五臺山事蹟을 중심으로—」 등 다수 있음.

김아네스(金아네스)

서강대학교 사학과 강사. 한국중세사 전공. 서강대학교 사학과 문학박사. 국립순천대학교 지리산권문화연구원 인문한국(HK)교수 역임. 저서로는 『질문하는 한국사』(공저, 서해문집, 2008), 『한국 역대 대외항쟁사 연구』(공저, 전쟁기념관, 2014), 『고려의 왕비』(공저, 경인문화사, 2015) 등이 있으며, 논문으로는 「고려 성종대 유교 정치사상의 채택과 12주목」, 「고려시대 명산대천과 제장」, 「고려 전기의 외명부」 등 다수 있음.

정희경(鄭喜耕)

동국대학교 불교학과 강사. 한국불교사상 전공. 동국대학교 불교학과 박사과정 수료. 석사논문 제목은 「초기불교의 信解脫 연구」이다.

김용태(金龍泰)

동국대학교 불교문화연구원 인문한국(HK)교수. 한국불교사 전공. 서울대학교 국사학과 문학박사. 저서로는 『Glocal History of Korean Buddhism』(Dongguk Univ. Press, 2014), 『조선후기 불교사 연구—임제법통과 교학전통』(신구문화사, 2010) 등이 있으며, 논문으로는 「역사학에서 본 한국불교사 연구 100년」, 「동아시아의 징관 화엄 계승과 그 역사적 전개」, 「동아시아 근대 불교연구의 특성과 오리엔탈리즘의 투영」, 「CHANGES IN SEVENTEENTH—CENTURY KOREAN BUDDHISM AND THE ESTABLISHMENT OF THE BUDDHIST

TRADITION IN THE LATE CHOSŎN DYNASTY」 등 다수 있음.

이종수(李鍾壽)

국립순천대학교 지리산권문화연구원 인문한국(HK)교수. 한국불교사 전공. 동국대학교 사학과 문학박사. 동국대학교 불교학술원 조교수 역임. 역서로는 『운봉선사심성론』(동국대출판부, 2011), 공저로는 『사지자료집-대흥사편①』(동국대출판부, 2014) 등이 있으며, 논문으로는 「숙종 7년 중국선박의 표착과 백암성총의 불서 간행」, 「조선후기 불교 이력과목의 선정과 그 의미」, 「조선후기 가흥대장경의 복각」, 「조선후기 화엄학의 유행과 그 배경」, 「16~18세기 유학자의 지리산 유람과 승려 교류」 등 다수 있음.

송일기(宋日基)

중앙대학교 문헌정보학과 교수. 서지학 전공. 중앙대학교 도서관학과 문학박사. 전남대학교 문헌정보학과 교수 및 문화재위원 역임. 국립도서관고서위원. 『인쇄문화사』(번역, 아세아문화사, 1995), 『海南 綠雨堂의 古文獻』(태학사, 2003), 『靈光 佛甲寺의 佛敎文獻』(태학사, 2005) 등이 있으며, 논문으로는 「高山 花岩寺와 成達生」(1999), 「益山 王宮塔 出土〈百濟金紙角筆 金剛寫經〉의 硏究」(2004), 「開運寺本 晉本華嚴經 권33의 書誌的 硏究」(2012) 등 다수 있음.

김기주(金基柱)

계명대학교 교양교육대학 교수. 유가철학 전공. 대만동해대학(臺灣東海大學) 철학연구소 철학박사. 동양대학교 초빙교수. 국립순천대학교 지리산권문화연구원 인문한국(HK)교수 등 역임. 저역서로 『맑은 강물 같은 문화의 흐름, 남계서원』, 『서원으로 남명학파를 보다』, 『조선시대 심경부주 주석서 해제』(공저), 『심체와 성체 총론편』, 『유교와 칸트』(공역) 등이 있으며, 논문은 「理想的道德與道德的理想-孟子道德哲學之再構成」(박사학위논문), 「기발리승일도설로 본 기호학파의 3기 발전」, 「이상사회에서의 일과 노동」 등이 있음.

문동규(文銅桂)

국립순천대학교 지리산권문화연구원 인문한국(HK)연구교수. 서양철학 전공. 건국대학교 철학과 철학박사. 저역서로는 『지리산의 종교와 문화』(공저), 『사유의 사태로』(공역) 등이 있으며, 연구논문으로는 「형이상학의 종말과 사유의 문제」, 「깨달음과 초연함, 지리산 화엄사의 사사자삼층석탑: 진리의 현현」 등이 있음.

지리산인문학대전13 토대연구03
지리산권 불교의 사상과 문화

초판 1쇄 발행   2015년 10월 31일

엮은이 ㅣ 국립순천대·국립경상대 인문한국(HK) 지리산권문화연구단
펴낸이 ㅣ 윤관백
펴낸곳 ㅣ 돌쳐 선인

등록 ㅣ 제5-77호(1998.11.4)
주소 ㅣ 서울시 마포구 마포대로 4다길 4(마포동 324-1) 곳마루빌딩 1층
전화 ㅣ 02)718-6252 / 6257
팩스 ㅣ 02)718-6253
E-mail ㅣ sunin72@chol.com
Homepage ㅣ www.suninbook.com

정가   28,000원
ISBN   978-89-5933-931-0   94220
         978-89-5933-920-4   (세트)

· 이 책은 2007년 정부(교육과학기술부)의 재원으로 한국연구재단의 지원을 받
  아 수행된 연구임(KRF-2007-361-AM0015)

· 잘못된 책은 바꾸어 드립니다.